首都检察案例参阅

（第三辑）

北京市人民检察院法律政策研究室 编

法律出版社
LAW PRESS·CHINA
—北京—

图书在版编目(CIP)数据

首都检察案例参阅. 第三辑 / 北京市人民检察院法律政策研究室编. -- 北京 : 法律出版社, 2023
ISBN 978-7-5197-8689-2

Ⅰ. ①首… Ⅱ. ①北… Ⅲ. ①检察机关—案例—北京
Ⅳ. ①D926.32

中国国家版本馆CIP数据核字(2024)第004494号

首都检察案例参阅(第三辑)
SHOUDU JIANCHA ANLI CANYUE (DI-SAN JI)

北京市人民检察院法律政策研究室 编

策划编辑 朱　峰
责任编辑 苗　婕
装帧设计 汪奇峰

出版发行 法律出版社
编辑统筹 辞书·融出版编辑部
责任校对 王　丰　郭艳萍
责任印制 吕亚莉
经　　销 新华书店

开本 710毫米×1000毫米　1/16
印张 27.5　　**字数** 360千
版本 2023年12月第1版
印次 2023年12月第1次印刷
印刷 三河市龙大印装有限公司

地址:北京市丰台区莲花池西里7号(100073)
网址:www.lawpress.com.cn
投稿邮箱:info@lawpress.com.cn
举报盗版邮箱:jbwq@lawpress.com.cn

销售电话:010-83938349
客服电话:010-83938350
咨询电话:010-63939796

书号: ISBN 978-7-5197-8689-2
定价: 80.00元

前言

PREFACE

我国的判例编纂及研究源远流长，在中华传统法律文化中具有重要地位。这个传统延续至今，在新时代产生了新的意义。近年来，随着案例出版的勃兴，人们对案例工作机制的认识也在不断深化，并且在案例比较研究中获得启发，为法教义学的理论创新提供了契机。借助案例，我们不但可以了解法律规范的运行，还可以窥见社会治理及社会生活的状况。从这个意义来说，案例既是法治教科书，也是社会透视镜。它让我们超越冰冷的法律条文，直接体察规范与现实之间的桥接，感知预设场景与生活实际可能的交错，从而将教义学中习得的论证技艺转化为法律人的实践经验，由此对社会产生更多有温度的理解。这是“高质效办好每一个案件”的重要保障。

“一个案例胜过一打文件”，并非指案例有了类似制定法甚至超过制定法的法源地位，而是揭示出案例具有连接与贯通的意义，即更为直接地、形象地释法说理，更方便参照学习借鉴，更有利于消除执法司法的抽象、晦涩与隔膜。案例作为一个丰富的、可以多重解读的文本，可以聚拢各方借以检视司法运行、分析法律思维、品评法律处断，将执法司法与社会生活贯穿起来，将纸面上的法律变为生活中的法律。纷繁多态的案例产品犹如法治实践的界碑，让我们穿行其中，在蜿蜒曲折中找寻出一条自洽的、具有本土适用性的法治路径。当然，要达致这个目的，前提是要有足够多的案例样本，也即除了具有准法源性质的指导性案例，具有宣传引导意义的典型案例，也应鼓励各地的参考性案例以及展现论证过程的参阅案例。不同层级的案例发挥不同的作用，满足多样化的需求，这些案例内在的理路触角彼此连续，组成一个规范的体系。当然，这个过程不是自然而然出现的，需要经过理论工作者艰苦的耙梳、整理，融会贯通。

从案例到案件并不是规则或要旨的简单套用，而要通过对比案件事实，找到桥接的中间项，为案例的论证逻辑接引到案件当中提供“船”或“桥”。考虑到很少能见到两个完全匹配的案件，所以，必须尽可能多地提供案例样本，使桥接的中间项串成一条线，牵起案例与案件，使之相互镜鉴。当用于接引的“船”或“桥”数量足够多时，案例就为我们展现出一幅规范适用的动态图景，从而使处断愈来愈趋近切合生活现实的公平正义。在这个图景当中，既有金字塔式的层级规范体系，也有以网状结构形式存在的“弱法源”。对于案例，裁判者或作出司法决定者要履行辅助性遵循义务，解释为什么排除从中接引过来的论证。这也是类案检索机制的意义所在。

《首都检察案例参阅》这一系列连续性出版物的编辑理念一以贯之，即“通过不断地积累案例，推动案例的碰撞、融合、承继，使案例进入知识交流的广阔天地，融入案件与知识的网络之中”。我们不惮于展现办案过程的分析论证过程，不惮于呈现不同观点的碰撞，在表明分歧取向的同时，更想借助案例这个载体与同仁进行交流，并为这种交流提供资料素材。对于撰写案例的检察人员来说，通过或长或短、或深或浅的分析论证，投身到法学知识的生产之中，呈现出一种可喜的积极开放态度。它表明，释法说理清晰透彻乃是办案人员分内之事。通过连续出版阶段性成果，留下深浅不一的前行印迹，一方面旨在激励检察人员写下办案思考过程，逐渐适应学术性表达方式，不断攀登法学研究的阶梯；另一方面旨在夯基垒台，积淀优秀的案例素材，一块块拼起检察办案领域的知识拼图。由此也注定了这是一个长期的过程，必须以长期主义的恒心、耐力与热情去从事这项艰巨的工作。

《首都检察案例参阅》第三辑的出版得到北京市人民检察院相关领导、部门和同志的大力支持，也得到了全市检察人员的踊跃供稿，其中不乏北京市人民检察院相关业务部门主动审编。作为该连续出版项目的执行者，北京市人民检察院法律政策研究室虽然署名“编者”，但作品归属于参与和推动这个项目的所有人。最后但并非最不重要，感谢法律出版社对出版《首都检察案例参阅》这一系列连续性出版物的支持，尤其是具体承担编辑之责的朱峰老师、苗婕老师愿意抱之以理解与耐心，与我们共同呵护这颗幼苗的茁壮成长，没有他们高质量的编辑工作，本书也不可能高质量地出版。

北京市人民检察院法律政策研究室

2023年11月

目　录

CONTENTS

一、刑法总则

二、危害公共安全罪

三、破坏社会主义市场经济秩序罪

六、妨害社会管理秩序罪

八、诉讼程序

九、民事检察

十、行政检察

一、刑法总则

马某故意杀人案

——对于重复侵害行为，如果犯罪未完成既有行为人意志以内的原因又有行为人意志以外的原因，能否认定犯罪中止？

基本案情

马某系被害人沈某某的女婿。2021年8月31日22时许，马某在海淀区家中，因家庭矛盾与沈某某发生冲突。马某使用一把水果刀（刀身长约10cm）扎刺沈某某颈部，后刀身和刀柄分离。沈某某将水果刀身从颈部拔出后开始躲避。此时马某妻子回到家中，见此情境立马拉拽马某试图阻止无果，马某继续手握刀身在沈某某的后背及前胸处划伤数刀，后马某停止侵害行为。其妻子报警后，马某坐在家中门口等待民警到来。经鉴定，沈某某身体所受损伤程度属轻伤二级。马某供称，其因长期的家庭纠纷，一直受其岳父沈某某的羞辱、辱骂，对沈某某实施侵害行为的目的是杀死沈某某。其后停止侵害行为的原因，一方面是自己手握的刀身与刀柄分离，只拿刀身无法对沈某某造成更多伤害，另一方面是自己妻子拉拽，不希望自己妻子难过。沈某某称，马某对其进行二次伤害时只是将其划伤，后被其女儿拉拽后就停止动作，一直坐在家门口等待民警到来。马某妻子沈某称，在其拉扯马某的过程中，只能拽到马某的背心和裤腰，无法完全拦住马某的身体，后其从马某的手中将刀刃拿走，马某并未反抗。

2021年12月3日，北京市海淀区人民检察院以马某犯故意杀人罪向北京市海淀区人民法院提起公诉。同月31日，海淀区人民法院作出一审判决，认定马某犯故意杀人罪，判处有期徒刑二年。2022年1月10日，海淀区人民检察院以原审法院适用法律错误、量刑不当为由向北京市第一中级人民法院提出抗诉。北京市人民检察院第一分院支持抗诉。同年7月28日，北京市第一中级人民法院裁定维持原判。

主要问题

对于重复侵害行为，如果犯罪未完成的原因既有行为人意志以内的原因又有行为人意志以外的原因，能否认定犯罪中止？

意见分析

意见分歧

本案中，马某的犯罪未完成既有行为人意志以内的原因又有行为人意志以外的原因，能否认定犯罪中止，存在两种不同的认识。

第一种意见认为，马某的行为构成故意杀人罪（未遂）。首先，马某第一次伤害行为即构成犯罪未遂。从打击方向和打击工具来看，马某用水果刀直刺被害人喉咙的行为具备致人死亡的高度危险，其对沈某某的第一次伤害即为犯罪行为实施终了，可认定为犯罪未遂，犯罪未遂后的停止侵害行为不符合犯罪中止的时间要件要求，不构成犯罪中止。其次，即便认为其在完成第一个行为后，其犯罪行为和整个犯罪活动尚未终了，符合犯罪中止所需要的时空条件。但其对沈某某进行二次伤害时，由于其所持有水果刀的刀身与刀柄已经分离，其手握刀身已经无法再对被害人沈某某造成实质性伤害，且一旁其妻子始终在拉拽自己，系因外部压力而被迫放弃犯罪，其主观上认为已无法达到犯罪目的，欲达目的而不能，属于“意志以外原因未得逞”。因此，成立故意杀人罪未遂。

第二种意见认为，马某的行为构成故意杀人罪（中止）。犯罪中止，即自动放弃犯罪，主观上认知“能为而不为”，其停止形态判定的标准应落脚在自动性。本案中，马某属于激情杀人，虽然主观上已经认知到自己不能再对沈某某造成实质性伤害，但综合其行为的全过程来看，马某仍具有继续实施犯罪行为的客观条件，是能够实现犯罪目的的。在客厅中，沈某某已经被刺伤喉咙的情况下，手中无其他工具，已不具有反抗能力，且马某妻子与马某体格相差较大，马某妻子拉拽马某的动作并不足以阻止马某继续实施犯罪行为。显然，马某停止对被害人的侵害行为，并非出于第三方的介入使其客观上不可能继续实行犯罪。马某若想继续完成犯罪行为，完全可以通过前往厨房拿取菜刀或其他犯罪工具等行为以达到犯罪目的，抑或直接以用手掐死沈某某的方式实现。结合本案中马某最终放弃犯罪，任由其妻子将手中的刀具拿走，后坐到房屋门口等待民警到来，符合自动放弃犯罪之特征，系能达目的而不欲，成立故意杀人罪中止。

意见评析

笔者同意第二种意见。一般而言，犯罪的中止和未遂两种形态比较容易区分。犯罪中止是行为人自动放弃犯罪或者有效地防止犯罪结果的发生，体现的是行为人能为而不愿为的自动性。犯罪未遂是由于意志以外的原因而未得逞的一种犯罪停止形态，体现的是行为人愿为而不能为的“被迫性”。但实务案件情况较为复杂，尤其是在重复侵害案件中，因为侵害行为的重复性、放弃原因的复杂性等原因，影响行为人停止犯罪既有意志以外的原因，也有意志以内的原因，如何认定犯罪停止形态依旧是这类案件的难点。对于此类案件可以从以下方面加以把握。

一是放弃重复侵害行为的，如符合犯罪中止的条件，可以认定为犯罪中止。放弃重复侵害行为是指犯罪分子持用一次即可发生犯罪结果的工具着手实行犯罪，但因其意志以外的原因而没有发生犯罪结果。即在认为自己还有条件实施重复侵害并可达到预期危害结果时，却自己放弃能够继续进行的重复侵害行为，从而使犯罪结果不再发生的情况。对放弃能够重复实施的侵害行为的定性，我国理论界主要有三种不同的观点，即“未遂论”、“中止论”和“折中论”。但“折中论”各种观点不一而足。从我国刑法理论界对于该问题的认识看，认为成立犯罪中止的主张应当说居于通说的地位。[1]重复侵害行为不同于连续犯，它不是数个独立的行为，而是一个整体的行为，如连续射击枪杀行为、连续刀害某人等。从犯罪中止的实质条件来看，需要满足中止的自动性，即自动放弃犯罪或自动有效地防止犯罪结果的发生。重复侵害行为人首次侵害行为虽然没有发生其预期的法律后果，但并不因此阻止整个犯罪活动的继续进行。行为人在客观上可以继续犯罪，主观上对继续实施犯罪的可能性亦有清醒认识。行为人认为自己还能够继续犯罪并在可以导致犯罪结果发生的情况下自动放弃犯罪，符合犯罪中止的实质条件。从犯罪中止的时间条件上看，犯罪中止发生在犯罪过程中。重复侵害行为是连续的动作，犯罪行为是否实行终了不以完成犯罪活动中的某个具体行为或动作为标志，而是将这些连续的动作视为一个整体行为。行为人在完成第一个行为后，其犯罪行为和整个犯罪活动尚未终了，放弃侵害行为本身就说明侵害行为尚在实行过程中，符合中止犯罪所需要的时空条件。

二是应当结合全案证据及行为人事前事后的表现，具体分析行为人放弃犯罪行为的原因是以自动性为主，还是以被迫性为主。行为人基于犯罪的故意已经着手犯罪实行行为，其主观上在自认为能够将犯罪进行到底的情形下自动放弃犯罪意图，并且客观上也相应地放弃了犯罪行为或者做出了足以阻却犯罪达到既遂的真挚努力，从而符合犯罪中止的一些特征。而犯罪未至既遂的原因也包括偶然因素的介入（如第三人行为的介入、被害人介入、自然事件的介入，或者由于犯罪不能达到既遂自始确定），使犯罪中止与犯罪未遂难以区分。[2]如果按照社会一般人的通常观念，行为人这种真挚的努力按照因果关系的自然进程能够合乎规律地避

---

〔1〕 李兰英、林亚刚：《犯罪中止形态若干争议问题的再探讨》，载《法律科学（西北政法学院学报）》2002年第5期。

〔2〕 张平：《中止犯与未遂犯的竞合形态研究》，载《法学评论》2007年第3期。

免犯罪既遂结果的发生，判定行为人停止犯罪是以自动性为主，可以认定犯罪中止；如果能够认定行为人停止犯罪是以被迫性为主，可视情况认定为犯罪未遂。

本案中，马某构成犯罪中止而非犯罪未遂。根据马某供述，其放弃犯罪行为，一方面出于所持刀具已无法造成任何实质性伤害，另一方面是因为与被害人同属一个家庭，不希望在一旁的妻子难过，被害人死亡只会让家庭支离破碎。在两种认知交杂的条件下，究竟行为人是基于刀刃无法造成伤害而被迫放弃犯罪，还是基于担忧妻子和家庭而主动停止侵害行为是本案争议的焦点。结合全案行为人的表现及案件的客观证据来分析：一方面，行为人在主动停止犯罪行为后，任由自己的妻子将手中刀具拿走，并在其妻子报警后主动坐在家门口等待民警到来，表明其已不再希望继续追求被害人死亡的犯罪目的。根据一般情理，被告人二次伤害的行为不应再认为具有杀人的动机，进而欠缺成立犯罪故意的意志因素。另一方面，其主观上认为的"刀具无法造成实质性伤害"不是阻却其继续实施犯罪的客观障碍。行为人发现存在手段障碍而放弃犯罪行为的要区分两种不同的情形：如果行为人发现自己准备的手段不能够完成犯罪，且在当时的情况下不存在通常的替代手段，或者虽然存在替代手段但行为人没有认识到这种手段的，只能认定为犯罪未遂；如果行为人发现自己准备的手段不能完成犯罪，但当时容易采取替代手段，行为人也认识到可以采取替代手段但没有采用的，这一举动表明了行为人具有犯罪中止的"自动性"，主动放弃犯罪行为。[1]因此，可认定马某构成犯罪中止而非犯罪未遂。

供稿：北京市海淀区人民检察院　曹　瑜　李　强

案例编辑：北京市人民检察院　张艳青

〔1〕 张明楷：《刑法学》（第5版），法律出版社2016年版，第369页。

张某非国家工作人员受贿案

——有身份者与无身份者共同犯罪，无身份者不必然是从犯

基本案情

倪某、张某均就职于北京市丰台区某村集体经济组织下属单位，倪某负责公司开发日常工作，张某为公司规划员。2007年11月，张某伙同倪某（已另案判决），利用倪某负责村集体企业日常运营管理的职务便利，为一公司项目承包商翁某谋取利益，并以借款为名向翁某索要人民币150万元。张某从翁某处取得上述款项后与倪某商议以他人名义购置房产两套，并于2009年以人民币170万元的价格出售以上房产，倪某和张某各分得人民币85万元。

2022年10月24日，北京市公安局丰台分局以张某涉嫌非国家工作人员受贿罪向北京市丰台区人民检察院移送审查起诉。丰台区人民检察院受理后，于同年12月29日向北京市丰台区人民法院提起公诉。2023年3月3日，丰台区人民法院以非国家工作人员受贿罪判处张某有期徒刑三年，缓刑三年，并处罚金人民币10万元。判决宣告后，张某未上诉，判决已生效。

主要问题

张某和倪某共同受贿犯罪中，张某没有涉案职务便利就一定是从犯吗？

意见分析

意见分歧

第一种意见认为，张某在共同犯罪中起次要、辅助作用，是从犯。张某本人不具有直接的职务便利，向翁某索取贿赂是在倪某的安排下进行的，索要钱款亦是以倪某的名义，翁某也是因为倪某的职权才将150万元给予张某。在整个犯罪过程中，张某一直处于辅助倪某索取贿赂的从属地位，应当认定为从犯。

第二种意见认为，张某与倪某在共同犯罪中作用相当、难分主从，不必勉强区分主从犯。虽然张某是倪某的直接下属，但其与倪某共谋以倪某名义向翁某索取贿赂，在倪某电话联系翁某表明索贿意图后，张某到翁某处拿钱并签署名义上的借条。贿赂款的后续处置均由张某实际办理，在钱款的分配上，张某与倪某获得了同等份额。在整个犯罪过程中，张某完成了所有环节，参与程度较深，与倪某难以区分明显的主从关系。

意见评析

笔者同意第二种意见，理由如下。

第一，在无身份者与有身份者的共同犯罪中，身份与共同犯罪性质相关，是否拥有直接的职务便利与主从犯地位没有必然联系。

身份犯分为真正身份犯与不真正身份犯，前者只能由具有特定身份者构成该罪的单独正犯，又称为构成的身份犯；后者可以由无特定身份者实行，具有特定身份者从重或从轻处罚，故称为加减的身份犯。非国家工作人员受贿罪是真正身份犯，犯罪主体必须是公司、企业或者其他单位的工作人员。同时，该罪构成要件包括“利用职务上的便利”，所以其隐含的主体要件是具有职务便利的公司、企业或者其他单位的工作人员，而不具有职务便利的工作人员就是无身份者。

关于无身份者与有身份者共同犯罪性质的确定有多种学说。主犯决定说认为应当按照主犯犯罪的基本特征确定共同犯罪的性质；[1]实行犯决定说认为应当按照实行犯的实行行为特征确定共同犯罪的性质；身份犯决定说认为无身份者与有身份者共同犯罪的，应以有身份者之罪确定共同犯罪性质；分别定罪说认为应当以各自的身份性质定罪，有身份者按身份犯定罪，无身份者按普通犯定罪，等等。现今得到较多支持的是身份犯决定说，即无论有身份者是主犯还是无身份者是主犯，无论有身份者与无身份者各自实施的是教唆行为、帮助行为还是实行行为，均按照身份犯定罪处罚。故身份与共同犯罪性质直接相关。

关于无身份者与有身份者共同犯罪这一问题的处理，一些国家的刑法有明文规定。如日本《刑法》第65条第1项规定："对于因犯罪人身份而构成的犯罪行为进行加功的人，虽不具有这种身份的，也是共犯。"第2项规定："因身份而特别加重或者减轻刑罚时，对于没有这种身份的人，判处通常的刑罚。"德国《刑法》第28条第1款规定："正犯的可罚性取决于特定的个人要素时，共犯（教唆犯或帮助犯）欠缺此要素的，依照第49条第1款减轻处罚。"[2]也就是说，不具有构成身份的人与具有构成身份的人共同实施身份犯（特别犯）时，构成共同犯罪，即无身份者构成了真正身份犯的共犯。刑法分则规定的特殊身份仅限于正犯，至于教唆犯与帮助犯则完全不需要特殊身份，[3]共同正犯也不需要特殊身份。我国刑法总则没有具体规定，但刑法分则中有所涉及，如《刑法》第382条第3款规定："与前两款所列人员勾结，伙同贪污的，以共犯论处。"[4]德国刑法学家雅各布斯指出，身份犯背后揭

〔1〕 如1985年7月8日，最高人民法院、最高人民检察院印发《关于当前办理经济犯罪案件中具体应用法律的若干问题的解答（试行）》指出，内外勾结进行贪污或者盗窃活动的共同犯罪（包括一般共同犯罪和集团犯罪），应按其共同犯罪的基本特征定罪。共同犯罪的基本特征一般是由主犯犯罪的基本特征决定的。

〔2〕 张明楷：《刑法学》（第6版），法律出版社2021年版，第593页。

〔3〕 在逻辑上，共犯（教唆犯和帮助犯）本身并非刑法规定的不法构成要件的行为主体，无资格者虽然无法成立正犯，却仍可从属依附正犯而成立共犯。林山田：《刑法通论》（增订十版）下册，北京大学出版社2012年版，第87页。

〔4〕 一些司法解释主张，按照主犯犯罪的基本特征来确定共同犯罪的性质。除上文提到的最高人民法院、最高人民检察院《关于当前办理经济犯罪案件中具体应用法律的若干问题的解答（试行）》外，《最高人民法院关于审理贪污、职务侵占案件如何认定共同犯罪几个问题的解释》第3条指出：公司、企业或者其他单位中，不具有国家工作人员身份的人与国家工作人员勾结，分别利用各自职务便利，共同将本单位财物非法占为己有的，按照主犯的犯罪性质定罪。

示的是社会不可缺的基本制度，这些制度与每个人都有关，无特殊身份的人也可通过适格的他人侵蚀这些基本制度。[1]

第二，无身份者不排除成为主犯的可能。

通常认为，"主犯的地位应当是在共同犯罪性质确立之后再加以确定"。[2]共同犯罪属于二人以上共同参与犯罪，犯罪参与理论分为区分制和单一制。区分制区分正犯和狭义共犯，采用这一理论最有代表性的是德、日等国的刑法。单一制不区分正犯与狭义共犯，又称单一正犯体系，采用这一理论的主要有意大利、奥地利等国刑法。无论从区分制还是单一制解释，无身份者在与有身份者的共同犯罪中，都可能构成主犯。

单一正犯体系认为"刑法分则规定的构成要件行为并非仅限于实行行为"，所有对构成要件的实现作出因果贡献的参与者均视为正犯。虽然教唆行为和帮助行为不能直接引起法益侵害结果，必须通过有身份者的实行行为才能使危害结果发生，但通过他人实行犯罪来实现自己的犯罪目的，与通过自己的实行行为实现犯罪目的只是形式上有差异，并无实质区别，二者均是刑法上的构成要件行为。[3]故无身份者可以与有身份者构成真正身份犯的共同正犯。本案张某虽然属于非国家工作人员，但不具有职务便利，其在共同犯罪中属于无身份者，根据单一制，其可以与倪某构成非国家工作人员受贿罪的共同正犯。二人共谋以倪某名义向翁某索贿，张某出面具体处理相关事宜，并与倪某平分受贿款，张某发挥的远非次要作用，甚至与倪某作用相当。司法实践中通常把在共同犯罪中起同等作用的共同犯罪人作为主犯处理，这也得到理论界的普遍支持。因为主犯适用的是量刑基准刑，只要在共同犯罪中不起次要作用，就应当按照主犯处理。[4]

---

〔1〕［德］京特·雅各布斯：《犯罪参与论》，莫尔·西贝克出版社2013年版，第64页。

〔2〕林维：《真正身份犯之共犯问题展开——实行行为决定论的贯彻》，载《法学家》2013年第6期。

〔3〕刘明祥：《犯罪参与论》，中国人民大学出版社2023年版，第532页。

〔4〕刘明祥：《犯罪参与论》，中国人民大学出版社2023年版，第228页。

区分制与单一制的不同在身份犯上表现为，单一制将所有犯罪参与人都视为正犯，而区分制认为只有有身份者才能实行真正身份犯的构成要件行为，无身份者不可能作出实行行为，故不能成为正犯，只能作为教唆者或帮助者。即使这样，区分制不否认帮助犯可以构成主犯。一般来讲，能够行使职务便利的具有特定职务身份的行为人往往在共同犯罪中所起作用更大，通常是主犯；而不具有该职务便利的行为人只是在主犯指使下从事辅助性的行为，在整个犯罪过程中的参与程度不够深入，或是仅参与了其中的部分环节，在这种情况下将其评价为从犯并依法从轻、减轻处罚或者免除处罚更能体现罪责刑相适应的原则。但如无身份者逼迫有身份者贪污、受贿、挪用等，也存在无身份者是主犯的情形。鉴于区分制认为无身份者不能实行真正身份犯的构成要件行为，不可能成为真正身份犯的正犯，本案张某亦不构成非国家工作人员受贿罪的正犯，其行为是对拥有职务便利的倪某实行行为的分担，属于帮助犯。

需要注意的是，我国刑法中的共同犯罪采取了“分工+作用”的规范方式。〔1〕教唆犯和帮助犯是定罪阶段的一种区分，表明行为人是以什么角色导致构成要件之不法，但是在量刑阶段，则要看行为人到底发挥了多大的作用。实践中，帮助犯有成为主犯的可能，主要情形有：一是单一帮助行为起重要作用，如果没有帮助犯，仅凭正犯无法完成构成要件行为；二是在同一犯罪中多处帮助，在共同犯罪的不同环节多次实施帮助行为或同时对不同的正犯进行援助；三是帮助组织犯，协助组织者组建犯罪集团或帮助犯罪集团首要分子策划、指挥、领导犯罪集团进行犯罪活动。〔2〕本案张某属于第二种情形，其受到倪某授意，全权处理索贿事宜，深度参与向翁某索贿、处置受贿款的各环节、全过程。虽为倪某的帮助犯，但在共同犯罪中发挥了重要作用。

---

〔1〕 前者称为分工分类法，后者称为作用分类法。阎二鹏：《犯罪参与体系之比较研究与路径选择》，法律出版社2014年版，第134页以下。

〔2〕 张伟：《帮助犯概念与范畴的现代展开》，载《现代法学》2012年第4期。

第三，共同犯罪中原则上能确定主从关系的应当区分主从犯，但难以区分主从关系的无须强行区分，应当结合各行为人的具体事实、情节分别判断各自所应承担的刑事责任。

主从犯的区分在刑罚裁量上具有重要意义，主犯不是独立的量刑情节，对于主犯只需要严格按照刑法规定判处刑罚即可。而从犯是独立的量刑情节，依法应当从轻、减轻或者免除处罚，这种量刑上的轻缓会对犯罪行为人产生实质性影响。《最高人民法院关于贯彻宽严相济刑事政策的若干意见》第31条中规定，“对于一般共同犯罪案件，应当充分考虑各被告人在共同犯罪中的地位和作用，以及在主观恶性和人身危险性方面的不同，根据事实和证据能分清主从犯的，都应当认定主从犯”。主犯在共同犯罪中所起作用更大，主观恶性和人身危险性重于从犯。根据上述规定，在办理共同犯罪案件时，对主从犯的区分应当遵循“尽量分、不强分”的原则。即原则上应当区分不同犯罪人的主从关系，但犯罪本就不是按照法律规范进行的“完美犯罪”，由于现实的复杂性，如果根据事实、证据确实无法对共同犯罪人进行区别对待的，不宜强行区分。此时直接根据各行为人在共同犯罪中的具体行为、主观恶性和人身危险性大小，并结合是否有其他影响量刑的因素，如累犯、自首、坦白、认罪认罚等，从而对各犯罪行为人精准量刑，确保罚当其罪，避免罪刑失衡。

本案中，张某与倪某向翁某“借钱”购买两套房产增值赚钱是二人共谋的结果，不存在教唆、胁迫等。倪某负责公司开发日常工作，张某为公司规划员，项目开发过程中，需由二人协助办理项目验收等相关手续。鉴于此，翁某有求于二人，便同意名义上借款150万元，实则未主张返还。倪某让张某全权操办买房事宜，之后有人想购买他们手中的房产，经二人商量后便将上述两套房产以170万元的总价出售给他人。取得170万元现金后，张自己留下85万元，分给倪85万元，倪自供虽对数额分配心有不快，但未多言，所以二人均分赃款。由此可见，虽然张某系倪某的直接下属，但在索贿过程中未体现出上下级的从属关系，张某并非在倪某的指使下被动参与索贿，而是深度参与了共谋索贿及贿赂款的拿取、处置、分配等各个环节。以上情节都反映出张某与倪某不存在明显的作用、地位上的差异，不存在主从之分。只是考虑到张某审判时已年满75周岁，且有如实供述犯罪事实、积极退赃退赔、自愿认罪认罚等情节，丰台区人民检察院综合上述情况，在提起公诉时向法院提出了相对宽缓的量刑建议。

综上，在有身份者与无身份者的共同犯罪中，有无身份与主从关系并无必然联系。通过具体事实能够明显区分各犯罪行为人主从关系的，应当依法认定主从犯。但有的共同犯罪案件经过分析判断很难得出谁起次要作用的结论，此时不宜强行区分主从关系，应按照具体情节分别量刑，发挥同等重要作用的可以都按照主犯处理。

供稿：北京市丰台区人民检察院　谢江伟　韩振荣　纪鹏飞

案例编辑：北京市人民检察院　毛　俐

陶某、余某某组织考试作弊案

——不真正身份犯共同犯罪如何具体量刑？

基本案情

2021年度国家一级建造师资格考试在北京市某中学设置有考点，陶某为该考点考试工作人员。2021年6至9月，为帮助考生刘某在2021年国家一级建造师资格考试中作弊，余某某、刘某与陶某商定由陶某在监考时将试题拍照后发给余某某，由余某某在收到试题后组织他人答题并将答案发给刘某。后余某某主动联系考生张某表示愿意在考试中以作弊方式提供帮助，并组织刘某、张某报考陶某所监考的门头沟考区，将刘某、张某的考试信息告知陶某。同年9月11日，陶某在北京市某中学监考期间，先后到刘某、张某所在考场确定试题类型后，返回其本人监考考场，用手机拍摄备用试卷以微信图片形式发送给余某某。后余某某组织多人针对试卷进行答题，根据陶某提供的试题类型编辑答案通过微信发送给刘某、张某。9月12日上午，刘某在考试中因作弊被监考老师发现，后由其他考试工作人员报警。9月24日12时许，余某某被抓获；10月20日12时许，陶某经民警电话通知主动到案。二人到案后均如实供述上述犯罪事实。

北京市门头沟区人民检察院以余某某、陶某涉嫌组织考试作弊罪，于2022年2月25日提起公诉。北京市门头沟区人民法院于2022年3月17日作出一审判决，判决陶某犯组织考试作弊罪，判处有期徒刑一年八个月，罚金人民币二万元；判决余某某犯组织考试作弊罪，判处有期徒刑一年二个月，罚金人民币二万元。二人均未上诉。

主要问题

对于不真正身份犯共同犯罪如何确定具体量刑?

意见分析

意见分歧

第一种意见认为，陶某属于考试工作人员，其组织考试作弊属于“情节严重”，在不考虑其他量刑情节前提下，量刑起点幅度应为“三年以上七年以下有期徒刑，并处罚金”。余某某与陶某属于共同犯罪，按照“部分行为全部责任”原则，余某某量刑起点也应为“三年以上七年以下有期徒刑，并处罚金”。

第二种意见认为，余某某和陶某两人成立不真正身份犯的共同犯罪，陶某属于考试工作人员，应当仅对陶某加重处罚，确定其量刑幅度为“三年以上七年以下有期徒刑”，而余某某按照一般情节确定量刑幅度，即应为“三年以下有期徒刑或者拘役，并处或者单处罚金”。

意见评析

笔者同意第二种意见，理由如下。

第一，在共同正犯犯罪中，“部分行为全部责任”中的“全部责任”为共同引起的侵害结果的全部客观归责。[1]

全部责任中的“全部”是指将共同引起的法益侵害结果的全部归属于共同正犯者的行为。全部责任中的“责任”是指虽共同正犯者只实施部分行为，但其所实施的部分行为与全部结果之间具有因果性，因而要将全部侵害结果归属于其行

---

〔1〕 张明楷：《刑法学》（第6版），法律出版社2021年版，第546页。

为。“责任”仅指对结果的客观归责，不是指主观责任，也不是指作为法律后果的刑事责任。“责任”不等同于刑事责任，在一些具体个案中，部分共同正犯者存在无责任能力的情况，如犯罪实施者为精神病人。“全部责任”中的“责任”更不等同于同等刑事责任。即使是共同正犯，在具体量刑上也应当根据行为的危害程度而有所差异。同样，在量刑问题上，不具有加减身份的人与具有加减身份的人共同实施不真正身份犯时固然构成共同犯罪，但刑法关于刑罚加减的规定仅适用具有加减身份的人，而不适用于不具有加减身份的人。[1]

第二，考试工作人员参与组织考试作弊的案件应在不真正身份犯共同犯罪的范畴内分析。

身份犯有真正身份犯和不真正身份犯之分。具有某种特殊身份才能构成犯罪的为真正身份犯，行为人涉及罪名并不需要具备特殊身份的为不真正身份犯。不真正身份并不妨碍同样的行为因同样具有违法性而被同一罪名或不同罪名的构成要件所涵射，但影响具体的责任。或者说，对于不真正身份犯而言，共同犯罪中行为人一旦具备法律规定的特殊身份则会影响具体量刑幅度，如诬告陷害罪的主体是一般主体，但国家机关工作人员犯该罪要从重处罚。真正身份与不真止身份是在最形式的意义上对分则中的身份予以区分，界分的标准可以是刑法条文对特殊身份的明确，也可以是司法解释的明确列举。《刑法修正案（九）》第25条增设组织考试作弊罪时，没有在条文中对特殊身份作出明确规定；不过，“两高”出台《关于办理组织考试作弊等刑事案件适用法律若干问题的解释》第2条第3项将“考试工作人员组织考试作弊的”明确为“情节严重”，“考试工作人员”因而成为加重刑罚的量刑身份。

第三，注意把握区分组织考试作弊罪中规定的各种“情节严重”情形，准确适用，精准量刑。

《关于办理组织考试作弊等刑事案件适用法律若干问题的解释》第2条具体规

---

〔1〕 张明楷：《刑法学》（第6版），法律出版社2021年版，第596页。

定九项“情节严重”的情形：第一项是考量考试类型；第二项是考量行为后果；第三项是考量行为主体即考试工作人员违背所承担的职责组织考试作弊，主观恶性更大；第四项是考量地域范围；第五项是考量次数标准；第六、七、八项是对人次、作弊器材数量及违法所得进行考量；第九项是兜底条款。〔1〕除第九项外，如果组织作弊罪的共同正犯均有上述八种情节，二人量刑上除第三项按照不真正身份犯共同犯罪量刑顺序，即量刑先按照“三年以下有期徒刑或者拘役，并处或者单处罚金”确定量刑起点，后在单独就身份犯加重处罚外，其余均应比照非身份犯共同犯罪的量刑顺序，即二人首先都在“三年以上七年以下有期徒刑，并处罚金”上确定量刑起点。

就本案而言，余某某、陶某事先具有共谋且事实行为所起到的作用均等，故认定二人属于共同正犯。因陶某属于考试工作人员，属于司法解释规定的情节严重的情形，故二人量刑的顺序应为先在“三年以下有期徒刑或者拘役，并处或者单处罚金”确定一般性质的共同犯罪；陶某具有特殊身份，对其单独量刑起点提升一档。故余某某应在“三年以下有期徒刑或者拘役，并处或者单处罚金”量刑幅度中确定基准刑，陶某应在“三年以上七年以下有期徒刑，并处罚金”的量刑幅度中确定基准刑。因陶某具有自首情节，依照《刑法》第67条的规定可以从轻或者减轻处罚，〔2〕故本案中陶某最终判处三年以下有期徒刑。

供稿：北京市门头沟区人民检察院　李　超　贾　欣

案例编辑：北京市人民检察院　梁景明

〔1〕 缐杰、宋丹：《〈关于办理组织考试作弊等刑事案件适用法律若干问题的解释〉理解与适用》，载《人民检察》2019年第23期。

〔2〕《刑法》第67条第1款规定，犯罪以后自动投案，如实供述自己的罪行的，是自首。对于自首的犯罪分子，可以从轻或者减轻处罚。其中，犯罪较轻的，可以免除处罚。

邓某某、何某等人受贿案

——被抓获后又取保候审的犯罪嫌疑人，经通知后到案的情节不能认定为自动投案

基本案情

2016年1月16日至3月9日，何某、郑某、刘某利用作为夜查执法小分队民警负责查处饮酒后驾驶机动车等交通违法行为的职务便利，由社会无业人员邓某某出面，收取当日被查处的涉嫌酒驾人员崔某某、宗某、赵某某、巩某、郑某甲、张某某等人给予的好处费后，将涉嫌酒驾人员放走免予处罚。通过上述手段，邓某某收取涉嫌酒驾人员给予的好处费共计人民币15万余元。事后，邓某某通过微信转账方式分别给予何某、郑某、刘某以金额不等的好处费。

2016年3月9日，郑某甲电话报案。北京市公安局于2016年4月12日对邓某某涉嫌敲诈勒索案立案侦查，并对邓某某网上追逃。2016年4月26日，邓某某被锡林浩特市公安局抓获并于当日刑事拘留，2016年5月24日被北京市公安局取保候审。后北京市公安局将何某、邓某某受贿案线索移送北京市西城区人民检察院。西城区人民检察院于2016年12月23日以邓某某、何某等四人涉嫌受贿罪立案侦查。经西城区人民检察院侦查人员电话联系北京市公安局纪委并由其通知，邓某某于2017年4月24日自行到西城区人民检察院接受调查。同年4月25日至27日，郑某、刘某、何某经本单位通知并由相关工作人员陪同，先后前往西城区人民检察院接受调查。何某、郑某、刘某在北京市公安局、纪检监察机关分别退缴人民币2.2万元、2.5万元、1.5万元。在一审审判期间，邓某某家属代为退缴人民币2万元，郑某退缴人民币6万元（上述赃款已没收）。

北京市西城区人民法院审理认为，邓某某、何某、郑某、刘某经纪委及单位通知后，主动到检察机关接受调查，且到案后能如实供述自己的犯罪事实，系自首，均可依法从轻处罚；赃款已退缴，亦可酌情从轻处罚并适用缓刑。于2019年3月29日作出判决，以犯受贿罪，分别判处邓某某、何某有期徒刑一年六个月，缓刑一年六个月，并处罚金人民币10万元；分别判处郑某、刘某有期徒刑一年，缓刑一年，并处罚金人民币10万元。何某、刘某不服，提出上诉。北京市第二中级人民法院于2019年6月28日裁定驳回上诉，维持原判。

上述裁判发生法律效力后，何某、刘某向北京市人民检察院第二分院提出申诉。经审查，北京市人民检察院第二分院认为，本案存在法律适用错误、量刑不当等问题，提请北京市人民检察院按照审判监督程序抗诉。2020年8月27日，北京市人民检察院以原审裁判适用法律确有错误为由向北京市高级人民法院提出抗诉。2022年2月14日，北京市高级人民法院以原审裁判认定事实不清为由裁定撤销北京市第二中级人民法院和北京市西城区人民法院的裁判，并将本案发回西城区人民法院重新审判。西城区人民法院重新组成合议庭审理认为，邓某某到案后能如实供述自己的犯罪事实，何某、郑某、刘某具有自首情节，可依法从轻处罚，于2023年3月24日作出判决，以犯受贿罪分别判处邓某某、何某有期徒刑一年六个月，并处罚金人民币10万元；分别判处郑某、刘某有期徒刑一年，并处罚金人民币10万元。

主要问题

邓某某在被抓获后被取保候审，后因同一起事实被其他机关通知到案，能否认定为自动投案？

意见分析

意见分歧

第一种意见认为，邓某某是以敲诈勒索罪被立案侦查并网上追逃后被抓获，后又因受贿罪被立案侦查，此时邓某某已被公安机关取保候审，其具有相应的自主性，办案机关也由公安机关转为检察机关，邓某某接市局纪委通知后主动到西城区人民检察院反贪局接受调查，属于自动投案。

第二种意见认为，邓某某投案的行为只有发生在其“被办案机关控制”之前，才能认定为自首中的“自动投案”。本案中，邓某某“主动到案”的行为发生在被办案机关采取强制措施之后，所以其投案行为不成立自首。

意见评析

笔者同意第二种意见。

在司法实践中，认定一般自首通常要具备两个基本条件，即“自动投案”和“如实供述”。其中，“自动投案”是一般自首成立的前提和基础，没有自动投案，一般自首也就不能成立。1998年《最高人民法院关于处理自首和立功具体应用法律若干问题的解释》（以下简称《解释》）第1条第1款第1项规定：“自动投案，是指犯罪事实或者犯罪嫌疑人未被司法机关发觉，或者虽被发觉，但犯罪嫌疑人尚未受到讯问、未被采取强制措施时，主动、直接向公安机关、人民检察院或者人民法院投案。”2010年最高人民法院《关于处理自首和立功若干具体问题的意见》（以下简称《意见》），补充了应当视为“自动投案”的几种情形。根据《解释》和《意见》的相关规定，可以将“自动投案”的认定标准分解为时间要素和意志要素，分析如下。

第一，认定“自动投案”的时间要素。

所谓“自动投案”的时间要素，即自动投案需发生在某个特定的时间阶段。

包括两个节点：(1)犯罪事实和犯罪嫌疑人被司法机关发觉之前；(2)犯罪嫌疑人受到讯问、被采取强制措施之前。当案件事实超出上述时间节点，即犯罪事实和犯罪嫌疑人已被发觉，且犯罪嫌疑人受到讯问或被采取强制措施时，犯罪嫌疑人丧失自动投案的时机。之所以作此规定，旨在鼓励犯罪嫌疑人及时到案，节约司法机关发现案件线索、进行侦查、实施抓捕的成本，提高司法效率。

本案中，邓某某的到案过程并不符合自动投案的时间要素中的任何一个节点。一方面，邓某某最初到案是因涉嫌敲诈勒索被抓获归案。公安机关接报案后立案侦查，经网上追逃后在内蒙古锡林郭勒将其抓获并采取强制措施，已经消耗了办案机关侦查期间的司法成本。另一方面，邓某某到检察机关接受调查时其犯罪事实和个人信息已经被司法机关掌握，其并非在被发觉之前到案。邓某某是因为同一起案件事实被调查的，虽然因为案件性质的认定变化导致侦查机关的改变，但本案基本的案件事实并未发生变化，邓某某在接到通知后自行前往改变后的侦查机关接受调查不能认定为“自动投案”。

第二，认定“自动投案”的意志要素。

所谓“自动投案”的意志要素是指投案必须具有主动性和自愿性，是犯罪嫌疑人主观方面的要素。一般表现为两种类型：一是发自内心的愿意接受司法处断而自主选择归案；二是虽然并非发自内心的主动，但投案意志并不违反犯罪嫌疑人的自由意志。其中第二种类型是从自首制度设立角度出发而进行的广义解释。“凡是到有关机关向有关人员投案，而又不明显抗拒控制或处理的，都可以认定为自动投案。”〔1〕投案动机不影响上述意志要素的认定。

犯罪嫌疑人在被办案机关控制之前自动投案，体现了其认罪、悔罪的态度，也可以降低社会危险性。本案中，邓某某归案的行为并不能体现其主动性和自愿性。首先，邓某某第一次到案系潜逃后被抓获归案。根据在案证据，邓某某知道

〔1〕 周光权：《刑法总论》(第4版)，中国人民大学出版社2021年版，第457页。

郑某甲报警后，曾经在收钱的第二日找到郑某甲退还索要的好处费，并用郑某甲的手机试图撤回报警。后邓某某潜逃。也就是说，邓某某明知他人报警，并无自愿将自己置于司法机关控制之下的意愿，而是畏罪潜逃直至被抓获归案。其次，刑事强制措施是限制或者剥夺犯罪嫌疑人（或被告人）人身自由的措施，具有强制性及义务性。犯罪嫌疑人被采取了强制措施，已经置于办案机关的实际约束、控制范围之内，有义务配合办案机关进行调查、讯问。根据《刑事诉讼法》第71条第1款第3项的规定，“被取保候审的犯罪嫌疑人、被告人应当遵守以下规定：（三）在传讯的时候及时到案”。邓某某处于被取保候审的强制措施之中，在接到通知后到检察机关接受讯问属于其履行法定义务，不宜认定为自动投案。

供稿：北京市人民检察院第二分院　赵婧文

案例编辑：北京市人民检察院　梁景明

徐某某危险驾驶案

——现场待捕型自首的认定

基本案情

2023年5月13日21时许，徐某某和刘某某饭间饮酒后，由徐某某通过手机网约代驾司机。为方便代驾司机找到车，徐某某将停放在北京市某小区内的小型汽车驶出小区，停放在路边等待代驾司机。在等候期间，坐在后排的刘某某下车开车门时与徐某甲驾驶载着王某的电动自行车发生碰撞，致使徐某甲、王某倒地。徐某某拨打“120”急救电话，途经现场的路人吴某某拨打“110”报警。“120”救护车到现场后，徐某某陪同徐某甲、王某去医院接受治疗。民警赶到医院找到徐某某，询问其是否酒后开车，徐某某承认喝酒但否认开车。后民警将徐某某带至交通队接受调查时，徐某某承认其酒后开车的事实，在此过程中无抗拒抓捕的行为。经对徐某某血液酒精含量检测，酒精含量为127.8mg/100ml，属于醉酒驾车。

2023年6月13日，徐某某危险驾驶案由公安机关侦查终结后，向北京市门头沟区人民检察院移送审查起诉。门头沟区人民检察院鉴于徐某某具有自首、自愿认罪认罚从宽处罚情节，综合考量案件的犯罪事实、情节和社会危害程度，依法对徐某某作出相对不起诉决定。

主要问题

徐某某的行为能否认定为现场待捕型自首？

意见分析

意见分歧

第一种意见认为，徐某某的行为不应当认定为现场待捕型自首。明知他人报警应坚持主客观统一原则，徐某某明知的报警内容是同车刘某某发生交通事故，而非其醉酒驾驶行为，二者内容不一致，不属于明知他人报警的情形。现场等候的"现场"应只限于案发地点，徐某某是在医院被民警找到，并非案发地点，在空间上大大超出现场的范围。民警在医院询问徐某某时，其只承认喝酒而否认醉驾，不属于如实供述犯罪事实。

第二种意见认为，徐某某的行为符合现场待捕型自首的认定条件。徐某某在同乘人员造成交通事故后，明知他人报警，积极实施救助行为将伤者送往医院，属于"能逃而不逃"的情形，他人报警的具体理由不影响其自首的认定。在医院救助现场可以视为现场。徐某某整个过程中无拒捕行为。在医院接受民警口头调查时，徐某某承认喝酒的这个主要犯罪事实。虽然在医院否认醉驾，但随后在交通队接受询问时即如实供述了醉驾的犯罪行为，可以认为是在公安机关掌握其醉驾行为证据之前，其亦如实供述醉驾行为。因此符合现场待捕型的自首。

意见评析

笔者同意第二种意见，理由如下。

我国《刑法》第67条规定："犯罪以后自动投案，如实供述自己的罪行的，是自首……可以从轻或者减轻处罚。其中，犯罪较轻的，可以免除处罚。"刑法设立自首制度的立法本意在于鼓励和引导犯罪嫌疑人主动归案，最大限度地消除社会安全隐患，减少国家追诉成本，提高司法效率，节约司法资源。从法律的规定来看，"自动投案"和"如实供述自己的罪行"是自首成立的两个构成要素。生活事实无限丰富，法律制定后不断出现新情况在所难免。若要对无尽多变的行为认定自首与否作出相同至少是类似的处理，关键是找出事实与规范的统合者——自首的本质。[1]审查判断个案的自首情节时，应立足于鼓励犯罪嫌疑人主动投案、节约司法资源的自首立法本质去判断评价，避免单纯地从形式字面意思考量，机械司法，否则难以保障自首适用的准确性。

根据最高人民法院《关于处理自首和立功若干具体问题的意见》的规定，“明知他人报案而在现场等待，抓捕时无拒捕行为，供认犯罪事实的”，应当视为自动投案。此为现场待捕型自首。认定现场待捕型自首需要具备四个条件：

一是现场待捕的非被动性。即“能逃而不逃”，犯罪嫌疑人在作案后，应当主动在现场等待公安机关抓捕。排除犯罪嫌疑人因为客观因素不能离开犯罪现场的情形，如因为受伤、被被害人或围观群众围挡、吸毒致幻、醉酒等客观原因无法离开犯罪现场，更不是为了继续犯罪而留在现场。对等待的主动性需要秉持主客观相结合的方式进行认定：从主观层面看，犯罪嫌疑人应当具备可以逃跑而未逃跑的自愿性心态；客观层面，着重审查犯罪嫌疑人是否被外力强制而不能逃跑。值得注意的是，现场的范围不限于作案现场，也包含在作案现场以外的其他场合。从时间层面看，应当是在犯罪嫌疑人终止犯罪行为时至公安机关到达现场时这段区间内，犯罪嫌疑人在现场等待的才有认定现场待捕型自首的基础。从空间性层面看，可以参照犯罪现场的概念对现场进行界定，即犯罪嫌疑人进行犯罪活动的地点和遗留与犯罪有关痕迹和物证的场所。

二是对他人报案的明知性。对他人报案的明知包含知道或者应当知道。知道他人报案是指在现场等待期间明确看到或者听到他人报案，明确知道有报案主体；应当知道他人报案是指在现场等待期间有他人告知犯罪嫌疑人有人报案，或者犯罪嫌疑人结合现场状况可以推断有人报案。犯罪分子必须明确知道他人报警的内容就是犯罪分子所实施的犯罪事实，如果报警人的报警内容与犯罪分子实施

---

〔1〕 王安胜、寇爱苹：《自首的本质是主动协助查明案件事实》，载《检察日报》2018 年7 月18 日，第 3 版。

的犯罪行为毫无关系，甚至报警的内容是他人实施的不法行为，那么便不属于明知他人报警而在现场等待。[1]

三是被抓捕时行为的服从性。无拒捕行为狭义的概念为犯罪嫌疑人在公安机关实施抓捕时无反抗、逃跑等行为，接受公安机关的抓捕。无拒捕行为广义的概念还涵盖犯罪嫌疑人在明知他人报案后未继续实施犯罪行为，其主观具有自愿归案的意愿、认罪悔罪态度；犯罪嫌疑人在明知他人报案后未实施隐匿、毁灭证据，破坏犯罪现场的行为，其主观具有保护犯罪现场的意愿，客观上提升了公安机关侦查效率，节约了司法资源；犯罪嫌疑人在明知他人报案后无自杀行为。

四是供认犯罪事实的彻底性。即符合自首所要求的“如实供述自己的罪行”，指的是犯罪嫌疑人自动投案后，如实交代自己的主要犯罪事实，既不缩小也不扩大自己的罪行。[2]如实供述的认定既要遵循刑法总则的一般规定，也要考虑具体罪名的犯罪构成要件的特别规定。判断司法机关是否掌握犯罪嫌疑人的主要犯罪事实是重点也是难点，亦是司法人员进行自由裁量的过程，需要司法人员认真审查案件证据，根据个案的具体情况进行判断。[3]对自动投案后的首次如实供述的时间节点明确为不得晚于司法机关掌握其主要犯罪事实之前，容许被告人在归案之初作出不实供述，对在接受司法机关的教育后再作出如实供述的也可认定为自首。[4]可见，对于自首认定的限制呈现宽泛化趋势，有利于鼓励犯罪分子改过自新，体现了宽严相济刑事政策从宽处罚的精神。

具体到本案，醉驾案件是司法实践中常见多发的轻刑案件，但并非都是简单案件。从司法实践来看，醉驾案件中争议较大的问题是对因醉驾入罪的犯罪嫌疑人能否适用自首。[5]醉酒驾驶案发主要是由其他因素介入引发，如发生交通事故、

---

〔1〕 付想兵、张耀军：《现场等待型自首的认定》，载《人民司法》2018年第28期。

〔2〕 张明楷：《刑法学》（第5版），法律出版社2016年版，第563页。

〔3〕 杨名：《认定自首情节时对“如实供述自己罪行”的时间限制掌握》，载《中国检察官》2017年第2期。

〔4〕 杨毅：《自首情节中如实供述的时间节点辨析》，载《人民法院报》2020 年6月25日，第6版。

〔5〕 曾丹：《醉驾型危险驾驶罪适用自首的几种情形》，载《人民检察》2019年第12期。

他人举报、民警设卡检查等。醉驾者往往具有侥幸心理，认为不会被发觉，一般不会出现醉酒驾驶机动车后主动到司法机关投案、供述犯罪事实的情况。因为醉酒驾驶具有鲜明的时间性特征，如不能及时对行为人体内酒精进行检测，一般情况下经过数小时后其体内酒精将面临灭失的风险。要透过现象看本质，跳出法律条文字面形式上理解的窠臼，牢牢把握住自首的立法本质，去判断醉驾案件的自首成立与否，以保障法律适用的准确性。

首先，本次交通事故本身与徐某某没有直接关系。事故的发生系由同车人员刘某某开车门时不慎与徐某甲电动自行车碰撞造成的。徐某某对徐某甲并没有法律上的救助义务，其完全可以选择离开现场，但他选择陪伤者去医院医治，系“能逃而不逃”情形。而且徐某某在医院等救助现场等待，虽然在空间上远超出犯罪现场的范围，但其离开现场的目的是救治送伤者，而非逃避法律责任或隐瞒自己的犯罪行为，应视为现场等待。在医院期间等待民警调查和现场调查对收集证据、查明真相、侦破案件的效果完全一致，将医院等待视为现场等待，既不违反立法目的和精神，亦未超出现场认定的内涵。

其次，醉驾案件与普通案件不同，对他人报警的内容不应作限缩解释，只要犯罪嫌疑人知晓他人报警可能引发其承担的不利后果即可。路人吴某某看见发生交通事故而报警，客观上不一定知晓徐某某系醉驾，报案目的在于处理交通事故，追究肇事人责任，而非追究徐某某醉驾刑事责任。而徐某某明知自身醉酒状态不可能在短时间内自然消除，民警处理交通事故时有近距离接触必然能闻到酒气味，察觉其喝酒甚至醉驾，仍然陪同徐某甲到医院看病，且在医院等待公安机关调查。这体现徐某某接受公安机关处理的自觉性和主动性，其行为完全符合自动投案的认定。

再次，从案件侦破过程看，徐某某始终无拒抓捕行为并积极配合酒精含量检测。

最后，争议在于徐某某在医院接受民警现场调查时只承认喝酒而否认醉驾，是否符合供认犯罪事实的彻底性。对于醉驾型危险驾驶案件，是否饮酒是最基本的构成事实，不管犯罪嫌疑人是在见到公安人员后主动交代饮酒事实，还是在公安人员根据其精神状态怀疑其饮酒并对其进行讯问时承认饮酒事实，均属于如实供述自己的罪行。〔1〕从案件侦破过程看，民警无论是在现场询问还是在交通队询问徐某某时，案件尚未进入刑事诉讼程序，只是一般性地询问。徐某某在医院供述喝酒，应评价为刑法分则醉驾型危险驾驶罪构成要件中的主要犯罪事实。且徐某某被带至交通队时第一次询问时就主动交代醉驾并积极配合酒精含量检测，进一步补强了犯罪的主要事实。公安机关根据徐某某的供述，于案发第二天予以立案侦查，一方面说明徐某某的供述起到了及时查明案件事实，降低追诉成本的作用；另一方面亦证实了公安机关在徐某某供述之前并没有掌握其主要犯罪事实。

供稿：北京市门头沟区人民检察院　岳启杰

案例编辑：北京市人民检察院　王　玲

〔1〕［第899号］黄建忠危险驾驶案，载《刑事审判参考》总第94集，法律出版社2014年版，第36页。

张某非法吸收公众存款案

——缓刑考验期满后又发现漏罪的，应对漏罪单独追诉

基本案情

2017年10月26日，张某因涉嫌非法吸收公众存款罪被北京市公安局朝阳分局取保候审，后于2018年11月26日被北京市朝阳区人民法院判决犯非法吸收公众存款罪，判处拘役六个月，缓刑六个月，并处罚金人民币2万元。

2020年10月10日，张某因涉嫌犯非法吸收公众存款罪被北京市公安局昌平分局传唤到案并于次日被刑事拘留，11月11日被逮捕。后查明，2017年5月至2018年9月，张某在中乔财富资产管理有限公司天通苑网点实施了非法吸收公众存款的行为。在审查起诉阶段，承办人发现张某在昌平区的非法吸收公众存款行为部分系在被朝阳区公安机关取保候审期间所实施，朝阳区人民法院在审理案件过程中因故未发现张某在取保候审期间犯新罪的情况，仅判处其拘役缓刑。张某的漏罪系在缓刑考验期满后才被发现。

2021年3月4日，北京市昌平区人民检察院对张某在昌平区实施的非法吸收公众存款行为提起公诉。同年6月4日，张某被北京市昌平区人民法院判决犯非法吸收公众存款罪，判处有期徒刑一年六个月，并处罚金人民币2万元。

主要问题

犯罪嫌疑人在被取保候审期间犯新罪未被发现，前罪经审判被判处缓刑，缓刑考验期满后，发现其在取保候审期间的漏罪的，应当如何处理？

意见分析

意见分歧

第一种意见认为，应当撤销缓刑，将漏罪所判处的刑罚与原判刑罚实行数罪并罚。犯罪嫌疑人在被取保候审期间犯新罪，表明对其取保候审不足以防止发生社会危险性，应当予以逮捕，原判决对其适用缓刑不当，应当撤销缓刑，并按照《刑法》第69条的规定数罪并罚。

第二种意见认为，不应当撤销缓刑，不实行数罪并罚，只需对相关漏罪单独定罪量刑。因为发现“漏罪”系在缓刑考验期满后，而非在缓刑考验期内，不符合撤销缓刑的条件。另缓刑考验期满后原判刑罚就不再执行，不属于刑罚执行完毕的情形，不符合《刑法》第70条数罪并罚的条件。

意见评析

笔者同意第二种意见，理由如下。

第一，数罪并罚是适用于数罪的量刑制度，旨在解决两个及以上刑罚合并执行的问题。

数据并罚也称为并合罪，或实在的竞合、数罪俱发，含有同时审判、一起处理、统一宣告的考虑味。〔1〕这个制度否定了数罪单一刑罚的简单累加，而是依刑种之不同，适用不同的并罚规则，尤以限制加重最为常见。〔2〕当然，这也与《刑法》限定了某些刑罚的最高可执行程度有关，所以必须在此限度之内确定一个总和刑。〔3〕数罪并罚并不像字面上给人的印象那样“加重处罚”，而仅是对行为人构成的数罪

---

〔1〕［日］大塚仁：《刑法概说（总论）》（第3版），冯军译，中国人民大学出版社2003年版，第430页。

〔2〕另一种解释是“对表现共同的行为人人格的行为进行一体的评价”，在国家有罪的确定判决之后，行为人应呈现新的人格。［日］大塚仁：《刑法概说（总论）》（第3版），冯军译，中国人民大学出版社2003年版，第430页。

〔3〕如德国《刑法》第54条第2款规定，总和刑应在单一刑罚的总和以下。判处自由刑的，不得超过15年；判处罚金刑的，不得超过720单位日额金。

用法定的方式合并处罚，以确定执行次序和总和刑罚，因而是一个独立的、特殊的量刑规则。数罪并罚指人民法院对一犯罪人在刑罚执行结束之前发生并被人民法院发现了多个应予以合并处罚的犯罪，依照法定的并罚规则裁断其应予执行的刑罚的刑罚裁量制度。[1]数罪并罚的实质在于依照一定原则，解决对行为人所犯数个罪的各个宣告刑与执行刑之间的关系。与一人犯一罪时的刑罚裁量不同，在犯数罪的情形下，审判机关所要解决的不仅是罪与刑的关系，即数种罪行与数个宣告刑的关系，而且必须解决数个宣告刑与一个执行刑的关系。受我国刑法所规定的刑罚种类及其性质、特点、适用和执行规则等因素的制约，以数罪为前提的数个宣告刑与应执行的执行刑之间必须依照一定的原则确定对应关系，才能使各个宣告刑成为具有实施可能性、合理性的执行刑。[2]

《刑法》在第69条、第70条、第71条分别规定了数罪并罚的不同情形。第一种情形，判决宣告前一人犯数罪的并罚，这是关于数罪并罚的最基本规定，指行为人涉嫌"未经确定的裁判的两个以上的罪"[3]，且所有的犯罪均未经裁判确定。第二种情形，判决宣告后刑罚执行完毕前发现（没有超过追诉期限的）漏罪的并罚，对此采取"先并后减"的方法。第三种情形，判决宣告后刑罚执行完毕前又犯新罪的并罚，对此采取"先减后并"的方法。后两种情形均系已有犯罪被判决确定但尚未执行完毕，因余罪发现的时间节点对行为人的危险性产生不同评价，分别适用"先并后减"或"先减后并"，显然后一种情形处刑更重，总和刑期可能超过《刑法》第69条确定的并罚最高刑期。后两种情形可称为"经确定裁判的罪与余罪的并罚"，再进一步细分，可划分为漏罪的并罚与新罪的并罚。但所有的并罚均以实质的数罪为前提，要么是宣告前的数罪，或者已有确定之裁判，但尚未执行完毕。

较为疑难的是，实质的数罪但在处断上为一罪是否适用数罪并罚。对此，《最

---

〔1〕 吴平：《数罪并罚论》，中国政法大学出版社2011年版，第39页。

〔2〕 高明暄、马克昌主编：《刑法学》（第10版），北京大学出版社2022年版，第273页。

〔3〕［日］大塚仁：《刑法概说（总论）》（第3版），冯军译，中国人民大学出版社2003年版，第430页。

高人民法院关于判决宣告后又发现被判刑的犯罪分子的同种漏罪是否实行数罪并罚问题的批复》指出："人民法院的判决宣告并已发生法律效力以后，刑罚还没有执行完毕以前，发现被判刑的犯罪分子在判决宣告以前还有其他罪没有判决的，不论新发现的罪与原判决的罪是否属于同种罪，都应当依照刑法第六十五条的规定实行数罪并罚。但如果在第一审人民法院的判决宣告以后，被告人提出上诉或者人民检察院提出抗诉，判决尚未发生法律效力的，第二审人民法院在审理期间，发现原审被告人在第一审判决宣告以前还有同种漏罪没有判决的，第二审人民法院应当依照刑事诉讼法第一百三十六条第（三）项的规定，裁定撤销原判，发回原审人民法院重新审判，第一审人民法院重新审判时，不适用刑法关于数罪并罚的规定。"〔1〕这个批复对同种漏罪实质上采取了两个标准，经确定裁判的犯罪与同种漏罪实行数罪并罚，但如果尚未确定又发现漏罪的，经重新审判不实行数罪并罚。其逻辑是，涉及后一种情形，因重新审判整个案件回到了裁判时的原点，一切均以裁判时的处断原则为准；如裁判时同种数罪不并罚，则撤销原判发回重审自然也没有并罚的可能性。近来有学者主张一人犯同种数罪的，原则上应当实行并罚，此举符合罪责刑相适应原则与"一罪一刑"的原则，例外的是刑法分则条文中所规定的法定刑包含了多次犯罪或者以数额（数量）较大作为犯罪起点。〔2〕

综上可知，涉及同种漏罪，如前面已有确定的裁判，但尚未执行完毕，对于新发现的漏罪，应实行数罪并罚。同种漏罪涉及多笔犯罪事实，各犯罪事实可能单独构罪，依发现时间点之不同，可以区分为两种情形：一是遗漏罪行在判决宣告后刑罚执行完毕前发现，应适用《刑法》第70条，对于新发现的漏罪作出判决，再把

---

〔1〕 该批复的第2句指同种漏罪在处断上不按数罪处理，因此，也不涉及并罚的问题。若不是同种漏罪，则涉及数罪并罚。

〔2〕 张明楷：《刑法学》（第6版），法律出版社2021年版，第777页以下。笔者认为，判决宣告以前一人实施数个独立的同种犯罪行为，在处断上论以一罪，则不属于数罪并罚。从这个意义上说，数罪并罚在个罪量刑之后，涉及数个罪的量刑时，才出现是否要考虑并罚的问题。也即罪数理论是基础，在这个基础上再决定是否数罪并罚，如果判断出是想象竞合犯等实质一罪的情况，则无须进行数罪并罚。

之前的确定裁判所处的刑罚，按照“先并后减”的原则决定执行的刑罚，已经执行的刑期应当计算在新判决决定的刑期以内。二是遗漏罪行在刑罚执行完毕后发现，因前罪刑罚已执行完毕，刑罚消灭，此时已不存在数个要考量的犯罪，缺乏并罚的基础，故应对漏罪单独定罪处罚。本案即属于第二种情形，张某在昌平区非法吸收公众存款的犯罪行为是在朝阳法院判决宣告前实施，但发现时间是在判决生效且经过缓刑考验期，原判刑罚不再执行的情况下，不符合《刑法》第70条规定的漏罪情形，因此不应当数罪并罚。

第二，缓刑考验期满后，刑罚执行终了意味着刑罚的消灭。

缓刑是指对罪行较轻的罪犯，在其符合法定条件的情况下，可以在一定的期间内不予关押，暂缓其刑罚的执行，以促进其悔过自新的一种刑事执行制度。缓刑考验期满是指犯罪人在缓刑考验期内没有再犯新罪，没有发现判决宣告以前还有其他罪没有判决，没有严重违反有关缓刑的监督管理规定，没有严重违反禁止令，并且经过了考验期限。根据《刑法》第76条的规定，被宣告缓刑的犯罪人，如果没有上述四种情形，缓刑考验期满，原判的刑法就不再执行，并公开予以宣告。“原判的刑罚就不再执行”是指原判决的有罪宣告仍然有效，原判的刑罚也没有错误，但由于犯罪人在考验期内符合法定条件，原判决所宣告的刑罚不再执行。〔1〕

对于缓刑考验期满后，发现行为人在判决宣告前还有其他罪行没有判处的情形是否应当撤销缓刑，将此“漏罪”所判处的刑罚和原判刑罚实行数罪并罚，我国《刑法》未作明确规定。笔者认为，此种情形下不应当撤销缓刑，如前所述，数罪并罚的实质是罚的合并，而不是罪的合并，该制度解决的是一人犯数罪的刑罚执行问题，因此需并罚的数罪均有可执行的内容是适用数罪并罚的前提，这正是《刑法》第70条规定漏罪与前罪并罚必须是漏罪在“判决宣告以后，刑罚执行完毕以前”发现的原因。若在刑罚执行完毕后才发现，因已经失去了并罚的基础，自然不

---

〔1〕 张明楷：《刑法学》（第6版），法律出版社2021年版，第792页。

存在数罪并罚的问题。缓刑考验期满后原判刑罚不再执行，此时发现了漏罪，因丧失了数个刑罚合并执行的基础，应对漏罪单独定罪处罚。

本案中，犯罪嫌疑人张某因涉嫌非法吸收公众存款罪于2017年10月26日被北京市朝阳公安分局取保候审。经审查查明，其于2017年7月至2018年9月在中乔财富资产管理有限公司天通苑网点继续实施非法吸收公众存款的行为。2018年11月26日被朝阳区人民法院判决犯非法吸收公众存款罪，判处拘役六个月，缓刑六个月，并处罚金。此判决未对张某在昌平区实施的非法吸收公众存款的犯罪事实予以处理。后张某又因涉嫌非法吸收公众存款罪于2020年10月10日被北京市昌平公安分局传唤到案。而此时，张某被朝阳区人民法院判处拘役缓刑的考验期6个月已满。因此，张某在被取保候审期间的犯罪行为系在缓刑考验期满后才被发现，不符合撤销缓刑的条件。

张某的前罪和漏罪为同种数罪，如果在判决宣告前被发现，可以作为一罪处理；如果在判决宣告并生效后，缓刑考验期内发现，应当撤销缓刑，将有期徒刑和拘役实行数罪并罚，执行有期徒刑。本案在缓刑考验期满后发现漏罪，无论是否是同种漏罪还是不相同的漏罪，均应单独定罪量刑，与前执行完毕的判决无涉。此外，需要注意的是，发现漏罪并不意味着原判错误，不属于刑事审判监督程序的范围，不能依审判监督程序启动再审，让整个案件回到审判原点重新处断。

供稿：北京市昌平区人民检察院　魏晓东　郭　莹

案例编辑：北京市人民检察院　关　宁

二、危害公共安全罪

于某某交通肇事案

——犯罪嫌疑人积极救助被害人并在报案后离开是否构成交通肇事逃逸?

基本案情

于某某与于某甲均系北京市怀柔区喇叭沟门满族乡西府营村下湾村村民,二人系前后院邻居。2015年11月2日17时许,于某某驾驶其蓝色自卸低速货车行驶至北京市怀柔区喇叭沟门满族乡西府营村下湾村东口,在由南向西左转弯时,将由北向南步行横过马路的于某甲撞倒,造成于某甲受伤,车辆损坏。案发后,于某某拨打"120"急救电话及"122"交通事故报警电话,"120"急救车赶到现场后,因于某甲无亲属在现场,于某某跟随急救车前往怀柔医院抢救被害人,到达医院后于某甲亲属已在医院等候,于某某见到并宽慰了被害人的亲属后离开医院(于某某供述称其欲回家筹集医药费,回家的半路上手机没电,加之车祸后惊慌失措,自己就在路边睡着,直到次日自己的妻子在路边找到自己)。次日13时许,于某某到北京市公安局怀柔分局投案自首。于某甲经医院抢救无效于当日死亡。经鉴定:于某甲符合闭合性颅脑损伤死亡。经北京市公安局怀柔分局交通支队认定:此次事故由于某某承担全部责任,于某甲不承担责任。于某某案发后即向公安机关投案,后如实供述了上述事实。2015年11月9日,于某某家属代其赔偿于某甲近亲属经济损失共计人民币18万元,取得于某甲近亲属的谅解。

2016年1月20日,北京市怀柔区人民检察院以于某某犯交通肇事罪向北京市怀柔区人民法院提起公诉。北京市怀柔区人民法院作出判决,认定于某某犯交通肇事罪,判处有期徒刑一年,缓刑一年。

主要问题

于某某案发后将被害人送往医院后离开的行为是否构成交通肇事后逃逸？

意见分析

意见分歧

本案中，于某某交通肇事后，联系伤者家属，拨打“120”及“122”以后，将伤者送往医院救助，但并未等待接受公安机关处理便自行离开医院，其后手机关机，公安机关无法与其取得联系。该案的分歧焦点在于，于某某上述行为能否认定为交通肇事后逃逸行为，实务中主要有两种意见：

第一种意见认为，于某某的行为构成交通肇事逃逸。主要理由是，根据《最高人民法院关于审理交通肇事刑事案件具体应用法律若干问题的解释》第3条的规定，交通运输肇事后逃逸是指在发生交通事故后，为逃避法律追究而逃跑的行为。因而于某某虽在案发后将伤者送往医院，但在公安机关交管部门处理前逃跑，有逃避法律追究的故意，因而应认定为交通肇事逃逸。

第二种意见认为，于某某的行为不构成交通肇事逃逸。主要理由是，现有证据不能证明于某某有逃避法律追究的主观故意，且于某某积极救助被害人，不应认定为交通肇事逃逸行为。

意见评析

笔者同意第二种意见，理由如下。

第一，准确认定逃逸行为应当围绕行为人是否履行了法定义务，判断其是否具有逃逸的主客观要件。

《道路交通安全法》第70条第1款规定："在道路上发生交通事故，车辆驾驶人应当立即停车，保护现场；造成人身伤亡的，车辆驾驶人应当立即抢救受伤人员，并迅速报告执勤的交通警察或者公安机关交通管理部门。因抢救受伤人员变动现场的，应当标明位置。乘车人、过往车辆驾驶人、过往行人应当予以协助。"因此，保护事故现场，抢救伤员，报警并接受公安机关的处理是肇事者的法定义务。刑法之所以对交通肇事后逃逸作出加重处罚的规定是为了及时抢救伤者，防止事故损失的扩大，也是为了尽快查清事故责任，处理事故善后。交通肇事后逃逸行为的本质特征就是为了逃避法律追究而不履行上述法定义务。因此，在实践中准确认定逃逸行为应当围绕行为人是否履行了法定义务来考察。具体要把握好两方面要件：一是主观要件，即为了逃避法律责任的追究，包括行政责任、民事责任和刑事责任。如果没有法定事由或者正当理由离开事故现场，应当推定为逃避法律追究。二是客观要件，即在接受公安机关处理前，驾驶肇事车辆或者遗弃肇事车辆后逃离事故现场。逃离事故现场不仅包括交通事故发生现场，还包括与事故发生现场具有紧密联系的空间，如按警察指定等候处理的地点、医院等。在认定是否属于逃离事故现场时要特别注意逃逸行为与肇事行为在时空上的连贯性。履行了道路交通安全法上设定的肇事者必须履行的法定义务后逃跑，不宜认定为交通肇事后逃逸。

第二，认定是否构成交通肇事后逃逸要结合具体案情具体分析，综合全案证据予以考察。

具有下列情形之一的，一般应当认定为交通肇事后逃逸：(1)虽将被害人送至医院，但未报案或者无故离开医院，或者向被害人、被害人亲属、医务人员谎报虚假的身份信息和联系方式后离开医院的。(2)交通事故发生后，对相关事宜未能协商达成一致，或虽经协商但给付的赔偿费用明显不足，行为人未留下本人有效信息而强行离开现场的。(3)交通事故发生后，行为人未及时向当地公安机关报警，离开现场后向异地县(市)的公安机关报警的；或者逃离事故现场后具备报警条件不及时报警，具备投案条件而不及时投案的。如果是因为出了事故内心恐惧或者为了逃避酒精检测等而逃离事故现场的，均应认定为逃逸。即便肇事人逃离事故现场不远或者不久即被交警追获或者被其他人拦截、扭送，均不影响逃逸的认定。逃逸途中害怕被加重追究刑事责任而到公安机关投案的，仍应认定为逃逸；其中如实交代罪行的，可以认定为自首。认定是否直接去公安机关投案，不能仅以行为人辩解为依据，应当根据离开现场后的行走线路、时间长短以及是否具备报案条件等因素综合判定。无法认定直接去公安机关投案的以逃逸论处。如果行为人肇事后接受公安机关处理后，在侦查、起诉、审判阶段为躲避责任经传唤不到案，取保候审或者监视居住期间逃跑，实质是一种逃避侦查、起诉、审判的违反刑事诉讼程序的行为，均不宜认定为逃逸，但应当酌情从重处罚。如果肇事后采用打电话等方式报警但逃离事故现场的，或者逃离事故现场后打电话报警的，仍然应当认定为逃逸。只是因为有报警行为，可对其酌情从轻处罚。

有下列情形之一的，一般不予认定为交通肇事后逃逸：(1)行为人驾车驶离现场，有充分证据证明其不知道或不能发现事故发生的；(2)行为人为及时抢救被害人而离开现场，并及时报警接受调查的；(3)行为人将被害人送到医院后，确因筹措医疗费用需暂时离开医院，并经被害人、被害人亲属或医务人员同意，或者留下本人有效信息，在合理时间内及时返回的；(4)行为人因本人伤重需要到医院救治离开现场，无法及时报案的；(5)有证据证明行为人被殴打或者面临被殴打的实际危险而被迫离开事故现场，然后立即报警并接受公安机关处理的；(6)行为人在被司法机关采取强制措施后逃跑的；(7)行为人虽未被司法机关采取强制措施，但已被公安机关询问、调查并如实交代个人情况和行为事实后逃跑的；(8)行为人肇事后离开事故现场径直去公安机关投案，不影响事故责任的认定，且事故损失没有明显扩大的。以上情形可以不认定为交通肇事后逃逸。逃逸行为一经实施，即告成立。

第三，本案中，于某某积极救助伤员，履行法定义务，现有证据无法证明其存

在逃避法律追究的主观意图。

于某某在案发后主动报案并积极抢救被害人，虽然报案时没有说明自己是肇事人，但从肇事人与被害人是前后邻居，于某某报案并通知亲属到医院，见面后也没有急于否认自己是肇事人的事实可看出于某某当时没有逃避法律追究的意图，被害人一方也能推断出于某某有肇事的重大嫌疑。从其妻子次日在从医院到家的路途中找到于某某，其于中午主动投案的事实来看，于某某离开医院为筹钱的辩解具有合理性，不能排除于某某有离开医院之正当事由的合理怀疑，进而无法证明于某某具有逃避法律追究的逃逸的主观故意。综上，于某某虽然客观上离开医院，但筹钱（现有证据不能排除其筹钱的辩解）为救治所需，且没有逃跑行为（在医院与住处区间的路上被找到，并主动到公安机关投案），不能认定其有逃避法律追究目的的逃逸行为。需要注意的是，于某某应同时适用普通交通肇事情节和自首情节。投案自首往往能够印证是否有逃避法律追究目的的逃逸，但两者不是从属关系。“交通肇事后逃逸”属于违反行政法预设义务的行为，“投案自首”是刑罚量刑时的法定从轻情节，两种主观故意支配下实施的两个独立行为需分别进行法律评价。

供稿：北京市怀柔区人民检察院　高　蕊

案例编辑：北京市人民检察院　张艳青

北京市顺义区人民检察院　王　新

苏某某交通肇事案

——交通肇事罪中机动车所有人“指使”行为及刑事责任的认定

基本案情

2020年5月14日，苏某某、李某某与同事在一烧烤店内聚餐，二人均饮酒。当日23时许，苏某某酒后驾驶自己车辆载李某某至另一饭店继续吃饭、饮酒。次日1时许，因苏某某饮酒过多，便将车钥匙交给李某某让李某某开车送自己回家。酒后且无驾驶资格的李某某驾驶苏某某的车辆行驶至顺义区木北路某劳务公司门前，适有廉某某、谢某某顺向行走，车辆右前部与二人身体相撞，造成二人受伤。事故发生后李某某以查看事故现场为由下车，苏某某明知发生交通事故仍驾驶肇事车辆逃离事故现场，李某某亦逃离事故现场。后廉某某、谢某某经抢救无效死亡。经道路交通事故责任认定，李某某负事故全部责任，廉某某、谢某某为无责任。2020年5月15日，苏某某主动到公安机关投案。

2021年2月26日，北京市顺义区人民检察院以犯交通肇事罪对苏某某提起公诉；同年6月9日，北京市顺义区人民法院作出一审判决，认定苏某某构成交通肇事罪，判处有期徒刑五年。苏某某不服，提出上诉。同年9月27日，北京市第三中级人民法院裁定撤销原判，发回重审。经重新组成合议庭审理，2022年4月25日，顺义区人民法院作出判决，认定苏某某构成交通肇事罪，判处有期徒刑三年。

主要问题

如何认定车辆所有人的指使行为及刑事责任？

意见分析

意见分歧

针对车主苏某某的行为定性，有两种分歧意见：

第一种意见认为，苏某某的行为不构成交通肇事罪。首先，苏某某并非肇事司机。其次，司法解释中将“指使”与“强令”二词语并列，意味着二者具有同类性质，指使应具有一定强制性，只是强制性要弱于“强令”，对于没有强制性的建议行为，不能认定为指使。本案中，苏某某与李某某间并没有上下级的领导与被领导关系，苏某某让李某某开车送自己回家的行为并不具有任何强制性，因而苏某某的行为不符合司法解释中规定的“指使”。最后，本案中李某某的行为负事故全部责任的原因有无证、未安全驾驶等，但这些因素与苏某某无关。因此，无法认定苏某某对此次事故负责。

第二种意见认为，苏某某的行为属于机动车所有人指使他人违章驾驶造成重大交通事故，符合《最高人民法院关于审理交通肇事刑事案件具体应用法律若干问题的解释》第7条的规定，应以交通肇事罪追究其刑事责任。

意见评析

笔者同意第二种意见，理由如下。

第一，从文义解释、历史解释、体系解释等多角度认识“指使”。

“指使他人违章驾驶”是机动车辆所有人构成交通肇事罪的客观行为内容，认定苏某某的行为是否构成交通肇事罪的关键是判断其行为属于“指使他人违章驾驶”与否。因为苏某某与李某某共同饮酒，酒后驾驶行为违反《道路交通安全法》规定，属于典型的违章驾驶行为，对此无须进行特别分析。

首先，从文义解释角度分析。《现代汉语词典》中“指使”一词的定义为：“出主意叫别人去做某事。”以行为人主观意愿外化程度的强弱为标准进行划分，比指使一词主观意愿外化程度弱的词语有“纵容”，其定义为：“对错误行为不加制止，任其发展。”比指使一词主观意愿外化程度强的词语有“强令”，其定义为：“用强制的方式命令。”通过三个词语的对比可知，“指使”一词不同于“纵容”之处在于其具有一定的主动性，行为的起意者是指使一方；“指使”一词不同于“强令”之处在于其并不需要将自己的意愿强加于对方，对方完全凭自己意愿决定是否接受该指使。本案中，苏某某将车钥匙交给李某某并让其送自己回家，这一行为完全符合指使一词的文义。一方面，让李某某开车送自己回家的想法是苏某某提出来的，这就意味着苏某某的行为具有主动性，不属于纵容；另一方面，苏某某与李某某为普通朋友，不存在命令与否的身份关系，且苏某某并没有强制性让李某某开车，仅提出该建议并获得李某某同意，这就意味着苏某某并未将自己的意愿强加给李某某，李某某完全凭自己意愿决定开车送苏某某回家，苏某某的行为不属于强令。从文义解释角度可认定苏某某的行为属于指使。

其次，从历史解释角度分析。认为“指使”需要具有一定强制性的观点实际上是对指使作了限缩解释，从司法解释的历史沿革中可以看出这种限缩解释并不恰当。1987年“两高”《关于严格依法处理道路交通肇事案件的通知》中规定：“单位主管负责人或者车主强令本单位人员或所雇佣人员违章驾车造成重大交通事故的，应按照刑法第一百一十三条的规定，追究其刑事责任。”该通知仅将“强令”作为交通肇事罪的行为类型予以规定。而2000年《最高人民法院关于审理交通肇事刑事案件具体应用法律若干问题的解释》第7条规定：“单位主管人员、机动车辆所有人或者机动车辆承包人指使、强令他人违章驾驶造成重大交通事故，具有本解释第二条规定情形之一的，以交通肇事罪定罪处罚。”该司法解释增加了“指使”行为，说明对指使与强令是作为两个层次的行为类型予以列举的，指使应被解释为不具有强制性的出主意，这样能够清晰地分出司法解释中两个层次的行为类型，按照核心含义解释“指示”符合该司法解释的规定。本案中，苏某某让李某某开车送自己回家的建议没有强制性，符合“指使”一词的核心含义，应认定属于司法解释中所列举的指使行为。

最后，从体系解释角度分析。从刑法条文中“指使”“强令”等同类词语的使用语境可以更直观地理解交通肇事罪司法解释中“指使”一词的应有含义。例如，《刑法》第120条之五的强制穿戴宣扬恐怖主义、极端主义服饰、标志罪，《刑法》第134条的强令、组织他人违章冒险作业罪，《刑法》第226条的强迫交易罪，《刑法》第237条的强制猥亵、侮辱罪，《刑法》第244条的强迫劳动罪中均含有“强制”“强令”“强迫”等词语，各条文罪状中描述该类词语的动作多为暴力、胁迫。与之相对，在《刑法》第248条的虐待被监管人罪，《刑法》第307条的妨害作证罪，《刑法》第315条的破坏监管秩序罪，《刑法》第427条的指使部署违反职责罪中均有“指使”一词，这些条文中对指使一词都没有强制性的限制，而且有些条文特别将指使与暴力、威胁等词语分开列举（如妨害作证罪中行为方式有两种：一是以暴力、威胁、贿买等方法阻止证人作证，二是指使他人作伪证）。司法实践中，这些条文中的指使一般也被解释为达到刑法总则中教唆一词的程度即可。因此，交通肇事罪中“指使”的内涵应该与其他条文中相应词语的内涵相同，以达到体系的和谐性。综上，从体系解释角度可认定苏某某的行为属于指使。

第二，指使行为与交通肇事结果之间具有因果关系。

因果关系的认定存在事实层面和规范层面两个层级，因事实层面的条件关系过于扩大因果关系的认定范围，为保障刑法处罚范围适当，需要在认定存在事实因果关系的基础上进一步从规范层面对因果关系进行筛选。目前通行的客观归责理论能够比较透彻地解读因果关系的认定过程，可以客观归责理论的逻辑脉络为基础，对因果关系认定过程进行分析。

首先，苏某某的指使行为制造了刑法不允许的风险。交通运输领域的风险是人们在寻求便捷的同时不得已接受的，但为保障利益平衡，必须将该风险限制在最小范围内，交通法规规则可以缩小风险实现的概率。如《道路交通安全法》是从行政法角度制定交通运输领域的行为规范，交通肇事罪、危险驾驶罪等罪名是从刑法角度制定的交通运输领域的行为规范，违反相应规范的行为就是不当扩大风险的行为，会使交通运输领域的各方利益失衡，属于制造了不被允许的风险。本案中，苏某某明知李某某饮酒仍指使其酒后驾车，该行为符合交通肇事罪的客观构成要件，属于典型违反刑法规范的行为，能够认定苏某某的指使行为制造了刑法不允许的风险。

其次，苏某某的指使行为造成了法益受侵害的后果。本案中，实际肇事者为李某某，即苏某某的指使行为与交通肇事的结果间介入了李某某的驾驶行为，需要判断李某某的行为是否能够排除对苏某某的归责。根据自我答责的基本原理，在涉及第三人介入的情况下，只有当结果完全处于他人责任范围时，方可排除前行为人的归责。〔1〕本案中，苏某某指使李某某酒后驾车送自己回家，而李某某也是在驾驶车辆送苏某某回家的路上发生的交通事故，苏某某的指使行为所产生的影响并未消除，相反正在实际执行过程中，因此不能排除苏某某的责任。综上，能够将交通肇事后果归责于苏某某，即能够认定苏某某的指使行为造成了法益侵害后果。

最后，该法益侵害后果在构成要件保护范围内。因酒后驾驶会极大降低司机的反应速度，从而增加发生交通事故的风险，禁止酒后驾驶就是为了降低交通事故的发生率。本案中，苏某某指使李某某酒后驾车，进而发生了交通事故并致二人死亡，交通事故中死者的生命权正是该构成要件所要保护的法益，能够明确认定该法益侵害后果在构成要件保护范围内。

第三，从规范责任论认定是否对交通肇事结果承担刑事责任。

认定苏某某是否需要承担刑事责任还需分析其主观上是否有责任故意，可以规范责任论进行具体分析：首先依据心理责任论从事实性判断的角度确定故意、过失的有无，其次考虑行为人对法规范的态度（违法性认识判断），最后考虑对行

---

〔1〕 周光权主编：《如何解答刑法题》，北京大学出版社2021年版，第53页。

为人进行个别化的归责是否妥当(期待可能性判断)。[1]

首先,能够确定苏某某对自己的客观行为持故意心态。在案证据能够证实苏某某明知李某某饮酒仍指使其驾车,能够从事实性判断的角度认定苏某某对自己的客观行为持故意态度。

其次,能够确定苏某某具有违法性认识。违法性认识的意思是行为人知道其行为违反法秩序,也知道法律对他的行为方式予以禁止的评价。违法性认识在判断上采用的是推定方法,该推定是一种规范性判断,即在当今资讯发达的大背景下,国家对法律规范采用合理方法宣传的,就推定民众知道该法律。苏某某具有普通人的生活环境,能够推定其对指使他人酒后驾驶这一行为的违法性是明知的。

最后,对苏某某进行归责具有期待可能性。否定论者主要从苏某某并不是实际驾驶人,也没有强迫李某某去驾驶,且李某某还有其他违法行为等角度认为,让苏某某承担交通肇事罪的刑事责任超出了期待可能性,主张认定苏某某的行为不构成交通肇事罪。该观点混淆了违法性认识与期待可能性,上述那些"出罪理由"通俗地讲就是苏某某的行为没什么大不了,不至于触犯刑法,或者说类似情况有很多,如果作为犯罪处理,打击面会很大。对这些理由可总结为:苏某某没有想到这个行为是违法的。如前文所述,从规范角度看,苏某某具有违法性认识,不能以此否定其责任。当苏某某有这种规范意识时,是能够期待其遵守规范的,简单说就是规范使用车辆并不强人所难。综上,从责任故意角度分析,能够认定苏某某需要对交通肇事结果承担责任。

供稿:北京市顺义区人民检察院 王 冬

案例编辑:北京市人民检察院 梁景明

〔1〕 周光权:《刑法公开课》(第2卷),北京大学出版社2020年版,第250页。

三、破坏社会主义市场经济秩序罪

熊某某洗钱案

——代收受贿款并帮助转化指定用途的行为认定

基本案情

上游犯罪：2009年2月至2012年6月，王某某（另案处理）利用担任某县县委书记职务上的便利，为崔某某实际控制的某科技有限公司和某置业有限公司的项目提供优惠措施、减免配套费，并在返还土地出让金、加快拆迁等方面谋取利益。其间，王某某分多次向崔某某索取北京市朝阳区房产一套及装修款、车位购置款、税费等共计折合人民币440.153286万元。2018年12月21日，王某某因犯受贿罪被判处有期徒刑十二年，并处罚金人民币400万元。

洗钱犯罪：2009年7月至2010年7月，熊某某按照王某某的授意，提供本人的银行卡接受崔某某向王某某的行贿款共计人民币128万元，用于对位于北京市朝阳区的房产装修及购置车位。后熊某某使用以上款项于2010年10月30日、2011年4月17日向某房地产开发公司分别支出15万元购买位于北京市朝阳区的地下车库两处，共计支出30万元；于2009年9月至2011年底使用90余万元对涉案房产进行装修；于2012年2月通过房屋中介将王某某受贿所得的北京市朝阳区的房屋出租给郭某某，并收取租金16万元，其中熊某某提供个人建设银行卡收取租金10万元，现金收取租金6万元。

北京市朝阳区人民检察院于2022年7月5日以熊某某涉嫌洗钱罪提起公诉。北京市朝阳区人民法院于2022年10月24日作出判决，采纳检察机关所指控的犯罪事实及量刑建议，认定熊某某犯洗钱罪，判处有期徒刑一年，并处罚金人民币6万元。一审判决后，熊某某未上诉，现判决已生效。

主要问题

行为人帮助收受指定用途的款项，且实际将财物按照受贿人指定的用途使用，此种行为应当如何认定？

意见分析

意见分歧

第一种意见认为，熊某某的行为不构成犯罪。熊某某主观上没有替王某某掩饰、隐瞒其受贿所得来源和性质的犯罪故意，而是出于朋友情谊的帮忙。熊某某因为自己常居在北京市，更方便购买车位或对房屋进行装修，并不是为了掩人耳目。此外，购买车位和装修房屋是王某某受贿后的消费行为，是上游犯罪所得的自然延伸状态，不属于“动态的漂白行为”，不宜认定构成犯罪。

第二种意见认为，熊某某的行为构成受贿罪或行贿罪的共犯。熊某某作为中间人，其在事前完全知悉崔某某行贿王某某，而且实际上在整个行受贿过程中都扮演帮助的角色。熊某某帮助王某某挑选房产并最终选定，又帮助崔某某支付房款、装修房屋、购买车位等，最终帮助完成行受贿行为。因此，熊某某的行为构成受贿罪或者行贿罪的帮助犯。

第三种意见认为，熊某某的行为构成掩饰、隐瞒犯罪所得、犯罪所得收益罪。熊某某帮助王某某收取装修款及车位购置费，并将上述钱款用于王某某指定的用途，其行为并非为了掩饰隐瞒赃款的来源和性质，而是上游犯罪所得的“物理延伸”状态，实质上没有侵犯国家金融管理秩序，适用掩饰、隐瞒犯罪所得、犯罪所得收益罪进行处罚更为合适。

第四种意见认为，熊某某的行为构成洗钱罪。一方面，在主观方面，熊某某明知其提供账户帮助接收的崔某某给予的车库款、装修款系王某某受贿所得。另一方面，在客观方面，熊某某实施了多项具体的洗钱行为，一是提供资金账户，其在主观明知的情况，提供个人银行账户接受行贿人支付的行贿款；二是以其他方法掩饰、隐瞒犯罪所得及其收益的来源和性质，熊某某用个人账户接收"指向性"受贿，并按照受贿人要求帮助将受贿款转化为物质性财产（车库、房屋装修等），并在代为购买车库时将购买人写成熊某某本人，实际上意图并在一定程度上掩饰、隐瞒了王某某受贿金额的事实，对司法机关查清上游犯罪事实造成障碍，客观上侵犯了金融管理秩序。

意见评析

笔者同意第四种意见，理由如下。

第一，行为人只要明知是在为犯罪违法所得掩饰、隐瞒其来源和性质，即符合洗钱罪的主观构成要件。

洗钱罪在主观方面表现为故意，即行为人明知自己的行为是在为违法犯罪所得掩饰、隐瞒其来源和性质，仍故意为之，并希望这种结果发生。关于"明知"的判断，根据《最高人民法院关于审理洗钱等刑事案件具体应用法律若干问题的解释》第1条的规定，洗钱罪中的"明知"，应当结合被告人的认知能力，接触他人犯罪所得及其收益的情况，犯罪所得及其收益的种类、数额，犯罪所得及其收益的转换、转移方式以及被告人的供述等主客观因素进行认定。目前实践中对该问题主要有两种意见：一种是具体认识说，认为行为人必须具体认识到是七类上游犯罪；另一种是概括认识说，认为只要认识到钱款来源具有非法性即可。本案中，熊某某在数次供述中表示明知其帮助王某某收受的钱款是贿赂款项，且与证人王某某的证言相印证，即熊某某对于崔某某给王某某买房子以及其本人代王某某收取崔某某128万元人民币的原因是知情的；王某某也曾告诉熊某某，自己在某县担任主要领导期间给崔某某的企业帮过很大的忙。在崔某某和熊某某办理受贿房屋的房产证时，王某某明确告诉熊某某，房子不能写王某某本人及亲属朋友的名字。之后装修房子和买车位等钱款都是上述房屋的后续支出，熊某某知道是由崔某某出钱，且都是崔某某直接将钱转给熊某某。故无论是从具体认识说还是从概括认识说的角度，熊某某均符合“明知”的主观状态。对于是否实质上达到掩饰、隐瞒贪污贿赂犯罪等七类犯罪所得及其产生收益的效果并非洗钱罪认定的必要条件。行为人只要主观上为达到掩饰、隐瞒特定犯罪的目的而实施《刑法》第191条规定的行为，即符合洗钱罪构成要件。至于效果与否属于量刑情节，如要求必须达到“洗白”目的才能认定犯罪的观点，极大限缩了法律规定适用。

第二，行为人只要实施了隐匿资金流转关系，掩饰、隐瞒赃款的来源和性质，使赃款表面合法化的行为，即构成洗钱罪的既遂。

洗钱罪属于行为犯的一种，行为犯是指以法定的犯罪行为的完成作为犯罪既遂标准的犯罪，而结果犯是指不仅要实施具体犯罪构成客观要件的行为，还必须发生法定的犯罪结果才构成既遂的犯罪。因此就洗钱罪而言，对其既遂的认定就应当以行为人实施的洗钱行为作为依据。洗钱罪在客观方面的表现形式包括提供资金账户，协助将财产转为现金或者金融票据，通过转账或者其他结算方式协助资金转移，协助将资金汇往境外和以其他方式掩饰、隐瞒犯罪的违法所得及其收益的来源和性质。上述任何洗钱行为都应有一定的过程，只有将洗钱行为实施完毕的，方可成立犯罪既遂。实践中洗钱的手段层出不穷，《刑法》和司法解释“列举式”的归纳总结不能涵盖所有的洗钱方式。针对洗钱手段变化频繁，资金转移方式越来越专业化的现象，司法机关在办案中应透过资金往来表象抓住洗钱行为本质。即洗钱罪在客观行为上表现为将七类上游犯罪所得及其收益通过金融机构或非金融机构等，采用提供转移、转换等方法使赃款“漂白”，其本质都是通过隐匿资金流转关系，掩饰、隐瞒赃款的来源和性质，使其表面合法化，至于具体操作的行为方式和平台应予淡化。本案中，熊某某利用本人的银行账户帮助王某某收取用于车位购买和房屋装修受贿款的行为，实质上帮助隐匿了崔某某给予王某某财物的事实，使该笔钱款表面上看来与王某某没有关系，本质上是一种洗钱行为。

第三，在连续的帮助收受贿赂的过程中，不同的行为要根据其目的、过程、侵犯的法益等来具体确定行为的性质。

判断是否构成共同犯罪，要看双方是否通谋。如果洗钱行为人与上游犯罪行为人不存在通谋，则其与上游犯罪行为人只是上下游的关系，不成立共同犯罪，其洗钱行为仍然单独构成洗钱罪一罪。本案中，熊某某在王某某的受贿过程中，无论是与王某某还是与崔某某，均无通谋的故意和行为，其只是在下游的犯罪中起到了帮助作用，故不宜认定为共同犯罪。本案中，关于熊某某带着崔某某为王某某购买房屋并由崔某某支付300余万元房款及熊某某帮助收取现金6万元租金的事实，熊某某并未提供资金账户，钱款或未经过熊某某之手或熊某某未提供个人账户，在这两次帮助中，熊某某只是起到了一定的“协助”作用。该行为不符合洗钱罪通过转账等方式掩饰隐瞒犯罪所得及其收益的构成要件，因此不构成《刑法》第191条规定之洗钱罪。熊某某帮助收取现金6万元租金的行为更适宜认定为掩饰、隐瞒犯罪所得、犯罪所得收益罪，但由于已过追诉时效而不再评价。

对于熊某某帮助收受的用于帮助购买车库及对涉案房产进行装修、用个人银行卡收取的10万元租金则宜认定为洗钱罪。掩饰、隐瞒犯罪所得、犯罪所得收益罪与洗钱罪的区别，一是掩饰隐瞒的犯罪类型不同，《刑法》明确规定，洗钱罪的上游犯罪特指七类犯罪〔1〕。二是犯罪目的不同，洗钱罪要掩饰隐瞒的赃款的来源和性质，而前者则更强调物理掩藏，如果仅是通过改变赃款的物理状态对其进行转移或隐匿，使司法机关不能或难以发现，妨害司法机关对赃款的追缴，该行为不

---

〔1〕《刑法》第191条第1款规定：“为掩饰、隐瞒毒品犯罪、黑社会性质的组织犯罪、恐怖活动犯罪、走私犯罪、贪污贿赂犯罪、破坏金融管理秩序犯罪、金融诈骗犯罪的所得及其产生的收益的来源和性质，有下列行为之的，没收实施以上犯罪的所得及其产生的收益，处五年以下有期徒刑或者拘役，并处或者单处罚金；情节严重的，处五年以上十年以下有期徒刑，并处罚金：（一）提供资金帐户的；（二）将财产转换为现金、金融票据、有价证券的；（三）通过转帐或者其他支付结算方式转移资金的；（四）跨境转移资产的；（五）以其他方法掩饰、隐瞒犯罪所得及其收益的来源和性质的。”

具有使赃款表面合法化的作用，则应以掩饰、隐瞒犯罪所得、犯罪所得收益罪予以认定。三是侵犯的法益不同，洗钱罪侵犯的是金融管理秩序，而前者则是妨害司法管理秩序。熊某某的上述行为是其明知赃款系受贿所得或为受贿物孳息，仍然提供个人资金账户，按照受贿人指示，将受贿资金转换为其他介质的财产性利益的行为。熊某某具有隐瞒资金来源及性质的客观行为及主观故意，适用洗钱罪进行处罚更为合适。

供稿：北京市朝阳区人民检察院　李晓娟　王国锦

案例编辑：北京市人民检察院　李　宁

王某某信用卡诈骗案

——如何认定“发卡银行违规以信用卡透支形式变相发放贷款”？

基本案情

2017年8月，王某某在中信银行开通一张信用卡，至2018年8月多次使用此卡透支消费。2018年9月之后，该信用卡出现还款逾期情况，中信银行在还款逾期超过规定期限后进行了两次有效催收，经催收超过3个月仍未归还。截至2019年3月6日，王某某使用该卡消费共计人民币129809.87元，还款共计人民币97548.01元，尚未归还的实际透支的本金数额为人民币32261.86元。

2018年2月，王某某经中信银行客服介绍，通过中信银行App申请“随借金”业务，匹配开通账户尾号为0608的中信银行虚拟信用卡。截至案发该卡共计交易两笔，其中第一笔为2018年2月8日现金转账，交易金额2100元，2月12日产生利息5.25元，王某某于2月14日还款2105.25元。第二笔为同年2月21日“随借金+转借记卡”，交易金额24800元，同年3月12日中信银行收取利息248元，此后每月12日收取利息。两笔交易均从王某某申请的该虚拟信用卡中转入其本人工商银行借记卡中，之后用于个人消费。截至2019年3月6日，王某某使用该虚拟信用卡转账提现共计人民币26900元，还款共计人民币8255.25元，尚未归还的本金数额为人民币18644.75元。

2019年3月6日，王某某被公安机关电话传唤到案。同年3月11日，王某某家属将其在中信银行的欠款全部还清。之后中信银行出具谅解书，对王某某的行为表示谅解。2020年3月9日，北京市公安局房山分局以王某某涉嫌信用卡诈骗罪向北京市房山区人民检察院移送起诉。2020年7月3日，房山区人民检察院对王某某作出法定不起诉决定。2020年7月8日，北京市公安局房山分局对王某某法定不起诉决定申请复议。2020年7月27日，经房山区人民检察院检察委员会讨论，决定维持原法定不起诉决定。

主要问题

对于发卡银行向持卡人专门匹配的虚拟信用卡一次性放款，且通过信用卡账户进行分期还款的现金分期业务，能否认定为“发卡银行违规以信用卡透支形式变相发放贷款”？

意见分析

意见分歧

关于发卡银行向持卡人一次性放款，且通过信用卡账户进行分期还款的现金分期业务，实践中主要有两种分歧意见：

第一种意见认为：上述现金分期业务属于信用卡恶意透支的范围。根据2004年12月29日全国人大常委会《关于〈中华人民共和国刑法〉有关信用卡规定的解释》，刑法规定的信用卡，是指由商业银行或者其他金融机构发行的具有消费支付、信用贷款、转账结算、存取现金等全部功能或者部分功能的电子支付卡。信用贷款属于刑法规定的信用卡的功能之一，也应当包含在信用卡诈骗罪中恶意透支的范围之内。

第二种意见认为：上述现金分期业务不属于信用卡恶意透支的范围。应当严格区分信用卡的透支功能和信用贷款功能。虽然2004年全国人大常委会《关于〈中华人民共和国刑法〉有关信用卡规定的解释》中规定了信用卡的功能，但《刑法》第196条第1款第4项规定的恶意透支应当仅指其透支功能，不含贷款功能。且“两高”《关于办理妨害信用卡管理刑事案件具体应用法律若干问题的解释》(2018年修正，以下简称《解释》)第11条明确规定，发卡银行违规以信用卡透支形式变相发放贷款，持卡人未按规定归还的，不适用《刑法》第196条“恶意透支”的规定。发卡银行向持卡人专门匹配的信用卡中一次性放款，且通过信用卡账户进行分期还款的现金分期业务，实质上是借用信用卡的形式发放贷款，应当不适用《刑法》第196条“恶意透支”的规定。

意见评析

笔者同意第二种意见，应当将发卡银行向持卡人专门匹配的虚拟信用卡或本人借记卡中一次性放款，且通过信用卡账户进行分期还款的现金分期业务，认定为“发卡银行违规以信用卡透支形式变相发放贷款”。

根据《刑法》第196条第2款的规定，“恶意透支，是指持卡人以非法占有为目的，超过规定限额或者规定期限透支，并且经发卡银行催收后仍不归还的行为”。《解释》第11条规定，发卡银行违规以信用卡透支形式变相发放贷款，持卡人未按规定归还的，不适用《刑法》第196条“恶意透支”的规定。构成其他犯罪的，以其他犯罪论处。在司法实践中，个别发卡银行不采用传统的抵押担保等具有较高安全性的贷款发放方式，而是以信用卡透支的形式发放贷款，既降低了银行发放贷款的审查要求，又可以将“持卡人”透支不还的行为认定恶意透支以通过刑事手段追索贷款，从而将银行的审慎义务转移给司法机关和“持卡人”。[1]经“两高”研究认为，该行为实质上是借用信用卡的形式发放贷款，所发放的“信用卡”的主要功能是作为贷款载体而非用于透支消费，不符合信用卡的本质特征，此种情况下“持卡人”透支不还的行为主要属于不及时归还贷款，不应适用“恶意透支”的规定定罪处罚。

具体到本案，犯罪嫌疑人使用其虚拟账号申请的“随借金”业务应当认定为“发卡银行违规以信用卡透支形式变相发放贷款”，理由如下。

第一，“随借金”业务具有贷款的特征。

《商业银行法》第37条规定：“商业银行贷款，应当与借款人订立书面合同。合同应当约定贷款种类、借款用途、金额、利率、还款期限、还款方式、违约责任和

---

〔1〕 耿磊：《〈关于修改《关于办理妨害信用卡管理刑事案件具体应用法律若干问题的解释》的决定〉的理解与适用》，载《人民司法》2019年第1期。

双方认为需要约定的其他事项。”可见事先约定借款用途、金额、利率、还款期限、还款方式是贷款的显著特征。信用卡透支一般不作此约定。根据犯罪嫌疑人的供述，“随借金”业务在申请时需要填写借款用途，《“随借金”产品实施细则》也规定，如客户未按约定用途使用分期金额或未能有效证明分期金额已用于约定用途，信用卡中心有权立即收回全部分期欠款。可见，“随借金”业务的款项用途已被特定化。根据犯罪嫌疑人的供述，“随借金”业务在申请时便确定了放款的金额、利息以及还款期限，证明“随借金”业务具有贷款的特征。

第二，“随借金”业务缺乏信用卡透支的形式要求。

“随借金”业务不是通过透支消费的方式取得，而是通过该虚拟账户直接转入犯罪嫌疑人个人的借记卡中，缺乏信用卡透支的形式要求。根据《“随借金”产品实施细则》规定，“随借金”虚拟卡可用于偿还“随借金”产生的全部款项，不可用于任何其他方式的取现及消费等交易。根据犯罪嫌疑人借记卡的银行流水显示，中信银行将款项一次性发放到该虚拟账户后，犯罪嫌疑人又将款项转入本人的借记卡中使用。犯罪嫌疑人供述也证实这张虚拟卡只是用来归还现金分期。上述证据足以证明这张虚拟卡的主要功能是作为贷款载体而非用于透支消费，实质上是借用信用卡的形式发放贷款。

第三，“随借金”业务申请流程与普通信用卡申请流程存在明显区别。

根据《“随借金”产品实施细则》第8条的规定，“随借金”产品的办理渠道分为人工办理渠道和电子办理渠道。人工渠道包括客服呼入座席；电子渠道包括信用卡快捷网银、动卡空间等。根据王某某的供述，其申请“随借金”产品是通过中信银行App申请的，在App上填写相关内容，不需要提交书面申请材料，经过审核一般两个小时就能得到款项。“随借金”产品的申请降低了银行的审核义务，与申请普通信用卡的流程存在明显区别。

第四，“随借金”业务具有一次性、非循环性。

根据《“随借金”产品实施细则》的规定，信用卡中心依据持卡人资信状况及用卡情况核定"随借金"产品信用额度。王某某的供述也表明"随借金"业务是每一笔申请均需要银行事先核准，且在银行放款时已经确定了现金分期的总金额，必须进行现金分期。每次申请一笔款项后，需在全部还清之后再另行申请，额度不循环使用。在案银行流水显示，犯罪嫌疑人在第一笔款项全部还清以后又申请了第二笔。此后没有全部还清，也没有继续申请新的款项。这与信用卡透支额度可以循环使用存在明显区别。

第五，"随借金"业务收取利息。

根据《"随借金"产品实施细则》的规定，"随借金"是按日计费的短期现金分期服务，免息还款期为1日，收到款项当天为本金及手续费的记账日。根据王某某供述证实其申请的"随借金"业务收取了利息和手续费。根据在案银行流水显示，其第一笔2100元申请之后4日就产生了5.25元的利息。其在第二笔24800元申请之后，在20日里产生了248元的利息。与一般情况下信用卡透支后，在还款日以前归还就不需要交纳利息和手续费存在明显区别。

综上所述，"随借金"产品是中信银行为其信用卡持卡人提供的按日计费的短期现金分期服务产品，该产品依托于中信银行随借金卡（虚拟信用卡），客户在支付一定的手续费后，可将其信用额度转到其名下的借记卡或虚拟信用卡上消费或提现。银行根据持卡人的综合授信额度，为持卡人提供消费额度并通过信用卡一次性放款，在信用卡账户内计算分期还款数额的现金分期业务，属于"类贷款"业务。根据《解释》第11条的规定，依法认定王某某使用账户尾号为0608的虚拟信用卡申请的"随借金"业务属于发卡银行违规以信用卡透支形式变相发放贷款，不适用《刑法》第196条"恶意透支"的规定。

供稿：北京市房山区人民检察院　刘炳坤　潘笑菲

案例编辑：北京市人民检察院　李　宁

陈某销售假冒注册商标的商品案

——销售假冒他人未实际生产和销售的注册商标的商品的行为是否符合销售假冒注册商标的商品罪的客观要件？

基本案情

2013年5月至2014年9月，陈某在北京市丰台区京开五金建材城北区某商铺处，销售带有“梅兰日兰”字样的地插。2014年9月18日，公安机关从陈某经营的商铺和其位于花乡的库房内，查获带有“梅兰日兰”字样的地插共计4110个。其中，“梅兰日兰”是施耐德电气（中国）有限公司在中国依法注册且有效的注册商标，其核定使用商品为第九类，具体包括插头插座及其他接触器、电线等。经商标权利人施耐德电气（中国）有限公司核对，从陈某的商铺和仓库中起获的4110个带有“梅兰日兰”字样的插座产品均为擅自使用施耐德电气（中国）有限公司注册商标的产品。上述商品经丰台区价格认证中心鉴定，共价值人民币84万余元。经审查，施耐德电气（中国）有限公司在实际中尚未生产标有“梅兰日兰”文字商标的同类商品。

2014年9月19日，陈某因涉嫌销售假冒注册商标的商品罪被北京市公安局丰台分局刑事拘留，同年10月18日被取保候审，2015年1月4日被移送北京市丰台区人民检察院审查起诉。2015年7月1日，丰台区人民检察院对陈某作出法定不起诉决定。

主要问题

销售假冒他人未实际生产和销售的注册商标的商品的行为是否符合销售假冒注册商标的商品罪的客观要件?

意见分析

意见分歧

第一种意见认为，根据最高人民法院、最高人民检察院、公安部《关于办理侵犯知识产权刑事案件适用法律若干问题的意见》(以下简称《意见》)第5条第2款的规定，认定“同一种商品”，应当在权利人注册商标核定使用的商品和行为人实际生产销售的商品之间进行比较。虽然商标权利人仅在其注册核定使用的部分商品上使用了相关注册商标，但应当以核定使用的所有商品作为判断是否属于“同一种商品”的参照商品，而不能以商标注册人实际使用的商品为参照。因此，陈某销售假冒他人注册商标的商品的客观行为符合销售假冒注册商标的商品罪的客观要件，但因在案证据不足以证明陈某主观上明知所销售商品系假冒他人注册商标的商品，因此应当对陈某作出存疑不起诉决定。

第二种意见认为，根据我国刑法对假冒注册商标罪和销售假冒注册商标的商品罪入罪条件的规定，以及刑法谦抑性原则，“假冒他人的注册商标”和“假冒他人注册商标的商品”应是成立上述犯罪必不可少的两个行为对象。就本案而言，由于施耐德电气(中国)有限公司没有实际将“梅兰日兰”商标实际用于插座这种商品的生产和销售，陈某销售相关带有“梅兰日兰”字样商标的插座的行为不符合销售假冒注册商标的商品罪的客观要件，因此应当对陈某作出法定不起诉决定。

意见评析

笔者同意第二种意见，理由如下。

第一，“假冒他人的注册商标”和“假冒他人注册商标的商品”是成立销售假冒注册商标的商品罪必不可少的两个客观要件。

销售假冒注册商标的商品罪是指销售明知是假冒注册商标的商品，销售金额较大的行为，而其客观方面主要表现为销售明知是假冒注册商标的商品的行为。销售假冒注册商标的商品罪中的“假冒注册商标的商品”是指未经注册商标所有人许可，使用与其注册商标相同的商标的同一种产品。“假冒注册商标的商品”的特点是在销售的商品上未经他人许可使用了与他人注册商标相同的商标，所销售的商品与商标专用权人的商品属于同一种商品。由此可见，无论是在刑法理论还是在司法实务中，销售假冒注册商标的商品罪的犯罪构成中均强调“使用与他人注册商标相同的商标”和“在同一种商品上使用”这两个要求。进而可推论得出“假冒他人的注册商标”和“假冒他人注册商标的商品”是成立销售假冒注册商标的商品罪必不可少的两个客观要件。本案中，由于施耐德电气（中国）有限公司没有将“梅兰日兰”商标实际用于插座这种商品上，其仅是将该商标在相关商品种类上进行了注册。因此，实际中便没有与假冒商品相同的真实商品的存在，便无法认定犯罪嫌疑人客观上销售了假冒与他人注册商标相同的“同一种商品”。

第二，要正确理解司法解释中“同一种商品”的含义。

虽然《意见》第5条第2款规定了认定“同一种商品”应当在权利人注册商标核定使用的商品和行为人实际生产销售的商品之间进行比较，但结合相关司法实践，该规定主要是为了限制将行为人假冒商标权利人超出核定使用商品范围商标的行为作为犯罪的情形。本案中，陈某仅销售带有“梅兰日兰”商标的插座这一种商品，其并没有销售带有“梅兰日兰”商标的其他商品，对于陈某这种销售单一商品而商标权人又没有实际生产同种被假冒商品的情形，宜从刑法对商标犯罪法益保护必要性的角度对核定商品的范围作必要的限制解释，即将假冒商标的商品限于商标核定使用商品中实际使用商标的商品。

第三，对销售假冒注册商标的商品罪进行限制解释符合刑法谦抑性原则。

因实际并未有被假冒的真实商品的存在，因此真实商品的市场占有份额便不会因为“假冒商品”的存在和销售而被挤占，商标权利人的权益也不会受到较大的影响。由于我国目前对知识产权包括商标权的保护一般采取民事救济和行政救济优先的原则，刑事保护应该保持相对谨慎的立场和态度，故而限缩相关犯罪的犯罪构成的解释也符合刑法谦抑性原则。

综上所述，从我国刑法对销售假冒注册商标的商品罪入罪条件的规定以及刑法谦抑性的原则出发，“假冒他人的注册商标”和“假冒他人注册商标的商品”是成立销售假冒注册商标的商品罪必不可少的两个客观要件。在本案中，犯罪嫌疑人陈某的客观行为不符合其中“假冒他人注册商标的商品”的条件，故其行为不构成销售假冒注册商标的商品罪，应当作法定不起诉处理。

供稿：北京市丰台区人民检察院　薄　亮　张　倩

案例编辑：北京市人民检察院第四分院　王志国

韩某甲等7人假冒注册商标案、王某甲假冒注册商标案

——定制假冒注册商标商品并销售的，依必要参与程度可以构成共同犯罪

基本案情

2010年11月10日，韩某甲注册成立某某之星润滑油有限公司，生产“某某之星”品牌润滑油和加工散装油，并陆续招录王某甲、王某乙、韩某乙、韩某丙、谷某某等工人。2018年6月前后，某某之星公司搬迁至北京市房山区窦店镇下坡店村重新建厂。2018年10月前后，韩某甲根据王某甲等人的订单需求，指使韩某乙等人开始生产假冒“壳牌”“嘉实多”“美孚”等品牌的润滑油。2018年12月，董某某到该公司参与生产前述假冒品牌的润滑油。

2019年1月11日，北京市公安局房山分局会同北京市工商局房山分局在某某之星润滑油有限公司检查时，发现该公司涉嫌生产假冒“壳牌”“美孚”“嘉实多”等品牌的润滑油，并从韩某甲等人租赁的库房内查获大量带有“壳牌”“嘉实多”“美孚”等商标标识的润滑油包装箱、瓶盖、防伪标、空瓶等物品；从某某之星润滑油有限公司门口停放的一辆福田牌小型汽车（车辆所有人为该公司）内查获大量带有“壳牌”“嘉实多”“美孚”等商标标识的成品润滑油；从王某甲所租的库房内查获大量带有“壳牌”“美孚”“嘉实多”等商标标识的成品润滑油。经广州维奥商务咨询有限公司、嘉实多（深圳）有限公司、埃克森美孚（中国）投资有限公司等公司认定，上述带有“壳牌”“美孚”“嘉实多”等商标标识的包装材料和成品润滑油均为假冒注册商标的产品。经对从韩某甲等人处查获的账本进行统计，从福田牌小型汽车内扣押的假冒注册商标的润滑油价值人

民币54783元；从王某甲所租库房内扣押的假冒注册商标的润滑油价值人民币166170元。

2019年4月17日，北京市公安局房山分局以韩某甲等7人涉嫌假冒注册商标罪向北京市房山区人民检察院移送审查起诉。同年9月27日，房山公安分局以王某甲涉嫌假冒注册商标罪向房山区人民检察院移送审查起诉。房山区人民检察院分别于同年9月26日和10月24日以韩某甲等7人涉嫌假冒注册商标罪、王某甲涉嫌假冒注册商标罪起诉至北京市房山区人民法院。2020年1月21日，房山区人民法院分别判处韩某甲等7人构成假冒注册商标罪、王某甲构成假冒注册商标罪。

主要问题

定制假冒注册商标商品又进而销售该假冒注册商标商品的行为，能否与生产方构成假冒注册商标罪的共犯？

意见分析

意见分歧

第一种意见认为，王某甲的行为构成销售假冒注册商标的商品罪。王某甲虽然客观上参与了对假冒注册商标产品的定制，但是其主观上是销售的故意，应当认定为销售假冒注册商标的商品罪。

第二种意见认为，王某甲的行为构成假冒注册商标罪和销售假冒注册商标的商品罪的想象竞合犯，以假冒注册商标罪论处。

第三种意见认为，王某甲的行为构成假冒注册商标罪，与韩某甲等人构成假冒注册商标的共同犯罪。

意见评析

笔者同意第三种意见，理由如下。

第一，以需求订单的形式生产制造假冒注册商标的定制方和生产方为对合关系，均实施了假冒注册商标行为。

对合犯又称对向犯，是指以相互对应的行为为构成要件的犯罪。[1]如行贿与受贿对应存在，拐卖妇女、儿童与收买被拐卖妇女、儿童对应存在。通说采用广义对合犯概念，双方不必然均构成犯罪（常见的如刑法规定了贩卖淫秽物品牟利罪，却不处罚单纯的购买方），也不必然构罪的罪名相同（如行贿方与受贿方分别构成行贿罪与受贿罪）。假冒注册商标罪本身不是对合犯，但本案基于特定事实产生了对合关系。对合关系双方“互为行为相对人，彼此依存，缺一不可”[2]。定制关系的供需双方相对应存在，这是市场客观经济规律，从广义上讲也属于一种买卖关系。本案王某甲作为定制方，韩某甲等人作为生产方，双方以需求订单的形式在假冒注册商标润滑油方面达成合意，这种供需双方对应存在的市场经济关系反映在刑法规范领域即犯罪的对合关系。

假冒注册商标罪行为表现是未经注册商标所有人许可，在同一种商品、服务上使用与其注册商标相同的商标。王某甲自身不具备生产条件，为了牟利，向韩某甲的公司发出定制假冒注册商标润滑油的订单需求，用以销售，其为整个生产过程提供了资金源头并提出具体定制要求。而韩某甲的公司主业是生产某品牌润滑油和加工散装油，具有制造同种商品（润滑油）的生产便利条件。韩某甲接受了王某甲的订单，在厂房内制造带有仿冒名牌润滑油商标标识的包装材料，并将自产散装油装入其中，具体实施了生产制造假冒注册商标润滑油的行为。从发起订单到承接订单再到订单完成，定制方与生产方的行为互相依附，构成完整的假冒

〔1〕 周光权、叶建勋：《论对向犯的处罚范围——以构成要件观念为中心》，载《中国刑事法杂志》2009年第10期。

〔2〕 陈兴良：《论犯罪的对合关系》，载《法制与社会发展》2001年第4期。

注册商标行为，侵犯了他人注册商标专用权，也侵犯了消费者的合法权益，破坏了正常市场经济秩序。

第二，假冒注册商标后又进而销售该假冒注册商标商品的行为是同一犯罪行为，直接认定为假冒注册商标罪。

假冒注册商标，又销售明知是他人假冒注册商标商品的，实施了两个不同的犯罪行为，应当以假冒注册商标罪和销售假冒注册商标的商品罪数罪并罚。假冒注册商标后又进而销售该假冒注册商标商品的，为一个犯罪行为，以假冒注册商标罪定罪处罚。〔1〕前者属于"自产他销"，两行为主体不一致；后者属于"自产自销"，具有同一行为主体。从规范目的来看，销售假冒注册商标的商品罪是为了规制"知假售假"的单纯销售行为，要求行为人对自己销售的商品是假冒注册商标这一点必须明知，应属于"自产他销"模式，如果行为人确实不知就阻却违法。自己生产假冒注册商标后又进而销售该假冒注册商标商品的，缺乏"明知"的逻辑基础，其生产和销售行为一体不可分割，均为对假冒注册商标的使用行为，应整体评价为假冒注册商标罪。

本案中，与韩某甲等人通过生产制造假冒注册商标润滑油牟利不同，王某甲定制冒牌润滑油本身不能牟利，只有将商品投入市场，才能借助名牌润滑油的效应为自己带来收益。定制是为了销售，其销售行为又依赖于前述定制生产行为，所以是一个犯罪故意——使用假冒注册商标之下的同一犯罪行为，应直接认定为假冒注册商标罪。

第三，作为假冒注册商标定制方的王某甲与作为生产方的韩某甲等人构成假冒注册商标罪的共同正犯。

买卖型对合关系（本案定制关系属于广义上的买卖关系）中，存在只对销售方（伪造、变造方）定罪处罚的情形，如仅追究贩卖毒品方及伪造、变造居民身份证方

---

〔1〕 王爱立主编：《〈中华人民共和国刑法〉释解与适用》（上），人民法院出版社2021年版，第581－582页。

的刑事责任，刑法不处罚单纯购买毒品方、购买假身份证方，此种情形为片面对合犯，即“刑法条文仅规定处罚一方，而不处罚必要参与的另一方的犯罪”[1]。片面对合犯绕不开的一个问题是，刑法分则明文规定仅处罚一方，能否按照刑法总则认定参与对合行为的另一方构成共犯（教唆犯或帮助犯）。对此，理论上主要有三种观点[2]。（1）“立法者意思说”，立法者在刑法分则中未规定对合参与行为的可罚性，是基于其通常性、定型性，如果参与行为超过通常、定型的程度（最低必要参与程度），属于积极造意者，则可以适用刑法总则认定共犯。（2）“实质说”，刑法分则不处罚对合参与行为是因为从个别、实质上来看，参与人缺乏违法性或责任性。如在贩卖淫秽物品牟利罪中，购买方同时是受保护的被害人；在窝藏罪中，被藏匿的罪犯本人缺乏期待可能性。（3）通说将“立法者意思说”和“实质说”并用，对于如何并用又存在不同主张。有学者认为“对合参与行为是否可罚，应以参与方是否超出单纯利用机会的边际角色而成为制造机会的角色进而制造了法不允许的风险或者显著增大了风险为标准”[3]；有学者认为“对任何一种必要参与行为的可罚性，都可以乃至需要从两个方面进行审视，而不能对一部分必要参与行为采用实质说来解决，而对另一部分必要参与行为采用立法者意思说来解决”[4]。其中，在运用“立法者意思说”时，要根据刑法分则的规定具体分析必要参与行为是否具有定型性、通常性或者是否逾越了最小限度。总之，不能完全排除买卖型对合关系犯罪构成共犯的可能，要判断对合参与行为是否超出必要参与限度，关键看其违法性、责任性是否达到科处刑罚的程度。

参照片面对合犯的共犯可罚性，本案王某甲与韩某甲等人基于需求订单建立了定制合同关系，形成了假冒注册商标的犯罪产业链，这一产业链不同环节的各

---

〔1〕 陈洪兵：《片面对向犯的中国问题——实质说之提倡》，载《法学家》2021年第6期。
〔2〕 钱叶六：《对向犯若干问题研究》，载《法商研究》2011年第6期。
〔3〕 钱叶六：《对向犯若干问题研究》，载《法商研究》2011年第6期。
〔4〕 张明楷：《对向犯中必要参与行为的处罚范围》，载《比较法研究》2019年第5期。

方已分别构罪的基础上是否构成共同犯罪，应根据生产方和定制方之间的意思联络程度、双方在假冒注册商标犯罪中的作用等多种因素综合判断对合行为是否超出一般定制合同关系的必要参与限度，以实现全链条打击。

首先，王某甲、韩某甲二人就生产假冒注册商标润滑油达成合意，形成共谋。二人均供述，双方自始就对“王某甲定制—韩某甲等人生产—王某甲销售”的模式存在意思联络，具有假冒注册商标的共同犯罪故意。韩某甲对王某甲定制假冒注册商标润滑油并销售的认识已超出一般定制合同生产方的基本认识。其次，王某甲与韩某甲等人的对合行为逾越了一般定制合同关系的必要参与限度，双方在假冒注册商标行为中分工明显、作用相当。(1)虽然王某甲作为定制方，首先提出假冒注册商标润滑油的意思，但其并非假冒注册商标罪的教唆犯，而是实行犯。[1]定制方先提出订购需求，生产方后接受订单是市场客观经济规律，双方合意生产假冒注册商标商品的行为是正犯行为。定制不同于一般的买卖关系，买卖关系中购买的对象通常是成品，购买行为不会影响购买物本身的性质，但定制会直接决定定制物的性质。王某甲是假冒注册商标润滑油的需求方和使用者，其对假冒注册商标润滑油提出了明确而具体的要求，假冒的品牌和具体型号完全按照王某甲的订单需求生产，属于个性化定制。故王某甲虽然没有直接实施假冒注册商标的生产行为，但以提供资金、提出生产要求的方式参与了生产。(2)定制成品假冒注册商标商品性质不同于定制假冒注册商标商品零部件、原材料等行为。司法解释规定了构成侵犯知识产权犯罪共犯的情形，[2]明知他人是为了实施侵犯知识产权犯罪，仍为其提供生产制造侵犯知识产权产品的主要原材料、包装材料、生产技术等帮助行为的，构成共犯(此处应为狭义共犯，帮助犯)。举轻以明重，本案韩某甲

[1] “在对合性犯罪下，一般情况下先产生犯意的一方不构成教唆犯，而是某种犯罪的实行犯。”谢彤：《对合犯若干问题探讨》，载《国家检察官学院学报》2001年第4期。

[2] 2011年，“两高一部”《关于办理侵犯知识产权刑事案件适用法律若干问题的意见》第15条规定：“明知他人实施侵犯知识产权犯罪，而为其提供生产、制造侵权产品的主要原材料、辅助材料、半成品、包装材料、机械设备、标签标识、生产技术、配方等帮助，或者……的，以侵犯知识产权犯罪的共犯论处。”

所起的不仅是为他人生产、制造提供原材料、包装材料、生产技术等辅助作用，韩某甲公司承接了生产制造假冒注册商标商品的全部生产任务，制造假冒注册商标标识和包装材料，将散装油装入包装材料冒充注册商标润滑油。可以说王某甲提供了资金要素，韩某甲提供了生产要素，双方在共同假冒注册商标行为中所起的作用相当，最终法院判决王某甲有期徒刑3年，并处罚金14万元，判处韩某甲有期徒刑3年，并处罚金人民币15万元，至于该公司其他参与生产的一般工作人员，刑罚相对较轻。

综上所述，存在定制——生产关系的假冒注册商标行为，应回归案件事实，分别评价定制方和生产方行为。若双方存在假冒注册商标的意思联络，对合行为分工较为明确，发挥作用相当，则超脱了一般定制合同关系的必要参与限度，构成假冒注册商标罪的共犯。

供稿：北京市房山区人民检察院　郭赋轩　黄旭卉

案例编辑：北京市人民检察院　毛　俐

潘某某合同诈骗案

——冒用他人月结账号低价代发快递的行为应如何认定?

基本案情

北京转转精神科技有限责任公司(以下简称转转公司)与北京顺丰速运有限公司(以下简称顺丰公司)签订快递收派服务合同,并获得顺丰公司授权使用的快递服务费月结款账号,在顺丰公司App上通过该账号下单寄送快递当时不收费,月底对账后统一结算并享受7.8折优惠。2018年12月,潘某某通过一次偶然的机会知晓了月结账号,经验证可以使用后在“闲鱼”网站上发布“低价代发顺丰快递”等广告寻找有寄件需求的人。后潘某某通过微信与寄件人联系寄件事宜,在货物寄出、运费确定后由寄件人通过微信向潘某某付款或者在潘某某网店内选择等价虚拟商品付款。截至2019年3月,潘某某使用该账号在顺丰公司App上为他人下订单低价寄送快递,非法获利共计11.2万余元。

据查,顺丰月结服务是顺丰公司为符合资质的企业或个人提供的按周期结算物流费用的服务,是该公司在企业客户中拓展业务的一种营销方式。月结客户可享受企业专属运费优惠、免费增值服务、获取月结积分等优惠福利。寄件人使用月结账号下单寄发快递时无须支付费用,待次月统一由月结账号所属公司与顺丰公司进行结算。

2019年7月23日,北京市公安局顺义分局以潘某某涉嫌诈骗罪向北京市顺义区人民检察院移送审查起诉。同年12月25日,顺义区人民检察院以潘某某犯合同诈骗罪向北京市顺义区人民法院提起公诉。2020年5月13日,顺义区人民法院以潘某某犯合同诈骗罪,判处有期徒刑三年,并处罚金人民币4万元。潘某某未上诉,现判决已生效。

主要问题

冒用他人月结账号低价代发快递的行为应如何认定?

意见分析

意见分歧

第一种意见认为，潘某某的行为构成盗窃罪。理由是:(1)行为人的行为属于秘密窃取公私财物。其行为属于以非法占有为目的，在被害人不知情的情况下，利用知晓的月结账号在顺丰公司App下单寄送快递并通过寄件人的支付行为实现非法获利，属于以非法占有为目的，秘密窃取他人财物的行为。(2)侵犯的客体为财产性利益。行为人未经授权使用月结账号的行为相当于盗窃顺丰公司基于该月结账号享有的财产性利益，其利用月结账号的赊款功能，为被害人创设了本不应承担的债务而且通过寄件人的支付行为实现非法获利，可认定为盗窃财产性利益。(3)欺骗行为仅是为盗窃进行的掩饰手段。行为人获得月结账号、使用月结账号直至最终通过寄件人的支付非法获取被害人快递运费的一系列行为，从表面上看虽然也符合诈骗罪的某些特征，但从整体上分析更符合盗窃罪的特征。

第二种意见认为，潘某某的行为构成诈骗罪。理由是:(1)行为人实施了足以使对方产生错误认识的欺骗行为。顺丰公司月结款账号具有针对性和专属性，在无授权的情况下，行为人通过该月结账号为他人寄送快递其实是冒用月结账号的行为，即虚构事实、隐瞒真相。(2)属于行为人与被骗人不一致的“三角诈骗”情形。顺丰公司快递员系被骗人，其误认为行为人通过正常月结账号转第三方支付暂不收取快递运费，实际上行为人未经授权使用月结账号结算。顺丰公司则在不知情的情况下丧失财物，属于被害人。(3)顺丰公司快递员具有处分的地位和权限。从顺丰公司快递员与顺丰公司之间的法律关系及快递服务的工作内容属性来看，顺丰公司快递员具有处分地位和权限。

第三种意见认为，潘某某的行为构成合同诈骗罪。理由是：(1)行为人的行为属于冒用他人名义签订合同。顺丰快递单的法律属性是货物运输合同，在未被授权使用月结账号的情况下，行为人冒用月结账号在顺丰公司App下单寄送快递属于冒用他人名义与顺丰公司签订货物运输合同。(2)快递运输单为犯罪过程之必要要件。快递运输单在整个实施犯罪过程中属于不可或缺的要件，正因行为人在顺丰公司App下单，顺丰公司才会指派快递员提供寄送快件服务，行为人则通过寄件人的支付行为非法获利，进而顺丰公司遭受财产损失。(3)认定合同诈骗罪比诈骗罪更合理。行为人冒用月结账号与顺丰公司签订快递运输单属于市场交易行为，符合合同诈骗罪中合同性质的要求，其行为不仅侵犯了顺丰公司的财产权，更是侵犯了市场经济秩序，合同诈骗罪更能全面完整地评价该行为。

意见评析

笔者同意第三种意见，理由如下。

第一，要基于快递月结账号的法律属性和功能特征确定被害人。

对行为人的行为准确定性的前提是明确本案的被害人，在此应厘清顺丰公司、转转公司、潘某某之间的关系。从月结账号的法律属性和功能特征来看，月结账号系顺丰公司提供给特定客户的信用赊款服务，法律属性就是一种财产性利益，即可以用来延期支付运费的权益。本案中转转公司作为二手交易平台，所有交易均线上进行，涉及快递业务的都通过顺丰公司授权的月结账号结算。2018年9月，顺丰公司在与转转公司对账时发现资金差异，转转公司经线上订单查询发现有未通过其平台的异常数据，故不支付该异常快递运输费。顺丰公司经回访寄件人发现有人冒用转转公司的月结账号代客户在顺丰公司App上下单寄送快递，致使顺丰公司无法获取以上快递运输费。基于上述分析，正常操作流程中主要涉及顺丰公司、转转公司、买卖双方客户三方法律关系主体。在他人冒用月结账号的情况下，因转转公司有线上订单作为支付依据，故其无须担责，因而仅涉及顺丰公司及行为人两方主体。冒用行为的直接结果表现为行为人对于顺丰公司财产权益的侵害，故本案的被害人应为顺丰公司。

第二，从犯罪行为类型上看，使用月结账号下单的行为应认定为“冒用”。

从犯罪行为模式分析，潘某某的行为类型应属“冒用”，即指“未经他人允许或委托而采用他人的名义”。本案的犯罪行为模式共分五步：(1)潘某某知晓月结账号后在“闲鱼”网站发广告寻找有寄件需求的人，并通过微信与寄件人联系寄件相关信息（如重量、收发件地址、人员、联系方式等）；(2)潘某某在顺丰公司App下单寄送快递；(3)顺丰快递员至寄件人处收取快递，寄件人跟快递员说明第三方支付或转第三方后将快递面单拍照给潘某某以备核查是否下单成功；(4)潘某某选择“寄付月结”方式并输入月结账号结算该单快递运费；(5)寄件人通过微信直接转账或通过支付宝扫码至潘某某设置的支付宝店铺选择同等对价虚拟商品支付。本案中潘某某未经授权使用转转公司的月结账号在顺丰公司App上下单寄送快递，并通过寄件人的支付行为实现非法获利，致使顺丰公司无法获取相应的快递运输费，行为人的行为属于冒用他人名义签订合同，骗取对方当事人财物的合同诈骗行为。

第三，快递运输单本质上属于双方签订的货物运输合同。

司法实践中，法院一般将快递运输合同归入货物运输合同的范畴，通过适用《民法典》关于货运合同的规定进行裁判。《民法典》将货物运输合同定义为承运人将旅客或者货物从起运地点运输到约定地点，旅客、托运人或者收货人支付票款或者运输费用的合同。快递运输合同则是快递公司在约定的时间，将寄件人所寄送的货物运至约定地点并交由收件人签收的合同，从其法律性质来看应当归属于货物运输合同，双方形成运输合同关系。如顺丰快递运输合同，寄件人在顺丰公司App上下单寄送快递，顺丰公司负责将物品从一地运输到另一约定的地点，寄件人或收件人支付运输费。故潘某某在顺丰公司App所下的快递运单，系与顺丰公司签订的货物运输合同，属于经济合同的范畴。

第四，涉案犯罪数额需要结合案情及证据情况具体分析，本案中可以行为人非法获利数额为准。

在冒用他人月结账号低价代发快递犯罪行为的犯罪数额认定方面，实践中存在"快递公司实际受损数额说""月结账号优惠后数额说""行为人非法获利数额说"三种不同的认识。如何认定涉案犯罪数额需要结合具体案情及证据情况加以分析。首先，基于在案证据无法排除合理怀疑，本案不宜以实际损失数额计算犯罪数额。顺丰公司称基于该月结账号遭受损失70余万元，公安机关调取的顺丰公司提供的异常订单数据显示确有实际遭受损失。但在案证据显示涉案月结账号有多人掌握，顺丰公司提供的异常订单中不能排除他人冒用月结账号的可能。故不应按照顺丰公司实际损失认定犯罪数额。其次，不宜按月结账号优惠后数额认定。月结账号系顺丰公司为授权主体开通的全国无固定地点第三方付款业务，约定统一结算可享受优惠折扣。根据顺丰公司与转转公司签订的合同约定，月底统一结算时优惠折扣为7.8折。因潘某某并非授权主体，其不享受月结账号的优惠折扣，故不应按照月结账号的优惠折扣计算的金额来认定犯罪数额。最后，本案宜按行为人非法获利数额认定。在案已查实行为人冒用月结账号的实际收款数额为11.2万余元，该数额可以与顺丰公司异常订单数据形成对应关系，且二者为包容关系。因此，按照行为人实际收款数额认定犯罪数额较为合理。

供稿：北京市顺义区人民检察院　高小艳

案例编辑：北京市人民检察院　张艳青

庞某某非法经营案

——私家车冒充出租车揽客营运行为如何定性?

基本案情

2017年2月至10月，庞某某在未获得出租车营运证的情况下，购买出租车使用的各类标识(车灯、计价器、出租车专用发票、标贴等)安装在私家车上，冒充出租车揽客营运。2017年10月19日凌晨，庞某某在本市海淀区苏州桥附近马路边“趴活”揽客时被民警抓获。民警现场查获车顶灯一个、空车标识牌一个、计价器一个、遥控器一个、出租车发票两卷半以及“首汽”出租标识的门贴两个，起获的计价器显示金额为人民币66810元。

2017年10月27日，北京市海淀区人民检察院认为庞某某的行为不构成非法经营罪，作出不批准逮捕决定。公安机关未提出复议。

主要问题

购买出租车各类标识并安装在私家车上，冒充出租车揽客营运的行为如何定性?

意见分析

意见分歧

第一种意见认为，庞某某的行为构成非法经营罪。庞某某擅自购买出租车车顶灯、计价器、出租车专用发票、标贴等出租车标识安装在私家车上，冒充出租车揽客，足以使消费者产生误解。从事出租车营运行业需要具备出租车营运证。购买出租车营运证的行为可以按照买卖国家机关证件罪追究刑事责任，可见从事出租车营运是一种特许营运行为。私家车冒充出租车营运拉客，严重扰乱了正常的出租车管理秩序和营运秩序。在营运过程中，侵害出租汽车从业者的合法权益，容易滋生冒牌出租车随意操控计价器肆意收费的现象，更无法保证消费者出行安全，危害人民群众生命财产安全，常见伴随涉及非法持有、使用假币及抢劫等犯罪，社会危害性较大，具有刑事打击的必要性。对于以私家车冒充出租车营运拉客的，非法营运额达到追诉标准时，应当以非法经营罪定罪处罚。

第二种意见认为，庞某某的行为不构成非法经营罪。庞某某虽然没有获得道路运输经营许可证、车辆营运证，但私自购买出租车使用的各类标识安装在私家车上，冒充出租车揽客营运的行为并没有违反国家规定，缺少明确的法律依据。根据《刑法》第96条的规定，违反国家规定是指违反全国人民代表大会及其常务委员会指定的法律和决定，国务院制定的行政法规、规定的行政措施、发布的决定和命令。根据罪刑法定原则，在不存在违反国家规定时不得认定为非法经营罪。

意见评析

笔者同意第二种意见，理由如下。

第一，从构成要件符合性角度分析，成立非法经营罪的前提是违反国家规定，没有违反国家规定的不得认定为非法经营罪。

《道路运输条例》（2022年修订）系国家规定，根据该条例第63条的规定，违反该条例的规定，未取得道路运输经营许可，擅自从事道路运输经营的，构成犯罪的，依法追究刑事责任。但该条例第82条亦明确规定："出租车客运和城市公共汽车客运的管理办法由国务院另行规定。"该条例未将出租车客运经营行为涵盖其中，足见立法者对出租车客运经营活动定性有充分的考虑，并有意将一般违法行为和刑事违法行为进行原则性的区分和衔接。故对出租车营运管理并不适用《道路运输条例》，不应将该条例第63条作为法律依据。2005年10月12日国务院法制办对《关于无证经营出租汽车行为是否适用〈无照经营查处取缔办法〉（国务院令第370号）的请示》的复函中称出租汽车经营资格证的核发由县级以上地方人民政府出租汽车行政主管部门实施，根据《无照经营查处取缔办法》第17条的规定，相关法律、法规对无证经营出租汽车的处罚没有规定的，县级以上地方人民政府出租汽车行政主管部门应当依照该办法第14条、第15条、第16条的规定处罚。而北京市政府对无证经营出租车的处罚有相应的规定，故应适用相应的规定作为处罚依据。根据北京市人大常委会通过的《北京市出租汽车管理条例》第24条的规定，"未经批准擅自经营出租汽车业务的，由交通行政主管部门暂扣车辆，责令停止经营活动，没收违法所得，并按每辆车1万元至2万元处以罚款。公安交通管理机关发现无照经营出租汽车业务的，可暂扣车辆，并在5日内移送工商行政管理机关处理"。该条例不属于国家规定，也未提及刑事责任。综上所述，行为人虽然没有获得道路运输经营许可证、车辆营运证，但私自购买出租车使用的各类标识安装在私家车上，冒充出租车揽客营运的行为并没有违反国家规定。

第二，从社会危害（法益侵害）程度考量，对非法从事出租汽车营运案件具体案件具体分析。

在没有司法解释的情况下，判断一个行为是否属于《刑法》第225条第4项规定的"其他严重扰乱市场秩序的非法经营行为"关键是看该行为的社会危害性、违法性和扰乱市场的严重程度。虽然非法从事出租车经营活动存在危害人民群众生命财产安全的可能性，容易激发社会不稳定的因素，在一定程度上破坏正常的营运秩序，影响行业稳定，使出租车营运活动无法纳入正常的管理体系，影响城市形象。但非法从事出租汽车营运活动是否达到严重扰乱市场秩序的程度，还要从营运的规模、营运的时间、营运的方式等多角度进行综合分析，做到具体案件具体分析，不能一概而论定罪处罚。个人使用私家车冒充出租车从事营运，营运时间短、经营数额不大时不宜评价为严重扰乱市场秩序的非法经营行为，可以通过行政处罚等方式追究相应的行政责任。个人使用私家车冒充出租车从事营运活动，未出现扰乱出租车正常运输业务或引起其他法益侵害时，不宜按照非法经营罪处理。

此外，最高人民法院明确要求严格限制对《刑法》第225条第4项的适用，以免扩大刑法的打击面。根据《最高人民法院关于准确理解和适用刑法中“国家规定”的有关问题的通知》第3款的规定，“对被告人的行为是否属于刑法第二百二十五条第（四）规定的‘其它严重扰乱市场秩序的非法经营行为’，有关司法解释未作明确规定的，应当作为法律适用问题，逐级向最高人民法院请示”。从各地司法实践来看，亦未将私家车冒充出租车营运的行为纳入刑事打击的范围。

供稿：北京市海淀区人民检察院　白云山

案例编辑：北京市人民检察院　梁景明

贾某某、李某某、隋某某非法经营案

——非法从事烟草批发、变更经营地点销售烟草专卖品的处理

基本案情

贾某某系中石化北京分公司燕广友加油站站长。2013年5月至10月，该加油站便利店在没有取得烟草专卖企业批发许可证的情况下，多次以一次性超过50条的方式向许某某批发烟草制品3000余条，累计人民币60余万元。其中2013年10月20日一次性向许某某批发烟草制品100条。

李某某系中石化北京分公司北苑路加油站站长。2013年4月至10月，该加油站便利店在没有取得烟草专卖企业批发许可证的情况下，多次以一次性超过50条的方式向许某某批发烟草制品。其中2013年10月22日一次性向许某某批发烟草制品550条，价值人民币126500元。

隋某某系中石化北京分公司非油品经营管理中心烟草品类经理，该公司曾于2009年以“北京市朝阳区静安里×号楼”地址在朝阳区烟草局注册烟草专卖零售许可证。2012年，此专卖零售点因公司内部调整被撤销，隋某某将使用原烟草专卖许可证进货的烟草制品转在北京市朝阳区潘家窑（劲松加油站）库存烟草并进行经营、销售，而上述地点未申请办理烟草专卖零售许可证。现已查证库存的烟草制品累计人民币1717561.1元。

2013年11月29日，北京市石景山区人民检察院对隋某某、贾某某、李某某以非法经营罪批准逮捕；2014年8月15日，石景山区人民检察院对隋某某、贾某某、李某某作出存疑不起诉决定。

主要问题

行为人已取得烟草专卖零售许可证，但从事了烟草批发行为或者有烟草专卖零售许可证，但变更经营地点销售烟草专卖品可否以非法经营罪定罪处罚？

意见分析

意见分歧

关于行为人已取得烟草专卖零售许可证但从事了烟草批发的行为。一种观点认为，既然法律明确规定了批发烟草专卖品应取得烟草专卖批发企业许可证，违反上述规定亦即未经许可经营法律、行政法规规定的专卖物品的行为，应当被评价为非法经营罪。另一种观点认为，虽然上述行为违反了法律和行政法规的有关规定，但批发行为和零售行为本质上具有同一性。因此，既然行为人取得零售许可，再从事批发行为只是违法行为，情节显著轻微，可不认为是犯罪。

关于行为人有烟草专卖零售许可证但变更经营地点销售烟草专卖品的行为。一种观点认为，经营地点是烟草专卖零售许可证的要素，如果经营地点被注销，则视为该专卖许可的效力丧失，此后再经营烟草专卖品应当申领新的许可，否则应视为无许可经营，构成非法经营罪。另一种观点认为，虽然该经营地点被注销，但许可并未被撤销，此后继续经营烟草专卖品的行为应当视为原许可的延续，不宜评价为犯罪。

意见评析

笔者认为，上述两种情形的两种意见都有所偏颇，一方面，烟草零售许可不同于批发许可，有了零售许可不代表就有了批发许可，但是在有零售许可的情况下，化零为整地从事批发行为，毕竟与没有任何许可从事批发的行为有所区别。另一方面，售卖地点确实是烟草专卖零售许可的要素之一，即许可限于特定地点、特定售卖方式，如果经营地点被注销，则意味着许可失效。但是本案中，专卖零售点系因公司内部调整而被撤销，是由公司内部行为导致的经营场所消失，行为人依托原烟草专卖许可证进货的烟草制品不能视为无证进货，而是仍处在许可的效力之下，若将其转到他处销售，虽然超出许可范围，但也不能等同于没有任何许可的非法经营行为。综上所述，有烟草专卖零售许可证但从事烟草批发行为，或者有烟草专卖零售许可证但变更经营地点销售烟草专卖品，虽然违反了有关行政法规，但是对于社会的危害性不大，不宜按照犯罪处理，给予行政处罚即可。

"两高"《关于办理非法生产、销售烟草专卖品等刑事案件具体应用法律若干问题的解释》第1条第5款规定，"违反国家烟草专卖管理法律法规，未经烟草专卖行政主管部门许可，无烟草专卖生产企业许可证、烟草专卖批发企业许可证、特种烟草专卖经营企业许可证、烟草专卖零售许可证等许可证明，非法经营烟草专卖品，情节严重的，依照刑法第二百二十五条的规定，以非法经营罪定罪处罚"。《烟草专卖法实施条例》（2021年修订）第24条规定："无烟草专卖批发许可证的单位或者个人，一次销售卷烟、雪茄烟50条以上的，视为无烟草专卖批发许可证从事烟草制品批发业务。"

行为人超越许可范围从事批发烟草的行为与超出烟草专卖零售许可证指定地点销售烟草的行为，均不在相关许可证的覆盖范围之内，形式上看属于未经许可经营法律、行政法规规定的专营、专卖物品。但是，这些行为毕竟不同于自始无证经营的行为，亦未对流入社会的烟草总量有所影响，只不过在销售频次、售卖地点等方面与许可预期有异。北京市高级人民法院刑二庭《关于"有烟草专卖零售许可证但未按规定购进烟草制品的行为"适用法律问题的函》（2010年7月8日）指出，根据最高人民法院参与《关于办理非法生产、销售烟草专卖品等刑事案件具体应用法律若干问题的解释》制定工作的同志所撰写的关于该解释的理解与适用，"有许可证但超范围或者不按规定的进货渠道进货的行为，虽然违反了有关行政法规，但是对于社会的危害性不大，不宜按照犯罪处理，给予行政处罚即可”。[1]据此精神，对有烟草专卖零售许可证但从事烟草批发行为或者有烟草专卖零售许可证但变更经营地点销售烟草专卖品的行为，可以做同一处理。

供稿：北京市石景山区人民检察院　王　晨

案例编辑：北京市人民检察院　王志坤

〔1〕 李晓：《〈关于办理非法生产、销售烟草专卖品等刑事案件具体应用法律若干问题的解释〉的理解与适用》，载《人民司法》2010年第11期。

杨某某等非法经营案

——网络共犯之间的“通谋”可以通过客观证据推定其以“暗示”方式进行

基本案情

2018年1月至2021年9月，杨某某在未取得出版许可的情况下，以多个期刊出版单位的名义进行组稿、收取版面费，并联系他人对收取的稿件排版、印刷，自行出版、发行后，向北京市顺义区等地进行邮寄，收取涉案期刊版面费共计人民币1200余万元。

期间，杨某虎、李某某、孙某某、王某某、赵某某作为杨某某的代理人员，通过网络联络，协助其在网上联系有发表论文需求的作者，代收论文及版面费，并向作者转寄期刊，从中赚取版面费差额。没有证据表明该5人与杨某某之间就杨某某的期刊出版资质情况进行过明示的意思联络。其中，杨某虎系杨某某弟弟，协助收取版面费共计610余万元；李某某、孙某某等4人与杨某某均通过网络结识，协助收取版面费金额在24万元至73万余元不等。

2021年12月9日，北京市公安局顺义分局以杨某某等6人涉嫌非法经营罪向北京市顺义区人民检察院移送审查起诉。审查起诉期间，杨某某等6人均退赔违法所得。2022年5月7日，顺义区人民检察院以杨某某、杨某虎涉嫌非法经营罪向北京市顺义区人民法院提起公诉，对王某某、赵某某、孙某某、李某某作出相对不起诉处理。同年8月21日，顺义区人民法院作出一审判决，认定杨某某、杨某虎构成非法经营罪，分别判处有期徒刑三年八个月和有期徒刑二年，缓刑二年。

主要问题

网络代理人员与非法期刊经营者之间就经营者的出版资质没有明示的意思联络的情况下，能否依据客观证据推定网络代理人员对该出版行为的非法性具有主观明知，从而认定其成立非法经营罪的帮助犯？

意见分析

意见分歧

第一种意见认为，网络代理人员与非法期刊经营者杨某某身处异地，素未谋面，在网络空间中，杨某某未明确告知代理人员其是否具有发行期刊的资质，即没有证据证明网络代理人员与杨某某之间就无资质发行期刊进行了联络，进而产生共同的犯意。因此，网络代理人员属于过失的帮助犯，其与杨某某之间不成立共犯。

第二种意见认为，网络代理人员客观上实施了帮助行为，通过期刊的发行渠道、周期、价格、质量、寄递方式等方面能够判断，其主观上对自身的帮助行为可能产生的帮助犯罪的后果有一定认识。且为获取利益，对该后果予以接受并放任，即可以认定网络代理对杨某某具有帮助的故意，并且这种帮助行为对杨某某在心理上以及物理上实施犯罪行为均起到了促进作用，可以认定网络代理人员与杨某某之间成立共同犯罪。

意见评析

笔者同意第二种意见，理由如下。

第一，通谋不以明示为必须，可以通过暗示的方式进行。

人的思想支配了人的外在行为，人的外在行为反映了人的真实意思表示。意思沟通既可以用书信、聊天工具的方式进行，也可以用积极的行为等暗示的方式进行，如主动配合他人的犯罪行为。[1]若行为人之间对彼此的行为知晓并接受，对彼此具有相同的目标心知肚明却未宣之于口，就可以认定行为人是通过暗示的方式就完成共同犯罪达成一致。这种观点尤其适用于判断网络空间中的帮助行为是否成立共同犯罪：网络空间中的帮助行为往往无固定帮助对象，呈现“一对多”“多对多”的模式，帮助者与被帮助者之间联络较弱，对彼此的了解程度不深，主观上为“漠不关心”或“心照不宣”的心态。[2]本案中，网络代理人员供述，其从未与杨某某沟通过期刊的真假情况，亦未对其资质进行过核实，因此并不确切知晓杨某某为无资质发行期刊；网络代理人员与杨某的聊天记录显示，杨某某从未明确告知网络代理人员发行的期刊是“假期刊”，但网络代理人员一直在配合杨某某完成发行“假期刊”的宣传、收稿等工作，并与杨某某持续沟通期刊发行进度。在案证据可以证实，网络代理人员与杨某某相互协作，共同完成了期刊的发行全过程，可以认定网络代理人员与杨某某之间对彼此的行为是知晓且认可的。虽然缺少证据证明网络代理人员与杨某某之间就共同实施非法经营进行了明示的意思联络，但并不能因此否定双方成立共同犯罪的可能。

第二，网络代理人员虽并不确切知晓行为人为无资质发行期刊，但只要其对正犯从事犯罪行为的认识达到“有所怀疑”的程度，且能够容认危害结果的发生，就能够认定网络代理人员对正犯具有帮助的故意。

行为人对结果发生的可能性有认识时，应根据其意志要素区分故意与过失，容认结果发生的是故意，不容认结果发生的是过失。[3]本案中，网络代理人员张某某供述，对杨某某是否为无资质发行期刊心存怀疑，但并未主动核实，即对期刊真伪持放任态度。认识要素上，张某某认识到杨某某有可能从事非法经营活动，对正犯进行的犯罪行为有一定认知，意识到自身帮助杨某某进行论文收稿等工作可

---

〔1〕 赵秉志、张新平：《试论网络共同犯罪》，载《政法论坛》2002年第5期。
〔2〕 江溯：《帮助信息网络犯罪活动罪的解释方向》，载《中国刑事法杂志》2020年第5期。
〔3〕 张明楷：《刑法学》（第5版），法律出版社2016年版，第254页。

能发生帮助他人非法经营的危害后果；意志要素上，张某某对杨某某发行的期刊是否为假期刊漠不关心，对正犯非法经营的危害后果并不排斥，能够容认自身的收稿行为可能促进了他人的犯罪行为。因此，张某某虽然并不积极地希望或者意欲帮助他人实施犯罪，但对帮助他人犯罪持有消极的容认心态，放任自己的行为对正犯的犯罪行为产生帮助，可以认定为张某某具有帮助的故意。

第三，在缺少直接证据证明网络代理人员的主观心态时，可以间接证据推定网络代理人员具有帮助的故意。

推定是指基于事物之间的常态的因果联系，由基础事实推出待证事实的一种证明规则。[1]推定是一种认定案件事实的方法，主要在缺少犯罪嫌疑人供述或供述不稳定的情况下，用于认定犯罪嫌疑人的主观明知或非法占有目的。[2]本案中，部分网络代理人员对杨某某从事非法经营行为的主观明知方面供述不稳定，但网络代理人员均知晓杨某某经营发行期刊业务中存在一些"特殊"情形，如期刊发表对论文质量没有要求、发行的期刊发货地为印刷厂而非出版社、稿件录用通知书带电子章可以任意修改、发刊速度快、可加急、价格低廉、可以更改内容重新印刷等。网络代理的供述能够直接证明网络代理对杨某某发行期刊的过程有一定的认识，这是由间接证据直接推导出的基础事实。基于一般人的日常经验法则，能够推定网络代理人员明知杨某某发行的期刊与正规期刊存在差异，杨某某属于无资质发行期刊，或至少能够推定网络代理人员对杨某某是否为无资质发行期刊心存怀疑，进而认定网络代理人员的主观故意。当然，这种推定应当允许提出反证。

供稿：北京市顺义区人民检察院　任巍巍　杨济同

案例编辑：北京市人民检察院　张艳青

---

〔1〕 樊崇义主编：《证据法学》（第5版），法律出版社2012年版，第388页。

〔2〕 陈瑞华：《事实推定的原则与方法》，载《人民检察》2007年第21期。

四、侵犯公民人身权利、民主权利罪

许某某故意伤害案

——滞留看守所服刑罪犯再犯罪能否参照《监狱法》第59条的规定予以从重处罚？

基本案情

许某某因犯诈骗罪于2022年4月19日被北京市大兴区人民法院判处有期徒刑三年，判决生效后因新冠疫情影响滞留北京市大兴区看守所第六监区51号监室服刑，高某某为同监室在押人员。2022年8月25日14时许，因高某某未按照看守所安排做广播操，许某某与高某某发生纷争，将高某某推倒在地后持续拳击高某某左侧上半身，致高某某左侧第6、7、9肋骨骨折，经鉴定，所受损伤程度为轻伤二级。本案由北京市公安局大兴分局侦查终结后，以许某某涉嫌犯故意伤害罪，于2022年10月14日向北京市大兴区人民检察院移送起诉。大兴区人民检察院审查后于同年11月1日向大兴区人民法院提起公诉，并建议对许某某从重处罚。大兴区人民法院于2022年11月22日作出判决，认定许某某犯故意伤害罪，判处有期徒刑一年，与前罪尚未执行完毕的有期徒刑一年十一个月零十三日、罚金29470元并罚，决定执行有期徒刑二年十个月，罚金人民币29470元。

主要问题

《监狱法》第59条规定："罪犯在服刑期间故意犯罪的，依法从重处罚。"对判决生效后滞留看守所服刑期间再犯罪的罪犯能否参照《监狱法》第59条的规定，在量刑时予以从重处罚？

意见分析

意见分歧

第一种意见认为，现有法律规范对在看守所服刑期间再犯罪是否从重处罚无相关规定，不能对许某某在留所服刑期间再犯罪予以从重处罚。《监狱法》第59条规定的从重处罚对象是在监狱内服刑的罪犯，对从重处罚的对象和案发场所有明确规定，滞留看守所服刑的罪犯虽然实质上是在服刑，但服刑场所有明显的区别。按照“法无明文规定不为罪，法无明文规定不处罚”的原则，滞留看守所服刑罪犯再犯罪不应从重处罚。如果参照适用《监狱法》第59条从重处罚的规定，则属于不利于行为人的类推解释。

第二种意见认为，对滞留看守所服刑罪犯再犯罪可以参照《监狱法》第59条的规定予以从重处罚。从司法实践看，在看守所服刑的罪犯主要分为两类：一类是法律拟制的留所服刑人员，人民法院判决已经生效但尚未交付执行的罪犯，此类罪犯名义上不是留所服刑，实际上是留所服刑；另一类是真正的留所服刑人员，按照《刑事诉讼法》规定的余刑三个月以下和拘役的留所服刑罪犯。这两类罪犯与监狱内的罪犯只是服刑场所的不同，身份都是服刑的罪犯，而且都处于正在服刑的状态。从实质上而言，许某某属于留所服刑人员，在看守所服刑与在监狱服刑本质上都属于刑罚的执行，对留所服刑期间再犯罪行为予以从重处罚符合增强预防刑的基本原理要求，对许某某再犯罪参照适用《监狱法》第59条予以从重处罚，符合刑罚适用要求。

意见评析

现行法律规范对罪犯在判决生效后尚未交付监狱执行刑罚期间再犯罪是否从重处罚尚无明确规定，只是明确了这一期间在法律性质上属于刑罚执行。对于这一期间罪犯再次故意犯罪的能否参照《监狱法》第59条的规定予以从重处罚，需要结合这一期间关押结果的具体归属与法律性质作实质性解释，而不能仅停留在相关法律有无明确规定这一形式层面。经综合考量，笔者同意第二种意见，理由如下。

第一，从我国法律的相关规定看，看守所也是我国的刑罚执行机构之一。

我国刑事执行主体呈现出多元化格局，《刑法》第46条规定，“被判处有期徒刑、无期徒刑的犯罪分子，在监狱或者其他执行场所执行”。同时，根据现行《刑事诉讼法》第264条的规定，对被判处有期徒刑的罪犯，由公安机关送交监狱执行刑法；对被判处有期徒刑的罪犯，交付执行刑罚前的剩余刑期在三个月以下的，由看守所代为执行；对未成年犯由未成年犯管教所执行刑罚。由此可见，在我国负责自由刑执行的机构包括监狱、看守所、未成年犯管教所，不同的刑罚执行机构承担对不同群体的刑罚执行任务。

从相关法律规定演变看，随着刑罚执行实践和需求的变化，看守所作为我国的刑罚执行机构，所承担的执行内容和任务不断调整完善。1990年制定且现行有效的《看守所条例》第2条规定：“看守所是羁押依法被逮捕、刑事拘留的人犯的机关。被判处有期徒刑一年以下，或者余刑在一年以下，不便送往劳动改造场所执行的罪犯，也可以由看守所监管。”该条例第47条明确规定：“看守所监管已决犯，执行有关对已决犯管理的法律规定。”1994年《监狱法》对看守所执行刑罚的实践予以认可，作出刑罚执行的衔接性规定，根据该法第15条第2款的规定，罪犯在被交付执行刑罚前，剩余刑期在一年以下的，由看守所代为执行。2012年修订的《刑事诉讼法》结合刑罚执行实践需要对此作了修改，明确对被判处有期徒刑的罪犯，在其被交付执行刑罚前，剩余刑期在三个月以下的，由看守所代为执行。2012年《监狱法》修订作出相应调整，将短期余刑的刑期修改为三个月，该法第15条第2款规定：“罪犯在被交付执行刑罚前，剩余刑期在三个月以下的，由看守所代为执行。”2013年公安部颁布的《看守所留所执行刑罚罪犯管理办法》第2条作出衔接性规定，明确被判处有期徒刑的成年和未成年罪犯，在被交付执行前，剩余刑期在三个月以下的，由看守所代为执行刑罚。从相关法律规定的调整演变看，我国的看守所不仅是执行刑事拘留、逮捕等强制措施的执行机关，也是惩罚、教育、改造罪犯的刑罚执行机构。

第二，判决生效后刑罚交付执行前的期间虽然尚无法律明确规定，但这一期间的执行结果归属于刑罚执行，实质上属于罪犯的服刑。

刑罚交付执行是连接审判活动和执行活动的重要环节，直接关系到刑罚能否有效执行。[1]人民法院是刑罚交付执行的主体，《刑事诉讼法》第264条第1款规定："罪犯被交付执行刑罚的时候，应当由交付执行的人民法院在判决生效后十日以内将有关的法律文书送达公安机关、监狱或者其他执行机构。"《最高人民法院关于适用〈中华人民共和国刑事诉讼法〉的解释》第511条规定："被判处死刑缓期执行、无期徒刑、有期徒刑、拘役的罪犯，第一审人民法院应当在判决、裁定生效后十日以内，将判决书、裁定书、起诉书副本、自诉状复印件、执行通知书、结案登记表送达公安机关、监狱或者其他执行机关。"看守所是刑罚交付执行的具体执行机关，公安部《公安机关办理刑事案件程序规定》第300条第1款规定："公安机关接到人民法院生效的判处死刑缓期二年执行、无期徒刑、有期徒刑的判决书、裁定书以及执行通知书后，应当在一个月以内将罪犯送交监狱执行。"监狱机关从收监执行的角度对以上两机关的职责进行了归纳，《监狱法》第15条第1款规定："人民法院对被判处死刑缓期二年执行、无期徒刑、有期徒刑的罪犯，应当将执行通知书、判决书送达羁押该罪犯的公安机关，公安机关应当自收到执行通知书、判决书之日起一个月内将该罪犯送交监狱执行刑罚。"根据上述规定，理论上判决生效后刑罚交付执行前存在至多40日的"空档期"。然而司法实践中"收监难"现象频繁发生，监狱对患病罪犯、吞食异物罪犯、控告举报未解决罪犯拒绝收监执行，导致判决生效后刑罚交付执行前的期间不同程度地延长。尤其是在新冠疫情时期，监管

---

〔1〕 高祥阳、李继华、宋红伟：《刑罚交付执行监督问题探究》，载《人民检察》2016年第24期。

场所采取严格的疫情防控政策和封闭的勤务模式，监狱的收监政策与常规时期有所不同，不仅缩减了交付执行的名额数量，而且对罪犯的收监采取了更加宽泛的拒收标准，看守所交付执行工作受到很大影响，大量罪犯未能在法定期限内交付到监狱，而被迫滞留看守所服刑。司法实务中存在的判决生效后刑罚交付执行前关押在看守所的期间，没有法律规范明确这一阶段的法律性质，只是明确了具体的执行结果归属，即该期间也属于实际的服刑，并不因没有及时送交监狱而从执行期限中抹去。〔1〕

第三，对服刑期间再次故意犯罪人员予以从重处罚符合预防刑应用的基本要求。

当今刑法理论均将预防犯罪作为刑罚的正当目的。〔2〕预防刑论认为，预防犯罪的目的可以分为一般预防与特殊预防。各国刑法的相关规定也都要求法官在量刑时考虑特殊预防的目的。〔3〕特殊预防，就是防止犯罪人再犯罪，在一定时期内把犯罪人置于一定的场所与外部隔离，消除再犯罪的条件，使犯罪人感受到刑罚的痛苦和罪有应得，进而教育改造犯罪人，使其内心弃恶从善，回归社会后能够遵纪守法，做良善公民，不敢再次犯罪。《监狱法》第1条就包含了特殊预防的立法目的和价值追求，即“为了正确执行刑罚，惩罚和改造罪犯，预防和减少犯罪，根据宪法，制定本法”。《监狱法》第59条对服刑期间再次故意犯罪的罪犯从重处罚的规定，是整部法律中关于实现特殊预防目的的重要内容。

特殊预防是刑法所期待的未来的目的，但法官在以特殊预防目的裁量刑罚时，必须以已经发生或者已经存在的反映犯罪人的再犯罪危险性的事实为根

〔1〕 已决犯的送交执行难亦称为“投牢难”。参见陈卫东、程雷：《看守所实施新刑事诉讼法实证研究报告》，载《政法论丛》2014年第4期。不管未送交执行是否有正当理由，已决犯滞留看守所服刑，仍处于被剥夺自由状态，属于实质意义上的“服刑”。

〔2〕 张明楷：《预防刑与责任刑》，北京大学出版社2015年版，第44页。

〔3〕 张明楷：《预防刑与责任刑》，北京大学出版社2015年版，第327页。

据。[1]具体到许某某故意伤害案，该案发生在看守所内，许某某作为正在服刑人员，案发时无视正处于执行前罪刑罚的状态而再次犯罪，殴打他人致人肋骨骨折，反映其刑罚感受力差，没有因为科处自由刑的制裁感受到相当的痛苦，对其作出的否定性评价不足以避免再次犯罪，第一次刑罚的特殊预防效果有限。如果遭受刑罚处罚，犯罪人不是感到痛苦，而是生活上优于普通人，心理上觉得在监狱里比在社会上还好，那就失去刑罚的意义，丧失刑罚的功能，不仅无助于抑制犯罪，而且还会鼓励犯罪。[2]所以，需要从再犯罪的可能性角度裁量预防刑，对滞留看守所服刑期间再犯罪的许某某从重处罚，适当延长刑期，以延长教育、改造和感化的时间，能够更好地使犯罪人养成良好的行为习惯和规范意识，树立对法治的信仰和忠诚，从而自觉约束自身行为，抑制犯罪的意念，避免再次犯罪，更好地回归社会。

第四，对有从重处罚必要的许某某，参照《监狱法》第59条予以从重处罚符合刑罚适用公正要求。

《刑法》第5条规定："刑罚的轻重，应当与犯罪分子所犯罪行和承担的刑事责任相适应。" 罪责刑相适应是基本原则，在《刑法》根据该原则对各种罪名规定了法定刑之后，量刑情节就成为主要的考量对象。因此，罪责刑相适应也是根本的量刑原则。《刑法》第61条规定："对于犯罪分子决定刑罚的时候，应当根据犯罪的事实、犯罪的性质、情节和对于社会的危害程度，依照本法的有关规定判处。" 量刑情节是指在某种行为已经构成犯罪的前提下，法院对犯罪人裁量刑罚时应当考虑的，据以决定量刑轻重或者免除刑罚处罚的各种情况。[3]

从许某某故意伤害案看，许某某的身份是服刑人员，犯罪的场所是看守所，其正在经历服刑改造的过程，本应该严格遵守监规，认真接受教育改造。但是，许某某故意殴打同监室在押人员，对他人的身体健康造成严重损害，同时破坏了正常

---

〔1〕 张明楷:《预防刑与责任刑》，北京大学出版社2015年版，第5页。

〔2〕 马克昌主编:《刑罚通论》，武汉大学出版社2021年版，第46页。

〔3〕 张明楷:《刑法学》(第6版)，法律出版社2021年版，第723页。

的监管秩序，损害了良好的改造环境，对于其他在押人员也容易造成不良示范，社会危害性比较大。许某某在看守所里的殴打他人的现实表现也直接说明了其自身再犯罪危险性大。根据罪责刑相适应的原则，结合我国宽严相济的刑事政策，综合考虑许某某犯罪的事实、场所、影响，对其参照《监狱法》第59条从重处罚的规定从严量刑，既不是“类推适用”，也不是“法律续造”，而是实事求是地准确适用法律，实现刑事实体公正的有效路径。

供稿：北京市大兴区人民检察院　赵智杰　李德胜　燕传勇

案例编辑：北京市人民检察院　王志坤

姜某某强奸案

——熟人实施醉酒型强奸案件的证据审查

基本案情

姜某某与被害人张某原系同事关系。姜某某在原单位退休后在北京工作。2020年8月5日，张某来北京出差，顺便看望姜某某并一起在一火锅店吃饭，席间二人共同饮酒。饭后张某被带至姜某某住处，后二人发生性行为。当日半夜11点半左右，张某被其丈夫党某某微信电话吵醒，接听微信时其丈夫发现张某反应异常，张某告知其被姜某某强奸，之后穿上衣服从姜某某家离开。姜某某之后给张某发过多条有道歉内容的短信、微信。8月6日，张某离开北京回到老家，由其丈夫陪同在当地报警，后因管辖问题，张某及其丈夫于8月7日回到北京报案。8月12日，姜某某被公安机关抓获到案。姜某某始终否认张某醉酒，称其与张某系自愿发生性关系。

2020年12月23日，北京市海淀区人民检察院以姜某某犯强奸罪向北京市海淀区人民法院提起公诉。2021年12月31日，海淀区人民法院以强奸罪判处姜某某有期徒刑四年。后姜某某提出上诉。2022年4月19日，北京市人民检察院第一分院就姜某某强奸上诉一案向北京市第一中级人民法院移送审查意见函，认为本案现有证据能够排除合理怀疑，形成强奸犯罪事实成立的完整证据链，上诉人及辩护人的意见不具有合理性，一审法院判决认定事实和适用法律正确、量刑适当，建议驳回上诉，维持原判。2022年4月22日，北京市第一中级人民法院采纳北京市人民检察院第一分院的审查意见，裁定驳回上诉，维持原判。

主要问题

熟人实施醉酒型强奸案件，在没有明显的暴力痕迹，双方对于发生性关系的原因和过程说法不一的情况下，如何审查认定被害人是否醉酒、是否违背妇女意志强行与被害人发生性关系？

意见分析

意见分歧

第一种意见认为，现有证据能够证明姜某某和张某发生了性行为，但关于是否违背妇女意志，现有证据尚达不到事实清楚，证据确实、充分的程度。姜某某和张某吃饭时有饮酒行为，但张某并未达到醉酒程度，并非因醉酒不知反抗、不能反抗；同时，饭后离开饭店时张某主动帮姜某某解围裙；在姜某某家小区地库和电梯中二人有并肩牵手、靠在姜某某肩上等亲密动作，回到姜某某家中是自愿发生性行为。后因张某的丈夫打电话时发现不正常，张某为自保被迫称被强奸。综上，发生性行为未违背妇女意志，姜某某不构成强奸罪。

第二种意见认为，姜某某在与张某吃饭期间大量饮用高度洋酒，在明知张某醉酒不知反抗、不能反抗的情况下与张某发生性行为，属于《刑法》第236条以“其他手段”违背妇女意志，构成强奸罪。姜某某关于张某自愿发生性行为的辩解与二人平时交往状况、本次见面的缘由、发生性关系后双方的行为表现等不一致，与生活常情常理不符，在案证据能够排除辩解的合理性。

意见评析

笔者倾向于第二种意见。《刑法》第236条规定的强奸罪，是指违背妇女的意志，以暴力、胁迫或者其他手段强行与妇女发生性关系的行为。“其他手段”是指使用暴力、胁迫以外的使被害妇女不知抗拒、无法抗拒的手段。[1]醉酒型强奸案件中，行为人利用被害人醉酒后不知、不能亦不敢反抗的状态，与被害人发生性关系，其行为可以认定为采取其他手段违背被害妇女意志强行与妇女发生性关系，符合强奸罪的犯罪构成要件，但违背妇女意志并不限于被害人在酒后完全失去性自主意识和反抗能力的情形。在被害人饮酒后性自主意识及反抗能力减弱的情况下，双方发生性关系是否违背妇女意志，在仅依靠直接证据难以认定时，司法机关应非常慎重地审查证据和认定事实，[2]需要对行为人与被害人的关系、事前、事中及事后的状态等间接证据进行全面分析，对案发前后视听资料证据中行为人和被害人的表情、动作等细微情态进行审查，再结合生活常理常情排除合理怀疑，确保形成强奸案件的完整证据链条。

第一，在直接证据不充分的情况下，应通过全面审查间接证据，形成完整证明逻辑链条。

在直接证据相互对立的案件中，依据证据裁判原则，一项直接言词证据如果缺乏其他证据予以印证，即便该证据内容再符合逻辑和经验法则，也不能作为定案的唯一依据。[3]这种情况下，对间接证据的审查判断显得尤为重要。任何一个间接证据都只是相当于获得了案件主要事实的一个链条或环节而已，要完成整个司法证明过程，除了要获得足够数量的间接证据，还必须根据各个间接证据所提供的事实信息进行逻辑推理，使各个间接证据所提供的事实信息能够环环相扣，形成一个较为完整的证据事实的锁链或证据体系。[4]熟人实施醉酒型强奸案件中，除被告人、被害人言词证据外，一般很难依靠直接证据认定“违背妇女意

---

〔1〕 王爱立主编：《中华人民共和国刑法释义》，法律出版社2021年版，第499页。

〔2〕 田刚：《强奸罪司法认定面临的问题及其对策》，载《法商研究》2020年第2期。强奸罪司法认定困境的宏观表现在法益保护功能严重不足，体现在一是强奸罪中最为常见的熟人实施的强奸行为定罪困难；二是难以有效遏制缺乏有罪供述的强奸犯罪分子；三是其他相关实证研究表明，在我国现实中有大量强奸犯罪无法通过司法审判最终定罪。

〔3〕 金昌伟：《强奸案中“一对一”证据的审查》，载《人民司法》2018年第20期。

〔4〕 陈瑞华：《刑事证据法》（第4版），北京大学出版社2021年版，第110页。

志”，这就需要以在案间接证据为突破口，如物证痕迹及鉴定意见、生物学痕迹及鉴定意见、人身检查及人体损伤程度鉴定书等，同时全面审查以下方面间接证据：一是案发前两人的交往情况，包括认识的过程、平时联系程度、本次见面的原因等；二是案发后双方行为反应，如证明被害人案发后状态的证人证言等；三是被害人报案过程，如接处警记录记载的报案时间和报案方式以及在什么情况下报警，进一步分析被害人报案动机等，结合生活常情常理进行判断，形成完整证明逻辑链条。

本案中，检察机关通过对两人微信聊天记录内容的审查可知二人交流互动中并无暧昧，还显示被害人来京看望姜某某前，曾与丈夫商议带“老家熟食”看望老领导，证明二人关系在案发前未超出正常同事交往范畴。从案发后双方行为及报案的过程来看，姜某某给被害人发送让其购买避孕药、酒后一时糊涂致歉的消息，还将部分关键信息如“yao”用拼音输入，到案前删除了与张某的大量信息，案发后与其弟弟（被害人张某的直属领导）多次通话，以及试探、询问张某那边“没有消息就是好消息”，明显反常于其“双方自愿发生性关系”的辩解；而被害人在案发后回到居住地与家人商议后立即报警，配合侦查人员留存生物检材的过程，符合一个在异地突然被熟人性侵后被害人的正常反应。从被害人接听其丈夫电话的过程综合分析，在案证据可以证实被害人并非“被撞破”，在可以选择隐瞒事实不被发现的情况下并未掩饰，而是半夜11点半接听了其丈夫微信，当时的真实反应过程反证了是被害人为求自保“甩锅”给姜某某辩解的不合理性。

第二，在呈现被害人陈述和被告人供述与辩解直接对立的证据局面时，可结合同步录音录像判断言词证据的可信性、合理性。

醉酒型强奸案多发于熟人之间，与一般强奸案件相较，被告人往往辩称被害人系自愿发生性关系，被害人陈述与被告人供述、辩解之间更易呈现“一对一”的证据局面。如何判断言词证据可信性、合理性成为司法办案的实践难点，需要通过间接证据就强奸罪构成要件的客观方面和主观方面进行补强。特别是强奸罪的主观方面所要求的违背妇女意志，一般需要把间接证据与被害人陈述、被告人供述相结合，多角度分析被告人、被害人言词证据的真实性、可信性和合理性，达到排除合理怀疑的证明程度。也就是说，醉酒型强奸案主观方面的认定，除了依据被告人供述、被害人陈述，还需要借助案件表现在外的客观因素予以综合判断。如被告人或被害人身上是否有伤痕、被害人案发后是否及时报案、被害人案发后行为及精神是否有异常表现、被害人与被告人是否存在特殊关系、询问讯问的同步录音录像等。针对一方辩解案发时双方系自愿发生性关系，而被害人一方则称自己处于醉酒状态且被强奸，除了上面已经分析的间接证据，检察机关可根据同步录音录像等其他证据来判断言词证据的可信性、合理性。

具体来看，检察机关在审查张某报案及第一次接受侦查人员询问的同步录音录像时发现，一是张某陈述过程中自然提及的多个细节，与其丈夫党某某证言以及饭店、地库、电梯的监控视频内容相互印证，而此时本案视频资料尚未调取，系张某主动陈述，其中不乏对其不利内容，体现其供述的真实性；二是询问强奸过程的动作细节时，侦查人员分多个具体问题逐渐提出，被害人也并非记忆清晰连续回答，而是不断有停顿、结合场景回忆的神情，与常情常理相符具有一定的可信性；三是被害人陈述被强奸的过程称其睡梦中感觉到姜某某在亲其、摸其，其试图反抗但喊不出来，也没力气。结合生活常识，不同人对酒精的耐受度不同，尤其对于本案涉及的“白兰地”这种高度洋酒，饮酒后身体反应显示出醉酒乃至酒醒是有一个循序渐进的过程。张某饭桌起身时踉跄、在饭店门口（内）及姜某某家车库下车后步态略有不稳、等电梯时靠在姜肩膀、进电梯后整个身体趴在姜胸前等状态，符合醉酒后循序渐进的过程，进入姜某某家后发生性关系时（大概在酒后1至3小时）被害人所称处于不能反抗的状态具有合理性。而检察机关通过审查姜某某讯问同步录音录像，则发现姜某某供述自始至终坚持张某是清醒的、没有醉酒、主动与其发生性关系的辩解，与上述视频中的细节情态证据存在明显矛盾，不符合生活常理。且姜某某在关键问题上的供述出现前后反复，明显呈现随证据出现逐渐供述的特点，其供述内容相较于张某陈述缺乏可信性、合理性。

第三，行为人和被害人的表情、动作等细微情态具有重要的辅助证明作用，可辅助审查认定被害人案发时是否处于醉酒状态。

司法语境下，情态是指司法活动中，案件当事人、证人等相关人员面部、声音、身体等各部分及其组成的整体上的表现。〔1〕情态证据并非以证据类型为定义标准的称谓，而是通过对人的心理活动和状态以及在此支配下的面部表情、肢体动作等的观察和分析在司法活动中起到一定程度的证明作用。在熟人实施醉酒型强奸案件审查过程中，对于没有明显暴力行为的强奸案件，认定是否违背妇女意志可以结合情态分析，了解案件事实，审查判断证据，形成内心确信。情态证据的审查需要把握三个方面：一是保证证据的合法性，在将行为人、被害人情态作为证明案件事实的证据使用时，必须以合法的证据形式为基础；二是结合其他证据以及生活常情常理，审慎客观地对被告人、被害人情态进行分析；三是综合多种情态进行整体分析，避免单一解读，补强形成强奸案件完整证据链条。

针对案件中姜某某上诉主要理由之一为“一审法院认定被害人案发时处于醉酒状态证据不足”，认为在案视频显示被害人酒后能够自行行走，并为其解围裙等情形，证明被害人神志清醒，检察机关可以通过情态证据辅助审查，认定被害人案发时处于醉酒状态，性自主能力及反抗意识减弱。具体来看，检察机关通过对饭店监控视频证据进行审查，针对视频显示“张某准备离开时起身后又坐下”的动作，姜某某、辩护人称不能排除张某可能被凳子隔住、地滑没站住等可能性。但通过情态证据审查，姜某某拉张某起身时，张某踉跄后继续坐了17秒，并伴有双手捂脸、轻拍双颊动作，后被姜某某拉起，结合生活常理，这一情态动作明显符合

---

〔1〕 张梦星：《论情态证据的刑事证据资格》，载《公安学研究》2020年第6期。

酒后状态。饭店监控视频细节显示的姜某某结账后（之前商议由被害人请客）径直走到被害人一侧，先直接拿起被害人随身物品再拉被害人起身的连续动作，亦佐证姜某某明知被害人已有醉酒状态。离开饭店时，张某帮姜某某解围裙且能自主行走，张某陈述中始终称其离开饭店时并未失去意识，本来还约了唱歌醒酒，饭店出门瞬间张某用手轻拍脸颊的动作与张某该陈述内容相互印证，上述行为符合一般饮酒后逐渐过渡的状态，不能据此认为被害人状态清醒和与姜某某动作亲昵。

姜某某及辩护人上诉意见认为，姜某某家地库监控显示其与张某二人手牵手、在进入电梯前张某倚靠姜某某、张某见到有人出来还直起身子反证张某有躲避人意识、电梯间内姜某某搂抱张某、出电梯时二人继续牵手等动作，证实张某未醉酒，系自愿与姜某某发生性关系。检察机关经审查视频证据发现：一是由于地库监控并不十分清晰，仅见姜某某拉着被害人小臂以下位置，二人明显一前一后（姜某某在前），且过地库减速带时张某亦有小步踉跄，难以得出二人手牵手结论和直接判断张某当时状态。二是电梯监控视频显示，进入电梯以及电梯间过程中，因为电梯开门瞬间张某靠着姜某某站立，姜某某拉着张某朝电梯里走时后者直起身子是必然的身体反应，而张某进入电梯瞬间的面部神态明显可见不清醒之态，这与进入电梯后，张某身体径直朝姜某某身体方向压，在电梯上行全程中张某头未抬起、未移动，姜某某用手不断轻拍张某背部等情态证据相互印证，证实了张某当时的醉酒状态，进而张某对姜某某的亲昵揽怀动作未行反抗；而且在电梯内有他人在场情况下，张某全程亦没有躲避人，也与辩护意见的思路相悖。三是电梯监控视频最后一帧画面系姜某某将手从张某腋下抽出，试图揽住张某肩部的动作，不能显示辩护人所称出电梯时二人拉手的动作。凌晨张某离开姜某某家中的电梯监控视频显示张某始终在与其丈夫视频通话，步伐略有不稳，符合酒后逐渐清醒后的情态，与在案整体证据不相矛盾。

综合分析本案案发前二人交往情况，案发时、案发后双方反应，被害人报案过程等各方面因素，结合生活常情常理，全面审查被害人陈述、证人证言、上诉人的供述与辩解、书证物证、视频资料等证据，本案证据能够排除怀疑，强奸犯罪事实已形成完整证据链条，姜某某违背妇女意志，与被害人发生性关系，其行为已构成强奸罪，应予惩处。二审法院采纳了检察机关审查意见，裁定驳回姜某某上诉，维持原判。

供稿：北京市人民检察院第一分院　陈禹橦　王　珍　崔可成

案例编辑：北京市人民检察院　葛　路

齐某、冯某某强奸案

——轮奸情节的认定

基本案情

齐某（男，15岁）、冯某某（男，14岁）与被害人程某某（女，13岁）均系在读初中学生，案发前数月，通过“扩列加”或者共同的微信群成为微信好友。案发前一周左右，齐某与程某某开始“处对象”，冯某某和程某某案发前基本认识但不熟悉。2021年2月25日晚，齐某和冯某某在外游玩到晚上，齐某通过携程预订某民宿，与冯某某一起入住。该民宿房间格局为Loft，一层为客厅和洗手间，二层为卧室。二人住宿至2月26日下午，齐某微信叫程某某来民宿，并告诉冯某某自己叫了姑娘来。冯某某供述当时意识到齐可能想与他人发生性关系，但齐某、冯某某均否认冯某某此时也想发生性关系。程某某到达民宿后，冯某某在一楼刷手机，齐某将程某某带上二楼，与程某某发生了性关系。关于与齐某发生性关系的情况：程某某陈述与齐某发生性关系并不自愿，自己表达过不行、要回家，但齐某进行言语威胁，称“你觉得你走得了吗”“你走了在××中没法待”，其害怕齐某在她的学校找她麻烦，也担心齐某以后不“罩着”她了，所以齐某不让她走，她觉得自己就走不了；程某某陈述自己也有反抗的身体动作，但因为对方力气比较大，自己推不动所以也就不再尝试。

之后，齐某打电话让冯某某回到房间，冯某某来到二楼，向二人确认是否发生了性关系，表示也想发生性关系，随后自己到一楼洗澡，再回到二楼与程某某发生性关系。关于与冯某某发生性关系的情况：程某某陈述冯某某回到二楼后，向其询问一起玩可以吗，其表示想回家并准备往楼梯口走，冯某某把她拉回到了床边，就下楼洗澡了。齐某也到一楼刷手机，她准备下楼离开时齐某说"你等冯某某出来"，她就又回二楼床边坐着。与冯某某发生性关系也非自愿，但无力反抗也就不再尝试。

事后，三人一起离开民宿到附近药房购买避孕药供程某某服用，后程某某打出租车，三人一起乘坐出租车回家。齐某先下车，冯某某和程某某在出租车上决定处"对象"，两周后分手。2021年3月底，因程某某的裸照在朋友圈扩散，学校方面报警，程某某在公安局治安支队作笔录的过程中提到先后与多名男性发生性关系，因与幼女发生性关系涉嫌构成强奸罪，线索转移至分局刑侦支队，对犯罪嫌疑人齐某、冯某某、张某等立案侦查。2021年4月2日，犯罪嫌疑人齐某、冯某某被民警抓获到案。

主要问题

两行为人均为已满14周岁未满16周岁的未成年人，在同一空间内先后与同一名幼女发生性关系，案发前被害幼女与前行为人为"对象"关系，案发后与后行为人成为"对象"关系。本案是否应当认定轮奸情节，如果构成，是否二人均构成轮奸情节，抑或齐某构成片面轮奸？

意见分析

意见分歧

第一种意见认为，齐某、冯某某均已满14周岁不满16周岁，根据《刑法》第17条第2款的规定，需要对强奸罪承担责任。齐某、冯某某在同一空间内先后轮流与同一幼女发生性关系，属于轮流奸淫幼女，不论幼女同意与否，均应当认定为轮奸情节。

第二种意见认为，"两高两部"《关于依法惩治性侵害未成年人犯罪的意见》（以下简称《性侵意见》）规定，已满14周岁不满16周岁的人偶尔与幼女发生性关系，情节轻微、未造成严重后果的，不认为是犯罪。案发前，齐某与程某某系“对象”关系；案发后，冯某某与程某某成为“对象”关系，可见本案的发生未造成严重后果。如果是仅有一次性关系的话，应当不作为犯罪处理。但本案存在相继发生的两次性关系，可以否定“情节轻微、未造成严重后果”的考量，足以认定齐某、冯某某的行为分别构成强奸罪。但相继发生性关系的情节已在入罪环节予以考量，故不应再认定轮奸情节。

第三种意见认为，冯某某构成普通强奸，齐某构成片面轮奸。冯某某知道齐某、程某某关系暧昧，所以在齐某让其暂时离开民宿房间时，能够意识到齐某是想和程某某发生性关系，但冯某某对于齐某违背被害人意志发生性关系并不明知，对齐某的强奸行为也未提供物理上或者心理上的支持，故对齐某的强奸行为不承担刑事责任。其后来与程某某发生的性关系单独构成强奸。对于冯某某强奸程某某的行为，齐某阻止被害人离开，提供了协助，应认定为片面轮奸。

第四种意见认为，冯某某就自己的行为成立普通强奸的正犯，齐某就自己的行为成立普通强奸正犯，同时对冯某某的强奸行为成立普通强奸的帮助犯。因为轮奸行为应为强奸的共同正犯行为，现有证据无法证明齐某与程某某发生性关系以前，齐某、冯某某已经具备轮奸程某某的通谋，不宜认定二人属于轮奸正犯。冯某某对齐某的强奸行为没有物理上或心理上的因果性，故仅对自己的强奸行为负责；齐某对于冯某某的强奸行为实施了帮助，其没让程离开，使冯与程发生了性关系，属于帮助犯，但这里没有共同正犯，故而齐某不应当认定轮奸。

意见评析

笔者倾向于第四种意见。一方面，本案中两行为人已经达到对强奸罪负刑事责任的年龄，根据《刑法》规定，奸淫幼女的，以强奸论从重处罚，不需要违背被害人意志作为犯罪构成要件；另一方面，因为《性侵意见》的规定，在已满14周岁不满16周岁的未成年人偶尔与幼女发生性关系、情节轻微、未造成严重后果的情况下，又不作为犯罪处理。因此，本案虽然具备同一空间内先后与同一幼女发生性关系这一轮奸的典型“外形特征”，但在两行为人均为14至16周岁的未成年人时，不能仅凭借符合“外形特征”就简单地认定构成轮奸情节，而是应当综合考量刑事责任年龄、行为人和被害人的关系、行为人有无犯罪通谋以及案件所造成的后果等一系列因素，进行全面综合地分析。

第一，轮奸是“共同”强奸犯罪，共同的强奸故意是成立轮奸的首要因素，而要认定两行为人具有共同轮奸的故意，后行为人冯某某产生与被害人发生性关系的想法的时间至关重要。

轮奸必须具备以下条件：一是各行为人具有共同强奸的犯意联络，即不仅自己具有实施强奸的故意，而且明知其他行为人也具有实施强奸的故意；二是必须对同一被害人先后实施强奸行为；三是各行为人与被害人发生性关系，均违背被害人意愿。〔1〕在犯意联络方面，如果在齐某微信叫被害人来民宿并告知冯某某的时候，冯某某就明知或推知齐某想发生性关系，并且冯某某自己也想发生性关系，并将该想法传递给了齐某，即两行为人对于要先后轮流与被害人发生性关系心照不宣，即可认定两行为人之间有轮奸的意思联络、有通谋。而本案中，齐某、冯某某的供述可以印证，齐某微信约被害人后，只是告诉冯某某叫了被害人来玩，冯某某知道齐某和被害人在当时那段时间聊得比较多、关系比较暧昧，但并不明确知道齐某想与被害人发生性关系，二人就此没有再多地讨论。冯某某也未明示或暗示地表示自己也想与被害人发生性关系，齐某也不知道冯某某是否有这样的想法，故二人在此时并未有轮奸的犯意通谋。

冯某某供述自己知道齐某应该是要和被害人发生性关系，是在齐某让自己离开房间时；而自己产生发生性关系的想法，是在回到二楼后向齐某、被害人询问

---

〔1〕［第395号］滕某林、董某元强奸案，《中国刑事审判指导案例》（第2卷）（增订第三版），法律出版社2017年版，第602页。

"你俩干啥了，是不是睡觉了"，齐某、被害人未置可否，二人当时都坐在床上，被害人也没有异常反应。因为其之前就听闻被害人风评不好、约出来就可以睡，而且其又刚刚确认了被害人确实与齐某发生了性关系，所以冯某某产生发生性关系的想法，并问被害人"一起玩可以吗"。可见二人对于先后强奸被害人并未有事先的通谋。

在违背被害人意愿方面，本案被害人13岁，与其发生性关系认定为强奸不需要违背意志要件，但齐某、冯某某均系14至16周岁的未成年人，依据《性侵意见》，如果被害人与两行为人均系自愿发生性关系的情况下，加之被害人在案发前自愿与齐某成为"对象"，在案发后又自愿与冯某某成为"对象"的情节，本案存在认定为犯罪情节轻微进而作无犯罪化处理的可能。本案中，齐某与被害人发生性关系时，冯某某并不在现场；冯某某在事后回到现场时，向齐某、被害人询问确认是否发生性关系时，齐某和被害人反应并无异样，故对于被害人系不自愿与齐某发生性关系、即齐某属于违背被害人意志的强奸行为，冯某某缺乏清晰认识。而后冯某某产生与被害人发生性关系的想法，并下楼洗澡再回到楼上与被害人发生性关系，不属于在明知齐某违背被害人意志实施了强奸行为后，自己也要实施强奸行为。

而齐某在与程某某发生关系之后，意识到冯某某下楼洗澡是想和被害人发生关系，后来看到洗完澡回到楼上的冯某某和被害人亲在了一起，自己就下楼玩手机了，还听到被害人有笑声。结合被害人在与冯某某发生性关系后调侃冯某某肾不行，齐某是否能够认识到冯某某是违背被害人意志的强奸行为，也存在疑问。在本案不存在明显暴力、胁迫行为的前提下，如上所述嫌疑人对于对方是否系违背意志进行强奸的不甚明晰，反映了两行为人的主观恶性没有共谋的轮流强奸那么大，从罪责刑相适应的角度，认定轮奸明显畸重。

第二，认定轮奸，要看一行为人对另一行为人的强奸行为是否提供了物理上或者心理上的加功。

刑法对轮奸加重处罚的根据不完全是因为轮奸使女性连续遭受奸淫，还在于共同轮奸的行为人之间，在行为上、更重要的是在犯罪意志上的相互支持。只有当一个人不仅要对自己的强奸行为负责，也要对他人的强奸行为负责时，才具备提高法定刑的根据。齐某曾经让冯某某离开房间，冯某某的离开行为是否属于对齐某强奸行为的帮助呢？冯某某的离开只是默认了齐某的强奸心理，并没有强化齐某的强奸心理，没有对齐某的强奸起到促进作用。[1]冯某某未对齐某强奸行为提供物理或心理的支持，当然不需要对齐某的强奸行为负责。从共同犯罪理论来看，齐某、冯某某属于承继的共犯，后行为未对前行为予以物理上或者心理上的加功，后行为人的行为不可能成为前结果之因，因此不能将前结果归属于后行为人，[2]亦即不能对冯某某认定为轮奸。

第三，认定片面轮奸，要看一行人为对另一行为人的行为是否承担正犯责任，如果不能承担正犯责任，则只能认定为普通强奸的共同犯罪。

轮奸是强奸罪的一种特殊形式（共同正犯）。但对于是否存在片面轮奸，理论界的观点不尽一致。如周光权教授否认片面轮奸；张明楷教授肯定片面轮奸的存在[3]，认为在甲乙客观上连续强奸了丙女的情况下，如果乙对甲的强奸不承担共同正犯的责任，但甲应当对乙的强奸承担共同正犯责任时，对甲应适用轮奸的法定刑；司法实务届亦有判例认可片面轮奸。

从历史解释看，现行《刑法》规定的二人以上轮奸的情节，在性质上属于强奸罪的共同正犯。轮奸情节的规定源自1979年《刑法》，“二人以上犯强奸罪而共同轮奸的，从重处罚”，尽管现行《刑法》去掉了“共同”二字，但这并非对共同犯罪的否定，而是因为共同犯罪系二人以上轮奸之题中应有之义。作为强奸罪的共同正犯，轮奸要求各行为人所实施的行为均系正犯行为，不能是部分行为人实施了强奸行为，而另一部分行为人仅实施了帮助行为。同理，在认定是否构成片面轮

---

〔1〕 张明楷：《刑法的私塾（之二）》（下），北京大学出版社2017年版，第410-453页。
〔2〕 许浩丰：《承继的共同强奸罪中“轮奸”情节认定》，载《人民法院报》2019年11月7日，第6版。
〔3〕 张明楷：《刑法学》（第6版），法律出版社2021年版，第1140页。

奸的场合，同样不仅要求行为人在主观上具有帮助他人实施犯罪的片面共同犯罪故意，还要求行为人在客观上分担或者加重他人的实行行为。[1]而本案的齐某，在与被害人发生性关系后到一楼刷手机，在被害人从二楼下来时说了一句“你等冯某某出来”，其并未实施暴力、胁迫或者其他方法限制被害人离开的行为，也未达到使被害人不能反抗、不敢反抗、不知反抗的程度，不能认定为针对冯某某的强奸实施了正犯行为，只能认定为帮助犯行为。究竟何种情况下可以认定对另一行为人的强奸承担正犯责任，张明楷教授指出，即甲使用暴力使丙女丧失反抗能力并奸淫丙女，随后让没有参与前行为的乙强奸没有反抗能力的丙女，不管乙是否知情，乙都不能对甲的强奸负责，但甲应当对乙的强奸承担共同正犯责任，因为甲的行为导致被害人丧失反抗能力，其行为已构成强奸的正犯行为。但是，如果前行为人对后行为人的强奸结果仅负教唆或者帮助责任的，则不能对前行为人适用轮奸的规定。[2]

本案的最终处理结果为：齐某因犯罪时未成年，能够如实供述、认罪认罚、并获得被害人谅解，被以强奸罪判处有期徒刑二年，缓刑三年。冯某某因犯强奸罪时刚满14岁，有悔罪表现，且取得被害人谅解，社会调查报告显示再犯风险为下，具备监督考察条件，故被作出附条件不起诉决定。

供稿：北京市西城区人民检察院　文春霞　胡乩生

案例编辑：北京市人民检察院　王志坤

---

〔1〕聂昭伟：《强奸后未阻止他人继续强奸不构成轮奸》，载《人民司法》2017年第35期。

〔2〕张明楷：《刑法学》（第6版），法律出版社2021年版，第1141页。

张某某等三人强奸案

——被害人与行为人自愿饮酒并在醉酒状态下被他人强奸的，行为人的不作为是否构成强奸罪的共犯？

基本案情

2021年8月，贾某某（男，2003年8月13日出生）、张某某（男，2005年10月22日出生）借住于姜某某位于北京市某小区的家中。2021年8月12日下午，翟某（女，2007年7月出生，案发时已满14周岁）约张某某（二人曾系男女朋友关系）一起饮酒，张某某将翟某约至姜某某家中，张某某与翟某在姜某某家的小卧室内共同饮用约一斤二锅头白酒后，二人自愿发生性关系。之后，张某某明知翟某系未成年人且呈现醉酒状态，又将贾某某带至翟某所在的房间后离开，贾某某趁翟某醉酒之际欲与翟某发生性关系，因自身原因未果。在贾某某离开翟某所在的房间后，姜某某进入该房间，趁翟某醉酒之际与翟某发生了性关系。

2021年11月29日，北京市公安局丰台分局某派出所民警在地铁站找到离家的翟某，翟某陈述了其被强奸的事实。同年12月1日，丰台公安分局以姜某某、贾某某、张某某涉嫌强奸罪对该三人依法刑事拘留。同年12月29日，经北京市丰台区人民检察院批准，姜某某、贾某某被逮捕；经丰台区人民检察院不批准逮捕，张某某于同日被取保候审。2022年3月29日，丰台区人民检察院以姜某某、贾某某、张某某犯强奸罪向北京市丰台区人民法院提起公诉。同年8月11日，法院以强奸罪判处被告人姜某某有期徒刑五年二个月；以强奸罪（未遂）判处被告人贾某某有期徒刑一年六个月；以强奸罪（从犯）判处被告人张某某有期徒刑二年，缓刑三年。

主要问题

被害人与行为人自愿饮酒并在醉酒状态下被他人强奸的，行为人的不作为是否构成强奸罪的共犯？

意见分析

意见分歧

根据《刑法》第236条的规定，以暴力、胁迫或者其他手段，强行与妇女发生性行为的，构成强奸罪。其他手段是指采用暴力、胁迫以外的使被害妇女不知抗拒、不敢反抗或者不能反抗的手段，具有与暴力、胁迫相同的强制性质，如用酒灌醉、药物麻痹等。通说认为，强奸罪是复合行为犯，由暴力、胁迫等手段行为与进行性交的目的行为构成，但就规范评价而言，如行为人发现妇女醉酒昏睡遂与其性交的，此时行为人只实施了性交行为这一单一行为，也同样构成强奸罪。[1]本案中，被害人系年满14周岁的未成年人，因大量饮酒致使醉酒处于无法反抗的状态，故姜某某、贾某某利用被害人无法反抗的状态，在违背其意志情况下，分别在相对独立的时空条件下单独实施了强奸行为，构成强奸罪自不待言。值得商榷的是，张某某与被害人发生性关系是在被害人自愿状态下实施的，并未违反其意志，但因共同饮酒行为致使被害人处于醉酒状态，是否负有对被害人的安全保护义务，在其作为可能性的范围内防止损害被害人法益的结果？换言之，行为人的合法行为造成被害人陷入不能反抗、不知反抗的状态，后被害人遭受强奸的，行为人是否也要对该强奸行为负责？如果负责的话，是正犯还是帮助犯？结合本案，主要有三种不同意见。

---

〔1〕 冯军、梁根林、黎宏主编：《中国刑法评注》，北京大学出版社2023年版，第2079页。

第一种意见认为，张某某的行为不构成强奸罪。不作为犯的作为义务来源包括法律明文规定的义务、职务上或业务上要求履行的义务、法律行为引起的义务和先行行为引起的义务。[1]"结果限制说"认为，应当从行为所造成的结果是否属于法律所不允许的这一标准进行判断先行行为是否引起作为义务，即虽然先行行为具有合法性，但该行为所造成的结果或状态是不法的，因而行为人就具有了防止该结果或状态的义务。张某某与被害人共同饮酒的行为属于合法行为，且饮酒行为造成的被害人陷入醉酒状态的结果也并不是法律所不允许的，张某某没有阻止被害人遭受强奸的义务。且在贾某某、姜某某违背被害人意志、强行与其发生性关系的过程中，张某某没有实施其他促进危害结果发生的帮助行为，故其不构成强奸罪。

第二种意见认为，张某某的行为构成强奸罪，系共同正犯。不真正不作为犯的实质法义务根据，包括基于对危险源的支配产生的监督义务、基于与法益的无助状态的特殊关系产生的保护义务、基于对法益的危险发生领域的支配产生的阻止义务三种类型。行为人对自己的先行行为造成的法益侵害紧迫危险具有防止义务，在能够履行作为义务、具有结果回避可能性的情况下未履行作为义务构成不真正的不作为犯。张某某在封闭空间内与被害人共同饮酒致被害人陷入醉酒状态，导致被害人人身安全陷入遭受侵害的紧迫危险。张某某的行为对被害人性自主权遭受侵犯的危害结果的实现起了重要作用，其与贾某某、姜某某共同完成了强奸罪的构成要件，成立共同正犯。

第三种意见认为，张某某的行为构成强奸罪，系从犯（具体而言是帮助犯）。如前所述，根据不真正不作为犯的义务来源，张某某与被害人共同饮酒的行为引起了张某某阻止被害人人身安全遭受侵害的义务。至于张某某是否构成强奸罪的正犯，需要结合具体案情综合判断其行为对犯罪构成要件的实现是否产生决定性

---

〔1〕 高铭暄、马克昌主编：《刑法学》（第10版），北京大学出版社2022年版，第64–65页。

或支配性作用。强奸罪属于亲手犯，正犯与实行行为之间具有不可分割性或替代性，实施手段行为或目的行为的行为人对危害结果的实现必须具有支配性和决定性。若行为人实施部分实行行为仅对法益侵害起到帮助或促进作用，则应当认定为帮助犯。张某某与被害人共同饮酒的行为导致被害人陷入不能反抗、不知反抗的醉酒状态，被害人人身安全确实存在侵害的紧迫危险，但对强奸这一危害后果起决定性作用的是贾某某、姜某某二人趁被害人醉酒之际分别与其发生性关系的性交行为，故应当认定张某某的行为构成强奸罪，系从犯。

意见评析

笔者同意第三种意见。行为人的合法行为能否成为引起刑法意义上作为义务的先行行为，以及不真正的不作为犯与作为犯的共同犯罪的认定是本案争议的焦点。由合法行为引起法益侵害的紧迫危险的，行为人的不作为不能一律认定为道德层面的见危不助或成立不真正的不作为犯罪，应当结合案件具体情况进行分析。理由如下。

第一，认定不作为犯罪以保证人具有作为可能性和结果回避可能性为前提。

刑法理论将不作为犯分为真正不作为犯和不真正的不作为犯，后者是指刑法没有明文规定保证人（具有作为义务的行为主体）与不作为内容，行为人以不作为实施了通常由作为实施的构成要件的犯罪。我国传统刑法理论中虽然没有使用保证人概念，但也一直探讨作为义务的来源。如前所述，行为人的先行行为造成了法益侵害的紧迫危险时，行为人就具有保证人地位。〔1〕但并不是所有的先行行为都可以成为作为义务的来源，如行为并没有制造、增加危险的；虽然制造、增加了危险，但该危险并不紧迫或者微不足道的；或行为制造、增加的危险属于被害人的答责范围的，不产生作为义务。此外，不真正的不作为犯还要求保证人具有作

〔1〕 张明楷：《不作为犯中的先前行为》，载《法学研究》2011年第6期。

为可能性。对于作为可能性的判断，既要以附随情况正常性与否为资料，也要以保证人的个人能力为资料。[1]也就是说，行为人能否履行义务，应当从行为人履行义务的客观条件与个人能力两方面进行判断。而能否将危害结果归属于行为人的不作为还需要判断行为人的不作为与危害结果之间是否具有刑法上的因果关系。即只有当行为人履行作为义务后可以避免结果发生时，才能认定行为人的不作为与危害结果之间具有引起与被引起的关系，才能将危害结果归属于行为人的不作为。

第二，消极不作为与积极作为构成的共同犯罪也必须具备共同故意和相关行为。

共同犯罪是指二人以上基于共同犯罪故意实施指向同一犯罪、相互联系、相互配合的犯罪行为。在不作为与作为构成的共同犯罪中，需要判断不履行作为义务的行为与积极作为之间是否具有相关性，能否形成共同的、统一的犯罪活动的整体，在各行为人的行为共同推荐下，实现各行为人共同追求或放任的实害结果，即各行为人的行为与危害结果之间是否具有物理或者心理上的因果关系。从不法层面来讲，也就是确定能否将危害结果归属于各行为人。但若仅从客观行为或履行义务等客观事实方面来整体评价是否属于共同犯罪，可能会扩大共同犯罪的认定范围，如某些常见的日常生活行为可能会成立帮助行为，但脱离正犯行为却很难判断该行为是否系“犯罪行为”。因此，还应当对各行为人间是否存在共同的犯罪故意进行判断。共同故意一般是指各行为人通过意思联络，认识到自己与他人的行为会发生危害社会的结果并积极追求或放任危害结果的发生。在共同故意的认定方面，不要求各行为人在犯罪前进行通谋或有具体明确的合意，但必须对各方实施的行为具有明确的认知，能够认识到行为可能产生的危害后果，仍然共同实施犯罪行为的，即可认定为各行为人在主观上具有认识的共同性和相互性。

---

〔1〕 张明楷:《刑法学》(第6版)，法律出版社2021年版，第206页。

第三，应正确评价消极不作为行为在共同犯罪中所起的作用。

不作为方式的共犯包括三种情形：以不作为方式与作为犯形成共同正犯，以及不作为的教唆与不作为的帮助。刑法通说一般不认可不作为的教唆犯，因为教唆行为是引起他人实施符合构成要件的不法行为或者共同正犯的意思的行为，而不作为不可能引起这一意思。[1]按照罪责刑相适应的原则，应当准确认定各行为人在共同犯罪中所起的作用，并根据对实现危害结果所起作用力大小认定正犯或帮助犯。有学者认为，可以义务与法益的关联方式和程度为标准，确定保证人在因果流程中所应起的作用大小，进而区分正犯与共犯。在先行行为引起作为义务的场合，应以先行行为本身对法益侵害结果的贡献程度来确定共犯和正犯。[2]还有学者认为，保证人的不作为是成立帮助犯还是成立正犯或者共同正犯，取决于履行作为义务对防止结果发生所起的作用大小。若只要履行义务就“确实”能够避免危害结果发生的场合，就应当认定为该不作为对结果的发生起了重要作用，不履行义务的保证人成立不作为的正犯或者共同正犯。若保证人不履行义务仅只是让正犯的行为更容易，则应当认定为帮助犯。另外，不作为的帮助犯并不仅局限于无形的、精神上的助力，如强化犯罪意志。司法实践中，不作为的帮助行为的实施往往也伴随一定物质内容，只是并非不作为内容，也不影响不作为的帮助犯的成立。如母亲基于杀死孩子的故意，对溺水的孩子袖手旁观，在岸边睡觉或玩手机。这种当为而不为的行为才是不作为犯罪的本质。

不作为犯罪成立的前提是行为人要负有某种积极的作为义务，德国学者施瓦茨提出“保证人地位强弱说”，该学说主张区别不作为正犯与不作为帮助犯的标准就是保证人在与结果的关系上是否居于较强地位。笔者赞同这种观点，不作为犯罪的义务来源应区分不同等级，分为强义务与弱义务，强义务是对被害人负全面

〔1〕 张明楷：《刑法学》（第6版），法律出版社2021年版，第591页。

〔2〕 姚诗：《不作为正犯与共犯之区分：实践发现与理论形塑》，载《法学家》2020年第4期。

的责任，只要没有履行义务，就承担正犯责任；弱义务限于基本的安全保障，不履行弱义务可能构成帮助犯。如"在前者父亲有意识地不阻止第三人杀死自己孩子时，他就成为不作为杀人的行为人（即实行人），而后者中护士有意识不阻止无权接触药品的人拿走毒药并用于杀人时，该护士就成为不作为杀人的帮助人"。〔1〕

共同饮酒人的安全保障义务属于民法范畴的义务，具体到因共同饮酒引发的民事损害赔偿案件中，这一义务的责任主体主要是指敬酒者、劝酒者、灌酒者、未尽到提醒义务的酒宴组织者等，因先前的敬酒、劝酒、灌酒行为使饮酒者的人身财产安全处于危险状态，如饮酒者因上述行为而饮酒过度，出现失控、不清醒等状态。这种情况下行为人就产生了谨慎的注意义务，应该预见到该危险的产生以及该危险可能造成的损害，并采取有效措施排除危险；若共饮人违反这一注意义务使他人遭受损害，应当认定存在过错。〔2〕在共同饮酒案件中，安全保障义务主要包括保障共饮人自身安全的义务以及确保醉酒人不致害第三人的义务。本案中，姜某某此前曾与张某某、贾某某不止一次表达过让二人带女孩儿一起来玩耍喝酒的意思。案发当日，被害人约张某某喝酒，张某某主动将被害人约至姜某某家中饮酒。张某某与被害人饮酒这一合法行为致被害人陷入不知反抗、不能反抗的醉酒状态，应该对被害人产生一定的安全保障义务。且被害人身处被告人姜某某家中次卧这一封闭的空间内，张某某明知被害人的法益可能遭受侵害，并在贾某某、姜某某进入次卧，被害人性自主权存在遭受侵害的紧迫危险时并未阻止危害结果的发生，反而主动将贾某某带至次卧后离开，在姜某某进入次卧时，张某某仍在屋内继续玩耍。张某某的先行行为引起的被害人醉酒状态让姜某某、贾某某的强奸行为进展更为容易，促进了该二人强奸行为与被害人性自主权被侵害的危害后果之间的因果进程。而张某某本人意识清醒，对自己的行为具有明确的认知和控制能

〔1〕［德］克劳斯·罗克辛：《德国刑法学总论》（第2卷），王世洲译，法律出版社2013年版，第509页。

〔2〕相关案例参见"杨海山等与路高卫等生命权、身体权、健康权纠纷案"，北京市高级人民法院民事裁定书，（2022）京民申6748号。

力，具有履行阻止危害结果发生义务的可能性；且若张某某履行了作为义务，可能能够避免危害结果的发生。故认定张某某有意识地不履行阻止义务的行为与姜某某的强奸行为和贾某某的强奸未遂行为构成强奸罪共同犯罪，张某某的不作为行为起帮助作用，系从犯。

供稿：北京市丰台区人民检察院　李章颖　王　颖

案例编辑：北京市人民检察院　关　宁

五、侵犯财产罪

丁某某抢劫案

——诈骗未达到“数额较大”，但为抗拒抓捕开车撞击他人车辆并造成财产损失的，能否认定为转化型抢劫罪？

基本案情

2017年12月24日12时40分许，丁某某在昌平区沙河镇北街家园一区赵某某和常某某经营的某串吧内，冒充原单位的业务员，以白酒回收为由，骗取店内6瓶泸州老窖（经鉴定，价值人民币71元）。丁某某离开该店时被赵某某发现，赵某某驾车追赶至一条死胡同。丁某某意图掉头，赵某某将车斜停挡住丁某某。后丁某某向赵某某所开车辆加速撞击，用其车的左前侧撞赵某某车的右前侧，致赵某某车辆受损，维修费用为人民币39563元。丁某某逃离现场后将上述白酒丢弃在路边，后于当日被民警查获。到案后，丁某某向赵某某赔偿人民币5.1万元并取得谅解。

北京市公安局昌平分局于2018年11月26日以丁某某涉嫌抢劫罪向北京市昌平区人民检察院移送审查起诉。昌平区人民检察院于同年12月26日以丁某某涉嫌抢劫罪向北京市昌平区人民法院提起公诉。昌平区人民法院于2019年2月13日作出判决，认定丁某某犯抢劫罪，判处有期徒刑三年，缓刑三年，并处罚金人民币1万元。

主要问题

诈骗未达到“数额较大”，但为抗拒抓捕，开车撞击他人车辆并造成财产损失的，能否认定为转化型抢劫罪？

意见分析

意见分歧

第一种意见认为，丁某某不构成抢劫罪。理由是：根据最高人民法院《关于审理抢劫刑事案件适用法律若干问题的指导意见》第三点的规定，所涉财物数额明显低于“数额较大”的标准，又不具有《最高人民法院关于审理抢劫、抢夺刑事案件适用法律若干问题的意见》（以下简称《两抢意见》）第5条所列五种情节之一的，不构成抢劫罪。对于以摆脱的方式逃脱抓捕，暴力强度较小，未造成轻伤以上后果的，可不认定为“使用暴力”，不以抢劫罪论处。本案中，丁某某骗取的6瓶泸州老窖数额远低于“数额较大”标准，且丁某某原为某公司业务员，对于诈骗物品的价值不存在明显主观认识错误，在其实施诈骗后为了抗拒抓捕而开车撞击被害人车辆，并未造成被害人轻微伤以上后果，属于以摆脱的方式逃脱抓捕的行为，其暴力程度尚未达到转化型抢劫的标准，按照《两抢意见》第5条第1款的规定，丁某某不以犯罪论处。

第二种意见认为，丁某某构成抢劫罪。理由是：一方面，转化型抢劫中的暴力与普通抢劫中的暴力和以暴力相威胁应作相同解释。丁某某虽然诈骗未达到“数额较大”，也未造成他人轻微伤以上后果，但符合《两抢意见》第5条第2款第5项“具有其他严重情节的”规定，其开车撞击的暴力行为已经达到足以压制他人反抗的程度。即便在不考虑行为是否造成被害人轻伤以上后果的情况下，行为的暴力程度已经远超“情节较轻、危害不大”的程度，应以抢劫罪定罪处罚。另一方面，《关于审理抢劫刑事案件适用法律若干问题的指导意见》虽然针对转化型抢劫作了出罪规定，但针对的是暴力程度不明显的摆脱行为。因为暴力强度较小，未造成轻伤以上后果，可不以抢劫罪论处，而暴力程度不明显的摆脱行为与使用暴力或以暴力相威胁行为并非一回事。本案中丁某某开车撞击的行为，属于主动的、明显的使用暴力或以暴力相威胁行为，不适用出罪规定。

意见评析

笔者同意第二种意见，理由如下。

第一，转化型抢劫中的“暴力”应与普通抢劫中的“暴力”作同等解释，需要达到足以压制对方反抗的程度。

行为人当场使用暴力或以暴力相威胁，是构成转化型抢劫罪的实质性条件。典型的使用暴力或者以暴力相威胁，是指行为人对被害人或者抓捕人故意实施殴打、伤害等危及人体健康或者生命安全的行为，或者以实施这种暴力相威胁。目前通说观点认为，普通抢劫罪中的暴力是指对行为人行使有形力，并达到足以压制对方反抗的程度，但不要求直接对对方的身体行使有形力。转化型抢劫属于法律拟制，其与普通抢劫有本质区别，但这种区别主要体现在犯罪构成、社会危险性等方面，对于暴力的认识，二者并无区别。事实上，普通抢劫中为了让被害人交出财物使用的暴力和转化型抢劫中为了窝藏赃物、抗拒抓捕或毁灭罪证而使用的暴力难以区分，甚至后者的暴力程度还会高于前者，因此，转化型抢劫罪中的“使用暴力和以暴力相威胁”中的“暴力”必须也要达到足以压制对方反抗的程度。针对这一问题，目前学界主要有主观说、客观说以及综合客观说三种观点。相对而言，综合客观说更为完善，也更符合司法实践，即考察是否达到足以压制对方反抗的程度时，既要考虑暴力的程度、样态、手段、场所等客观条件，也要考虑具体案件中被害人的具体情况。

第二，要区分暴力程度不明显的摆脱行为与使用暴力或者暴力相威胁行为。

对于暴力程度不明显的摆脱行为，不属于转化型抢劫罪中的“暴力或以暴力相威胁”。根据《最高人民法院关于审理抢劫刑事案件适用法律若干问题的指导意见》的规定，“对于以摆脱的方式逃脱抓捕，暴力强度较小，未造成轻伤以上后果的，可不认定为‘使用暴力’，不以抢劫罪论处。”实践中，暴力程度不明显的摆脱行为，一般表现为行为人的挣扎行为，如把抓他的人的手甩开，甚至踢一脚推一把等，这类暴力强度很小、情节显著轻微，或者无加害他人的意图，只是为了挣脱抓捕而冲撞他人，可以看作一种人之常情的反抗行为。这种轻微的挣扎行为不应当被视为使用暴力，进而不能认定为转化型抢劫罪。

第三，开车撞击行为不属于暴力程度不明显的摆脱行为，其暴力程度已经达到足以压制他人反抗的水平，属于《两抢意见》第5条第2款的“其他严重情节”。

《两抢意见》第5条规定：“行为人实施盗窃、诈骗、抢夺行为，未达到‘数额较大’，为窝藏赃物、抗拒抓捕或者毁灭罪证当场使用暴力或者以暴力相威胁，情节较轻、危害不大的，一般不以犯罪论处；但具有下列情节之一的，可依照刑法第二百六十九条的规定，以抢劫罪定罪处罚。（1）盗窃、诈骗、抢夺接近‘数额较大’标准的；（2）入户或在公共交通工具上盗窃、诈骗、抢夺后在户外或交通工具外实施上述行为的；（3）使用暴力致人轻微伤以上后果的；（4）使用凶器或以凶器相威胁的；（5）具有其他严重情节的。”其中的“具有其他严重情节的”可以理解为对不符合“情节较轻、危害不大”的兜底性规定。行为人实施盗窃、诈骗、抢夺行为，虽然未达到“数额较大”标准，但为窝藏赃物、抗拒抓捕或者毁灭罪证当场使用暴力或者以暴力相威胁，造成严重危害后果的，符合转化型抢劫罪构成要件。具体到本案，丁某某开车撞击赵某某的车辆，赵某某驾车追赶丁某某至一条死胡同并将车斜停挡住丁某某，丁某某为了抗拒抓捕，向赵某某的车辆加速撞击，用其车的左前侧撞赵某某车的右前侧，致赵某某车辆右前方保险杠及内部设备严重受损，造成维修费用损失人民币39563元。可以看出，丁某某这种加速撞击的行为是其主动对赵某某采取的暴力行为，已经使他人人身安全处于现实紧迫的危险状态，且该行为已经具有足以压制他人反抗的程度，达到了抗拒抓捕的目的。虽然未造成被害人轻微伤以上的伤害，不适用《两抢意见》第5条第2款第4项“使用暴力致人轻微伤以上后果的”规定，但造成的严重财产损失，仍可构成“其他严重情节”。因此，丁某某的行为符合《刑法》第269条转化型抢劫罪的构成要件。

综上所述，转化型抢劫中的“暴力”应与普通抢劫中的“暴力”作同等解释，需要达到足以压制对方反抗的程度。认定转化型抢劫行为时，要区分暴力程度不明显的摆脱行为与使用暴力或者暴力相威胁行为。对于暴力程度不明显的摆脱行为，不属于转化型抢劫罪中的“暴力或以暴力相威胁”。本案中，丁某某开车撞击行为不属于暴力程度不明显的摆脱行为，其暴力程度已经达到足以压制他人反抗的水平，属于《两抢意见》第5条第2款的“其他严重情节”，应认定为转化型抢劫，构成抢劫罪。

供稿：北京市昌平区人民检察院 史 焱 杨 文

案例编辑：北京市人民检察院 张艳青

汤某某抢劫案

——"行为人仅以其所输赌资或所赢赌债为抢劫对象"的理解与适用

基本案情

2010年4月9日、10日凌晨，汤某某、刘某某（在逃）以营利为目的，先后两次在北京市丰台区刘某某自营酒馆内设置赌局，与张某某等人聚众赌博。4月9日赌局中，汤某某、刘某某捆绑赌资、共担盈亏，最终输给张某某等人4万余元，双方结清债务后约定次日继续赌博。4月10日赌局前，汤某某、刘某某密谋后商定：在当日赌局房间内预备斧子，如赢回前日所输赌资则停局，如继续输钱则以拍斧子、掀桌子等手段夺回赌资。后汤某某、刘某某继续捆绑赌资，仍与张某某等人在前述地点内进行赌博。至案发时，汤某某、刘某某一方总体处于赢钱状态，但汤某某个人处于输钱状态。至张某某坐庄时，汤某某拿出斧子拍在赌桌上，胁迫张某某交出本局赌资5000元，并将张某某持有的6000元本金一并夺走。张某某出于恐惧，径行起身离开后向警方报案。

2020年8月26日，北京市丰台区人民检察院以汤某某涉嫌抢劫罪、赌博罪，向北京市丰台区人民法院提起公诉。2020年12月22日，丰台区人民法院作出判决，汤某某犯抢劫罪，判处有期徒刑三年，并处罚金1万元；犯赌博罪，判处有期徒刑一年，并处罚金5000元；决定执行有期徒刑三年九个月，并处罚金15000元。

主要问题

根据2005年《最高人民法院关于审理抢劫、抢夺刑事案件适用法律若干问题的意见》(以下简称《两抢解释》)第7条第2款的规定,“行为人仅以其所输赌资或所赢赌债为抢劫对象,一般不以抢劫罪定罪处罚”。本案中,汤某某抢劫赌资的行为是否属于“行为人仅以其所输赌资或所赢赌债为抢劫对象”?

意见分析

意见分歧

就汤某某抢劫赌资的行为是否符合《两抢解释》第7条规定的违法阻却事由,存在以下三种意见:

第一种意见认为,汤某某不符合该款规定,应认定其构成抢劫罪。本案中,汤某某等人的预谋行为显示其参赌前就有只能赢钱、不能输钱的动机,具有非法占有他人财物的概括故意。基于该非法占有他人财物的故意,其在赌博进行过程中拍斧子,使被害人产生恐惧心理,在此情况下将赌资抢走即构成抢劫罪。

第二种意见认为,汤某某符合该款规定,不构成抢劫罪。虽然汤某某等人存在事先预谋行为,但该行为不足以认定其有非法占有他人财物的故意。赌博进行过程中,赌资权属不明,因此汤某某不存在非法占有他人财物的故意,并未侵犯他人合法权利。且案发时汤某某确实处于输钱状态,最终抢得赌资亦少于前日所输钱款,故其行为方式符合“仅以其所输赌资或所赢赌债为抢劫对象”,不构成抢劫罪。

第三种意见认为,汤某某构成寻衅滋事罪。赌局进行中的赌资权属不明,且不受法律保护,不存在非法占有的可能。汤某某拍斧子恐吓他人的行为可按照

“两高”《关于办理寻衅滋事刑事案件适用法律若干问题的解释》规定的“持凶器恐吓他人”或“强拿硬要”之情形，认定构成寻衅滋事罪。

意见评析

笔者同意第一种意见，理由如下。

《两抢解释》第7条明确了赌资赌债可作为抢劫罪的行为对象，并确立了一般人员与参赌人员抢劫赌资赌债区分处理的处罚原则：对于一般人员抢劫赌资赌债，应认定为抢劫罪定罪处罚；参赌人员仅以其所输赌资或所赢赌债为抢劫对象，一般不以抢劫罪定罪处罚，构成其他犯罪的（如赌博罪、开设赌场罪、非法经营罪、非法拘禁罪、故意伤害罪等），依照刑法相关规定处罚。可见，对于抢劫赌资赌债的，定罪处罚为一般性规定，免予定罪处罚为例外规定。因此，应准确把握例外规定之适用条件。具体来说，对于《两抢解释》第7条“行为人仅以其所输赌资或所赢赌债为抢劫对象”，除行为主体限于参赌人员外，还应注意对以下三个方面加强审查：

第一，抢劫对象是否限于“所输赌资”或“所赢赌债”。

2005年“两高”《关于办理赌博刑事案件具体应用法律若干问题的解释》（以下简称《赌博解释》）第8条规定，“赌博犯罪中用作赌注的款物、换取筹码的款物和通过赌博赢取的款物属于赌资”。赌债即参赌人员因赌博所负担之债务。由于赌债产生于赌博活动，并通过赌资得以偿还，因而赌资赌债在法律性质上具有牵连性和同一性。因不同国家、地区对关于赌博行为及博彩产业的法律政策不一，对于赌资的法律性质、赌债是否构成债乃至自然之债等问题也有不同认识。我国民事法律未明确规定赌资赌债的法律性质，但实务中对赌债的履行请求权及返还请求权均持否定态度。《赌博解释》第8条第2款明确规定，“赌资应当依法予以追缴”。基于该规定，刑事实务中通常认为，赌资来源具有违法性、犯罪性，属于非法财物，应当追缴并依法上交国库，赌债不属于法律意义上的“债”，不受法律保护。

《两抢解释》第7条规定的违法阻却事由本意在于否定赌债赌资合法性，降低参赌人员积极性，以此打击赌博活动。因赌资赌债不具有合法性，该种情况中的所谓“被害人”不具有受法律保护的所有权，也不具有相对于其他参赌人员的合法占有权。因此，参赌人员仅以其所输赌资或所赢赌债为抢劫对象不会侵害“被害人”合法权利，不会造成实质意义的危害后果。

针对此类抢劫行为，一方面要严格审查抢劫对象是否属于“所输赌资”或“所赢赌债”，另一方面要准确认定抢劫数额是否与“所输赌资”或“所赢赌债”大致相符。实践中，不能强求行为人抢回的数额刚好与“所输赌资”或“所赢赌债”刚好相等，也不能将差距无限放大，应当将该条件限定于行为人抢回数额不得明显超出“所输赌资”或“所赢赌债”的范围，明显超出的判断标准可参照《两抢解释》第9条第2款“以暴力、胁迫手段索取超出正常交易价钱、费用的钱财的行为定性”。

本案中，汤某某、刘某某捆绑赌资、共担盈亏，在案发当日赌局中虽然个人处于输钱状态，但整体上处于赢钱状态。在此情形下，汤某某所抢走的赌资并非“所输赌资”。同时，该抢劫行为发生时赌局胜负未分，尚未产生新的赌债，汤某某抢走的也并非“所赢赌债”。尽管汤某某抢劫数额低于前一日所输掉的总额，但其抢走的实际上是该轮赌局中已投入的款物及他人持有的赌资，在性质上并不属于“所输赌资”或“所赢赌债”。

第二，抢劫“所输赌资”或“所赢赌债”前是否具有非法占有目的。

非法占有目的是抢劫罪主观要件之一。成立抢劫罪要求行为人在实施抢劫行为前必须已经具备非法占有目的。在赌博活动现场，财物所有权转移较为频繁，行为人主观上对于“所输赌资”或“所赢赌债”的权属认知存在模糊之处，其主观故意内容与抢劫他人财物有所不同。因此，行为人如仅以“所输赌资”或“所赢赌债”为抢劫对象，主观上不具有非法占有目的。汤某某、刘某某在次日赌博前密谋形成“只能赢不能输”的行动目标及行动计划，尽管案发时汤某某并未按计划行动，但足以证明其在赌博开始前即具有了非法占有的概括故意。

第三，抢劫“所输赌资”或“所赢赌债”是否发生在赌博活动当场。

原则上，抢回赌资赌债的行为应当发生在赌博活动当场。如行为人在赌博活动结束后，又单独或纠集他人抢回赌资赌债的，符合抢劫罪的构成要件，无论抢回数额是否超出“所输赌资”或“所赢赌债”，均应当成立抢劫罪。汤某某在赌局首日输钱后，即与其他参赌人员结清债务，这表明该日赌博活动已经结束，汤某某也已认可对方当事人对赌资的实际控制，其已经失去了抢回赌资赌债的时空条件。

值得注意的是，对“赌博活动当场”应避免机械理解，如果在时间、空间上具有接续性、邻接性，如行为人离开后短时间内即返回赌场，或者在赌场附近区域夺回财物等情况，也应认定为赌博活动当场。

另外，汤某某的行为不符合寻衅滋事罪的构成要件。寻衅滋事罪保护的法益为社会公共秩序，本案赌博活动发生于组织者之一刘某某的自营酒馆，赌博时间为凌晨时段，难以认定为公共场所，并未损害社会公共秩序，造成严重的危害社会的后果，故无法适用“持凶器恐吓他人”或“强拿硬要”来认定嫌疑人构成寻衅滋事罪。

供稿：北京市丰台区人民检察院　张　倩　杨媛媛　周亚梅

案例编辑：北京市人民检察院　陈方兴

李某某抢劫案

——在长租公寓内抢劫独立房间居住室友的行为是否认定为“入户抢劫”？

基本案情

李某某租住在北京市朝阳区某小区一套四居室内的A室，其他房间均有不同租户居住。2023年1月某日晚，李某某借送食品为由骗开卢某某租住的同一公寓内的B室房门，采用以手捂嘴、持刀威胁、用杀虫剂瓶子多次敲打卢某某后脑勺的方式，欲劫取卢某某财物，后因卢某某强烈反抗未能得逞。经鉴定，卢某某头部挫伤，所受损伤程度为轻微伤。

北京市朝阳区人民检察院于2023年5月8日以李某某涉嫌抢劫罪向北京市朝阳区人民法院提起公诉。朝阳区人民法院于2023年5月31日作出一审判决，认定李某某以抢劫的目的进入被害人房间，在房间内使用暴力手段对被害人实施抢劫，构成入户抢劫。同时，李某某抢劫未实际取得财物，系犯罪未遂。最终以抢劫罪判处其有期徒刑三年，罚金人民币3万元。李某某未上诉，检察机关未抗诉。

主要问题

合租人员在长租公寓内抢劫独立房间居住室友的行为，能否认定为入户抢劫？

意见分析

意见分歧

第一种意见认为，共同租住的房屋内，只要是供生活专用，与外界相对隔离，且承租人之间具有独立空间的，应当被认定为抢劫中的“户”，故本案应当以入户抢劫作为加重处罚情节提起公诉。

第二种意见认为，非家庭成员共同租用一套住房共同生活居住的，不能认定为“户”，类似于群租房和宿舍，建议本案以抢劫罪的一般情形提起公诉。

意见评析

笔者同意第一种意见，理由如下。

第一，刑法意义上的“户”的范围。

最高人民法院2000年发布了《关于审理抢劫案件具体应用法律若干问题的解释》（以下简称《抢劫解释》）第1条规定，“入户抢劫”是指为实施抢劫行为而进入他人生活的与外界相对隔离的住所，包括封闭的院落、牧民的帐篷、渔民作为家庭生活场所的渔船、为生活租用的房屋等进行抢劫的行为。其后在2005年发布《关于审理抢劫、抢夺刑事案件适用法律若干问题的意见》（以下简称《两抢意见》），进一步明确“户”是指住所，其特征表现为供他人家庭生活和与外界相对隔离两个方面，前者为功能特征，后者为场所特征。一般情况下，集体宿舍、旅店宾馆、临时搭建工棚等不应认定为“户”，但在特定情况下，如果确实具有上述两个特征的，也可以认定为“户”。上述司法解释概括了“户”的两个特征，一是“与外界相对隔离”的场所特征，强调空间的排他性，他人非经同意不得随意进出，居住者免受外界环境和他人的干扰；二是“供他人生活（家庭生活）”的功能特征，这便与公共空间相对，具有私密性。

司法实践中认定“户”的范围，场所特征容易判断，分歧主要在于如何界定供他人生活(家庭生活)的功能特征。“户”的功能特征旨在将生活起居场所与从事经营活动的场所相区别。实践中存在商住两用的经营商店,商店内分隔成经营区和生活区,经营者的生活起居发生在生活区内。如果在经营区实施抢劫,行为人是抢劫的一般情节;如果进入生活区实施抢劫,则构成入户抢劫。即使店内没有明显的功能分区,如果在非经营时间进入店内对店主实施抢劫,此时该店未营业,场所发挥的主要功能是生活功能,故应认定为入户抢劫。基于此思路,《两抢意见》规定,在特定情况下,集体宿舍、旅店宾馆、临时搭建工棚等如果确实具有上述场所特征和功能特征的,也可以认定为“户”。因此,认定“户”的范围应依据案发场所的实质功能进行判断。〔1〕例如,设立在他人住所内的赌场,在开赌时间内,该场所从个人生活住所转化为具有公共性的赌场,失去“户”的功能特征,此时入内抢劫参赌人员的行为,不应认定为入户抢劫。〔2〕又如,卖淫者自宅卖淫,房屋兼具卖淫场所和居家生活住所的特征,在接纳嫖客时,该房屋实际承载的功能转化为淫乱牟利的场所,不能被认定为抢劫罪中的“户”。〔3〕同理,以想要租房为由骗得房主带领看房,进屋后实施抢劫的,不构成入户抢劫。因为此时该房屋尚无人居住,不具备他人生活的现实功能特征。

第二,现代社会多元居住模式导致“户”具有相对性,共同居住者之间不限于家庭成员关系。

因司法解释在界定“户”的范围时使用了“家庭生活”的表述,故有观点认为,只有家庭成员共同居住的场所才称其为“户”。这种观点在过去还有立足的空间,但已不能适应当下社会生活现实,严重限缩了“户”的认定范围,也与实质判断“户”的功能特征的立场相悖。传统意义上的家庭,是指以姻缘和血缘为纽带

---

〔1〕 袁剑湘:《论入户抢劫中“户”的界定——兼论入户时的犯罪目的》,载《河北法学》2010年第4期。

〔2〕 喻海松编著:《实务刑法评注》,北京大学出版社2022年版,第1098页。

〔3〕 喻海松编著:《实务刑法评注》,北京大学出版社2022年版,第1098页。对于自宅卖淫,还存在不同观点认为,自宅卖淫者的住所虽然兼具卖淫场所性质,但主要功能仍是生活,是受刑法保护的“户”。两种观点虽然结论不一致,但均认同实质判断场所功能的立场。

的基本社会单位。现代社会，随着城乡间人员流动性加大以及人们生活方式的多元化，以家族或家庭为单位的传统生活形态已经大为改变。特别是在城市中，为满足人们降低居住成本的需求，各大公司纷纷推出“魔方”“自如”等集中式或分散式的长租公寓品牌。在该模式下，由品牌公寓运营方租下或者买下公寓进行统一装修并配备统一服务，然后以套内房间为单位进行出租。不同于宿舍或群租，居住成员虽然租住于同一套间内，但却各自拥有独立的生活起居空间区域，各租户的不同房间是各自独立的“户”。从立法原意角度出发，将入户抢劫作为抢劫罪的八种加重处罚情节之一，目的是保护公民的人身、财产安全和住宅安宁。无论是长租公寓还是筒子楼，居住成员之间虽然共用厨房、卫生间等公共区域，但各自拥有独立控制下的居住房间。在该空间内，居住者应当享有人身、财产安全被保护以及住宅安宁不被打扰的权利。侵入私人房间实施抢劫与侵入传统家庭居住的“户”，同样会给居住者带来内心恐惧并削弱对社会秩序的信任感，具有相同的社会危害性，需要在刑法层面予以同等保护。

需要注意的是，在合租的居住模式下，即使不要求共同居住人之间具有家庭成员的关系，但是要求案发地点具有“与外界相对隔离”的场所特征。例如，韩某等抢劫案[1]的裁判要旨中指出，不具有家庭成员身份的人共同租用的住所，如果每一个承租人相对于他人都没有相对独立的空间，该房屋应属于群体共同休息和活动的公共场所，对租户之间，就不能认定为刑法意义上的“户”。“户”的范围具有相对性，整个套间相对外界是独立的“户”，而套间内不同租户的房间又是独立的“户”。在认定入户抢劫时，应当对场所的场景和嫌疑人的身份予以区分。如果嫌疑人属于租户以外的人，在长租公寓的客厅、厨房、公用卫生间等公共区域内实施抢劫，应当认定为入户抢劫；如果嫌疑人属于租户之一，在客厅等公共区域实施

---

〔1〕 陈兴良、张军、胡云腾主编：《人民法院刑事指导案例裁判要旨通纂》（第2版）下卷，北京大学出版社2018年版，第998页。

抢劫的，属于户内抢劫。

第三，主观上，行为人入户是为了抢劫，入户目的具有非法性。

审查行为人的入户目的，主要是为了区分“入户抢劫”和“入户后抢劫（或户内抢劫）”。《两抢意见》明确规定，认定入户抢劫，入户的目的要具有非法性。抢劫行为虽然发生在户内，但行为人不以实施抢劫等犯罪为目的进入他人住所，而是在户内临时起意实施抢劫的，不属于“入户抢劫”。同时，司法解释还规定了转化型入户抢劫，入户盗窃被发现，行为人为窝藏赃物、抗拒抓捕或毁灭罪证而当场在户内使用暴力或以暴力相威胁的，可以认定为入户抢劫。对此，入户抢劫主观上应是一种概括的抢劫故意，其抢劫目的主要有三种情形[1]：一是行为人入户目的就是抢劫；二是行为人入户本着能盗窃就盗窃，不能盗窃就抢劫的目的；三是行为人入户是为了盗窃、诈骗、抢夺，但同时具有如果被发现就事后抢劫的目的。故入户抢劫要求行为人入户的目的中必须包含抢劫的故意，为了强奸入户，入户后改为抢劫的，不属于入户抢劫。

本案中，案发房间所在公寓为北京某房地产经纪有限公司集中对外出租的四室一厅。其中，互不相识的租客各自与该公司签订租房合同，分别入住ABCD四个卧室，并独立掌握自己的房间钥匙，他人不能随意出入。四户人虽然共用客厅、卫生间等空间，形式上具备合租特征，但是在法律关系和实质生活方式上属于独立租住房屋的住户。案发房间相对于其他三个房间是独立、封闭的，与外界相对隔离，是被害人用于生活的个人空间，故其具有“户”的功能性、场所性特征，应当被认定为刑法意义上的“户”。李某某因参与网络赌博被骗，预谋抢劫租住于同一套间不同房间的被害人来偿还债务。其拿着事先准备好的一把短刀及一捆胶带，借送食物为由，骗得被害人打开房门，趁着被害人转身拿零食回礼之际，进入被害人房间，采取用手捂嘴、用胳膊搂住被害人身体，持刀威胁等方式压制被害人反抗，

---

〔1〕 张明楷：《刑法学》（第6版），法律出版社2021年版，第1291页。

向其索取财物。后因被害人反抗，二人倒地，李某某找不到携带的短刀，便使用屋内的杀虫剂瓶子多次击打被害人后脑勺。李某某入户是为了实施抢劫，对被害人施加暴力和暴力威胁的行为也发生在户内，因此，构成入户抢劫的加重处罚情节。

综上所述，公民的住宅是个人及家庭成员安身立命之所，刑法上的“户”不仅是一个场所概念，更主要的是与住所内的公民人身及财产利益相联系的概念。〔1〕刑法将“入户抢劫”规定为抢劫罪的加重处罚情节，体现了刑法对公民住所及人身、财产安全的特殊保护。在具体案件中判断案发场所是否是“户”时，应当充分考虑其实质作用及现实功能，区分嫌疑人进入该场所实施抢劫与其在公共场所实施抢劫对被害人的人身和财产安全的侵害程度的差异。

供稿：北京市朝阳区人民检察院　李新刚　王　昭

案例编辑：北京市人民检察院　毛　俐

〔1〕 喻海松编著：《实务刑法评注》，北京大学出版社2022年版，第1098页。

武某、刘某某抢劫案

——抢夺逃离现场过程中部分共犯因为抗拒抓捕而当场实施暴力，其他共犯能否转化为抢劫？

基本案情

2014年4月14日21时许，武某伙同刘某某在经事先预谋的情况下，在东城区史家小学门口处，由武某趁赵某某不备，抢夺其粉色挎包一个，内有现金人民币880.6元以及钱包、U盘等物品（经鉴定，上述物品共计价值人民币245元），在武某逃离现场的过程中，被见义勇为的金某踹倒在地。监控录像显示，在被踹倒时，武某用抢得的挎包击打了金某。见此情形，在案发现场负责望风的刘某某为帮助武某抗拒抓捕并逃离现场，持铁片将被害人金某扎伤，导致金某头部、左肩部以及手外伤（经刑事科学技术鉴定为轻微伤）。武某、刘某某后于2014年4月18日在大兴区被公安机关抓获。赃款、赃物均已起获并发还赵某某。

本案由北京市公安局东城分局侦查终结，以武某、刘某某涉嫌抢劫罪，于2014年7月16日向北京市东城区人民检察院移送审查起诉。同年11月27日，东城区人民检察院以抢劫罪对武某、刘某某提起公诉。北京市东城区人民法院于2015年2月5日作出一审判决，认定武某、刘某某构成抢劫罪，判处武某有期徒刑三年六个月，并处罚金人民币3000元；刘某某有期徒刑三年六个月，并处罚金人民币3000元。

主要问题

抢夺逃离现场过程中部分共犯因为抗拒抓捕而当场实施暴力，其他共犯能否转化为抢劫？

意见分析

意见分歧

第一种意见认为，二人不构成事后抢劫的共犯，且均不构成犯罪。武某抢夺他人财物，在逃跑的过程中未当场实施暴力行为抗拒抓捕，且抢夺的财物经鉴定未达到“数额较大”标准，因此不构成犯罪。刘某某在武某抢夺时并未帮助实施，不构成共同抢夺的行为，刘某某持铁片扎伤金某系故意伤害他人身体，又因该行为未达到致人轻伤以上的危害后果，故犯罪嫌疑人刘某某不构成故意伤害罪。

第二种意见认为，二人不构成事后抢劫的共犯，仅刘某某一人构成抢劫罪。武某的行为系抢夺，但本人未当场实施暴力行为抗拒抓捕，且抢夺的财物也未达到“数额较大”标准，故不构成犯罪；刘某某为抗拒抓捕而当场使用暴力且致人轻微伤，构成抢劫罪。

第三种意见认为，二人构成事后抢劫的共犯，且系抢劫未遂，均应以抢劫罪追究二人的刑事责任。

意见评析

笔者同意第三种意见，理由如下。

第一，武某的行为符合事后抢劫中的“犯抢夺罪”，刘某某的行为符合事后抢劫中的“当场使用暴力或者以暴力相威胁”，具备事后抢劫的前提及客观条件。

《刑法》第269条规定：“犯盗窃、诈骗、抢夺罪，为窝藏赃物、抗拒抓捕或者毁灭罪证而当场使用暴力或者以暴力相威胁的，依照本法第二百六十三条的规定定罪处罚。”在事后抢劫罪的认定中，“犯盗窃、诈骗、抢夺罪”是转化的前提条件。那么，盗窃、诈骗、抢夺等行为是否必须达到数额较大标准？对此，刑法学界存在着不同观点。通说认为，对“犯盗窃、诈骗、抢夺罪”应当理解为“行为”，而不需要实际占有的财物达到数额较大标准，也不用考虑行为人主观上意图，只要有上述三种行为之一，即具备了向抢劫转化的前提条件。

对此，张明楷教授提出，“犯某某罪”包含多种含义，并不一定指犯罪既遂，为抗拒抓捕或者毁灭罪证而当场使用暴力相威胁包括没有取得财物的情形；而抢劫罪的成立也没有数额的限制，事后抢劫理应无犯罪数额要求。此外，也可以参照1998年3月16日《最高人民法院、最高人民检察院关于如何适用刑法第一百五十三条的批复》的规定，即“在司法实践中，有的被告人实施盗窃、诈骗、抢夺行为，虽未达到‘数额较大’，但为窝藏赃物、抗拒逮捕或者毁灭罪证而当场使用暴力或者以暴力相威胁，情节严重的，可按照刑法第一百五十三条的规定，依照刑法第一百五十条抢劫罪处罚；如果使用暴力或以暴力相威胁情节不严重、危害不大的，不认为是犯罪”。因此，笔者认为，事后抢劫中的“犯盗窃、诈骗、抢夺罪”应当视为“行为”，故涉案财物的数额以及行为的既遂与否是不影响事后抢劫成立的。

“行为人因在盗窃、诈骗或者抢夺公私财物过程中被发现而当场使用暴力或者以暴力相威胁”是向抢劫罪转化的客观条件。所谓“当场”，既不是时间概念，也不只表示空间概念，而是一个综合表示时间和空间的概念，是指行为人实施盗窃、诈骗、抢夺行为的现场以及被抓捕的整个过程与现场。行为人实施盗窃等行为后，离开现场的时间短暂而被被害人等发现的，也应认定为当场。现场的监控录像显示，从被告人武某取得财物到被金某踹倒，前后仅20秒左右的时间，距离抢夺现场不到100米。因此，属于刚离开实施抢夺的现场被人及时发觉而立即被追捕的现场，足以认定为《刑法》第269条所规定的“当场”；刘某某用铁片扎向金某致其轻微伤的行为满足了抢劫罪中达到足以压制他人反抗的程度，理应评价为“使用暴力”。使用暴力或以暴力相威胁所针对的对象不仅包括被盗窃、抢夺、诈骗行为侵犯财产的特定被害人，其他人（公安人员或参与抓捕的人）亦能成为被使用暴力的对象，正如本案中见义勇为的金某。

第二，武某、刘某某分别实施了转化型抢劫罪中的部分行为，且武某对刘某某为抗拒抓捕而实施的暴力行为知情，逃跑及抗拒抓捕是二人的共同意图，具有共同犯意。刘某某的行为不属于“共犯过限”，均应当以抢劫罪评价二人的行为。

首先，武某、刘某某具有事前抢夺的故意，符合事后共同抢劫的前提条件。成立事后抢劫罪的行为人主观上一开始必然不是出于抢劫罪的故意，最初仅是出于盗窃、诈骗、抢夺的犯意，并且具体实施了上述行为。两名被告人的供述均称出来目的是抢钱，至于究竟是抢夺还是抢劫的犯意，两人的供述并不具体。虽然并未明确达成采用何种方式获取他人财物的合意，但不影响二人主观上至少有抢夺的共同犯意。结合案发当天被告人武某的抢夺行为，根据主客观相一致的原则，认定事前二人的主观故意是抢夺的故意，而非抢劫的故意。

其次，在抢夺共同犯罪中，由于其中一部分共犯的行为使犯罪的性质发生变化（从抢夺罪转化为抢劫罪），认定其他共犯是否转化为抢劫罪的关键要看其是否同意其他共犯当场使用暴力或暴力相威胁。本案属于事后抢劫中前后两个行为分别由不同的人实施的情形。从整个作案过程来看，被告人武某、刘某某二人在犯罪不同阶段分别从事了事后抢劫两个部分的行为。二人经过商议，由武某实施抢夺行为，刘某某对此知情且在距离武某抢夺地不远处望风，以伺机共同逃离现场。武某在抢得被害人赵某某的挎包后逃跑，在这一过程中，被害人金某听到赵某某的呼喊上前阻止武某，并将武某踹翻在地；刘某某在看到这一情形后为了帮助武某脱身，用铁片将金某扎伤，后二人共同逃离现场。虽然被告人刘某某没有抢夺，但其用铁片刺扎金某的行为已经使抢夺发生了转化。在刘某某实施暴力行为的这个过程中，武某就在刘某某身旁，二人系处于同一现场，虽没有使用暴力或以暴力相威胁，但其并未阻止刘某某继续实施暴力行为，而且在刘某某的帮助下顺利脱身，事后也未对刘某某的行为作否定性评价或采取报警投案等补救措施，而是默认了刘某某的行为。在此情形下，逃跑以及为此使用暴力抗拒抓捕显然是二被告人的共同意图。本案不同的行为人分别单独实施了盗窃、抢夺等“前行为”和使用暴力或以暴力相威胁的“后行为”。假设前行为人对后行为人的暴力行为完全不知情，或者在没有共谋的情况下未参与前行为的后行为人独立实施了暴力行为，那么，就不成立事后抢劫的共犯。

第三，武某、刘某某的行为属于转化型抢劫的未遂。

根据《最高人民法院关于审理抢劫、抢夺刑事案件适用法律若干问题的意见》（以下简称《两抢意见》）第10条的规定，在均未取得财物的情况下，对一般抢劫，没有造成他人轻伤以上的伤害后果应认定为犯罪未遂。而对于转化抢劫，若仅以造成他人轻微伤就认定转化抢劫的既遂，则将导致刑罚处罚更重，有违罪责刑相适应的原则。《刑法》第269条的规定只是转化型抢劫的成立条件，符合该条件就应以抢劫罪定罪处罚，但这只是抢劫罪的转化条件，并非只要转化就构成抢劫罪的既遂。抢劫罪的成立和抢劫罪的既遂是两个不同概念，不应混淆。《两抢意见》第5条“关于转化抢劫的认定”的有关规定是以司法解释的方式明确了在盗窃、诈骗、抢夺行为未达到数额较大，为窝藏赃物、抗拒抓捕或者毁灭罪证当场使用暴力或者以暴力相威胁时，可以适用《刑法》第269条的规定，以抢劫罪定罪处罚的集中情形。该条也只是明确了可以抢劫罪定罪处罚，但具体应转化为何种形态，应当受抢劫罪既遂、未遂标准规定的制约，依据该条的规定进行具体认定。即转化型抢劫只有在取得财物或者造成轻伤以上后果的情况下才构成抢劫罪的既遂。本案中，二被告人既未取得财物，也未造成他人轻伤以上后果，应认定为抢劫罪的未遂。

供稿：北京市东城区人民检察院　张　博

案例编辑：北京市顺义区人民检察院　王　新

张某某帮助信息网络犯罪活动、盗窃案

——盗窃他人犯罪所得行为的定性

基本案情

张某某于2020年6月至8月初，伙同苏某某、黄某某等人（均另案处理），在浙江省瑞安市等地，明知他人实施信息网络犯罪，仍提供并使用本人及夏某某等人（均另案处理）名下银行账户参与第四方平台支付结算，涉案总金额人民币1000万元以上（以下币种均为人民币），其中包含北京市东城区吴某、江西省上饶市朱某某被电信网络诈骗款项，张某某自述获利5000元。2020年8月初，同案苏某某被浙江公安抓获。张某某得知后，于2020年8月8日22时许，从黄某某名下涉案银行卡向其本人涉案银行账户转账10400元，又从黄某某银行卡取现20000元。

本案由北京市公安局东城分局侦查终结，以张某某涉嫌掩饰、隐瞒犯罪所得、犯罪所得收益罪，于2021年8月12日向北京市东城区人民检察院移送起诉。东城区人民检察院于同年12月29日以张某某涉嫌帮助信息网络犯罪活动罪、盗窃罪向北京市东城区人民法院提起公诉。2022年2月23日，东城区人民法院作出判决，采纳检察机关指控的犯罪事实，认定张某某犯帮助信息网络犯罪活动罪，判处有期徒刑一年三个月，并处罚金人民币1万元；犯盗窃罪，判处有期徒刑一年二个月，并处罚金人民币1万元；决定执行有期徒刑二年二个月，并处罚金人民币2万元。

主要问题

从同案其他人跑分结算银行账户中取款和转账至本人账户的行为，应认定为掩饰、隐瞒犯罪所得罪还是盗窃罪？

意见分析

意见分歧

第一种意见认为，张某某取款及转账行为应认定为掩饰、隐瞒犯罪所得罪。掩饰、隐瞒犯罪所得罪是指明知是犯罪所得而予以窝藏、转移、收购、代为销售或者以其他方法掩饰、隐瞒的行为。张某某作为跑分团伙的一员，长期为网络赌博、电信诈骗等犯罪活动提供支付结算等帮助，其取款及转账所用的黄某某名下银行卡系参与支付结算所用银行卡，因此其主观应明知涉案银行卡内款项为犯罪所得。客观方面，无论是从黄某某名下涉案银行卡向其本人涉案银行账户转账的行为，还是从黄某某银行卡取现的行为，都是在案发后对上家犯罪所得的转移，同时掩饰隐瞒的数额30400元达到入罪标准。因此，对张某某的取款及转账行为应认定为掩饰、隐瞒犯罪所得罪。

第二种意见认为，张某某的取款及转账行为应认定为盗窃罪。最高人民法院《关于审理掩饰、隐瞒犯罪所得、犯罪所得收益刑事案件适用法律若干问题的解释》第6条规定，对犯罪所得及其产生的收益实施盗窃、抢劫、诈骗、抢夺等行为，构成犯罪的，分别以盗窃罪、抢劫罪、诈骗罪、抢夺罪等定罪处罚。盗窃他人犯罪所得，客观上起到转移他人犯罪所得的效果，但是，从罪质上说，应属于盗窃犯罪。本案中，张某某明知黄某某银行卡内余额是跑分团伙帮助上游犯罪支付计算的违法所得，秘密将卡内余额全部取出由跑分团伙占有，数额达到3万余元，应当以《刑法》第264条盗窃罪定罪处罚。

意见评析

笔者倾向于第二种意见，理由如下。

第一，“非法占有”状态也是刑法保护的对象。

本案中，张某某从黄某某卡中取出的3万元系上游电信诈骗犯罪所得，本质上处于上游犯罪团伙的“非法占有”之中。刑法保护的对象与民法有所差异，民法所保护的占有主要是基于占有人对于财物的合法权益，不保护非法占有；而刑法基于对法益的保护和秩序的维持，对非法的占有也予以保护。〔1〕“法益与合法权益并非等同概念，需要通过法定程序恢复应有状态的占有是一种法益，即刑法要保护这种占有，不允许他人非法侵犯这种占有，而不意味着主体的占有本身是合法的。因此，即使是盗窃、抢劫他人非法所得的，也是侵害了财产犯的法益。”〔2〕黄某某卡中的余额虽然系诈骗所得，但是需要法定的司法程序予以追缴并发还被害人，如果任由他人通过“黑吃黑”等方式改变这种“非法占有”状态，那么势必会带来秩序的混乱。因此，张某某在未取得上家同意的情况下对黄某某卡内犯罪所得进行转移和占有，应当视为对上家占有状态的侵犯，继而受到刑法的调整和处罚。

第二，对张某某行为的认定应坚持主客观相一致原则。

掩饰、隐瞒犯罪所得罪与盗窃罪无论是主观故意的内容还是客观行为的特征都有本质性的差异。因此，在区分此罪与彼罪时，应当立足于两罪构成要件的不同，从主、客观两个方面全面审视与认定。张某某在案发前与苏某某、黄某某等人长期为网络赌博、电信诈骗等犯罪活动从事支付结算等帮助行为，并使用黄某某等人多张银行卡进行赃款的接收与转移，因此在主观上明知黄某某卡中余额为上游犯罪所得。而在同伙苏某某等人被抓获后，张某某未经上游犯罪人许可或者默认，就将黄某某卡内余额部分取出，部分转账至自己名下银行账户中，以秘密窃取的手段，将实际由上游犯罪人占有支配的犯罪所得转移为自己占有，符合盗窃罪“以非法占有为目的，窃取数额较大的公私财物”的法律规定。而掩饰、隐瞒犯罪所得罪中的掩饰、隐瞒行为，对上游犯罪的犯罪人是一种事后帮助，其行为应当是基于上游犯罪行为人的意思。〔3〕张某某无论在取款的事前或事后，都并未与上游

---

〔1〕 郭晓红：《民、刑比较视野下的刑法“占有”研究》，载《法律适用》2011年第9期。

〔2〕 张明楷：《法益初论》，中国政法大学出版社2003年版，第583页。

〔3〕 陆建红、杨华、曹东方：《〈关于审理掩饰、隐瞒犯罪所得、犯罪所得收益刑事案件适用法律若干问题的解释〉的理解与适用》，载《人民司法》2015年第17期。

犯罪人取得联系并取得其同意，进而与上游犯罪人形成合意。因此，张某某的行为不应认定为掩饰、隐瞒犯罪所得罪。

第三，将盗窃他人犯罪所得认定为盗窃罪具有法律依据和法条支撑。

无论从我国刑法体系对于同一类型犯罪的认定，还是司法解释对于盗窃犯罪所得这一特定行为所作出的规定，都能作为解释张某某取款行为性质的依据。从我国的刑事立法来看，即使是非法的利益也会受到刑法保护，而对于非法利益的违法取得有两种认定路径：一种是对此种行为作特殊规定，如我国刑法规定了盗窃、抢夺、抢劫枪支、弹药、爆炸物、危险物质罪。枪支、弹药等违禁品是国家禁止个人持有的物品，但即使对他人非法占有状态下的违禁品实施盗窃、抢夺等行为，依然会受到刑法的处罚，并设置相应的特殊罪名。另一种是根据行为的方式，直接按侵财类犯罪的普通罪名处理，如“两高”《关于办理盗窃刑事案件适用法律若干问题的解释》第1条第4款规定，盗窃毒品等违禁品，应当按照盗窃罪处理的，根据情节轻重量刑。从我国刑法体系对于同一类型犯罪的认定来看，在刑法没有对盗窃他人犯罪所得设置特殊罪名的情况下，应当比照盗窃毒品的相关规定，以普通盗窃罪定罪处罚。而最高人民法院《关于审理掩饰、隐瞒犯罪所得、犯罪所得收益刑事案件适用法律若干问题的解释》第6条的规定，为上述结论提供了更加明确的依据。

综上所述，对于张某某的取款及转账行为，无论是从犯罪的构成要件分析还是依据我国的刑法、司法解释的相关规定，都应当认定为盗窃罪而不是掩饰、隐瞒犯罪所得罪。

供稿：北京市东城区人民检察院　毛首佳　练泰霖

案例编辑：北京市人民检察院　梁景明

冉某某等盗窃案

——特定情境下能否按照销赃数额认定盗窃数额?

基本案情

冉某某伙同王某某于2020年12月初窃取冉某某同居情人胡某某存放于某别墅内的大量名贵白酒、红酒、洋酒等物品，后驾车将上述物品部分销赃至河南省郑州市某一烟酒店，销赃得款人民币24万余元，剩余未及销赃物品被冉某某存放于家中，后被查获。经鉴定，被扣押的在案物品中3瓶印有“茅台”字样的白酒价值人民币9000余元，2瓶印有“五粮液”字样的白酒价值人民币2000余元，共计金额人民币11000余元。其他扣押物品因系假冒产品，未能出具真伪证明，无法作价鉴定。因相关被盗物品被害人均无有效价格证明文件，被销赃物品已被再次销售，无法对销赃的部分物品的真伪性和价格进行评估。2021年9月17日，北京市大兴区人民检察院以冉某某、王某某涉嫌盗窃他人财物人民币25万余元，向北京市大兴区人民法院提起诉讼，大兴区人民法院于2022年2月28日以盗窃罪，判处冉某某有期徒刑六年六个月，并处罚金人民币6万元；判处王某某有期徒刑三年六个月，并处罚金人民币3万元。

主要问题

盗窃名贵烟酒案件中，在被盗物品被部分销赃后，剩余同类物品存在部分假冒，被销赃的涉案物品又无法追回进行真伪判断和价格鉴定时，能否以销赃价格认定被盗物品价格，将销赃数额纳入被盗物品的整体数额予以定罪量刑?

意见分析

意见分歧

第一种意见认为，应坚持存疑有利于被告的原则，在法律规范尚无明确规定，且无法查实被盗物品真假性的情况下，整个涉案金额具有不确定性，不能将20余万元的销赃数额纳入整个盗窃犯罪的涉案数额予以认定，但可以作为酌情从重处罚的情节予以考量。根据"两高"2013年发布的《关于办理盗窃刑事案件适用法律若干问题的解释》(以下简称《盗窃案件解释》)第1条和第4条的规定，盗窃罪是典型的数额犯，被盗物品无有效价格证明的应委托相关机构进行估价。本案中被销赃的各种品牌烟酒既无有效价格证明，也无实物可参考，无法进行真伪判断和价格鉴定。销赃价格虽在一定程度上反映涉案物品的价格，但鉴于涉案物品被销赃后，物品本身是否真假难以查实，且2013年出台的司法解释已明确删除了可按销赃价格认定盗窃数额的规定，再以销赃价格计算涉案金额存在规范依据缺失的问题。本案不能将销赃所得的20余万元纳入整体涉案数额予以计算，本案的盗窃数额只能认定为人民币11605元，对冉某某、王某某只能按照11605元关涉的刑档进行定罪量刑，销赃数额可以作为从重处罚的量刑情节。

第二种意见认为，现有法律规范并不禁止将销赃数额作为犯罪数额予以认定，在被销赃处理的被盗物无法得出真假性判断和具体涉案价格认定时，将销赃数额纳入整个盗窃犯罪的涉案金额予以认定，符合法律适用和司法证明要求。一方面，虽然《盗窃案件解释》只对"盗接他人通信线路、复制他人电信码号出售的"明确规定按照销赃数额认定盗窃数额，但并不禁止特定情境下将销赃数额纳入整个犯罪金额予以计算；并且，不少司法实践判例支持了特定情境下以销赃数额认定盗窃数额的做法。另一方面，涉案物品的价格认定以物品在市场的流通交易价值为基础，销赃价格往往以市场价为基础，是对涉案物品真实价格的一定程度反映，其真实地反映了涉案物品在市场的流通价值与物品的真实价格差异不大，销赃价格往往低于涉案物品的真实价格。

意见评析

笔者倾向于第二种意见，以销赃价格认定盗窃数额具有规范依据，符合司法实践惯例。

第一，司法解释并未明确禁止司法实践将销赃数额纳入盗窃数额予以认定。

首先，销赃数额的多寡客观反映了盗窃行为的法益侵害严重性与刑罚处罚必要性。《刑法》第264条明确规定了普通的盗窃要求达到数额较大，并采取数额加情节的标准划分了盗窃罪的量刑档次。[1]能否以销赃数额认定盗窃数额不仅是一个客观的事实认定问题，更是一个具体的刑事政策选择问题。盗窃犯罪的复杂性与财产权益载体的多元化，导致司法实践中总会出现因各种原因无法对涉案物品按照一般规定进行价格认定的情况，需要我们在一般的原则性规定外，对例外性的个别问题如何处理做出政策性选择。而销赃数额在一定程度上客观反映了盗窃行为的社会危害与可谴责性，对部分案件的损失认定，采取以销赃数额认定盗窃数额简便易行，能够有效解决部分案件中无犯罪数额认定的刑事追究尴尬，有力辅助司法人员评判盗窃行为的法益侵害，具有实践合理性与可行性。

其次，特定情境下以销赃数额认定盗窃数额不仅是一个事实认定问题，更是一个价值判断问题。部分盗窃案件中，因涉案赃物灭失损毁、无法追回等各种因素，难以按照一般的价格认定规则要求进行涉案物品价格鉴定，但对这些案件中的被盗财物价格又必须作出一个认定和判断，不能因涉案物品的销赃价格未必充分反映被害人的实际损失就不作犯罪处理。司法实践必须对这些特殊情况下的司法证明难题处理作出价值选择，寻找各种可供参考的认定标准。销赃数额就是特殊盗窃情境下认定盗窃数额的最佳参考对象，以销赃数额认定盗窃数额既是司法

〔1〕 郎胜主编：《中华人民共和国刑法释义》（第6版），法律出版社2015年版，第445－446页。

的无奈，也是约束条件下的最优解。

再次，司法解释并未禁止以销赃数额认定盗窃数额。纵观相关司法解释对盗窃案件办理的规定，在犯罪数额认定问题上，司法解释并未明确规定不能将销赃数额纳入盗窃数额或在特定情境下直接以销赃数额认定盗窃数额。虽然《盗窃案件解释》删除了最高人民法院于1998年制发的《关于审理盗窃刑事案件具体应用法律若干问题的解释》"销赃数额高于按本解释计算的盗窃数额的，盗窃数额按销赃数额计算"，但有关盗窃数额认定的司法解释条文中依然存在以销赃数额认定盗窃数额的规定。例如，《盗窃案件解释》第4条第1款第5项针对"盗接他人通信线路、复制他人电信码号出售的"的情形，规定了按照销赃数额认定盗窃数额。又如，"两高"《关于办理妨害文物管理等刑事案件适用法律若干问题的解释》第14条明确规定，"依照文物价值定罪量刑的，根据涉案文物的有效价格证明认定文物价值；无有效价格证明，或者根据价格证明认定明显不合理的，根据销赃数额认定，或者结合本解释第十五条规定的鉴定意见、报告认定"。从有关盗窃认定的规范体系看，相关司法解释并未明确禁止不能按照"销赃数额"认定盗窃数额，反而结合盗窃对象的特殊性，明确规定可按"销赃数额"认定。司法解释对盗窃数额的认定，在有效价格证明和有效估价之外确立了例外性的规定，对于这种盗窃对象特殊、涉案金额难以准确认定的，司法解释采取了"以销赃数额"直接认定盗窃数额的做法。

最后，除了对已有规定的准确理解，我们也要正确看待《盗窃案件解释》删除"以销赃数额认定盗窃数额"的考量。从该解释的适用解读看，作出规制调整的目的在于避免在刑事案件中普遍适用以"销赃数额"认定盗窃数额对被告人的不公平问题。"销赃数额高于实际盗窃数额的，被害人所遭受的损害并没有增加，以销赃数额作为盗窃数额，进而决定对行为人的定罪量刑，有失妥当。"〔1〕此种调整秉

〔1〕 胡云腾、周加海、周海洋：《〈关于办理盗窃刑事案件适用法律若干问题的解释〉的理解与适用》，载《人民司法》2014年第15期。

持了实事求是的原则，主要针对既有销赃数额，又有明确的有效价格认定的情形，避免绝对适用原司法解释条文可能导致的司法不公问题。而对于按照《盗窃案件解释》第4条规定的相关情形无法认定被盗物品涉案数额时能否适用以“销赃数额”认定涉案数额，则未做明确规定。可见司法解释的相关调整并未明确禁止对特定盗窃情境或特定盗窃对象以“销赃数额”认定盗窃数额，为司法实践结合具体案件情况处理，灵活认定盗窃数额提供了自由决断的空间。

第二，以销赃数额认定盗窃数额具有客观事实基础，有利于解决特定个案的刑法适用难题。

市场交易价格是资产评估的重要参考，销赃价格是物品市场交易价格的一种重要客观征表，虽然往往低于物品在市场的真实交易价格，但以销赃数额推定或认定盗窃数额符合存疑有利于被告的原则，仍不失为有效解决个别案件证明难题的标准。

首先，销赃价格是涉案物品市场交易价格的客观征表。销赃与开展涉案物品价格认定均以物品的市场价格为参照基础，以销赃数额认定被盗物品的涉案数额符合价格认定的基本原理要求。涉案物品价格评估实质上就是对资产价值的评估，资产评估主要依据市场法、收益法、成本法等三种方式，具体使用何种方法进行评估，由评估机构结合涉案物品的情况和委托需求进行选择，〔1〕按照国家发展改革委价格认证中心发布的《被盗财物价格认定规则（2020年）》的规定，刑事被盗涉案物品价格评估认定基本遵循三种方法，也即市场法、成本法、专家咨询法。其中，市场法的核心就是将评估对象与可比参照物进行比较，最终以可比参照物的市场价确定被评估资产的价格。而销赃价格也往往是围绕物品的市场价格所确立，销赃价格是涉案物品市场交易价格的一种客观征表，一定程度上反映了涉案物品的价值。销赃是盗窃案件中行为人处理赃物最常见的方式，一般情况

〔1〕 人民法院出版社编：《最高人民法院司法观点集成》（第3版），人民法院出版社2017年版，第1317页。

下销赃价格往往低于涉案物品的真实价格。从社会的常识常情看，行为人盗窃后往往采取的是低价快速销赃变现，而收赃人的常见做法则是低价收赃，否则便无利可图。这样的交易情境下，销赃价格往往低于市场价，低于按照正常的市场法评估出的物品价格。但是低于市场价并不意味着它完全没有价值，低是“有”，而非“无”。

其次，以销赃数额认定盗窃数额不违反存疑有利于被告的原则。以销赃数额为基础认定盗窃数额，并不意味着整个盗窃犯罪事实存疑，而是在盗窃事实清楚的前提下，如何证明具体的数额。作为事实的销赃是客观存在的，行为人的获利也是实实在在的，有争议的毋宁说到底采信哪一个标准，是销赃数额还是被害人实际损失。实践中不乏实物灭失或实物并无市场价值的情形，此时并不能以此作为存疑而否定整个盗窃行为的存在。笔者认为，在行为人的盗窃事实明确、销赃金额明确的情况下，被盗财物的涉案金额认定属于司法推定和政策选择的技术问题，只要司法推定规则运用合理，推定结果不违背常情常理，这种推定选择和推定结果就可以适用。本案中，虽然被销赃的烟酒真假无法准确判断，但收赃人作为烟酒行业的长期从业者，对向其销赃的烟酒的真假性有基本判断，一般不会收赃假烟假酒，且被收赃烟酒被再次销售后，也未有顾客向收赃人反映烟酒有假。因此，可以整体推定被销赃烟酒无假冒。在相关证据无法证实被销赃物品有假冒的情况下，销赃价格依然是合理的市场价。司法实践中，销赃价格往往低于涉案物品的鉴定价格，将销赃数额认定为犯罪数额，是在司法推定的基础上作出的存疑有利于被告的处理。

最后，以销赃数额认定盗窃数额符合刑法公正要求。随着社会财富的多样性和依存载体的多元化，作为盗窃对象的财物也日趋多样化，“既包括有体物，也包括无体物；既包括他人合法占有的财物，也包括违禁品”。[1]特别是盗窃对象的虚

〔1〕 张明楷：《刑法学教程》(第5版)，北京大学出版社2021年版，第337页。

拟化与特殊性导致部分案件难以按照常规的涉案财物评估机制对其进行涉案金额估价，从而产生了如何在现有规范依据下，探寻解决当前困难，确保刑法适用公正的难题。这也意味着在盗窃案件办理中必须找到可供社会大众接受和便于司法实践操作的一个参考标准。而销赃价格作为涉案财物对外交易价值的一种体现，对于无法准确认定财物价格的案件来说，就是一个可用的参照标准。此外，以销赃数额认定盗窃数额也有利于保护公民的财产权益。在赃物无法追回，被害人又不能提供有效价格证明且无法估价的情况下，如果不能以销赃数额来认定盗窃的金额，可能因无法认定盗窃犯罪数额而无法追究行为人的刑事责任。

第三，以销赃数额认定盗窃数额得到了司法实践的认可。

目前，以销赃数额认定盗窃数额的做法在司法实践中已得到广泛应用，此举在一定程度上兼顾了行为人获利与被害人损失的平衡，分别从被害人和行为人的角度对法益侵害作出评价。例如，在涉及网络虚拟财产被盗窃案件中，司法机关在认定涉案金额时往往以被害人实际遭受的损失计算价格，而未以按照市场销售价格进行认定。《刑事审判参考》案例第796号“汪李芳盗窃案”，在认定该案的盗窃数额时，检法在涉案数额认定中是否应扣除被害代理商在行为人盗窃既遂后获取的售卡返利时就出现了较大分歧，该案经历抗诉，最终明确盗窃数额应扣除代理商从移动公司获取的售卡返利。〔1〕又如，在一些特殊的盗窃情境下，司法机关对盗窃数额认定采取了以实际损失认定的做法。《刑事审判参考》案例第339号“叶文言、叶文语等人盗窃案”，该案中行为人秘密窃取了交管部门扣押的车辆，而后隐瞒自己窃取的事实向交管部门进行索赔，针对该案的盗窃数额是以被盗车辆的实际价格认定，还是以行为人索取的赔偿数额认定，判决最终确定以行为人获得

---

〔1〕 人民法院出版社编：《最高人民法院司法观点集成》（第3版），人民法院出版社2017年版，第1316-1318页。

的赔偿数额为盗窃数额。[1]此外，对无法进行估价的被盗物品按照销赃数额的金额认定涉案金额，在具体个案办理中已得到最高司法机关的充分肯定和认可。例如，2013年最高人民法院研究室围绕最高人民检察院法律政策研究室就通信公司员工私自违规销售网络流量如何认定犯罪数额的征求意见，在《最高人民法院研究室关于盗窃互联网上网流量如何认定盗窃数额征求意见的复函》中，明确可以按照销赃数额认定盗窃数额，该复函实际上明确了对特定盗窃案件中盗窃数额难以查清的情况下，可以销赃数额认定盗窃数额的精神。[2]从复函处理的具体事项看，上网流量确实难以准确认定被害人的损失，认定被害人的损失有多种可供选择的方案，销赃数额是被害人损失的一种市场交易体现，也是嫌疑人的客观获利。

本案中将销赃数额纳入整个盗窃犯罪数额计算有利于准确评价被害人的财产损失和行为人的获利情况。冉某某和王某某所盗窃的名贵烟酒被销赃处理，无法追回做真假鉴定和价格认定，如何确定这些被销赃处理的名贵烟酒的价格，被害人的实际损失是多少，就需要结合涉案财物价格认定的一些规则和盗窃罪所保护的法益进行实质判断。从本案的实际情况看，在无其他可供评估的价格依据的条件下，不能漠视和否认被害人所遭受财产损失的客观情况，必须对被害人因此遭受的财产损失情况和行为人的实际获利情况进行刑法评价，[3]在各种情况限定下，销赃数额就成了此类案件中认定财产权益损失的最佳参考标准。

综上所述，虽然《盗窃案件解释》删除了"以销赃数额认定盗窃数额"的规定，但并不否认特殊情况下以销赃数额认定盗窃数额的可能性。这一结论的前提是，销赃数额不能过度偏离被害人的实际损失。换言之，销赃数额是认定盗窃数

---

〔1〕 人民法院出版社编：《最高人民法院司法观点集成》(第3版)，人民法院出版社2017年版，第1349-1350页。

〔2〕 喻海松编著：《实务刑法评注》，北京大学出版社2022年版，第1114页。

〔3〕 [第106号]孔庆涛盗窃案，载《刑事审判参考》总第16集，法律出版社2001年版，第28页。[第325号]钱炳良盗窃案，载《刑事审判参考》总第41集，法律出版社2005年版，第38页。

额的若干证据之一，其是否被采信，并不存在一个具有普遍性的结论，而是取决于其对法益侵害实害的证明力。销赃数额可能高于被害人实际损失，也可能低于，后者往往是大概率事件。然而相比实物灭失时的估算，销赃数额毕竟是一个更为客观的获利证据，间接印证了被害人实际损失的可能区间。因此，对于销赃数额，既不能绝对化地一律采信，也不能绝对化地一律摒弃，毋宁说，它是一个需要综合分析判断才能形成确信的证据。

供稿：北京市大兴区人民检察院　李德胜　马小明

案例编辑：北京市人民检察院　王志坤

魏某盗窃案

——盗窃预备行为能否计入“多次盗窃”的次数?

基本案情

魏某曾因盗窃于2006年1月8日被北京市公安局昌平分局行政拘留三日；因盗窃于2007年2月1日被北京市人民政府劳动教养管理委员会劳动教养一年；因盗窃于2007年12月17日被北京市人民政府劳动教养管理委员会劳动教养一年；因盗窃于2014年2月28日被北京市公安局海淀分局行政拘留十四日；因犯盗窃罪于2014年10月9日被北京市昌平区人民法院判处有期徒刑八个月，并处罚金人民币1000元；因犯盗窃罪于2016年7月7日被昌平区人民法院判处有期徒刑一年，并处罚金人民币1000元，于2017年1月22日刑满释放。

2017年2月10日5时许，魏某在回龙观镇北店嘉园27号楼2单元门前，盗窃贾某某（男，55岁）爱玛牌电动自行车一辆，经鉴定，该车辆价值人民币550元。

2017年2月13日凌晨，魏某在回龙观镇龙博苑一区7号楼下，撬锁盗窃谭某（男，23岁）爱玛牌电动自行车一辆（因谭某未能提供被盗车辆具体型号，无法对该车辆进行价格鉴定）。

2017年2月15日至2月16日，魏某在回龙观镇回龙观地铁站天桥东侧20米处，撬锁盗窃吴某某（男，32岁）骏越牌电动自行车一辆，经鉴定，该车辆价值人民币800元。

2017年2月18日3时许，魏某携带螺丝刀、手电筒、撬棍、剪刀等工具在回龙观镇某小区门口寻找盗窃目标时，因形迹可疑，被民警盘查后，主动交代犯罪事实，后被当场查获。

昌平公安分局于2017年4月24日以魏某涉嫌盗窃罪向北京市昌平区人民检察院移送审查起诉。昌平区人民检察院于同年4月28日以魏某涉嫌盗窃罪向昌平区人民法院提起公诉。昌平区人民法院于同年5月12日判决魏某犯盗窃罪，判处有期徒刑十一个月，罚金人民币1000元。

主要问题

盗窃预备行为能否认定为多次盗窃中的“一次”？

意见分析

意见分歧

2013年4月，“两高”《关于办理盗窃刑事案件适用法律若干问题的解释》第3条规定，二年内盗窃三次以上的，应当认定为“多次盗窃”。但是目前对于盗窃次数如何界定仍很模糊。就本案而言，魏某在前三次盗窃既遂但不构成盗窃数额较大或数额无法查清的情况下，最后一次盗窃预备行为是否应当计入盗窃次数的问题，目前主要有两种意见：

第一种意见认为，多次盗窃不以盗窃数额作为构成犯罪的要件，而以盗窃次数作为构成犯罪的要件，那么对这里的“多次”的认定标准就不能降低，即每一次的盗窃行为至少包含实施行为。本案魏某盗窃预备行为不能计入作为盗窃犯罪构成的次数，只能作为量刑情节予以认定。

第二种意见认为，在两起盗窃既遂的情况下又实施盗窃预备行为，能够显现一定的盗窃习性和人身危险性，符合多次盗窃的定罪处罚原理。本案中的盗窃预备行为可以计入盗窃次数。

意见评析

笔者同意第一种意见，理由如下。

第一，多次盗窃，数额未达到较大的或者数额难以估价的，以盗窃次数确定量刑起点。

按照最高人民法院《关于常见犯罪的量刑指导意见》关于盗窃罪量刑的规定，“多次盗窃，数额达到较大以上的，以盗窃数额确定量刑起点，盗窃次数可作为调节基准刑的量刑情节；数额未达到较大的，以盗窃次数确定量刑起点，超过三次的次数作为增加刑罚量的事实”。可以看出，盗窃次数并不要求每次盗窃数额达到数额较大的程度，不需要多次盗窃累计数额达到较大的程度。本案中，魏某第一次盗窃的车辆价值550元，第三次盗窃的车辆价值800元，虽然第二次盗窃行为中因被害人未能提供被盗车辆具体型号故无法作出价格鉴定，但是现有证据可以证明其已实施了盗窃行为。因此，魏某这三次盗窃行为符合《关于办理盗窃刑事案件适用法律若干问题的解释》第3条的规定，即二年内盗窃三次以上的“多次盗窃”的入罪要求。

第二，犯罪预备行为并未着手实施，不能算作“多次”中的一次。

“多次盗窃”中的“次”要求具备较为完整的盗窃行动，即某时、某地、针对特定对象着手实施了行为。“多次盗窃”包含两个要素，一个是时间的阶段性，另一个是行为上的反复性，即行为人在不同的时空条件下反复萌生犯意并且敢于付诸实施，从主客观两个方面一致显现盗窃行为的习惯性。[1]因此，一次盗窃行为至少要“着手实施”，因为“不管预备行为所可能侵害的法益有多么重要，在还没有办法确认一个人是否果真存在有不法意志的情况下，就以刑罚相应，恐怕是对于人毫无节制的工具化”。[2]行为人在一定时期内多次产生盗窃犯意，且敢于反复实

---

〔1〕 黄祥青：《盗窃罪的认定思路与要点》，载《人民司法》2014年第7期。

〔2〕 黄荣坚：《基础刑法学》（下），中国人民大学出版社2009年版，第310页。

施，足以显现其已经形成盗窃习性，具有较大的再犯可能性和人身危险性，立法者正是出于对上述因素的考量，才将其作为犯罪处理。[1]既然2013年司法解释将二年内三次盗窃作为认定“可罚盗窃习性”的标准，那就要求这三次行为中，行为人的主观恶性和客观危害都应充分地表现出来。本案中，魏某盗窃预备行为，系携带工具寻找犯罪目标，既无明确盗窃对象，缺乏行为条件又未付诸实施，不能认定为一次较为完整的盗窃行为。

第三，根据刑罚谦抑性，将盗窃预备视为一次盗窃，有扩大刑法打击面之虞。

2013年关于盗窃刑事案件的司法解释较1998年降低了“多次盗窃”的认定标准，“一年内入户盗窃或者在公共场所扒窃三次以上”改为“二年内盗窃三次以上”。由于“多次盗窃”本身不要求每次盗窃都达到“数额较大”的条件，又降低了时间连续性和盗窃行为类型的门槛，“多次”盗窃在犯罪形态上的认定标准不宜再降低。[2]如果将盗窃预备认定为“一次盗窃”，则会令多次盗窃的入罪条件变得更为宽松，刑法打击面有扩大之虞。

供稿：北京市昌平区人民检察院　周丽娜　田　博

案例编辑：北京市人民检察院　张艳青

---

〔1〕 石东洋、刘万里：《多次盗窃的司法认定》，载《江西警官学院学报》2014年第5期。

〔2〕 曹坚：《多次犯形态的认定》，载《人民检察》2013年第14期；贺平凡：《论刑事诉讼中的数量认定规则》，载《法学》2003年第2期；黄祥青：《盗窃罪的认定思路与要点》，载《人民司法》2014年第7期。

李某、朱某盗窃案

——通过对敲交易将他人期货账户内的资金非法据为己有的行为如何定性，如何认定犯罪数额？

基本案情

2011年8月至10月，李某、朱某经预谋后，在北京市朝阳区等地，李某以帮助操作期货交易等方式获取被害人季某某等七人名下期货账户、密码并操作控制上述账户，朱某操作控制本人及其朋友陈某等五人名下期货账户，二人在己方账户和被害人账户之间实施自买自卖交易，造成被害人期货账户亏损共计人民币36万余元，李某、朱某获利共计人民币12万余元。

2021年8月26日，北京市公安局以李某、朱某涉嫌盗窃罪，向北京市人民检察院第三分院提请逮捕，同年9月2日，北京市人民检察院第三分院对李某、朱某批准逮捕。2021年11月26日，北京市公安局朝阳分局以李某、朱某涉嫌盗窃罪，移送北京市朝阳区人民检察院审查起诉。后朝阳区人民检察院对李某、朱某开展认罪认罚工作，经过释法说理，二人自愿签署了《认罪认罚具结书》。同年12月22日，朝阳区人民检察院以盗窃罪对李某、朱某人提起公诉。2022年8月11日，北京市朝阳区人民法院以盗窃罪判处李某有期徒刑四年二个月，并处罚金人民币4万元；判处朱某有期徒刑四年，并处罚金人民币4万元。

主要问题

通过对敲交易将他人期货账户内的资金非法据为己有的行为应当如何定性？因证券交易的特殊性，在期货对敲交易的情况下，被害人损失数额与被告人获利数额不同，应如何认定犯罪数额？

意见分析

意见分歧

1.通过对敲交易将他人期货账户内的资金非法据为己有的行为应当如何定性，有以下两种分歧意见：

第一种意见认为，采用对敲交易的手段非法占有他人期货账户内的资金是取得被害人的期货账户、密码之后进一步取财的手段，应根据行为人取得被害人的期货账户、密码的方式确定涉嫌何种犯罪。如果行为人是因履行委托行为，按照其与被害人的约定取得被害人的期货账户、密码，后在履约过程中，采用对敲交易手段非法占有被害人期货账户内的资金，那么符合侵占罪的犯罪构成。如果行为人以帮助被害人进行期货交易操作为由骗得被害人的期货账户、密码，主观上是为了通过对敲交易非法占有被害人期货账户内的财产，那么符合诈骗罪的犯罪构成。如果行为人是通过程序侵入、从非法提供者处购买等手段取得被害人的期货账户、密码，后采用对敲交易手段非法占有被害人期货账户内的资金，那么符合盗窃罪的犯罪构成。

第二种意见认为，不管采用何种方法（包括骗取、盗取或者其他非法方式）取得被害人的期货账户、密码，后采用对敲交易的手段非法占有他人期货账户内资金的行为均符合盗窃罪的犯罪构成要件。客观方面，行为人通过秘密进入他人期货账户的方式，使用他人期货账户内的资金进行交易并占有收益，符合盗窃罪的行为特征；主观方面，行为人具有非法占有通过利用他人期货账户内资金进行非法交易所获取利益的目的。行为人非法使用他人账户内的资金买卖期货并占有由此产生的利益，侵犯了他人财产的使用和收益权能，也即侵犯了他人财产的所有权。因此，非法占有财产的关键行为是对敲交易，无论采用骗取、盗取或者其他非法方式取得被害人的期货账户、密码，上述行为均应认定为盗窃罪。

2.在期货对敲的情况下，被害人损失数额与被告人获利数额不同，应如何认定犯罪数额，有以下两种分歧意见：

第一种意见认为，应将被告人获利的数额认定为犯罪数额，被害人损失数额可以作为量刑情节考量。行为人在己方账户与被害人账户之间进行对敲交易的过程中，可能会受到价格、时间等多重因素的影响，致使行为人不能全部获取被害人账户损失的数额，而只实现了对己方账户买卖差额款项的非法占有。事实上对该部分差额款项的非法占有也是行为人实施犯罪行为的目的。如若按照被害人损失数额计算盗窃数额，不符合盗窃罪的“破坏占有+建立占有”的基本规范结构，因为虽造成了被害人的损失，但行为人对损失中的相当部分内容并没有建立占有。〔1〕同时，“两高”《关于办理盗窃刑事案件适用法律若干问题的解释》第4条第2款规定，盗窃行为给失主造成的损失大于盗窃数额的，损失数额可以作为量刑情节考虑。因此，将行为人的获利数额认定为盗窃数额，将受损数额作为量刑情节考虑既不会轻纵犯罪，也于法有据。

第二种意见认为，应将被害人损失的数额认定为犯罪数额。盗窃罪是侵犯他人财产权利的犯罪，盗窃罪的被告人之所以被刑法规范所惩罚，是因为其对被害人本身、对社会的经济秩序造成了巨大的危害，而不是因为其通过违法犯罪手段获得了巨大的利益。如若被告人通过对敲交易的方式盗窃不但没有获益，反而有所亏损，亦不能否定被告人的行为所具有的社会危害性。因此，将被害人损失的数额认定为犯罪数额，被告人获利的数额作为量刑情节考量，更能够恰当地评价盗窃罪侵犯法益的程度。

---

〔1〕 江奥立、李紫阳：《盗用股票账户进行对敲交易犯罪数额如何认定》，载《检察日报》2020年9月23日，第3版。

意见评析

1.通过对敲交易将他人期货账户内的资金非法据为己有的行为的定性，笔者同意第二种意见。

对敲是指在证券、期货交易中，一方实际控制买卖双方的账户或买卖双方合谋，按照选定或约定的种类、数量、价格、时间相互进行买卖交易。对敲交易是非法占有他人账户内资金和操纵市场价量的重要手段。实践中，以非法占有被害人账户内资金为目的的对敲行为一般表现为取得被害人的账户、账户密码、交易密码，选择不活跃的证券或期货种类，操作被害人账户买入选定的种类，低价卖给自己实际控制的账户，自己实际控制的账户再高价卖给被害人的账户，形成交易的闭环，从而非法取得被害人账户内的财产。

笔者认为，以对敲交易手段非法占有他人账户资金的行为应评价为盗窃罪。理由如下。

（1）对敲行为符合盗窃罪的构成要件要求。首先，在主观方面，盗窃罪需要行为人主观方面具有非法占有目的。对敲交易并非正常交易，不符合公开、集中竞价的证券、期货交易规则，交易价格也不体现证券、期货的实际市场价值。实践中，对敲交易主要的目的和作用是影响价量和非法占有他人财物两种。影响价量的对敲交易，行为人可以通过制造交易总量增加、交易价格提升的假象后，再将证券、期货卖给第三方，实现非法获利。而非法占有他人财物型对敲，交易在被害人账户与行为人账户之间形成闭环，行为人操作被害人账户买入选定的不活跃期货合约，低价卖给行为人一方的账户，行为人一方的账户再高价卖给被害人账户。由于证券、期货交易获利的转出需要掌握被害人一方绑定证券、期货交易的银行账户和密码，因此在不掌握被害人一方绑定的银行账户和密码的情况下，形成闭环的对敲交易是实现非法占有的有效手段。所以，这种对敲交易行为本身就体现了非法占有目的。

其次，在客观行为方面存在“窃取行为”是否以“秘密”为必要之争。“秘密窃取说”认为，“秘密”是具有针对性的，是针对所有人或者保管人而言，即使被害人之外的人发觉，只要被害人未察觉，就可以认定为秘密窃取手段。[1]“公开盗窃说”认为，只要是以平和而非暴力的手段，违反占有人的意思而取得财物的，就是盗窃罪中的窃取，不以实施隐秘方法为必要条件。[2]笔者同意“秘密窃取说”。原因在于，一是违背被害人的意思并不能作为区分侵犯财产类犯罪不同个罪的特点，从形式上讲，抢劫罪、抢夺罪、盗窃罪都是违背被害人意思取得财物；从本质上讲，诈骗罪、敲诈勒索罪、侵占罪取得财物，也是违背被害人意思的。二是在某些案件中，抢夺罪的表现形式也是平和而非暴力的，如被害人用餐时将钱包或手机放在餐桌上，恰好途经的行为人迅速拿起钱包或手机就跑开了。一般情况下，这种情形按照抢夺罪定罪处罚，而根据“公开盗窃说”，则应当认定盗窃罪。同理，行为人入户后，被害人因不敢反抗假装熟睡，行为人也知道被害人并非熟睡而是不敢反抗，遂拿走财物。由于具有公然性，且给被害人带来恐惧心理，应当构成抢夺罪。三是“公开盗窃说”作为典型例证的在公共场所扒窃按照盗窃罪定罪处罚的情形，由于扒窃时往往是趁被害人不知或不备，按照“秘密窃取说”，也是应当认定为盗窃罪的。需要进一步指出的是，“秘密窃取”可能发生在被害人完全没有对财物进行管控的情况下，也可能发生在只是窃取行为发生的瞬间及发生前后的一段时间被害人没有管控或疏于管控的情况下。例如，在购物中心、酒店、街道等依法安装摄像头或其他监控设备的公共场所，在监控范围内实施盗窃的，不仅有可能被害人本人未觉察，即使是负有监管职责的人，也可能在盗窃行为发生时并未发觉。如购物中心、酒店负责监控室工作的安保人员，可能由于同时负责查看多部监控设备，未能在实施盗窃行为时及时发现。因而，不能因为行为实施的场所在管控范围内，就一律认为不具有秘密性，或不符合盗窃罪客观方面的构成。

---

〔1〕 王作富：《刑法分则实务研究》（第5版），中国方正出版社2013年版，第935页。

〔2〕 张明楷：《刑法学》（第6版），法律出版社2021年版，第1235-1236页；周光权：《刑法各论》（第4版），中国人民大学出版社2021年版，第134-135页。

最后，在通过对敲行为非法占有他人账户内资金的行为中，虽然行为人掌握了被害人的账户、账户密码、交易密码，但是这种掌控并不是排他的，也是不能脱离被害人、期货交易所监管的。被害人一旦登录账户，就可以发现异常交易以及亏损情况。由于对敲交易属于异常交易，期货交易所也可以通过监管手段发现。因而对敲行为的秘密性，主要体现在行为时被害人并不知情。

值得说明的是，以对敲交易手段盗窃他人期货账户内资金的行为区别于普通盗窃行为之处，除犯罪手段非常特殊、专业化较强、隐秘性较传统手段更强、查处难度更大之外，还在于对敲型盗窃所侵犯的对象虽是被害人期货账户内的资金，但行为人并非直接将被害人期货账户中的资金据为己有，而是在对敲操作过程中，使被害人期货账户中损失资金，进而所控制的己方账户获利。而基于期货交易的特殊性，被害人损失的金额与行为人获利的金额并不一定相同，对此下文会进一步论述。

（2）获取被害人账户、账户密码、交易密码的手段并不影响对敲行为性质的认定。笔者认为，取得被害人账户、账户密码、交易密码的手段并不是非法占有被害人财产的实行行为。取得被害人账户、账户密码、交易密码并不当然能够非法占有被害人期货账户中的资金，只是后续非法占有行为的预备行为。按照第一种观点，如果行为人因履行委托行为，按照其与被害人的约定取得被害人的期货账户、密码，后在履约过程中，采用对敲交易手段非法占有被害人期货账户内的资金，符合侵占罪的犯罪构成，笔者对此持否定意见，理由为：行为人虽以合法手段取得被害人账户、密码，但并不当然合法占有被害人期货账户中的资金，而是被授予了一种以被害人的账户进行合法期货交易的权利；若行为人在此基础上采用对敲手段非法占有被害人期货账户中的资金，应以其实质侵害被害人财产权利的对敲行为评价其行为性质，因而并不构成侵占罪。这就好比在传统的犯罪中，进入被害人家中的方式并不能够决定案件的罪名适用。例如，行为人可能是受邀到被害人家中做客，其进入时也是以做客的主观心态进入，也可能是欺骗被害人，以快递员、物业人员、维修人员等身份进入，还有可能公然闯入，但是并不能仅根据入户行为确定适用的罪名，而应根据后续取得财产的行为来确定。如行为人有可能趁被害人不备，悄悄将首饰放入自己的衣服口袋；也有可能虚构一个投资项目，使被害人陷入错误认识交付财产；还有可能使用暴力手段取得财产。我们并不能因为行为人是以诚实、善意、平和的方式入户，就认为后续行为只能构成侵占罪，而不是诈骗罪、抢劫罪；或者因为行为人是以虚假的身份入户，就否定后续行为可能构成盗窃罪、抢夺罪、抢劫罪。同理，取得被害人期货账户、账号密码、交易密码的手段也可能是多种多样的，如通过木马程序获取，从出售他人信息处购买，根据意定的原因代他人进行期货交易，以代他人进行期货交易获利为由骗取等。上述获取方式并不影响后续通过对敲行为取得他人期货账户下资金属于盗窃行为的性质。司法判决也印证了笔者的观点，在黄某盗窃案中，[1]被告人以代为操作期货账户为名，骗取8名被害人的期货账户及密码，同时使用其本人、其父亲及其外甥的身份证开设期货账户和结算银行账户，在其本人及实际控制的期货账户和被害人期货账户之间实施自买自卖交易，造成被害人期货账户亏损共计人民币523150元，被告人黄某方账户盈利共计549930元。公诉机关以被告人黄某犯盗窃罪提起公诉，获法院生效判决支持。

2.在期货对敲的情况下，被害人损失数额与被告人获利数额不同时应如何认定犯罪数额，笔者同意第二种意见。

盗窃数额是我国刑法规定对盗窃罪定罪量刑的一个重要情节。在传统的盗窃案件中，盗窃数额的认定一般不存在问题，但在对敲交易式证券盗窃案件中，行为人是通过买、卖的形式窃取被害人账户上的证券和资金。由于证券价格的波动性，证券价值在行为人作案时、案发时可能会发生变化，同时证券交易的集中竞

---

〔1〕 罗造祉：《黄某盗窃案》，载杨玉俊、吴弘、张勇主编：《金融检察典型案例集》，上海交通大学出版社2019年版，第84–86页。

价实行价格优先、时间优先的原则，行为人在被害人的证券账户上进行低卖高买操作时，不能排除同一交易时间内具有“价格优先、时间优先”的其他人与被害人的证券账户进行交易，被害人遭受的损失数额一般要大于行为人实际非法占有的数额。

笔者认为，以对敲交易的方式盗窃被害人期货账户中的资金，在被害人损失数额与被告人获利数额不同时，应以被害人的损失数额认定犯罪数额。理由如下。

（1）盗窃数额的认定在于盗窃所侵犯的法益。在我国刑法理论和司法实践中，盗窃罪侵犯法益的学说主要有“所有权说”[1]、“占有说”[2]和“中间说”三种。其中，“中间说”主要对“所有权说”加以扩张并对“占有说”加以限制，旨在弥补二者的不足，从而不扩大也不缩小盗窃罪的处罚范围。“中间说”的一种代表性观点为，“财产犯（取得罪）的法益首先是财产所有权及其他本权，其次是需要通过法定程序恢复应有状态的占有；在相对于本权者的情况下，如果这种占有没有与本权者相对抗的合理理由，对于本权者恢复（行使）权利（占有物取回权）的行为而言，则不是财产犯的法益”。[3]“中间说”更符合目前司法实践的需要。关于期货账户内的资金属于何种财产性质，笔者认为，从权利外观看，投资者在期货公司开立账户，将资金转至账户下以备交易时使用，证券公司不支付利息，也不可以使用；在买入时资金可以用于支付，资金的使用也体现了期货合约在交易时的价值。因而，期货账户内的资金属于货币的无体形式，属于无体物。本案中，被告人李某、朱某以对敲交易的方式操作被害人期货账户中的资金进行配对交易，侵犯的是被害人期货账户中损失的资金部分，因李某、朱某的对敲操作，被害人直接失去了对

---

〔1〕 所有权说认为，盗窃罪侵犯的客体是公私财物的所有权，如果没有侵犯所有权，基本上就可以排除盗窃罪的成立。

〔2〕 占有说认为，盗窃罪侵犯的客体是他人对财物事实上的占有本身，即使所有权人也不得任意侵犯他人的合法占有，否则及应当承担相应的刑事责任。

〔3〕 张明楷：《刑法学》（第6版），法律出版社2021年版，第1224页。

损失的资金部分的控制，被害人需要通过法定程序来恢复对损失的资金部分的占有。同时，盗窃罪是对被害人个别财产的犯罪，尽管被害人被盗窃的期货账户内的资金已经以市场交易的方式转化为相当数目之金钱，然而其个别财产依然是被侵犯了的，因此应以被害人期货账户中损失的金额认定为盗窃数额。

（2）行为人主观上对于被害人账户资金的损失持放任的故意。将行为人获利的数额认定为犯罪数额的观点认为，从主客观相统一认定犯罪的立场看，行为人在实施对敲交易型盗窃行为时并不是想要直接获取被害人证券账户中的全部资金，而是试图通过对敲交易获取买卖的差额利益。这种差额利益也是行为人实施盗窃行为所欲非法占有的财产。笔者认为，行为人在实施对敲交易行为时，对于造成被害人账户资金损失及损失多少主观上都持有放任的故意，甚至能够认识到因证券交易的特殊性自己存在无法获利乃至亏损的可能性。因此，将被害人损失的数额认定为犯罪数额更具有合理性。

（3）盗窃犯罪的危害后果在于行为人给他人财产造成损失，而非因盗窃犯罪而获利。若以行为人的获利数额认定为盗窃数额，会导致正负相抵可能会不当出罪或者正负相抵可能会减轻刑罚。“以往经济犯罪案件中，犯罪数额和犯罪所得在社会危害性及行为严重性评价标准上均系相同性质且同向纬度，对于此类犯罪数额可以累计相加，累计相加可以客观反映行为人犯罪行为的社会危害性，例如受贿罪，行为人多次受贿的钱款累计相加，由于行为人受贿的数额永远都是正值，不可能出现负值，以总额认定受贿数额才能从整体上把握权钱交易的危害总量，也符合主客观相统一的原则。但内幕交易中，行为人的犯罪行为仍然承担一定的市场风险，行为人犯罪所得有可能为负值，但负值并不代表其行为没有社会危害性，更不可能是负的社会危害性。”〔1〕

同时，通过对敲交易实施的盗窃行为在被害人对自己账户的资金失去控制与

〔1〕 万志尧：《内幕交易刑事案件“违法所得”的司法认定》，载《政治与法律》2014年第2期。

行为人能够完全控制被害人的资金也存在时间差。由于期货交易所的监管措施相对及时，一旦发现就会迅速采取措施禁止行为人一方账户出金，所以行为人要将已经转移到自己实际控制的期货账户内的资金转出至自己实际控制的其他银行卡，才能实际控制非法占有的原被害人名下的资金。因而在实践中，具备该方面知识和经验的行为人往往在对敲行为结束时秒出资金，将资金转至行为人一方控制的银行账户下，实现对资金的排他性控制，建立对资金的新的支配关系。笔者认为，对于是以“失控说”还是以“控制说”来判断盗窃行为的既遂与未遂不能一概而论，需要具体问题具体分析。盗窃罪是侵犯他人财产类犯罪，又是结果犯，因而盗窃罪既遂、未遂的认定应当考虑是否已经给被害人造成损失。虽然典型的对敲交易是“使用被害人账户内资金买入不活跃期货—低价卖给行为人一方的账户—高价卖回被害人账户”这样的闭环交易，但是由于在第二个环节，即将使用被害人账户内资金买入的不活跃期货低价卖给行为人时，如果卖出价低于买入价，那么虽然行为人尚未获利，但是被害人账户内资金就已经存在损失。本案中，被告人李某、朱某在一次对敲交易中造成了被害人损失3万余元，但李某、朱某并未获利。因此，如果由于某些原因，行为停留在第二个环节没有继续，也可以认定犯罪既遂，并且以被害人损失作为犯罪数额。

综上所述，通过对敲交易将他人期货账户内的资金非法据为己有的行为，符合盗窃罪的犯罪构成，应认定为盗窃罪。在被害人损失数额与被告人获利数额不同的情况下，应以被害人的损失数额认定为犯罪数额，被告人的获利数额作为量刑情节考量。

供稿：北京市人民检察院第三分院　那　娜

北京市朝阳区人民检察院　王瑞婷

案例编辑：北京市人民检察院　孙春雨

程某某盗窃案

——两年内两次实施盗窃，单次盗窃数额均未达到盗窃罪数额较大标准，但两次盗窃数额累计达到数额较大标准，能否认定盗窃罪？

基本案情

程某某曾于2017年因盗窃被判处拘役五个月，并处罚金人民币1000元。2021年4月20日，程某某在北京市通州区台湖镇某小区门前窃取杨某电动自行车电瓶6块。经鉴定，被盗电瓶价值人民币750元。同月26日，程某某在台湖镇某商店门前，窃取童某电动自行车电瓶6块。经鉴定，被盗电瓶价值人民币750元。

2021年8月19日，北京市通州区人民检察院以程某某涉嫌盗窃罪向北京市通州区人民法院提起公诉。同月25日，通州区人民法院作出判决，认定程某某构成盗窃罪，判处拘役五个月，并处罚金人民币1000元。

主要问题

两年内两次实施盗窃，单次盗窃数额均未达到盗窃罪数额较大标准，但两次盗窃数额累计达到数额较大标准，能否认定构成盗窃罪？

意见分析

意见分歧

关于多次盗窃问题，2013年“两高”《关于办理盗窃刑事案件适用法律若干问题的解释》(以下简称《盗窃解释》)第3条第1款规定:“二年内盗窃三次以上的,应当认定为‘多次盗窃’。”对于多次盗窃的,即便没有达到数额较大标准,也是一种独立的入罪处罚情形。该《盗窃解释》第2条也规定,曾因盗窃受过刑事处罚的,“数额较大”的标准按照该解释第1条规定标准的50%确定。根据2014年《北京市高级人民法院〈关于常见犯罪的量刑指导意见〉实施细则》的规定,北京市盗窃罪“数额较大”的标准为人民币2000元。那么,本案中,程某某盗窃数额达到1000元即可追究刑事责任。但其盗窃既未达到单次数额较大标准,也不符合多次盗窃的条件,究竟如何处理,实务中存在两种不同的意见。

第一种意见认为,程某某两次盗窃数额均未达到法律规定数额较大的标准,且不属于两年内三次盗窃的情形,不能累计盗窃数额,不构成盗窃罪。理由是:首先,从犯罪类型来看,盗窃罪的犯罪模式有“盗窃公私财物数额较大”“多次盗窃”“入户盗窃”“携带凶器盗窃”“扒窃”五种类型,以盗窃数额作为法益侵害标准时,单次盗窃数额要达到数额较大;以盗窃次数作为法益侵害标准时,盗窃要达到两年内三次以上;不能在两者都未达到入罪标准的情况下,既以盗窃次数为标准,又以盗窃数额为标准,捏合各因素和各标准作为入罪标准没有法律依据。法无明文规定不为罪,在法律没有明确规定的情况下,必须坚持刑法谦抑性原则,不能作入罪处理。其次,刑法禁止不利于被告人的类推解释。刑法明文规定的可以累计数额的犯罪如贪污、受贿、走私犯罪等,但盗窃罪并未明文规定可以数额累计计算定罪的情形,因而不能在盗窃数额认定中类推适用。[1]最后,根据治安形势需要和刑事政策取向,对再次盗窃的刑事处罚呈收缩趋势。对不构成犯罪的盗窃行为适用《治安管理处罚法》予以行政处罚,能够做到打击犯罪与法益保护的平衡。

第二种意见认为,程某某两次盗窃数额累计计算已经达到数额较大的入罪标准,构成盗窃罪。理由是:对盗窃罪的社会危害性应结合具体案件作综合判断,

〔1〕 张志杰主编:《刑事检察工作指导》(2022年第3辑),中国检察出版社2022年版,第217页。

不宜对刑法和司法解释规定作简单、机械理解或者“唯数额论”。首先，将两次独立盗窃行为的犯罪数额累计并不违反罪刑法定原则。“多次盗窃”的规定旨在弥补单纯以数额大小认定盗窃罪的不足，从而在盗窃数额较小时也能视情况定罪量刑。并不能说“多次盗窃”与“数额较大”的规定是非此即彼的排斥关系，哪怕符合多次盗窃的条件，并不能作为否定累计数额的理由。其次，从刑法司法解释立法精神来看，盗窃数额可以累计计算。“两高”《关于常见犯罪的量刑指导意见（试行）》中规定，“多次盗窃，数额达到较大以上的，以盗窃数额确定量刑起点，盗窃次数可以作为调节基准刑的量刑情节；数额未达到较大的，以盗窃次数确定量刑起点，超过三次的次数作为增加刑罚量的事实”。可以看出在多次盗窃时，可以累计计算数额并以此确定量刑起点，那么没有道理在两次盗窃时排斥累计的计算方式。最后，两次小额盗窃累计数额较大的社会危害性与一次盗窃数额较大相当，甚至更大，更具有法益保护的必要性。从打击与预防犯罪的角度来看，对这种行为不予处罚，等于变相地为潜在的行为人指明逃避刑事责任的途径。

意见评析

笔者同意第二种意见，理由如下。

第一，从立法的内在逻辑来看，数额型盗窃与行为型盗窃存在选择或转换的关系。

《刑法》对于盗窃罪不仅规定了数额较大的入罪标准，还规定了数额巨大和数额特别巨大的升格法定刑条件。如果将数额较大限制为一次盗窃行为，那么数额巨大和数额特别巨大也应限制为一次盗窃行为，这样就无法通过累计数额以盗窃罪数额巨大和数额特别巨大追究行为人的刑事责任。实务中，当盗窃数额巨大或特别巨大时，很多情况下是若干次盗窃金额累计的结果，其中既有达到盗窃罪数额标准的，也有未达到盗窃罪数额标准的。按照上述逻辑进行解释，显然违背了立法原意，不符合打击盗窃罪的司法实践需要。实际上，2021年“两高”《关于常见犯罪的量刑指导意见（试行）》有关盗窃罪的规定，隐含可以累计计算的空间。该意见指出，“多次盗窃，数额达到较大以上的，以盗窃数额确定量刑起点，盗窃次数可以作为调节基准刑的量刑情节；数额未达到较大的，以盗窃次数确定量刑起点，超过三次的次数作为增加刑罚量的事实”。可以看出，在多次盗窃时，可以累计计算数额并以此确定量刑起点，盗窃次数作为量刑情节，那么，在两次盗窃的场合下排斥数额累计计算方式显然不合适。数额型盗窃罪与行为型盗窃罪之间存在选择关系或者是转换关系，盗窃数额未达到较大标准但次数达到多次的，以行为型（次数）盗窃罪论之；盗窃次数未达到多次但数额已达到较大的，以数额型盗窃罪论之。

第二，从立法精神来看，两次盗窃累计数额较大比一次盗窃数额较大的社会危害性更重。

刑法之所以将某些行为规定为犯罪，原因在于这些行为具有社会危害性。犯罪的本质是侵犯法益，社会危害性大小也与刑罚的轻重成正比。两次盗窃累计达到数额较大的，与一次盗窃数额较大相比较而言，无论从犯罪嫌疑人的主观恶性还是从被害人受到的损失程度来说，均具有相当性。[1]甚至可以说，前者比后者体现行为人更大的主观恶性与人身危险性。刑法将多次盗窃行为规定为盗窃罪的特殊情形，其目的在于惩罚养成盗窃恶习的不法分子。盗窃的次数直接反映了行为人的主观恶性和人身危险性，两次盗窃累计达到数额较大标准的行为人，其对于财产秩序造成破坏的范围更加广泛，更具有法益保护的必要性，也反映出行为人具有较大的主观恶性和人身危险性，需要及时科处刑罚予以惩戒。事实上，两次独立的盗窃相比于连续犯的情形，也是前者的危害性更大、不法程度更高。认为单次盗窃数额较大与连续犯的情形应当受到刑罚处罚，而对两次独立盗窃达到数额较大的情形作无罪处理的做法，违反举轻以明重的入罪原理。

第三，累计盗窃数额符合刑法解释逻辑和罪刑法定原则，不涉及类推解释。

根据《刑法》第264条的规定，“盗窃公私财物，数额较大的，或者多次盗窃、入

〔1〕 罗关洪、李晓红：《两年内两次小额盗窃能否累计数额入罪》，载《检察日报》2021年11月16日，第7版。

户盗窃、携带凶器盗窃、扒窃的，处三年以下有期徒刑、拘役或者管制，并处或者单处罚金”。从文义解释上分析，刑法条文中仅规定“数额较大”作为数额型盗窃罪的入罪要件，并未限制盗窃次数。若将数额型盗窃解释为一次盗窃行为，显然是对刑法条文的限制解释。

有观点认为，累计数额计算的必须要有刑法明文规定，盗窃罪并未有明文规定，因而不能在盗窃数额认定中类推适用。实际上，盗窃累计计算并不是违反罪刑法定的类推解释。刑法明文规定贪污、受贿或走私犯罪可以累计数额，在刑法理论上被认为属于注意性规定而非拟制性规定。注意性规定意味着立法者只是作单纯的提醒，就像赃物犯罪(《刑法》第312条)中的明知规定一样，不能由此而得出其他故意犯罪对行为对象不要求具有明知的结论。如果持上述立场，认为这样的计算方式必须由立法加以规定，否则就有可能违反罪刑法定原则，那么就有可能不得不认为诸多相关司法解释均同样属于违反了罪刑法定原则。如《关于办理侵犯知识产权刑事案件具体应用法律若干问题的解释》中所规定的“累计计算”就不仅只适用于某一个犯罪，而是适用于整个侵犯知识产权类的犯罪。根据2017年“两高”《关于办理组织、利用邪教组织破坏法律实施等刑事案件适用法律若干问题的解释》第6条第1款的规定，多次制作、传播邪教宣传品或者利用通信信息网络宣扬邪教，未经处理的，数量或者数额累计计算。2014年“两高一部”《关于办理利用赌博机开设赌场案件适用法律若干问题的意见》第2条规定，设置赌博机组织赌博活动，赌资数额累计达到5万元以上的，按开设赌场罪定罪处罚。

需要注意的是，在具体办案中，可以认定构成盗窃罪不等于一律构成盗窃罪，在考虑入罪的同时还要考虑出罪情形，要尽可能作实质、综合分析，避免“一刀切”，防止案件处理结果背离人民群众朴素正义观。

供稿：北京市通州区人民检察院　李　鹏

案例编辑：北京市人民检察院　张艳青

田某某盗窃案

——盗窃罪中非法占有目的的判断

基本案情

2010年，侯某（男，18岁）到田某某所在的工作单位学徒，后认田某某为干爹。2011年侯某辞职，但仍与田某某联系密切，并偶尔向田某某借钱。2013年8月13日15时许，田某某酒后寻找侯某未果，遂来到侯某与侯某勇（男，24岁）位于北京市通州区潞城镇曹坨村23号的共同租住地，先用砖头砸门锁，后用刀割开纱窗，破窗进入屋内，将侯某放在桌子上的“三星”牌T211型手机一部（估价值2060元，在侯某购买手机时田某某帮助支出300元，发票名字为田某某），以及侯某勇放在另一张桌子上的“华为”牌T8830型手机一部（估价值410元）拿走，在保持上述两部手机开机的情况下放于自家柜子上，后上床休息。同日17时许，侯某发现家中被盗并报警，警察称可能为熟人作案，侯某同时听说田某某曾找过他，遂来到田某某家中，在未吵醒田某某的情况下发现手机并拿走手机。同日23时许，侯某又返回田某某家，问田某某：“为什么拿手机？”田某某说：“你怎么知道我拿你手机？”侯某说：“手机就在你这，我都拿走了。”田某某没再说什么。次日，田某某接到侯某的电话后到派出所说明情况，侯某、侯某勇对田某某表示谅解，不要求追究田某某的责任。

田某某承认犯盗窃罪，但对于拿走手机的动机供述有变化，第一次供述称为了寻求刺激，而且供述对屋内物品进行了翻动；第二次供述侯某不务正业，为了气侯某；第三次供述没想那么多就偷走了；第四次供述不想让侯某用，不想让侯某和别人联系，同时供述认为两部手机都是侯某的。

2014年3月，北京市通州区人民检察院检委会讨论决定，田某某已构成盗窃罪，但情节轻微，不需要判处刑罚，决定相对不起诉。

主要问题

对盗窃罪中非法占有目的的判断。

意见分析

意见分歧

第一种意见认为，田某某有非法占有的目的，构成盗窃罪，但可以相对不起诉。理由是：(1)找不到侯某与破窗进入侯某家中拿走两部手机没有必然联系，本案可以认定为临时起意盗窃。(2)田某某将他人手机放在自己家中，手机脱离了被害人的控制，不能以田某某是否实际使用来推断其是否有非法占有的目的，刑法中非法占有目的不需要额外证明，只要客观上占有他人财物就可以认定。(3)双方关系特殊，赃物已发还，被害人不要求追究，属于犯罪情节。

第二种意见认为，田某某没有非法占有的目的，不构成犯罪，应当绝对不起诉。理由是：(1)田某某与侯某是干父子关系，田某某平时还接济侯某，不存在盗窃侯某的可能。(2)田某某事后没有处分手机，也能印证其没有非法占有的目的。

第三种意见认为，认定田某某有非法占有为目的的证据不足，应当存疑不起诉。理由是：田某某采用破坏性手段窃取财物的客观行为与田某某没有非法占有目的的主观辩解同时存在，且田某某与侯某关系特殊，田某某没有对手机进行处分的意思表示印证了田某某的辩解，故不好判断田某某的主观故意。

意见评析

笔者同意第一种意见，理由如下。

第一，非法占有目的的内容包括排除意思与利用意思，具有区分罪与非罪、此罪与彼罪的机能。

通说认为，盗窃罪以非法占有目的为必要，非法占有目的包括排除意思与利用意思。

排除意思不限于永久性剥夺公私财产的意思，而是达到可罚程度的妨害他人利用财产的意思，排除意思的主要机能是将不值得科处刑罚的盗用行为排除在犯罪之外。简言之，盗用行为与盗窃行为必须通过非法占有目的来区分，即盗用行为属于一时使用他人财物的行为，用后准备归还，该种行为一般不作为犯罪处理；盗窃行为属于意欲永久性地剥夺对方对财物的占有而不归还的意思，是犯罪行为。具体到本案，田某某没有盗用手机的辩解，也没有主动归还手机的行为，也不存在同时使用他人两部手机的现实紧迫性，故可排除田某某的行为系盗用手机因而不构成犯罪的情形。

利用意思不限于遵从财物本来的经济用途进行利用的意思，而是遵从财物可能具有的用途进行利用、处分的意思，利用意思的机能主要是解决盗窃罪与故意毁坏财物罪的区分。简言之，盗窃与毁坏财物从客观上是容易区分的，即盗窃表现为夺取占有，而故意毁坏财物表现为损毁财物，但对于夺取占有的同时损毁财物以及基于毁弃目的而夺取占有的情况，如果不考虑非法占有目的均认定为盗窃，故意毁坏财物只能仅限于不转移占有的对财物的毁坏，而且不能说明盗窃罪重于故意毁坏财物罪的实质依据。一般来说，凡是以单纯毁坏、隐匿意思以外的意思而取得他人财物的，都可能评价为具有遵从财物可能具有的用途进行利用、处分的意思。具体到本案，田某某没有将手机毁坏、隐匿的辩解，至于对手机进行处分的意思表示，因为本案发生后，田某某就回到家中休息，不是田某某主动提示拿了侯某的手机。当侯某自己及时发现手机询问田某某时，田某某还询问发现的原因，可见田某某的不关机以及将手机放置在柜子上并不是有意让侯某发现，实际上田某某已经可以任意处分手机，不需要田某某口供明确供述准备将手机变卖或者赠与他人以及具有印证该供述的客观行为，并依此才能认定田某某具有对手机进行处分的意思表示。

第二，判断行为是否构成犯罪应全面考查证据，不能因为口供不稳定就简单存疑。

田某某几次口供对于拿走手机动机的供述均不一致，可见其没有如实供述行为时的真实目的，但通过如下客观行为可以认定其具有非法占有的目的。

首先，田某某第一次供述明知屋内住了两个人，而且翻动了屋中的背包，可见其图财的意图明显，与其用砖头砸门、用刀割窗纱钻闯进入屋内的手段行为相吻合，该供述系第一次供述，且与其他证据印证，可信度高。

其次，田某某供述的入户动机为找不到侯某，拿走手机的动机为侯某不务正业、气侯某或者不让侯某使用手机与别人联系，该供述不符逻辑和常理。当然，该供述带有明显情感因素，即便认为二人有特殊关系，上述动机属实，田某某既有排除侯某使用手机的意思，也有满足自己心理需要的利用意思，对手机具有非法占有的目的。至于其供述的为了寻求刺激以及没想那么多，完全符合临时起意盗窃，非法占有目的不需进一步证明。

最后，田某某未将手机关机以及藏匿并不是田某某有意为之，理由是如果田某某想引起侯某的注意，本可以让更多的人知道他对侯某的关心或者管教，也就是说选择在侯某的暂住地继续扰闹，或者住在侯某的家中，或者只拿走属于侯某的手机，或者留下讯息让侯某找到自己。而田某某恰恰采取了秘密的方式，侯某对田某某的行为也是出乎意料，故田某某以为侯某不会怀疑自己，也没有必要当时就将手机关机或者藏匿，实际上将未关机的手机放于自己家中已经比较安全，至于侯某及时发现手机有一定的偶然性。

第三，田某某关于特殊关系人的辩解不影响对非法占有目的的认定。

田某某辩解与侯某系干父子关系，平时还接济侯某，不存在盗窃侯某的可能。田某某与侯某的特殊关系与田某某的行为是否是盗窃性质不是非此即彼的关系。根据2013年“两高”《关于办理盗窃刑事案件适用法律若干问题的解释》第8条规定，偷拿家庭成员或者近亲属的财物，获得谅解的，一般可以不认为是犯罪；追究刑事责任的，应当酌情从宽。可见，盗窃行为可能发生在任何场合或者任何人身上，不能以特殊关系直接否定盗窃的性质，特殊关系可能只是犯罪情节。虽然二人之间并非家庭成员或近亲属，但二人结为干亲且往来密切，按照我国民间传统尤其是农村地区，干亲也是受到普通群众尊重和认可的一种类同于家庭关系的社会关系。故此，对于干亲之间发生的轻微盗窃案件，可以比照上述刑事政策，对于数额不大的，可以不作为犯罪处理。

供稿：北京市通州区人民检察院　张学利

案例编辑：北京市人民检察院　庞　静

高某诈骗案

——诈骗过程中，行为人哄骗被害人借网贷供自己使用，由此产生网贷利息是否应计入诈骗数额？

基本案情

2022年8月，高某通过某社交软件结识杨某某，高某称自己独立创立某餐饮品牌，开设数十家连锁店，对待杨某某出手阔绰，时常驾驶豪车接送，还对杨某某嘘寒问暖、关心备至，杨某某很快与高某确立男女朋友关系。后高某以品牌扩张、新店选址、资金周转困难等为由向杨某某借款，当杨某某表示无闲置资金时，高某怂恿杨某某向网贷平台贷款。2022年8月至9月，陷入恋爱的杨某某从多个小额贷款平台高息借贷27万余元，后因高某谎言无法延续，杨某某报警后案发，杨某某因网贷产生3万元利息，杨某某偿还网贷公司30余万元。案发后高某家人代为退赔杨某某31万元。

2023年2月9日，北京市丰台区人民检察院以高某构成诈骗罪向北京市丰台区人民法院提起公诉。同年3月15日，丰台区人民法院以诈骗罪判处高某有期徒刑三年，缓刑五年，罚金3万元。

主要问题

诈骗过程中，行为人哄骗被害人借网贷供自己使用，由此产生的巨额利息是否应计入诈骗数额？

意见分析

意见分歧

实践中，行为人实际骗取的数额与被害人的财产损失数额并非完全对应。准确认定诈骗数额不仅直接关乎行为人的罪责刑罚，也关乎为被害人追赃挽损等切身利益。近些年，随着新兴的社交软件越来越丰富，一些不法分子利用“婚恋交友”翻新诈骗手段，在诈骗过程中哄骗被害人借网贷供自己使用，因网贷利息相对较高，导致行为人实际所得诈骗钱款和被害人实际损失之间存在利息差。这种情况下，诈骗数额是以行为人实际骗取的数额为准，还是以包括网贷利息在内的被害人实际损失数额为准，实务中存在不同看法。

第一种意见认为，高某诈骗的犯罪数额为30余万元。诈骗犯罪数额应当以被害人实际损失的数额认定，行为人哄骗被害人借网贷供自己使用，给被害人造成本金和利息的损失均应计入犯罪数额。理由是：从诈骗罪构成来看，行为人实施欺骗行为—对方（受骗者）产生（或继续维持）错误认识—对方基于错误认识处分财产—行为人或第三者取得财产—被害人遭受财产损害。故在定罪量刑中考量被害人的财产损失也是诈骗犯罪裁量的应有之义。且《最高人民法院关于审理扰乱电信市场管理秩序案件具体应用法律若干问题的解释》第9条规定：“以虚假、冒用的身份证件办理入网手续并使用移动电话，造成电信资费损失数额较大的，依照刑法第二百六十六条的规定，以诈骗罪定罪处罚。”可见，对于骗取电信服务等财产性利益的犯罪行为，是以被害人的损失数额作为认定诈骗犯罪的数额标准。

第二种意见认为，被害人网贷利息不应计入诈骗数额，但应当主张对被害人进行退赔。本案中，高某诈骗的犯罪数额为27万元。理由是：诈骗数额应当以客观上行为人通过实施诈骗实际非法占有的财产数额作为认定标准，主张行为人未能实际占有的财物，一般不认定为诈骗犯罪数额，仅作为量刑情节考虑，但退赔数额应当以尽可能弥补被害人实际损失为原则。高某哄骗被害人借网贷供自己使用，给被害人直接造成了本金和利息的损失，应当全部退赔。

第三种意见认为，被害人网贷利息不应计入诈骗数额且不退赔。理由是：行为人非法占有目的支配下所实际中含有的是本金金额。对于被害人网贷，是被害人出于自愿向网贷平台贷款而发生的被害人与网贷平台之间的借款民事法律关系，被害人应当对其网贷本金负责。行为人的犯罪所得只是其骗取的被害人本金，理应退赔被害人，但因贷款产生的利息只属于给因贷款平台造成的孳息损失，行为人并未因其犯罪行为而获得该部分的利息收益，不应作为犯罪数额，更不应当予以退赔。因此，对于网贷利息应当由被害人承担。

意见评析

笔者同意第二种意见，被害人网贷利息不应计入诈骗数额，但应当主张行为人对被害人进行退赔，理由如下。

第一，诈骗数额的认定需要综合行为人实际骗取财物的数额和被害人财物损失数额。

实务中，多数情况下，行为人实施了诈骗行为，付出了诈骗成本，并同时给付了被害人相当价值财物（反对给付）的场合，对于诈骗数额的认定，理论和司法实践一直存在“行为人实际占有财产数额说”“被害人实际损失财产数额说”“行为人主观意图犯罪数额说”“双重标准说”[1]“折中说”[2]等多种观点。上述观点的争锋主要在于诈骗罪作为一种侵犯财产犯罪，究竟是对个别财产的犯罪还是对整体财产的犯罪的问题，即在财产损失的认定上是只要考虑财产交付本身就可以了还是需要进一步在整体上考量比较被害人收支的结果。[3]对整体财产的犯罪而言，

---

〔1〕 双重标准说认为：诈骗数额应当从犯罪形态的不同情况出发，在既遂状态下，以被骗人实际处分的财产数额作为认定标准；在未遂状态下，以行为人主观上希望获取的财产数额作为标准。

〔2〕 诈骗犯罪未遂时，一般应以行为人犯罪指向的数额（其犯罪意图诈骗的数额）认定为诈骗数额；诈骗犯罪既遂时，一般应以诈骗犯罪所得数额认定为犯罪数额。如果被害人损失数额或交付数额高于诈骗犯罪行为人所得，而这一差额又可归因于犯罪行为人一方行为的，则诈骗犯罪数额应以损失数额或交付数额来认定。

〔3〕 任永前：《论诈骗罪中的财产损失》，载《法学杂志》2015年第5期。

应当将财产的丧失与取得作为整体进行综合评价，如果没有损失，则否认犯罪的成立。就对个别财产的犯罪而言，只要存在个别的财产丧失就认定为财产损失，至于被害人在丧失财产的同时是否取得了财产或是否存在整体的财产损失，则不是认定犯罪所要考虑的问题。[1]从现有规范文件看，《最高人民法院研究室关于申付强诈骗案如何认定诈骗数额问题的电话答复》规定，“在具体认定诈骗犯罪数额时，应把案发前已被追回的被骗款额扣除，按最后实际诈骗所得数额计算。但在处罚时，对于这种情况应当作为从重情节予以考虑”。2022年修正的《最高人民法院关于审理非法集资刑事案件具体应用法律若干问题的解释》第8条第3款规定：“集资诈骗的数额以行为人实际骗取的数额计算，在案发前已归还的数额应予扣除。行为人为实施集资诈骗活动而支付的广告费、中介费、手续费、回扣，或者用于行贿、赠与等费用，不予扣除。行为人为实施集资诈骗活动而支付的利息，除本金未归还可予折抵本金以外，应当计入诈骗数额。”可见，司法解释也是综合考虑了行为人实际骗取数额和被害人财物损失的情况。进一步说，以行为人实际骗取的数额为主，并考虑犯罪成本及被害人财物损失情况为辅的情况。

第二，从罪责刑相适应原则的角度出发，利息不能计入犯罪数额。

一方面，从诈骗罪的构成要件上来看，被害人通过网贷平台贷出并转移至行为人使用的本金本应计入犯罪数额，但网贷的巨额利息形成于将来，是被害人对网贷平台的一种负债，利息产生即为网贷平台所占有和支配，行为人对利息并不能形成事实上的支配关系，无法对利息实现占有。而且，诈骗罪属于财产犯罪，行为人主观上应当对被骗财产具有非法占有目的。司法实践中，为尽快获取诈骗钱款，行为人会怂恿哄骗被害人通过网贷平台高息贷款供自己使用，行为人主要真正目的是对被害人网贷的钱款非法占有，其对因网贷引发的巨额利息并不具有非法占有的主观目的。另一方面，从对被告人有利的原则出发，利息是未知、不确定

〔1〕 张向东：《诈骗犯罪中犯罪数额的认定》，载《人民司法》2009年第16期。

的，若将网贷利息也计入犯罪数额，那么利息的数额往往需要根据案发时间来定，而案发时间受多种不同因素影响，案发时间早晚差距大。司法实践中，“案发时”既可能是指报案时间，也可能指受案时间乃至立案时间。而网贷利息往往不菲，若将利息也计入犯罪数额，届时会因较多的不确定因素而影响利息数额进而影响犯罪数额的认定，致使犯罪数额认定略显随意，一定程度上对行为人不公。此外，“两高”《关于办理妨害信用卡管理刑事案件具体应用法律若干问题的解释》第9条第1款规定：“恶意透支的数额，是指公安机关刑事立案时尚未归还的实际透支的本金数额，不包括利息、复利、滞纳金、手续费等发卡银行收取的费用。归还或者支付的数额，应当认定为归还实际透支的本金。”可见，在信用卡诈骗中，诈骗犯罪数额也是不包括利息的。

第三，出于对被害人合法权益的救济，行为人应当对其犯罪行为所造成的直接损失承担赔偿责任。

本案中，被害人网贷利息是在本金的基础上产生的必然损失，属于犯罪行为所造成的直接损失。一方面，损失范围属于犯罪危害结果，如果行为人积极退赔的，可以作为量刑情节对待。另一方面，退赔的目的在于更加积极有效地补救被害人的财产损失，减少被害人的诉累。虽然针对犯罪行为造成的损失是否属于责令退赔的范围在理论和司法实务中仍存在较大争议，笔者认为，出于对被害人合法权益的救济，减少被害人的诉累，司法机关在办案过程中，仍应当主张行为人对其犯罪行为所造成的直接损失积极退赔。

供稿：北京市丰台区人民检察院　余　丽

案例编辑：北京市人民检察院　张艳青

黄某某诈骗案

——虚构借款理由骗取他人存折及密码后超过借款额度的取款部分如何定性?

基本案情

黄某某系低保户，无经济收入，有赌博恶习，与王某某是邻居。黄某某曾因犯票据诈骗罪于1999年1月27日被北京市房山区人民法院判处有期徒刑十年，并处罚金5万元，剥夺政治权利二年，于2006年12月18日减刑释放。

2019年1月至2020年1月，黄某某在海淀区苏家坨镇某单元楼内王某某家中，虚构卖房过户需要资金等事实，向王某某借款6万元。王某某先后将现金人民币3万元及存折(附密码)两张交给黄某某，后黄某某持上述两张存折先后取款共计人民币9.59万元。据查，王某某在交付黄某某存折并告知密码时，存折内仅有7万余元，有2万余元系黄某某取得存折后陆续汇入的。

2021年4月8日，王某某报案；同月23日、30日，黄某某共归还王某某人民币一万元。同年5月6日，公安机关立案侦查；同月17日，黄某某被公安机关抓获归案，到案后如实供述主要犯罪事实；同月26日，黄某某家属与王某某达成还款协议并取得被害人谅解，偿还王某某人民币1万元。

北京市公安局海淀分局于2021年8月12日向北京市海淀区人民检察院移送审查起诉。海淀区人民检察院经审查，认为黄某某以虚构借款理由骗取钱财的行为构成诈骗罪，在王某某不知情的情况下支取超过借款金额的钱款的行为构成盗窃罪，于同年9月8日以黄某某构成诈骗罪、盗窃罪向北京市海淀区人民法院提起公诉。海淀区人民法院于2022年2月18日作出判决，认定黄某某犯诈骗罪，判处有期徒刑二年,并于同日作出裁定,认为黄某某擅自取出存折中借款外余额的行为应认定为侵占,因侵占罪属于告诉才处理的案件,遂裁定对海淀区人民检察院指控黄某某犯盗窃罪的事实终止审理。

海淀区人民检察院提出抗诉,认为一审判决对于黄某某擅自从王某某存折内取出超出"借款"数额的部分未认定黄某某犯盗窃罪系法律适用错误。北京市人民检察院第一分院支持抗诉,认为海淀区人民检察院抗诉正确,但抗诉意见及理由不当,提出对黄某某擅自从王某某存折内取出超出"借款"数额的部分钱款应认定为诈骗。

北京市第一中级人民法院于2022年10月12日作出二审判决,采纳了北京市人民检察院第一分院的支持抗诉意见,撤销原判决第(一)(二)项,即"一、被告人黄某某犯诈骗罪,判处有期徒刑二年,罚金人民币二万元;二、责令被告人黄某某退赔被害人王某某人民币七万元";认定黄某某犯诈骗罪,判处有期徒刑三年,罚金人民币3万元,并责令黄某某退赔王某某人民币105900元。

主要问题

被告人虚构借款理由骗取被害人存折及密码后,超出借款额度支取存折内钱款的行为应如何定性?

意见分析

意见分歧

在司法实践中,盗窃、诈骗、侵占等侵财类犯罪案件较为常见,但辨析此罪与彼罪却存在较大争议。特别是在涉案财物占有关系中介入第三因素(如债权人、金融机构、网络支付平台等),导致案件法律关系更为复杂,定性更为困难。本案中，黄某某以非法占有为目的，虚构借款理由骗取被害人钱款的行为认定为诈骗罪并无争议。但在借款过程中，被害人王某某将存折及密码交由黄某某，黄某某超过借款额度支取存折中钱款的行为应如何定性，在实务中存在三种不同意见。

第一种意见认为，黄某某超过借款额度支取存折中钱款的行为应认定为盗窃罪，即海淀区人民检察院的抗诉意见。理由是：第一，黄某某系通过虚构事实的方式骗得王某某交付存折并告知密码，其行为实质上是诈骗行为，并非代为保管关系。第二，王某某将存折交给黄某某不能视为存款占有的转移，除王某某授权黄某某支取6万元外，黄某某在王某某不知情的情况下，将授权外的3万余元取出并使用，同时侵害了王某某的所有及银行的占有。第三，王某某在交付黄某某存折并告知密码时，存折内仅有7万余元，有2万余元系黄某某取得存折后陆续汇入的。王某某虽对后续有钱款汇入的事实有认知，但对黄某某拿走存折之后拒不归还的事实并无认知，且曾多次索要存折黄某某均未返还。根据上述情节，王某某没有将后续存入存折的钱款交黄某某占有或保管，也不能推断黄某某与王某某之间形成事实上的代为保管关系。故黄某某在王某某不知情的情况下将之后汇入存折的钱款取出占为己有，应当以盗窃罪评价。

第二种意见认为，黄某某超过借款额度支取存折中钱款的行为应认定为侵占罪，即海淀区人民法院的意见。理由是：被害人王某某陈述因黄某某着急用钱，自己又要去工作，便将存折直接给了黄某某。从形式上看，黄某某持有王某某存折的行为符合因信任关系所拥有的对该存折的持有、管理权利。黄某某获取涉案存折及密码系基于被害人王某某的自愿交付和告知，王某某主观上对存折内的存款数额多于黄某某“借款”数额及后续会有钱款汇入的事实具有明确认知。对超出“借款”数额的部分，黄某某与王某某之间已经形成事实上的代为保管关系，黄某某擅自将存折内的余款取出并非法占为己有的行为，属于侵占而非盗窃。

第三种意见认为，黄某某的行为应整体评价为诈骗罪，即北京市人民检察院第一分院及二审法院北京市第一中级人民法院的意见。理由是：第一，被害人在交付存折和密码时，处分的不仅是存折内现有钱款，还包括后续打入的钱款。第二，黄某某虚构事实诈骗的对象是被害人存折内的钱款，主观上对于骗取被害人钱款数量具有概括的故意，欺骗的内容既包括虚构事由，也包括虚构借款金额。第三，被害人交付存折告知密码，实际上是将自己对银行享有的存款债权进行处分，转移了财产性利益，事实上黄某某已经实际控制了被害人存折内的钱款，形成事实上的占有，其行为已经完全符合诈骗罪的构成要件，只是未实施取款行为，未造成被害人财产损失而尚未既遂。第四，黄某某虚构事实的诈骗行为是财产性犯罪中取财的关键行为，其后的取款行为是诈骗行为的自然延伸，骗取存折及密码才是评价的重点。黄某某骗取被害人存折及密码后，在持有该存折期间多次从存折内支取钱款共计3.59万元的行为应评价为诈骗罪。

意见评析

笔者同意第三种意见。在骗取存折后支取款项的案件中，应综合全案证据分析非法占有的主体及对象，明确案件定性。本案中，黄某某虚构借款理由骗取他人存折及密码后超借款额度取款部分应当认定为诈骗，理由如下。

第一，被害人将存折及密码交由行为人可视为对其存款债权的占有转移。

侵犯财产罪中的占有是指对财物事实上的支配状态，即在通常情况下能够左右财物，对财物的支配没有障碍。关于对存款的理解，近年来学界也逐渐达成共识。一般认为，存款包括两种不同的含义，一种是“存款所指向的现金”，另一种是“存款债权”。存款债权的占有是指存款债权人具有的向银行请求返还本息等权利的事实上的支配。存款所指向的现金就应遵循“占有即所有”的原则，由银行占有这些现金所代表的相应数额种类物的所有权，同时存款名义人享有等额种类物的存款债权，存款人从银行取款后，债权指向的现金才发生了占有转移。被害人交付存折告知密码的行为，实际上是将自己对银行享有的存款债权进行了处分，转移了财产性利益。尽管从形式上看存款仍在银行保管下，但行为人拥有可以随时自由提取该存款的权限，银行不会拒绝行为人的取款要求。实际上，在银行账户范围内，行为人对财物具有支配、控制权，银行仅类似于被害人的“保险柜”。本案中，取得被害人存折及密码的黄某某可以去银行柜台支取5万元以下的现金，银行不对取款人身份及取款理由进行审核。因此，取得存折和密码，事实上黄某某就已经实际控制了被害人的存款债权，形成了事实上的占有。此时其行为已经完全符合诈骗罪的构成要件，只是尚未实施取款行为，因尚未造成被害人财产损失而尚未既遂而已。

第二，行为人转移占有的并不限于其获取存折及密码时的钱款，还可能包括存折内后续打入的钱款。

一方面，被害人对超过借款数额的部分以及存折内后续打入的钱款具有交付行为和交付意思，这也是诈骗罪与盗窃罪区分的关键。如果被害人明确表示只允许行为人支取存折中借款额度款项，对于存折中其他存款债权并无转移占有的意思表示，行为人在此情形下秘密窃取该存款债权并取现，更符合盗窃罪的犯罪构成。但本案中，王某某在陈述中表示，其将存折及密码交给黄某某除信任外，主要原因为陷入错误认识要帮助黄某某“救急”，且跟黄某某说“救急用，用完再还”。在案证据显示王某某将存折与密码交给黄某某并非只转移借款额度存款债权的意思表示，而是一个模糊、概括的意思表示，即存款中的钱款供黄某某救急使用，并未限制为借款额度内的钱款。况且王某某明知存折后续还会打入钱款，也明知黄某某持有存折知晓密码后可以将存折内所有钱款悉数取出。在此种情况下，其交付存折并告知密码，处分的不仅是存折内现有的钱款，还包括后续打入的钱款。另一方面，黄某某虚构事实诈骗的对象是被害人存折内的钱款，并非仅是6万元“借款”。从取款行为看，其在获取存折密码后便从中取款7.7万元，说明其主观对于骗取王某某钱款数量具有概括的故意，即存折里有多少就骗多少。其欺骗的内容既包括虚构事由，也包括虚构借款金额，其行为使被害人对钱款用途和具体金额均产生了错误认识。

第三，虚构事实及理由“骗”得被害人存折及密码的行为不应认定为侵占罪中的“代为保管”。

依据我国《刑法》第270条的规定，侵占罪的表现形式之一是将代为保管的他人财物非法占为己有，拒不归还。“‘保管’主要是指基于委托合同关系，或者是根据事实上的管理，以及因习惯而成立的委托、信任关系所拥有的对他人财物的持有、管理权利。”〔1〕“代为保管”关系的成立前提是保管的合法性。“行为人侵占的财物必须是以合法的方式取得对他人财物的占有权的，即该项财物预先已为其合法持有。”〔2〕部分学者也将侵占罪的客观要件特征简单归纳为占有状态的“合法”变“非法”。本案中，王某某将存折及密码主动交付的原因是认为黄某某“借款救急”，但黄某某只是虚构卖房过户需要资金等“借款救急”理由，实际上意图非法占有王某某钱款，黄某某持有王某某存折是在后者陷入错误认识的前提下所实现的。换言之，黄某某虚构理由“骗”到的王某某存折，其本身的占有前提缺乏合法性基础，不应认定为侵占罪中的“代为保管”，其行为不宜认定为侵占罪。在此情况下，黄某某没有正当原因支取存款的行为应当成立取得型财产犯罪，其骗取存折及密码才是评价的重点，其后的取款行为应当理解为诈骗行为的自然延伸。而且，由于存折的特殊性，黄某某必须通过银行才能实现对存折内钱款的占有，取款行为与骗取存折、密码是基于一个非法占有的主观故意而实施的前后紧密相连的行为，故应当整体评价，其从存折内取出的钱款也应当一并认定为诈骗数额。

---

〔1〕何帆编著：《刑法注释书》(第2版)，中国民主法制出版社2021年版，第723页。

〔2〕王作富主编：《刑法分则实务研究》，中国方正出版社2001年版，第992页。

综上所述，行为人虚构事实骗得被害人存折及密码，不具有“代为保管”的合法性，不能认定为侵占。被害人将存折及密码交由行为人可视为对存款债权的占有转移。判断行为人转移占有的钱款的范围还要结合在案证据综合判定被害人对超过借款数额的部分以及存折内后续打入的钱款是否具有交付行为和交付意思。

供稿：北京市人民检察院第一分院　李　楠　马　震　崔可成

案例编辑：北京市人民检察院　张艳青

杜某某诈骗案[1]

——订立合同实为掩盖诈骗行为的手段且行为后果并未扰乱市场经济秩序的，不构成合同诈骗罪

基本案情

2000年3月，杜某某冒用北京市建初建筑集团（以下简称建初集团）分公司经理的身份，通过张某某夫妇以其二人名义注册成立北京京北八达岭建材有限公司，以建设八达岭建材城，该公司实际由杜某某控制。2000年5月，八达岭建材城项目获批通过。八达岭建材城项目总投资人民币980万元，由北京京北八达岭建材有限公司自筹解决。2000年五六月间，八达岭建材城举办了奠基仪式，后该项目未投入任何资金，未继续向有关部门申请办理开工手续，未实际开工。2001年四五月间，杜某某与徐某某结交，承诺将八达岭建材城2000万元工程交给徐某某施工，取得徐某某信任。2001年5月14日、5月18日、6月8日，杜某某以有关领导出国需要经费等为由，先后三次向徐某某借款共计人民币17.5万元。其间，杜某某与徐某某于2001年5月28日签订北京市建设工程施工合同，合同记载主要内容为：工程名为八达岭建材城，工程地点在八达岭镇营城子村北加油站东，工程性质政府投资，合同金额2000万元，合同签订后支付400万元。2001年6月底，杜某某与徐某某签订协议，协议记载主要内容为：北京京北八达岭建材有限公司因工程的需要，经双方协商，在2001年6月29日前，退给乙方（徐某某公司）现金17.5万元，在2001年6月29日给乙方工程款支票400万元。2001年7月4日，杜某某给徐某某开具了金

[1] 本案涉及诈骗、票据诈骗，因争议焦点，重点讨论诈骗行为。为全面了解案情及诉讼过程，在基本案情部分对票据诈骗及其他诈骗行为作简要介绍。

额为400万元的北京京北八达岭建材有限公司中国银行转账支票。7月9日，徐某某将支票入账时被退票，理由为账户透支（北京京北八达岭建材有限公司账户已于2001年6月27日经申请撤销）。同年8月17日，徐某某向公安机关报案。2004年1月17日，公安机关对该案最终立案。其间，2001年10月22日，徐某某以债务纠纷为由将杜某某为实际控制人的北京京北八达岭建材有限公司诉至法院，同年11月19日法院调解结案。调解书发生法律效力后，徐某某向法院申请执行。至今，已执行回款11.81万元，其中2004年1月17日徐某某案立案前，执行回款1.46万元。

2003年10月至12月，杜某某冒用建初集团人员名义，使用数张空头支票作为抵押，在北京市工商行政管理局干部培训中心共计消费人民币3.6万余元，北京市工商管理局干部培训中心多次讨要消费款项，杜某某逃逸。

2005年4月、11月至12月，杜某某冒用建初集团下属分公司经理的身份，编造工程项目可承包给陈某，先后骗取其共计人民币3.1万元；以能够帮助韩某买到内部职工低价宿舍楼为名，先后骗取韩某共计人民币12.75余万元。

2006年12月6日，北京市昌平区人民检察院以杜某某犯诈骗罪、合同诈骗罪、票据诈骗罪向北京市昌平区人民法院提起公诉。2007年3月21日，昌平区人民法院一审判决认定杜某某犯诈骗罪、合同诈骗罪、票据诈骗罪，决定执行有期徒刑二十年，剥夺政治权利四年，罚金人民币12万元；继续追缴杜某某违法所得的财物，追缴后分别发还被害人。杜某某提出上诉，2007年6月20日，北京市第一中级人民法院裁定驳回上诉，维持原判。2020年，杜某某向北京市人民检察院提出申诉。2021年12月27日，北京市人民检察院以原审法院认定事实有误、适用法律不当为由向北京市高级人民法院提出抗诉。2022年3月1日，北京市高级人民法院指令北京市第一中级人民法院再审。北京市人民检察院第一分院派员出席再审法庭，认为原审判决认定杜某某构成合同诈骗罪定性有误，该笔款项所涉犯罪事实应认定为诈骗罪，与杜某某原审认定的诈骗罪合并定罪量刑，原审判决适用法律有误导致对杜某某量刑过重，应予纠正。2022年11月23日，北京市第一中级人民法院采纳北京市人民检察院第一分院的出庭意见，判决认定杜某某犯诈骗罪、票据诈骗罪，决定合并执行有期徒刑十六年八个月，剥夺政治权利三年，罚金人民币114000元；继续追缴违法所得，分别发还被害人，对于追缴发还被害人徐某某的部分与民事调解书所确定的内容一并执行。[1]

主要问题

杜某某骗取徐某某财物行为构成诈骗罪还是合同诈骗罪？

意见分析

第一种意见认为，杜某某骗取徐某某财物的行为构成合同诈骗罪。杜某某在明知自己未办理工程施工许可证、工程自筹资金未到位的情况下，利用徐某某迫切希望承揽工程获利的心理，在签订施工合同的前后，以疏通关系为由，将三次骗取徐某某共计人民币17.5万元进行挥霍。而从三次诈骗犯罪的实行时间来看，前两次诈骗发生在签订施工合同前半个月，第三次则发生在签订合同后十天，皆符合“利用签订、履行合同实施诈骗”的合同诈骗罪特征。根据牵连犯及法条竞合理论，本案应认定为合同诈骗罪一罪。

第二种意见认为，杜某某骗取徐某某财物的行为构成诈骗罪。从现有证据看，杜某某对徐某某实施的三次诈骗行为中的前两次发生在签订合同前，且杜某某是以领导出国需要经费等为由骗取钱款，签订合同只是其掩盖诈骗行为的手段。杜某某诈骗的财物既不是合同标的，也不是履行合同的附随物，其诈骗钱款的行为在合同签订前已经实现大部分既遂。因此，是否签订合同不影响犯罪行为

〔1〕 对于本案涉及的刑民交叉问题另行评析。

的完成，其行为应认定为诈骗罪，而不是合同诈骗罪。

意见评析

笔者倾向于第二种意见。杜某某骗取徐某某财物的行为构成合同诈骗罪还是诈骗罪，应当对两个罪名的犯罪构成要件进行对比分析。构成合同诈骗罪不仅要满足在诈骗过程中具备“合同”要件，还要判断行为人与被害人是否订立合同，被害人是否因订立、履行合同陷入认识错误进而处分财产，是否实施与合同内容有关的经济活动并扰乱了市场经济秩序。当签订合同只是其掩盖诈骗行为的手段，且行为后果并未扰乱市场秩序时，评价为诈骗罪更为妥当。

第一，行为人是否与被害人订立合同。

根据《刑法》第224条规定，以非法占有为目的，在签订、履行合同过程中使用欺骗手段，骗取对方当事人财物，数额较大的行为，应按合同诈骗罪定罪处罚。合同诈骗罪的成立，要求合同本身成为欺骗对方的手段、被害人必须是合同的对方当事人、合同诈骗罪的行为人所获得的财产必须是作为合同标的的财产。[1]反之，存在以下情形的，难以认定为合同诈骗罪：一是“合同”是合同诈骗罪不可或缺的客观构成要件要素，缺少“合同”这个基本构成要素的诈骗行为，不构成合同诈骗罪；二是合同诈骗行为必须发生在签订、履行合同的过程中，在此之前或者之后实施诈骗行为的，不能认定为合同诈骗罪；三是如果行为人骗取获得的是合同标的之外的财产，则只能成立普通诈骗罪。本案中，杜某某与徐某某虽然于2001年5月28日签订北京市建设工程施工合同，但从杜某某三次实施诈骗犯罪的时间和数额看，分别于2001年5月14日、18日向徐某某借钱。前两次是以有关领导出国需要经费等为由，均是在签订工程承包合同前，且签订合同前已经骗取徐某某9.3万元，其骗取钱款的行为已经既遂，是否签订合同不影响犯罪行为的完成。第三次骗取

〔1〕 张明楷：《刑法学》(第6版)，法律出版社2021年版，第1086页。

的8.2万元是在签订合同十天后，是以有关领导购房为由借钱，骗取的财物既不是合同标的也不是履行合同的附随物，而是合同标的之外的财产，不能成立合同诈骗罪。

第二，被害人是否因签订、履行合同陷入认识错误而处分财产。

在判断犯罪行为是否构成合同诈骗罪时，不能简单以“签订合同”+“骗取财物”作为标准。即使行为人与被害人签订了合同，行为人实施了与合同内容相关的经济活动，骗取了财物，也不能就此认定为合同诈骗罪，必须是合同本身对欺骗对方当事人进而骗取财物起到了重要作用，[1]或者说合同系导致被害人陷入认识错误而作出财产处理的主要原因。[2]本质上是要求符合合同诈骗罪的构造，即行为人在签订、履行合同过程中实施欺骗行为—对方当事人产生认识错误—对方当事人基于认识错误处分财产—行为人或第三者取得财产—对方当事人遭受财产损失。行为人的欺骗行为使对方产生了认识错误，但如果没有签订合同，对方当事人并不会交付财物，应当认为合同对欺骗对方当事人进而骗取财物起到了重要作用，宜认定为合同诈骗；如果在诈骗过程中存在合同，但使对方产生认识错误的并非合同，而是合同之外的欺骗行为的，则认定为普通诈骗。本案中，虽然杜某某与徐某某签订了建筑工程施工合同，但杜某某是为了持续骗取徐某某钱款，与徐某某签订工程施工合同，不管是杜某某公司的八达岭建材城项目，还是杜某某将项目工程交由徐某某施工的承诺以及双方签订的建筑工程施工合同，都仅是杜某某取得徐某某信任的手段，是为其进一步从徐某某处骗取钱款打下的基础。而且从徐某某处取得钱款的事由是虚构的领导出国需要经费等，与合同标的、合同履行没有直接的关联，系杜某某在取得徐某某信任后，另找理由以借款为名实施的诈骗行为。因此，其行为本质上是虚构事实骗取财物的行为，应认定为诈骗，而非合

〔1〕 张明楷：《诈骗犯罪论》，法律出版社2021年版，第1047页。

〔2〕 刘晓虎：《合同诈骗罪与诈骗罪的区别要点与适用冲突把握》，载《人民法院报》2018年1月24日，第6版。

同诈骗。

第三，行为人是否实施与合同内容有关的经济活动，或者说犯罪行为是否扰乱了市场经济秩序。

从1997年刑法修订新增合同诈骗罪来看，合同诈骗罪作为一种特殊的诈骗罪，是为了更有利于打击破坏市场经济秩序犯罪。从刑法分则罪名体例来看，将诈骗罪规定在第五章侵犯财产罪中，合同诈骗罪规定在第三章破坏社会主义市场经济秩序罪中，体现出对诈骗罪与合同诈骗罪的法益保护和立法评价的侧重点不同，诈骗罪侵害的法益是他人财产权利，罪责评价侧重于行为对公民财产权利侵害的主客观程度；而合同诈骗罪不仅侵犯他人财产所有权，更侧重评价对市场经济秩序的破坏。〔1〕然而，这种以犯罪客体来区别的方法，体现在抽象层面当中，其实是不易把握的一种标准。〔2〕需要我们转化理解和把握，从行为人客观上有没有实施与合同内容相关的经济活动来综合判断。行为人并非只要有合同就成立合同诈骗罪，如果不是具有与签订、履行合同相关的筹备、管理、经营活动，“合同”只是一个“道具”或者掩饰手段，行为人的骗取财物行为就未实质上扰乱市场经济秩序，而仅是侵犯了他人财产权利，不能认定为合同诈骗罪。本案中，杜某某在明知自己未办理八达岭建材城工程施工许可证、工程自筹资金未到位的情况下，虚构八达岭建材城工程资金为财政拨款、资金马上到位的事实，利用徐某某迫切希望承揽工程获利的心理，把签订合同作为掩盖诈骗行为的手段，多次骗取徐某某欠款。可见，杜某某客观上没有实施与工程施工合同内容相关的经济活动，签订合同骗取财物的行为只是侵犯了徐某某财产权利，难以认定为扰乱市场经济秩序。

综上所述，从行为本身、法益侵害等方面分析和判断行为性质，才能更好地区

---

〔1〕 刘晓虎:《合同诈骗罪与诈骗罪的区别要点与适用冲突把握》，载《人民法院报》2018年1月24日，第6版。

〔2〕 许富仁:《合同诈骗罪的立法价值取向及其误区》，载《湖北社会科学》2007年第3期。

分合同诈骗罪和诈骗罪。虽有合同形式，但行为人骗取财物行为并非与合同内容有关的经济活动，被害人非因订立合同导致陷入错误认识而处分财产，行为后果未扰乱市场经济秩序，不构成合同诈骗罪；构成诈骗罪的，以诈骗罪定罪处罚。

供稿：北京市人民检察院第一分院　牛英慧　刘兴春

案例编辑：北京市人民检察院　葛　路

刘某诈骗案

——以解决感情纠纷为由双向冒充“两头骗”行为的认定

基本案情

2021年6月至7月，刘某关注到杜某与公众人物李某的网络炒作信息后，遂产生冒充相关关系人员进行诈骗的想法。其间，刘某虚构被李某欺骗感情的女性身份与杜某联系，以共同维权为由骗取杜某的信任，从杜某处获取与李某交往的相关信息。

随后，刘某又冒充李某公司人员与杜某协商和解事宜，达成由李某支付杜某200万元的赔偿合意；同时，刘某利用从杜某处获取的信息，冒充杜某与李某公司协商，双方达成300万元的赔偿合意。刘某将杜某及自己名下银行账户信息一并发给李某公司人员，要求对方将其中100万元转入该账户中。

李某向杜某账户转账共计50万元，后因协议具体内容未达成一致，李某未再支付剩余款项。刘某冒用李某公司人员名义要求杜某退回已收到的钱款，并向杜某提供自己的账户信息，杜某同意退款后陆续向刘某转账18万元。刘某后将骗取的钱款用于偿还个人债务及挥霍。

2021年9月30日，北京市公安局朝阳分局以刘某涉嫌诈骗罪移送审查起诉。审查起诉期间，刘某自愿签署认罪认罚具结书。同年10月31日，北京市朝阳区人民检察院以诈骗罪对刘某提起公诉，建议判处有期徒刑五年至六年并处罚金。同年12月28日，北京市朝阳区人民法院以刘某犯诈骗罪，判处有期徒刑六年，并处罚金人民币6万元，责令刘某退赔李某18万元。刘某未上诉，判决已生效。

主要问题

1.在关注到他人与公众人物有关炒作信息后，冒充该人以解决感情纠纷为由向公众人物一方索要钱款的行为，应如何定性？

2.行为人分别冒用双方名义与对方达成赔偿合意，要求将差额钱款转入其账户。公众人物公司先期向对方账户转账部分钱款后，因协议具体内容未达成一致，未再支付剩余款项。行为人冒用公众人物公司名义要求对方退回已收到的钱款，对方同意退款后向其账户内转账部分钱款。犯罪数额应如何认定？

3.本案的被害人为实际遭受损失的一方，还是实际向行为人支付钱款的对方？

意见分析

意见分歧

关于刘某行为的定性，有两种意见：

第一种意见认为，刘某的行为应认定为敲诈勒索罪。刘某虽然实施了冒充杜某欺骗李某一方的行为，但其明知李某系公众人物，在杜某与李某因感情纠葛问题引起舆情炒作后，其以杜某名义与李某公司取得联系，并声称自己还掌握其他多名被李某欺骗感情的女性与李某之间往来的相关证据，要求对方道歉并予以赔偿，其行为实际上对李某一方形成了一定程度的威胁和恐吓。李某一方基于恐惧心理，担心刘某在网络上曝光对李某的不利信息而对李某的名誉、事业造成影响，从而向对方交付财物。因此，刘某的行为符合敲诈勒索罪的犯罪构成。

第二种意见认为，刘某的行为应认定为诈骗罪。司法实践中，行为人虚构索财的依据，为了获取财物通常也会实施一定的胁迫行为，在索财行为同时具有欺骗和胁迫双重属性的情况下，判断行为人实行行为的性质，主要看被害人对实行行为的心理反馈是基于恐惧心理交付财物还是基于被欺骗而交付财物。本案中，刘某冒用杜某的名义与李某一方联系解决感情纠纷一事，在沟通过程中双方进行了平等的协商，最终达成由李某一方支付赔偿款的合意。李某虽为公众人物，但刘某并无明显的威胁、恐吓行为，李某主要因为被刘某欺骗而自愿交付财物。因此，刘某的行为符合诈骗罪的犯罪构成。

在此前提下，对于被害人及刘某犯罪数额的认定，又可分为四种意见：

第一种意见认为，刘某诈骗李某300万元，其中50万元既遂，被害人为李某。刘某冒充李某公司人员与杜某沟通赔偿事宜，目的在于获取杜某与李某之间交往的详细信息，其诈骗行为主要表现为冒充杜某，并利用其从杜某处获取的信息从李某处骗取财物，其向李某索取300万元的赔偿金。提供杜某的账户信息并要求李某向杜某账户转账200万元，也是为了使李某相信自己的身份，要求李某打入杜某账户200万元系其对诈骗所得财物的处分安排，因此其诈骗数额为300万元。李某基于错误认识而处分了50万元，刘某诈骗既遂的数额为50万元。被害人为遭受财产损失的李某。

第二种意见认为，刘某诈骗李某300万元，其中18万元既遂，被害人为李某。关于诈骗金额为300万元的观点与第一种意见相同。但诈骗既遂的数额应以行为人实际获利的数额为准，即为实际到手的18万元。如此评价符合罪责刑相一致原则，被害人实际损失的数额可以作为量刑情节考量，同时被害人可依据民法不当得利原则向杜某主张返还。

第三种意见认为，刘某有两个诈骗行为，诈骗李某100万元未遂，被害人为李某；诈骗杜某50万元，其中18万元既遂，被害人为杜某。刘某的行为分为两个阶段，第一阶段以非法占有100万元为目的诈骗李某，但因李某仅向杜某账户转账50万元而未再继续转账，刘某因意志以外的原因未得逞，诈骗李某100万元未遂，被害人为李某。第二阶段以非法占有50万元为目的诈骗杜某，杜某因陷入错误认识而向刘某账户转账18万元，因此诈骗既遂金额为18万元，未遂金额为32万元，被害人为杜某。

第四种意见认为，刘某诈骗李某100万元，其中18万元既遂，被害人为李某。刘某虽然实施了双向冒充的行为，但在其冒充杜某与李某一方沟通、冒充李某一方与杜某沟通的过程中，间接使李某一方与杜某之间就感情纠纷一事达成了赔偿200万元的合意。刘某冒充杜某与李某一方达成300万元赔偿协议，其中100万元转入自己个人账户，其仅对100万元具有非法占有目的，因此诈骗金额为100万元。刘某最终实际到手18万元，虽然该18万元系其再次冒充李某一方以退款为由欺骗杜某而来，但仍在其诈骗李某一方100万元的整体犯罪故意之内，因此诈骗既遂金额为18万元。被害人为实际遭受财产损失的李某。

意见评析

1.针对刘某行为的定性，笔者同意第二种意见，理由如下。

第一，认定行为人的行为构成敲诈勒索罪还是诈骗罪，应当遵循主客观相一致原则。

客观行为方面，如果行为人仅实施欺骗行为，被害人陷入错误认识，即使同时产生了恐惧心理而处分财产的，仍应认定为诈骗；如果行为人仅实施胁迫行为，被害人产生恐惧心理，即使同时陷入错误认识而处分财产的，仍应认定为敲诈勒索。主观目的方面，如果行为人意图通过虚构事实使被害人基于被骗而错误处分财产的，此为诈骗；行为人意图通过向被害人通告“恶害”（即使此“恶害”为虚构的事实）而使被害人基于被胁迫或者恐惧心理而不得已处分财产的，此为敲诈勒索。本案中，刘某在客观上实施了冒充多重身份的行为，包括冒充被李某骗取感情的女孩身份骗取杜某的信任，获取杜某与李某交往的相关信息；冒充杜某的身份与李某一方沟通赔偿一事，达成由李某一方赔偿杜某300万元的协议；冒充李某一方与杜某沟通赔偿一事，达成由李某一方赔偿杜某200万元的协议；冒充李某一方要求杜某退回李某已经支付给杜某的50万元赔偿款。而刘某在冒充杜某与李某一方沟通的过程中，邮件、微信聊天记录等客观证据显示，刘某主要基于杜某被李某伤害感情的事实而要求李某道歉并给予一定金额的补偿，并无强行索要钱款或表明若不给钱就采取对李某不利行动的胁迫内容。双方在沟通过程中基本上是在进行一种平等的协商。主观上，刘某在侦查阶段、审查起诉阶段及法庭审理阶段供述稳定，均称自己在杜某和李某之间扮演多重身份来回切换，是为了利用二人之间的感情纠纷从李某处骗点钱花。因此，刘某基于骗取财物的主观目的而实施了虚构身份、事实的客观行为，认定其构成诈骗罪符合主客观相一致的原则。

第二，在行为手段同时具有欺骗与胁迫性质的情况下，被害人处分财物的主观心态是区分敲诈勒索罪与诈骗罪的关键。

敲诈勒索与诈骗相比，从犯罪手段分析，诈骗是采用虚构事实或隐瞒真相的方法，导致被害人产生错误认识，并基于错误认识而"自愿"处分财物，具有行为人获取财物的"欺骗性"与被害人处分财物的"错误性"两个显著特征；而敲诈勒索则是以"恶害"威胁或要挟的方法造成被害人心理上的恐惧，而被迫交付财物或提供财产性利益，具有行为人获取财物的"胁迫性"与被害人交付财物的"非自愿性"两个显著特征。[1]在行为手段同时具有欺骗与胁迫性质，被害人仅陷入错误认识并基于错误认识"自愿"处分财产，而没有产生恐惧心理的，应认定为诈骗；被害人仅产生恐惧心理并基于恐惧心理处分财产，而没有陷入错误认识的，应认定为敲诈勒索罪；被害人既陷入错误认识又产生恐惧心理，进而处分财产的，系诈骗罪与敲诈勒索罪的想象竞合，从一重罪处罚。本案中，李某一方主要因被刘某欺骗而基于解决问题的主观心态"自愿"支付钱款，而非基于被威胁或者胁迫"被迫"处分财产，刘某正是利用了李某一方急于用钱解决问题的心态而牟取非法

〔1〕 国家法官学院案例开发研究中心编：《中国法院2018年度案例》刑事案例三，中国法制出版社2018年版，第253页。

利益。

综上所述，刘某的犯意始于利用杜某与李某之间的感情纠纷“两头骗”，客观上实施了冒充多重身份的行为，导致他人基于陷入错误认识“自愿”处分了财产，刘某从中获取了非法利益，其行为应被认定为诈骗罪。

2.在认定刘某的行为构成诈骗罪的基础上，关于犯罪数额及被害人的认定，笔者同意第四种意见，理由如下。

本案实质上是一种“两头骗”案件的变种。“两头骗”并不是一个法律概念，而是对具有类似行为特征的诈骗案件的俗称。一般来说，在“两头骗”案件中，存在前后两个欺骗行为，行为人通过第一个行为骗取财物以后，又以被骗取的财物为工具，实施第二个欺骗行为或变现。“两头骗”并非两个欺骗行为的简单相加，两个欺骗行为之间存在一定的关联性，具有民刑交叉的性质，法律关系较为复杂。本案区别于典型的“两头骗”案件，行为人实施的第一个欺骗行为骗取的财产直接转移至第三人处，又实施第二个欺骗行为从第三人处骗回至自己手中。如分歧意见所述，对刘某诈骗数额的计算有四种方式，得出的数额各不相同，相应地也会得出非常大的量刑差别。笔者认为，本案刘某诈骗金额为100万元，其中18万元既遂，被害人为李某。

第一，行为人介入他人之间的民事纠纷，通过双向冒充身份的方式从中斡旋沟通，使双方达成协议，其应仅对意欲非法据为己有的财产部分构成诈骗。

诈骗罪的责任形式为故意，必须主观上具有非法占有目的。非法占有目的包括使本人占有，还包括使第三人占有。一般情况下，行为人基于非法占有目的虚构事实、隐瞒真相而使被害人陷入错误认识，被害人基于错误认识按照行为人的要求向第三人支付财产，尽管钱款转移至第三人的占有中，行为人仍构成诈骗罪。本案并不同于上述情况，刘某介入杜某与李某之间的感情纠纷，通过双向冒充的方式从中斡旋沟通，虽杜某、李某一方对刘某的存在并不知情，但实际上二人之间达成了200万元的赔偿“合意”（实际上该“合意”因并非李某的真实意愿而系有瑕疵的意思表示)，刘某对二人达成“合意”部分的钱款并不具有非法占有目的。刘某冒充杜某的名义与李某一方商定的赔偿数额为300万元，冒充李某一方与杜某一方商定的赔偿数额为200万元，差额部分100万元系刘某具有非法占有目的的部分。因此，按照主客观相一致的原则，刘某诈骗的金额应为100万元，而非300万元。

第二，双向冒充“两头骗”的行为模型中，在被害人损失数额与行为人取得财产的数额不一致的情况下，应以行为人取得财产的数额认定诈骗既遂数额。

诈骗罪(既遂)的基本构造为：行为人实施欺骗行为—对方(受骗者)产生(或继续维持)错误认识—对方基于错误认识处分财产—行为人或第三者取得财产—被害人遭受财产损害。[1]在这个基本构造中，有被害人遭受财产损失的数额和行为人或第三者取得财产数额这两个数额。根据《刑法》第266条的规定，诈骗公私财物，数额较大的，构成诈骗罪。从文义解释理解，诈骗数额指的是行为人骗取的财物数额，司法解释、规范性文件中也原则上以行为人的所得数额为标准计算诈骗数额。本案中，刘某通过双向冒充“两头骗”，被害人李某损失的金额为50万元，刘某实际骗得的金额为18万元，按照以行为人的所得数额为标准计算诈骗数额的原则，刘某诈骗的既遂金额为18万元。实际上，被害人因刘某的诈骗行为陷入错误认识后，基于该错误认识向杜某交付的财产数额为50万元，其遭受的财产损失数额亦为50万元，因此有观点认为刘某诈骗既遂的金额为50万元。该观点并未从整体上全面分析刘某的行为，认为在李某向杜某交付50万元时刘某的诈骗行为即全部完成，刘某后续从杜某处骗得18万元的行为系对诈骗所得钱款的进一步处置。笔者认为，李某和杜某之间虽然介入了刘某的双向冒充“两头骗”行为，但双方在实际意义上达成了由李某向杜某支付200万元赔偿款的“合意”，刘某欲非法占为己有的仅为100万元，李某向杜某支付50万元的行为仍在二人之间关于200

---

〔1〕 张明楷:《刑法学》(第6版)，法律出版社2021年版，第1303页。

万元的赔偿“合意”范围之内，至此刘某诈骗犯罪仍未遂。后因李某不再继续支付剩余钱款，刘某为获取非法利益而再次冒充李某一方要求杜某退款，杜某实际向刘某支付18万元，至此刘某的诈骗行为既遂18万元。关于刘某以诈骗的行为方式欲从杜某处骗得李某支付给杜某的50万元是否应再次单独评价为诈骗罪，笔者认为，该50万元未超出刘某之前欲骗取100万元的故意，也并没有侵犯新的法益，后一犯罪行为利用了前一犯罪行为的结果，应当属于事后不可罚行为，不应再单独评价。

第三，被害人应为实际遭受财产损失的人，被害人损失数额多于行为人取得数额的部分，应依据民法原则依法追回。

本案应从整体上分析，刘某的犯意起于利用杜某与李某之间的感情纠纷从李某一方骗取财产，过程中实施了双向冒充的“两头骗”，最终导致李某遭受财产损失，因此被害人为实际遭受财产损失的李某。被害人损失的数额为支付至杜某账户的50万元，刘某最终获取的数额为18万元，被害人损失数额多于行为人取得的数额，应如何追赃？笔者认为，刘某应依法退赔被害人18万元，而杜某占有的32万元，系因介入了刘某的双向冒充的“两头骗”，使被害人与杜某之间间接达成了赔偿“合意”，在此过程中被害人的意思表示具有瑕疵，属于可撤销的意思表示。杜某的所得属于不当得利，应依法退还被害人。

综上所述，以解决感情纠纷为由“两头骗”行为的认定，应遵循主客观相一致的原则，行为人应仅对意欲非法据为己有的财产部分成立犯罪。在被害人损失数额与行为人取得财产的数额不一致的情况下，原则上应以行为人取得财产的数额认定为诈骗既遂数额。

供稿：北京市朝阳区人民检察院　王　瑶　王瑞婷　张文心

案例编辑：北京市人民检察院　梁景明

李某某诈骗案

——利用“医疗气功”敛财的行为分析

基本案情

李某某20世纪90年代在某气功培训中心学习医疗气功三个月，后于2003年到北京，一直从事与医疗无关的工作。2010年，李某某到北京市某中医诊所学习问诊、开药方等，其间曾多次帮小区居民针灸、按摩、开中药。金某某因其子（男，10岁）患有脑瘫经医院治疗无效，经朋友介绍认识李某某，李某某宣称能看到患儿体内的“黑气”，后经金某某同意采取“以‘发功’为主，以针灸、按摩、中药为辅”的方式为患儿治疗，每次“发功”收取人民币1万~2万元。患儿每周到李某某家中治疗。李某某“发功”的主要方式是：患儿平躺，其用双手不接触“发功”，将自身能量通过患儿头部传入患儿全身。李某某还多次为患儿做法事“消业”，每次收取人民币2万元。经所谓“治疗”，医疗费已经达到人民币60余万元，但患儿病况没有改善，金某某发现被骗后报警。经查，李某某在作案时未取得医生执业资格，其将所获钱款用于购买汽车。

2019年9月23日，北京市朝阳区人民检察院以李某某涉嫌诈骗罪提起公诉，2020年4月10日，北京市朝阳区人民法院以诈骗罪判处李某某有期徒刑十年，并处罚金15万元。李某某提出上诉，北京市第三中级人民法院于2020年7月21日裁定驳回上诉，维持原判。

主要问题

利用“医疗气功”敛财的行为如何定性？

意见分析

意见分歧

第一种意见认为，李某某系非法行医，因未达入罪标准不构成犯罪。“医疗气功”是医疗活动，被告人在未取得医生执业资格的情况下从事医疗活动，系非法行医，但因被告人的行为未达到“情节严重”的追诉标准，所以不能构成非法行医罪。被告人在行医过程中虽然收取了高额费用，但其实施了医疗活动，医疗费用也已明确告知了被害人，因而在客观上无法认定被告人实施了欺骗行为，在主观上亦无法认定其具有非法占有目的，无法认定为诈骗罪。

第二种意见认为，气功是否是医疗行为应当结合被告人的职业背景与能力具体分析。以气功治病为由捏造疗效，使被害人陷入错误认识进而敛取明显超过正常医疗活动收费标准的钱款的，应以诈骗罪论处。

意见评析

笔者同意第二种意见，理由如下。

第一，气功是迷信还是医疗活动，不能一概而论，应当结合行为人的职业背景、技术能力和实施的气功种类、具体功效等方面综合判定。

气功分为健身气功和医疗气功，人们通过练习健身气功，可以达到调节精神、呼吸，提高身体素质的功效，进而保持健康。国家体育总局下设有健身气功管理中心，倡导国民练习五禽戏、明目功等健身气功。而“迷信”是指对神仙鬼怪的盲目信仰，或指缺少科学论证基础的信仰。从功效与国家政策上看，健身气功不是封建迷信。医疗气功，也称外气功，泛指以向他人发功的方式为他人治疗疾病。医疗气功究竟是否有治疗疾病的功效目前仍有争议。根据2000年卫生部《医疗气功管理暂行规定》第4条的规定，医疗气功被列入医疗机构诊疗科目的“中医科—其他”类中，同时该规定对开展医疗气功活动进行了严格的限制，包括：需取得中医执业医师资格或中医执业助理医师资格；需具有医疗气功专业知识与技能，通过医疗气功知识与技能考试并取得证书；需在获得医疗气功相关审批的医疗机构中开展诊疗活动。

第二，非法行医表现为以恢复健康为目的、具有一定科学依据、符合一定医学规范诊疗活动，而以毫无科学依据的所谓“治疗”行为敛财的应当认定为诈骗。

如果认定本案行为人的行为是非法行医，必须肯定本案中李某某的行为是医疗行为。我国法律没有明确规定什么是医疗活动，参考《医疗机构管理条例实施细则》第88条对“诊疗活动”的规定，“诊疗活动：是指通过各种检查，使用药物、器械及手术等方法，对疾病作出判断和消除疾病、缓解病情、减轻痛苦、改善功能、延长生命、帮助患者恢复健康的活动”。不难看出，诊疗活动必须以恢复健康为目的，通过特定手段实施。刑法通说也认为医疗活动必须以诊疗疾病为目的，且具有高度专业性，表现在运用医学科学理论和技术对疾病作出诊断治疗。本案中，从行为人宣称的气功治疗机理——看见黑气、传输能量、被告人履历能力（无正规气功学习经历与资质）、行为人具体治疗方法（隔空发功、烧纸消业）等各方面综合来看，行为人所谓的“治疗”行为不符合医学科学理论和技术要求，甚至不符合基础常识，不属于医疗行为。当然，如果行为人仅实施了养生保健活动，收取了对等的费用，也不宜认定其为诈骗罪。但在本案中，行为人不具备执业背景和技能，恶意捏造医疗效果，声称自己能看到病人身上的“黑气”，向被害人承诺可以治疗根本不可能治愈的疾病，并通过做法事来祛除病症，明显超出了科学范畴，属于捏造虚假事实，使被害人产生错误认识，其以此骗取被害人人民币60余万元，也明显超出了“治疗”行为的对价，纯属借机敛财，故构成诈骗罪。

第三，应当结合本案被害人特殊处境正确判断被害人是否陷入认识错误。

有观点认为，脑瘫无法治愈是常识，且被害人多年求医应该更加清楚此道理，因此不能认为被害人陷入认识错误，不能认定本案构成诈骗罪。此种观点没有结合被害人的特殊处境加以分析。被害人爱子心切，为了患儿四处求医不成，更加求医心切，不肯放过任何一点希望或一根救命稻草，因此更容易轻信他人，从而上当被骗。本案被害人具有特殊环境下的特殊心理，不能以局外人的理智、正常人的标准要求其谨慎思考。正是由于被害人在正规医院多次求助无法治疗，才比一般人更容易转而将希望寄托在一些偏方包括本案虚无缥缈的气功上。本案被害人甘于长期在行为人处“治疗”并支付巨额钱款，直至两年后才发现被骗进而报警，从某方面也正反映出被害人相信行为人具有神奇本领，能够治疗脑瘫，而陷入错误认识之深。

第四，行为人“发功”过程中掺杂的针灸、按摩、开中药行为不影响诈骗罪的认定，此部分收费应当计入诈骗数额。

行为人在“发功”的过程中还对患儿针灸、按摩、开中药，此部分行为是否应当认定为非法行医进而将此部分费用从诈骗数额中剔除？笔者认为不应当。行为人不具备任何中医资质与能力，其针灸、按摩、开中药行为是否是运用医学科学理论和技术对疾病作出诊断治疗无法判断，不能认定为医疗行为。即便认为针灸、按摩、开中药的行为是医疗行为，也不影响认定行为人整体行为是诈骗。因为无论“发功”还是针灸、按摩、开中药都无法治疗脑瘫，且针灸、按摩、开中药是“发功”的辅助行为，这些行为的根本目的并非治疗疾病，而是为了制造出虚中有实的效果，使被害人对行为人的“功力”更加深信不疑，实现加深被害人的错误认识进而敛财的目的，应认定是行为人实施诈骗的手段之一。因此，此部分收费也应当计入诈骗数额。

供稿：北京市朝阳区人民检察院　胡　静　刘子璐　程　涛

案例编辑：北京市人民检察院第三分院　余　浩

张某某职务侵占案

——债券利润是否属于确定的财产性利益及其归属判断

基本案情

张某某，原任中某国际信托有限公司（以下简称中某信托）固定收益部总经理助理。自2000年以来一直在债券岗位工作，具有丰富的银行间债券市场交易经验。中某信托是国家出资企业，国有股份由最初的24.62%增加到2010年6月以后的60.62%。张某某于2009年3月19日至2012年9月10日通过聘任至中某信托公司先后任固定收益部、资产管理部总经理助理，主要工作职责是在银行间债券市场开展债券交易。

张某某于2008年11月出资100万元成立哈尔滨丰联商务信息咨询有限公司（以下简称哈丰联），股东为张某某的高中同学刘某和原同事冯某某，实际管理、控制者为张某某。哈丰联于2008年12月1日与常熟农村商业银行签订代理货币市场业务主协议及全国银行间债券市场债券回购主协议，取得银行间债券市场交易丙类户资格。

2009年4月至2010年12月，张某某违反《公司法》关于竞业禁止的规定以及《银行间债券市场交易相关人员行为守则》及公司内部规章制度中关于禁止利益输送、禁止关联交易的相关规定，利用债券交易的职务便利，通过职务身份掌握的债券配置需求和市场资源，以中某信托为债券交易平台，故意增加交易环节，人为设计交易流程，故意压低或者抬高债券交易价格，在给中某信托预留一定利润空间的情况下，操纵其实际控制的哈丰联自其任职的中某信托低价买入、高价卖出，将原本应属于中某信托的债券利润输送至其控制的哈丰联公司。先后通过162笔现券买卖，涉及债券48只、债券交易机构42家、近900次债券买卖，共向哈丰联输送利益2.07亿余元。而张某某在2009年通过债券交易为中某信托赚取债券利润100万元，2010年为中某信托赚取利润1000万元。中某信托公司涉案低价卖出交易部分交易审批单标注了“代持”字样；闭环交易部分交易审批单上标注“冲回”“预留利润”字样。

其犯罪手段主要有三种方式：第一种方式为闭环交易，即张某某安排中某信托以相对低的价格购入一只债券后，在明知债券可以卖到较高价格的情况下，不直接投入市场获取较高利润，而是直接或间接将债券卖给哈丰联，将价差利润留在哈丰联，再安排中某信托作为后手从哈丰联买回后再投放市场。以这种方式交易共75笔，向哈丰联输送利益11641.95万元。第二种方式为中某信托低价卖出，即张某某明知债券可以卖到较高价格的情况下，安排中某信托将其持有的债券不直接以市场价格投入市场，而是以明显较低的价格卖给哈丰联（哈丰联买入价格为该只债券当日的市场最低成交价或低于做市商的买入报价），再安排哈丰联以市场价格抛向市场，将价差利润留在哈丰联。以这种方式交易共51笔，向哈丰联输送利益6294.13万元。第三种方式为中某信托高价买进，即张某某安排哈丰联以相对低的价格购入一只债券后抬高价格，安排中某信托以明显较高的价格（哈丰联卖出价格为当日全市场最高成交价格或者高于做市商的卖出报价）买进。以这种方式交易共36笔，向哈丰联输送利益2843.9万元。

在债券交易过程中，从券种选择、询价、联系过券机构和交易对手，到交易时间、价格、交易类型、结算方式、内部审批及在债券交易系统生成成交单等均由张某某根据其专业经验和业内资源独自设计后进行操作。向哈丰联的代理行常熟农商行发送交易指令也是由张某某或其雇佣人员赵某梅根据其指示进行。

赃款流向首先经由哈丰联在常熟农商行开立的基本账户转移至哈丰联兴业银行账户，再转移至张某某出资成立并管理控制的另一公司巨田公司的浦发账户后，由巨田浦发账户转移至张某某办理并控制的赵某梅、刘某、梁某等个人账户后再提现、存现。

张某某将犯罪所得赃款用于以个人名义在北京及哈尔滨购置房产共六套，花费近5000万元；注册成立禾纳公司花费1000万元，以禾纳公司名义对外借款550万元，为本人及其母亲购买保险花费1200万元，购买机动车共四辆花费544.09万元。截至案发，银行共冻结张某某本人及其控制的他人及公司账户49个，冻结资金共计10235.53万元，房产均被依法查封，机动车两辆被依法扣押。

北京市西城区人民检察院于2014年1月27日对张某某以涉嫌犯职务侵占罪提起公诉，2015年2月9日，北京市西城区人民法院一审判决张某某犯职务侵占罪，并认定起诉书指控的全部162笔犯罪事实，但是将指控的犯罪数额减少30%，判处其有期徒刑十二年，并处没收部分个人财产。西城区人民检察院认为该判决认定事实错误，涉案赃物处理不当，在一定程度上影响量刑，侵犯了被害单位的财产权利，遂于2015年2月16日对一审判决提出抗诉；同年10月13日，北京市第二中级人民法院作出终审判决，改变了一审判决认定的数额，将西城区检察院指控的全部2.07亿余元的犯罪数额予以认定，并改判张某有期徒刑十三年。

主要问题

1.张某某利用职务便利，通过自己经营与其所任职的中某信托公司同类的营业债券业务，获取数额巨大的非法利益行为是否构成犯罪或构成何种犯罪？

2.中某信托按照绩效奖金以利润的30%计算可分配给部门的收入，是属于被害单位所有的财产而作为犯罪数额计算，抑或作为被告人财产予以没收？

意见分析

意见分歧

第一种意见认为，张某某利用职务便利，自己经营与其所任职的某信托公司同类的营业债券业务，获取数额巨大的非法利益行为应当认定为非法经营同类营业行为，但是由于张某某不是国有公司、企业的董事、经理，不符合非法经营同类营业罪的主体资格，故张某某无罪。

第二种意见认为，债券属于证券的一种，张某某利用职务便利所掌握的债券价格信息优势，在自己实际控制的信托公司账户与丙类户某咨询公司账户之间进行债券交易，在一定程度上影响了债券交易价格，应当认定为操纵证券市场罪。

第三种意见认为，本案中的债券利润系确定、现实的财产性利益，张某某作为某信托公司负责债券交易的工作人员，利用职务上的便利，将自己在职务上经手的单位财物即债券利润非法占为己有，且犯罪数额巨大，应当认定为职务侵占罪。中某信托按照绩效奖金以利润的30%计算可分配给部门的收入，绩效考核政策是针对各业务部门的，而非针对交易员个人，且是否发放由单位及部门负责人来确定。因此，这利润的30%属于被害单位所有的财产，应属于犯罪数额。

意见评析

笔者同意第三种意见，理由如下。

本案的犯罪行为、主体均不符合非法经营同类营业罪的构成要件。该罪是指作为市场交易一方的普通参与者违反同类营业禁止义务，侵害任职单位交易机会的行为，并不包括与自己做业务。张某某不仅成立了与被害单位经营同类业务债券的咨询公司，还“一手托两家”，以任职单位的名义和平台，操纵被害单位与其出资控制的咨询公司进行债券买卖，并将债券利润输送到咨询公司，其行为不能被非法经营同类营业罪所评价。张某某也不具有董事、经理身份，不符合非法经营同类营业罪的主体资格。

本案的犯罪对象、客体及行为方式不符合操纵证券期货市场罪的构成要件。根据《刑法》第182条及相关司法解释的规定，操纵证券、期货市场罪的犯罪对象是在交易所交易的股票、期货或债券，而本案的犯罪对象是银行间交易的债券。银行间债券交易的特点是“一对一”式的，是市场参与者以询价方式与自己选定的交易对手协商谈判，逐笔达成交易。这与操纵证券、期货市场罪要求的股票、期货及交易所债券交易由众多投资者共同竞价，并经计算机撮合成交的交易方式截然不同。

张某某的行为应认定为职务侵占罪。认定张某某行为构成职务侵占罪的关键在于两点：一是债券利润能否成为职务侵占罪的对象；二是张某某是否属于利用职务之便非法占有本单位的应得利润。

第一，本案的债券利润属于确定的财产性利益，可成为职务侵占罪的犯罪对象。

债券利润属于财产性利益，从法律规定及司法解释来看，《刑法》第224条、第265条明确肯定了财产性利益是侵犯财产罪的对象。但并非所有的财产性利益都能成为侵犯财产罪的犯罪对象，只有与财物具有同质性，具有经济价值、管理和控制可能性以及转移可能性且能够转化为相对确定的现金或者其他财物的财产性利益才能够成为侵犯财产犯罪的对象。由于侵犯财产罪的定罪量刑都与数额相关，不确定的可期待利益由于经济价值的不确定导致犯罪数额的不确定，无法成为财产犯罪的对象。

本案的债券利润属于确定的、现实性财产性利益。银行间债券市场是自主询价、谈判成交的交易模式，成交价格依赖于交易员的谈判磋商。而咨询公司与信托公司之间开展的162笔债券交易都是张某某利用职务便利，以信托公司交易员的身份寻找债券后，在操纵以信托公司或者咨询公司为起点的二者之间的交易时，就已经联系、确定好中间环节乃至由信托公司或者咨询公司最终抛向市场时的所有接券方及接券价格。即使有第三方交易机构介入，也是张某某以信托公司交易员身份主动联系，委托第三方机构开展的过券交易，第三方机构与信托公司及咨询公司双方之间的买卖价格也是张某某指定的。每笔交易的所有交易环节都是在同一天甚至在一个小时内完成的。因此，张某某通过控制信托公司与咨询公司之间的所有交易，设计、确定债券利润，规避了价格风险，此时的债券利润就应视为确定的、现实性财产性利益，而非可期待利益。

第二，本案张某某通过控制哈丰联获取的债券利润是中某信托的应得利润，应归属于信托公司。

一是债券交易及利润产出是张某某利用了被害单位中某信托提供的交易平台和交易系统、张某某进行债券交易的职务身份和职务身份所掌握的债券资源及需求信息，以及其他金融机构对于中某信托作为债券交易乙类户资质和资金实力的信赖。二是张某某人为设计和操控交易环节，通过高买低卖的方式获取的利润利差应属于被害单位。张某某根据其专业经验和业内资源独自设计和操控从券种选择、询价、联系过券机构和交易对手，到发送交易指令、交易时间、价格、交易类型、结算方式、内部审批及在债券交易系统生成成交单等交易环节。其通过三种高买低卖的方式将利润流向其控制的公司：将信托公司的债券低价卖给咨询公司，再安排信托公司高价买回；或是直接安排信托公司的债券低价卖给咨询公司，由咨询公司对外交易获利；或是安排信托公司从咨询公司高价买进债券。在162笔关联交易中，张某某仅留给中某信托极其微薄的收益，将绝大部分债券收益转移到哈丰联。哈丰联比中某信托获取的收益多达20倍。三是中某信托承担了债券交易的风险。虽然中某信托在债券业务中并不投入资金，而是通过债券交易员灵活运用债券交易的结算方式开展债券交易业务。但是张某某在整个交易环节是以中某信托交易员的身份进行的，其设计的交易环节能否实现主要依赖于第三方交易机构对乙类户中某信托的信任。亦言，中某信托承担了债券交易风险，债券利润应归属于中某信托。

第三，张某某利用职务之便获取了本应归属于本单位的债券利润。

张某某与中某信托签订有劳动合同，二者之间是劳动关系。张某某的职务身份主要为债券交易员，职务内容为以其掌握的专业知识和信息资源在银行间债券市场开展债券交易，为中某信托创造收益。而张某某作为债券交易员，也能够决定中某信托是否卖出债券、卖给谁、以什么价格卖。在162笔哈丰联与中某信托的交易中，张某某同时作为中某信托和咨询公司双方利益的代表人，利用中某信托提供的交易平台、系统和设备，掌握债券信息和市场资源，自安排中某信托或者咨询公司从其他主体购入债券始，到中某信托或者咨询公司向其他主体出售债券为止的交易链条中，所有环节都是张某某设计的，每个环节的接券方都是张某某联系的，各个环节的成交价格都是张某某决定的，每笔向咨询公司转移的债券利润也是在张某某的掌控内的。张某某利用职务便利，通过关联交易为哈丰联获取的利润当然应归属于中某信托。

总之，要将张某某设计并操控的每笔关联交易的所有环节作为一个整体看待，进而把债券利润的起源和最终实现视为整体。即使债券利润没有进入中某信托的账户，也应归属于中某信托。中某信托债券交易审批流程中存在的问题以及张某某在债券撮合交易中个人能力因素，均不能改变涉案钱款归中某信托所有的属性，亦不影响对张某某行为性质的认定。

第四，中某信托的绩效考核政策不改变30%债券利润的所有性质，其有权决定后续处置的方案及比例，30%的债券利润仍属于公司应得利益。

本案中162笔债券交易所获债券利润的30%仍然归属于中某信托所有。中某信托的绩效考核政策并不能改变这30%的所有权性质，中某信托有权决定后续处置的方案及比例。且即使这30%能够覆盖部门可识别费用，余额也不归属于张某某个人，而是由部门经理自行决定个人绩效奖金是否发放、发放多少、如何发放等具体分配方案，也即在正常情况下，张某某个人能分得这30%中的多少是不确定的。绩效考核不能作为承包关系的依据，张某某与中某信托公司之间系雇佣而非承包关系，且也不是部门负责人，不存在利润包干的情形。

本案中被害单位中某信托遭受的损失即为张某某通过162笔债券交易获得的应当归属于中某信托的债券利润2.07亿余元，获取利润后再行分配是被害单位对自己所有财物进行的处置。从另一角度看，在没有获取应得的2.07亿余元债券收益的情况下，中某信托依然承担了应由业务部门承担的可识别费用及其他不可识别费用。因此，涉案的2.07亿余元全部是中某信托遭受的损失，不应予以扣减后作为张某某个人财产予以没收。正是张某某的犯罪行为导致涉案2.07亿余元未能被纳入固定收益绩效考核范围。一审法院将涉案2.07亿元的30%作为张某某个人财产进行处置，对该部分财产性质认定有误，不仅损害了中某信托公司财产利益，且影响了对张某某的量刑及扣押款物的处理。

供稿：北京市西城区人民检察院　佟晓琳

案例编辑：北京市顺义区人民检察院　王　新

张某职务侵占案

——侵占公司财物的目的判断取决于客观行为而非自我评价

基本案情

2020年3月至2020年8月，张某利用其担任某公司出纳，经手、保管该公司对公账号网银密码、U盾，负责对外转账的职务便利，通过网银转账的方式，分29笔将本单位资金共计人民币343万元汇入其个人银行账户，并用于本人参与网络赌博活动和其他个人消费。其间，张某曾通过修改、删除电子对账单中转账记录的方式，向某公司隐瞒其侵吞资金的事实。2020年8月，张某按要求到公司对账，在其私自转账行为被公司发现后，亲笔书写保证书一份，承诺一年内还清钱款。但其一直没有归还行为，该公司遂于2021年11月25日报案要求追究其刑事责任。

本案由北京市公安局丰台分局侦查终结，以张某涉嫌职务侵占罪，于2022年4月28日向北京市丰台区人民检察院移送审查起诉。丰台区人民检察院受理后，于同年5月25日以张某涉嫌职务侵占罪向北京市丰台区人民法院提起公诉。同年7月5日，丰台区人民法院以职务侵占罪判处张某有期徒刑五年，并处罚金人民币5万元。判决宣告后，张某未上诉，判决生效。

主要问题

行为人利用职务便利，套取资金后用于网络赌博活动，事后未采取平账等手段掩盖，能否认定具有“非法占有目的”？

意见分析

意见分歧

第一种意见认为，张某没有非法占有目的。2020年3月至8月，张某利用职务便利，在未得到公司授权、审批的情况下，私自将本单位资金343万元转入其个人银行账户，用以个人使用，事后并未采取虚假发票平账、销毁有关账目等手段使擅自转账的钱款难以在单位财务账目上反映出来，故其构成挪用资金罪。

第二种意见认为，张某具有非法占有目的。张某明知无偿还能力，仍利用保管单位对公账户的职务便利，多次将公司钱款转账至个人银行账户。转移的钱款用于网络赌博活动和个人日常消费，其行为持续5个月之久，一直未归还单位钱款。从钱款用途、偿还能力、归还行为等方面综合判断，构成职务侵占罪。

意见评析

笔者同意第二种意见。职务侵占罪与挪用资金罪的本质区别在于职务侵占罪具有非法占有目的，挪用资金罪是非法使用目的。对于“非法占有目的”的判断，必须坚持主客观相一致原则，结合套取资金数额、资金用途和偿还能力、是否有偿还行为等客观因素，综合认定被告人具有非法占有目的，构成职务侵占罪。〔1〕

第一，行为人系公司工作人员，符合职务侵占罪的主体要件。

职务侵占罪的犯罪主体是特殊主体，即“公司、企业或者其他单位的工作人员”，且应系非国家工作人员。对于工作人员的认定，不能拘泥于行为人的身份，只要其在本单位实际工作，从事相应事务就属于该公司工作人员。〔2〕本案受害公司系私营企业，行为人在案发期间为该公司出纳，虽然张某与公司并未签订劳动合同，但实际从事对外转账等出纳工作，这一点已得到本人承认及多方证实，不影

---

〔1〕 参见最高人民检察院2022年4月19日发布的检察机关依法办理民营企业职务侵占犯罪典型案例之四：A商业银行下属支行主办会计王某某职务侵占、挪用资金案。

〔2〕 张明楷：《刑法学》(第6版)，法律出版社2021年版，第1336页。

响其职务侵占罪主体的认定。在行为主体方面，职务侵占罪与挪用资金罪相同。

第二，行为人利用职务上的便利，将本单位资金用于网络赌博是转移占有后的处分行为，符合职务侵占罪的客观行为要件。

客观方面有两个要件：一是必须利用职务便利，即基于职务上主管、经手的方便条件；二是占有行为。总之，取得的财物是行为人利用职务之便占有的财物。张某担任公司出纳期间，主要负责保管该公司对公账户网银密码、U盾，并按照公司总经理杨某的要求承担公司对外转账工作，具有经手、保管公司资金的权力及方便条件。2020年3月至8月，张某利用疫情居家办公期间自己单独保管公司账户的两个U盾，无须会计审核即可自行申请、审批、操作对外转账事宜的审批管理漏洞和上述职务便利，在未得到公司授权、审批的情况下，私自将本单位资金343万元转入其个人银行账户，并用于网络赌博活动或其他个人消费。

张某行为本质是转移占有行为，将资金用于网络赌博是非法占有后的利用、处分行为，在客观表现上容易和挪用资金罪中的"利用职务上的便利，挪用本单位资金进行非法活动"混淆。司法实践中，常见的非法活动有赌博、走私、行贿等，挪用是一种非法使用行为，不同于非法占有完全排除单位对资金的控制，其之所以受到刑法规制是因为没有使用资质和权限，擅自使用主管、经手的财物，使单位暂时失去对资金的管控，让资金处于无法收回的风险状态〔1〕，挪用资金款项仍有返还可能。张某曾通过修改、删除电子对账单中转账记录的方式，向公司隐瞒其侵吞资金的事实。虽然其行为败露后出具保证书，承诺于一年内还清钱款，但一直没有归还行为。保证书中使用的"非法挪用"表述只是行为人的自我定性，不具有法律意义，不影响侵占公司财物行为的判断。

第三，是否采取平账等手段掩盖不能作为认定非法占有目的的唯一根据，行为人具有排除单位对资金占有，转为个人占有、利用的非法目的，符合职务侵占罪

---

〔1〕 张明楷：《刑法学》（第6版），法律出版社2021年版，第1341页。

的主观要件。

职务侵占罪的行为人对单位财产是以非法占有为目的，通说认为，非法占有目的包括排除意思（排除权利人对财物的支配转为自己支配）和利用意思（对财物进行利用、处分），即没有归还意思；而挪用资金罪行为人对单位财产持一时占用、使用的目的，具有返还意思。职务侵占罪、挪用资金罪的区分与贪污罪、挪用公款罪的区分逻辑存在异曲同工之处，实践中一般参照适用贪污罪相关司法解释辅助理解。最高人民法院《全国法院审理经济犯罪案件工作座谈会纪要》第4条第8项规定，“挪用公款罪与贪污罪的主要区别在于行为人主观上是否具有非法占有公款的目的”，并列举了司法实践中可以认定行为人具有非法占有公款目的的行为，主要有携带挪用的公款潜逃、挪用公款后采取虚假发票平账、销毁有关账目等手段使所挪用的公款难以在单位财务账目上反映出来且没有归还行为、截取单位收入不入账、有能力归还所挪用的公款而拒不归还并隐瞒挪用的公款去向等。根据该纪要的精神，“非法占有公款的目的”具体可以表现为多种行为手段，但其共性在于行为人意在排除单位对财产的占有，而不仅是利用财物的意思，即没有归还公款的意思。没有归还公款的行为既可以是有归还能力但拒不归还，也可以是没有归还的能力（常见于公款已被挥霍殆尽）。至于虚假平账，只是行为人不让已被转移的公款在单位账目中反映出来以掩饰自己非法占有的行为表现之一，不能凭此作为认定“非法占有目的”的唯一标准。

结合本案，综合行为人侵吞资金数额、资金用途、偿还能力等行为表现，可以认定其存在“非法占有目的”。首先，张某长期、多次作案，涉案金额巨大。本案中，张某自2020年3月18日至8月9日，反复、多次转出公司资金29笔，共计343万元，在此期间并未收手，直至迫于公司压力要求对账，犯罪行为才暴露，主观恶性较大。其次，将单位资金用于网络赌博。张某作为完全刑事责任能力人，明知赌博是一种高风险的违法活动，在血本无归、本人资产无力偿还的情况下，仍反复多次转出公司巨额资金用于网络赌博，放任资金流失。再次，向公司隐瞒侵吞资金的行为，缺乏还款意思。虽然张某没有采用虚假平账的方式将自己占有公款行为抹去，但在公司要求对账时，其一直找各种理由搪塞，无法拖延下去时便删除通过公司账户向自己转账的记录，以掩盖其私自侵吞公司资金的事实，这充分表明其不愿被发现、不愿归还资金的主观意图。其所签订的承诺书只是搪塞公司、逃避法律责任的缓兵之计，并无真实还款意思。最后，无归还钱款行为及能力。从现有银行账户资金等证据来看，张某无还款能力，且在无还款能力的情况下，一直侵吞公司钱款进行网络赌博。虽然其在行为败露后出具保证书，承诺在一年内归还公司钱款，但无实质还款行为。此外有证据表明，犯罪期间曾有其他账户向张某转账20万元，但张某并未将资金转给公司账户，而是继续用于直播和个人消费，即在张某一度具备归还能力的条件下仍不归还公司账款，遂难以认定其具有归还意思。所以，综合张某行为表现，其长期、反复多次将公司账款用于个人网络赌博或其他个人消费，存在修改转账记录、掩盖侵吞公司资金的作假行为，即使一度有多余钱款但仍不用于归还公司，排除公司对资金的占有转为自己占有、利用，缺乏归还意思，是一种以非法占有为目的的职务侵占行为。

综上所述，公司工作人员利用职务上的便利，擅自将本公司资金占为已有后归个人使用，虽然未采用虚假发票平账、销毁账目等手段使转移的资金在公司账目上反映不出来，但是不能据此直接排除行为人具有非法占有公司财物的目的，而是应当综合考虑资金用途、行为表现，从而准确认定其具有非法占有目的，构成职务侵占罪。

供稿：北京市丰台区人民检察院　邓莉莉　张　倩　李梦哲

案例编辑：北京市人民检察院　毛　俐

刁某某职务侵占案

——企业增资改制时职务侵占罪的犯罪对象认定

基本案情

北京A技术研究所于2001年3月8日成立。2015年7月左右，引入李某某、王某某等人增资入股，向研究所账户注资694万元（该账户此前仅4万余元余额）。2015年8月27日，研究所由集体所有制转企改制，更名为北京A技术研究所有限公司。2015年11月16日，刁某某向工商行政管理局申请，将北京A技术研究所有限公司改制更名为北京A技术研究所股份有限公司。2016年1月20日，工商登记变更公示北京A技术研究所股份有限公司由有限责任公司改制为股份有限公司，注册资本从100万增资至3543万，股东新增李某某和王某某等11人。

自2001年3月公司设立至2017年1月，刁某某负责公司整体经营业务，担任公司法定代表人和最大股东。2015年11月，经公司股东大会全体股东同意任命赵某为监管人员，刁某某在2017年1月辞职后成为公司经理。2020年11月10日，公司内部审计后发现刁某某职务侵占线索并报案。

经查，2015年12月14日至2016年1月12日，刁某某利用职务便利虚构与天津某国际贸易有限公司、天津某金属制品有限公司的交易，实际上将公司账户股东增资款中的529197.2元转至文安县某工贸有限公司账户后，指使该公司负责人井某某将529197.2元转到其个人账户，资金主要被用来兑换外汇、还个人债务、消费等用途。

2021年1月7日，北京市公安局西城分局对本案立案侦查，于2022年10月12日将刁某某涉嫌职务侵占案移送审查起诉。2022年11月11日，北京市西城区人民检察院对刁某某以犯职务侵占罪提起公诉。2023年1月13日，北京市西城区人民法院以职务侵占罪判处刁某某有期徒刑十个月，并处罚金人民币1万元。宣判后，刁某某未提出上诉，现判决已生效。

主要问题

实施职务侵占行为的时间段处于企业向工商行政管理局提出增资改制申请到工商登记变更公示之间，此时股份有限公司尚未被审批通过，新股东增资款在改制前公司账户内，刁某某职务侵占的犯罪对象是改制前北京A技术研究所有限公司的资金还是改制后北京A技术研究所股份有限公司的资金？

意见分析

意见分歧

第一种意见认为，本案职务侵占犯罪的侵害对象是改制前的有限责任公司的资金。从犯罪时间上看，刁某某实施职务侵占行为的时间段为2015年12月14日至2016年1月12日，早于股份有限公司工商登记公示时间点2016年1月20日，说明在实施犯罪期间不存在股份有限公司主体，刁某某从客观上不具有对一个不存在的犯罪对象实施犯罪的可能性。从被侵占资金的属性来看，公司银行账号更名在工商登记公示之后，被侵占资金位于改制前有限责任公司银行账户内，李某某等股东增资入股的事实经股东大会记录证实在工商登记公示前既已存在，因此被侵占资金属于改制前有限责任公司的股东增资款。从刑事执行角度来看，按民法上债权继承的理论认定改制前有限责任公司为犯罪对象不影响改制后股份有限公司继续接收退赔退赃款，刑事司法程序的推进不受主体变更的影响。

第二种意见认为，本案职务侵占犯罪的侵害对象是改制后股份有限公司的资金。首先，被职务侵占的资金源于改制后股份有限公司股东的增资款，刁某某实质上在公司经营状况不佳的情况下吸引李某某等人注资，通过公司股东大会对内认可李某某等人股东身份，但直至改制后工商登记才体现出新增股东和新增注册资本的情况，本质上职务侵占资金系改制后股份有限公司的新增注册资本。其次，民事领域采用增量吸股等方式使企业由有限责任公司改组为股份有限公司，变更后的企业法人应当承担其变更前的债务清偿责任，民事权利和义务能被变更后公司继承，那么刑事上权益和责任也能被变更后公司继承，因此改制后股份有限公司继承了被职务侵占的法益。最后，通过刑法体系解释，挪用尚未注册成立公司资金的行为应当被追究挪用公款罪，职务侵占罪与挪用公款罪除主观心态外其他构成要件具有一致性。因此，参照适用挪用公款罪的司法解释，尚未注册成立的公司能成为犯罪对象，改制后公司亦能成为犯罪对象。

意见评析

犯罪对象反映犯罪客体，犯罪客体制约犯罪对象。职务侵占罪的犯罪客体为单位的财产法益，而犯罪对象是被侵占的单位财物。笔者同意第二种意见，理由如下。

第一，刑法的基本立场是实质判断[1]，职务侵占的资金本质上是改制后股份有限公司的部分注册资本。

企业改制过程中法人组织形式或者投资主体发生变更并不中断法人人格的同一性。2015年11月16日，刁某某作为法定代表人申请公司名称变更，申请将北京A技术研究所有限公司更名为北京A技术研究所股份有限公司，这一操作是属于变

〔1〕 聂昭伟：《个人与公司财产混同时职务侵占罪的认定》，载《人民司法》2018年第14期。

更登记而非新设立公司。2016年1月20日变更后股份有限公司工商登记资料显示公司于2001年3月8日成立，这一时间已早于企业改制时间，说明工商行政机关也认可企业法人人格的延续。此外，公司银行账号在改制前后仅更名但号码未变，公司实际控制人、法人代表、经营范围改制前后均未变化。因此，实质上本案中的有限责任公司和股份有限公司是同一主体，只是公司不同时期的名称不同而已。

北京A技术研究所改制前后实际经营情况佐证刁某某吸引朋友注资的目的就是将公司注册资本据为已有。一方面，通过比对公司改制前后公司账户的经营流水记录，发现在改制前2015年7月21日李某某第一笔向北京A技术研究所账户注资200万元前，其对公账户仅有4.3万余元，经营期间公司账户不存在其他大额经营收入，这排除了公司经营资金和股东增资资金混同的问题，说明注资后的公司经营开支主要来源为股东注资款。另一方面，经过多轮注资改制后注册资本从100万元增长到3543万元，但2015年至2021年公司盈利状况不佳导致从未给注资的股东分红，同时期公司法人代表刁某某领取每月4万元高薪，而且公司与第三方公司之间存在多笔无实物交接的支付结算款，这对比出注册资金的主要去向是成为刁某某的高额薪酬和职务侵占对象。

第二，立法现状表明我国工商登记效力并非生效主义而是对抗主义，多名股份有限公司注资股东的身份在工商登记公示前对公司内部已生效。

首先，我国有限责任公司与股份有限公司在立法规定上趋同，尤其是公司的核心制度即公司治理机构相差无几[1]，这为本案中有限责任公司改制为股份有限公司降低了操作门槛。有限责任公司具有封闭性、人合性、契约性的特点，股份有限公司具有开放性和公众性，但我国《民法典》在两种公司的治理模式、股东会的职权内容及章程、公司财务会计等规定上差别有限，可以说股份有限公司秉承了

〔1〕 甘培忠、曹丽丽：《我国公司法体系的重构——有限责任公司法和股份有限公司法的分立》，载《环球法律评论》2004年第4期。

有限责任公司“股东会中心主义”理念[1]。因此，刁某某在公司经营困难之际为了吸引注资将北京A技术研究所从有限责任公司改制为股份有限公司所承担的合规成本较低。

其次，工商登记是登记机关对公司商事主体资格和一般商事能力依法予以确定、认可并予以宣告的行政确权行为[2]，通过工商登记公示使公司外部增资协议突破合同相对性将协议效力对外延展从而产生对抗第三人的效力。但现实操作中，工商登记相较公司实际变动情况具有滞后性，当公司内部以股东大会决议形式变更内部股权结构、明确增资情况，那么出资者在公司股东名册上被记载为股东时就推定其在公司内部享有股东权利[3]，变更工商登记需要以提交的股东大会决议、注册资金验资报告等为依据。本案中，2015年10月公司股东大会已审议通过注册资本增资、李某某等11人成为股东的决议，因此李某某等人在被工商登记公示为股东之前，公司内部已承认其不仅是改制前有限责任公司的股东，亦是改制后股份有限公司的股东。

最后，应区分诉讼性质来判断公司股东资格，外部诉讼以形式要件即工商登记来确定股东身份，内部诉讼以实质要件及出资情况确定股东身份[4]。自公司成立后至犯罪既遂期间刁某某均为公司的实际控制人，其实施职务侵占行为时正值向工商部门申请变更登记后但审批通过公示前，对公司外部而言，公司与第三人交易中，李某某等股东无须承担股东义务，对公司内部而言，李某某等股东在股改前完成了注资操作，企业增资和改制的时间先后影响公司内部股东的权利和义务，当为企业增资的股东早于公司改制的时间点，这部分股东实质上是股份有限公司的发起人，转入公司账户资金的目的在于增加股份有限公司的注册资本，当

[1] 沈贵明、赵植旭：《我国〈公司法〉立法体例探究——以有限责任公司与股份有限公司的区分为核心》，载《金融法苑》2021年第1期。

[2] 王远明、唐英：《公司登记效力探讨》，载《中国法学》2003年第2期。

[3] 朱锐：《股权变更登记制度的法律研究》，载《法制博览》2022年第12期。

[4] 张蓉、武红霞：《公司登记效力在商事审判中的应用》，载《山东农业工程学院学报》2017年第3期。

这部分资金被公司内部的实际控制人侵占时损害的是改制后公司的财产法益。

第三，运用体系解释逻辑，民法和刑法在财产权益继承上相互借鉴，刑法中职务侵占罪与挪用公款罪类比推理。

民事上权利和义务能被变更后公司继承是刑事上权益和责任也能被变更后公司继承的先决前提。民事领域采用增量吸股等方式使企业由有限责任公司改组为股份有限公司。根据本案发生时适用的2009年颁布的《民法通则》第44条的规定〔1〕，变更后的企业法人应当承担其变更前的债务清偿责任，民事权利和义务能被变更后公司继承。结合案发时适用的《最高人民法院关于适用〈中华人民共和国刑事诉讼法〉的解释》第286条、第287条的规定〔2〕，可见刑事领域单位犯罪后即使组织形态发生变更，罚金刑责任以原单位财产范畴为限由变更后单位承担。上述条款印证了承担责任和享受权益是相对应的概念，因此，当单位成为被害人时刑事上被损害的法益也应当由承继其资产的变更后单位来主张。回到本案中即股份有限公司作为被害单位具有被职务侵占的索赔权，这一点也符合刑事执行的操作规范。2021年1月案发后有限责任公司这一主体已不存在，改制变更登记后公司银行账户也进行更名，法院执行要求退赔退赃对象应当与被侵害对象相一致，将股份有限责任公司列为被害单位有利于企业受损权益的及时恢复。

法谚有云："入罪举轻以明重，出罪举重以明轻。"职务侵占罪与挪用公款罪除主观上占有目的外，在犯罪主体、客观方面、客体均重合的情况下，两款罪名之间存在相互借鉴的价值。根据2000年10月9日《最高人民检察院关于挪用尚未注册

---

〔1〕《民法通则》第44条规定："企业法人分立、合并或者有其他重要事项变更，应当向登记机关办理登记并公告。企业法人分立、合并，它的权利和义务由变更后的法人享有和承担。"

〔2〕2012年《最高人民法院关于适用〈中华人民共和国刑事诉讼法〉的解释》第286条规定："审判期间，被告单位被撤销、注销、吊销营业执照或者宣告破产的，对单位犯罪直接负责的主管人员和其他直接责任人员应当继续审理。"第287条规定："审判期间，被告单位合并、分立的，应当将原单位列为被告单位，并注明合并、分立情况。对被告单位所判处的罚金以其在新单位的财产及收益为限。"

成立公司资金的行为适用法律问题的批复》的规定[1]，公司登记注册前利用职务上的便利挪用资金应当按照挪用公款罪处理，此时挪用公款罪的犯罪对象认定为新注册成立的公司。从罪名量刑幅度上看，职务侵占罪重于挪用资金罪；从公司主体变化幅度上看，公司改制小于新设立公司。新设立公司发生公示设立前挪用公款行为比公司改制公示前职务侵占公司资产行为在入罪门槛上更高，当新设立公司可以成为公示设立前挪用公款行为的犯罪对象时，改制后公司亦可以成为公示改制前职务侵占行为的犯罪对象。

供稿：北京市西城区人民检察院　罗　强　高　芸

案例编辑：北京市人民检察院　梁景明

〔1〕 筹建公司的工作人员在公司登记注册前，利用职务上的便利，挪用准备设立的公司在银行开设的临时账户上的资金，归个人使用或者借贷给他人，数额较大、超过三个月未还的，或者虽未超过三个月，但数额较大、进行营利活动的，或者进行非法活动的，应当根据刑法第二百七十二条的规定，追究刑事责任。

王某某敲诈勒索案

——民事过度维权行为能否构成敲诈勒索罪?

基本案情

2019年5月8日19时许,在北京市房山区城关街道西外环路原香嘉苑小区附近红绿灯路口,王某某驾驶现代牌小型轿车等红绿灯时,赵某驾驶现代牌小型轿车同向行驶撞击在王某某车辆尾部,造成王某某的车辆左后侧翼子板、保险杠、尾灯均损坏。赵某驾车欲逃逸被王某某截停。赵某告知王某某自己系无驾驶资格驾驶机动车,并提出双方自行解决不要报警并愿意赔偿王某某经济损失。后王某某要求对方一次性赔偿人民币2万元并给自己修车,如不能自行协商解决就通过报警方式处理事故。当日20时46分,赵某向他人借款2万元微信转账支付给王某某。几分钟后赵某认为赔偿数额不合理,现场提出报警意愿,后双方报警。王某某到案后如实供述上述事实。案发后,王某某家属已退赔赵某2.5万元,赵某对王某某表示谅解。

关于王某某提出2万元赔偿的依据,其辩解称自己系燕化某工厂的工长,平时兼职做滴滴司机,根据以往修车经验认为修车需要半个月左右时间,因此提出的赔偿主要是对自己收入减少、误工等方面的损失,如对方不同意赔偿数额也可能让步。经调查,王某某的车辆于2017年12月购买,价值96800元,公安机关根据王某某车辆的案发时损坏情况要求北京现代某4S店进行损失价格评估。经评估损失为8828元。王某某案发前四个月滴滴兼职司机的收入分别为2019年1月9703元,2月4830元,3月8462元,4月9146元。

2020年4月2日,公安机关以王某某涉嫌敲诈勒索罪移送审查起诉。同年7月24日,北京市房山区人民检察院认为王某某的行为不构成犯罪,遂作出法定不起诉决定。后公安机关提出复议，北京市房山区人民检察院经复议审查后维持原决定。

主要问题

民事过度维权行为能否构成敲诈勒索罪？

意见分析

意见分歧

对于具有一定权利基础，只是在维权的过程中超出权利范围的过度维权行为如何定性，在实务中普遍存在同案不同判的现象。过度维权本质仍是一种维权行为，具有正当、充分的维权依据，只是行使的权利范围、方式、目的等方面超过了必要限度。一般可分为三种类型：一是手段过度，即采取缠访闹访、制造极端事件等不正常反映诉求的方式相威胁。二是目的过度，即意图谋取不正当、不合法利益，该利益诉求不被其权利范围所涵盖。三是数额过度，即要求赔偿或补偿的数额远超社会所容忍的程度。[1]本案中，王某某的行为属于典型的数额过度，如何界定其性质，在司法实务中存在较大分歧。

第一种意见认为，王某某构成敲诈勒索罪。理由是：主张权利的行为不能阻却违法性。在行为人原本可以通过合法的民事程序主张权利时，对其行使权利的恐吓行为如果不定罪，等于鼓励行为人用合法民事途径之外的不法手段索要他人财物，这不利于维护财产秩序，也不利于形成国民的规范意识。另外，行为人为行使权利而索要财物的，其只有债权请求权，但没有对他人财物（包括金钱）的占有、

---

〔1〕 徐英荣、杨云欣：《过度维权不构成敲诈勒索的考量》，载《人民司法》2021年第11期。

处分权，行为人的过度维权行为实质上也体现了其对自身行为会侵害他人的合理占有具有主观明知。因此，如果根据在案证据能证明其主观具有非法占有目的的，仍可认定为敲诈勒索罪。本案中，王某某在维权过程中利用对方过错，索要赔偿明显超过车辆损失价值，且以不给钱就报警的威胁方式，胁迫对方支付人民币2万元，符合敲诈勒索罪的构成要件，应当追究刑事责任。

第二种意见认为，王某某不构成敲诈勒索罪。理由是：刑法的适用应恪守谦抑立场，防止不当介入民事纠纷。能否构成敲诈勒索罪需要综合全案证据，审查利益损害结果的客观真实性、权利行使的正当性、索赔数额与权益受损程度相当性、行使方式或手段的相当性等情形，判断索赔行为是否超过社会所容忍程度。在利益损害结果客观真实、双方存在正当民事权利义务关系的情况下，因为行为人具有一定权利基础，只是在维权的过程中超出了权利范围，不能推定行为人主观上具有非法占有他人财产的目的。相反，如果行为人与被害人并无真实合法的民事权利义务关系，而是编造虚假事实，故意制造事端以威胁、恐吓手段索取钱财的，可以认定为非法占有目的，构成敲诈勒索罪。本案中，被害人因交通违法行为导致王某某车辆受损，二人之间存在真实合法的民事权利义务关系，王某某以不能达成和解就报警的方式向赵某索要赔偿属于合法维权方式，客观上不属于敲诈勒索罪的胁迫行为；维权过程中索要钱款数额超过合理数额不能作为认定具有非法占有目的的依据，故王某某不构成敲诈勒索罪。

意见评析

笔者同意第二种意见。对于民事过度维权行为的认定，要秉持谦抑审慎的态度，把握好刑法介入的边界，应综合以下几方面加以分析。

第一，要分析行为人的维权依据是否正当、充足，即是否具有正当的权利基础。

正当、充分的维权依据既要符合有因性，也要符合关联性。一方面，有因性即行为人行使权利存在的权利基础，包括事实根据[1]和法律依据。就事实根据而言，当事人之间必须要有真实有效的合同或侵权纠纷，不是行为人主观臆断的推测或通过故意制造事端虚构或夸大而来的事实。就法律依据而言，即在行为双方之间存在受法律保护的民事权利的情况下，权利人有要求义务人交付财产的权利，义务人有向权利人交付财物的义务。[2]除此之外，一些约定俗成的习惯性权利，只要与法律规定不相抵触的也可以成为正当维权依据，如已过诉讼时效的债权债务关系。值得说明的是，对于一些道德性权利，虽然是在道义上得以合理证明的世俗权利，但由于其自身具有模糊性，在遭受侵害后只能采用温和手段进行协商，并不当然阻却过度维权行为的违法性。[3]另一方面，关联性是指行为人的维权意图与维权依据之间具有因果关系，若行为人虽有权利基础，且投诉举报的内容也真实存在，但投诉举报内容并非权利依据内容，如消费者因商品质量问题与商家发生纠纷，却以曝光商家偷税漏税为由索要财物，其维权意图和维权依据之间不存在关联性。关联性还表现在能够成为正当权利基础的权利应当直接归属于行为人，即请求权是侵害行为人自身权利而形成的，行为人不得以他人权利或者公共权利的损失作为自己过度维权行为的权利基础。本案中，交通事故真实发生，王某某同时享有报警和要求对方给予经济赔偿的权利。该交通事故并非人为制造事件、创造犯罪条件，解决事故纠纷是双方的真实意思表示，肇事者赵某应同时承担行政违法和民事侵权赔偿责任。由此，王某某向赵某提出经济赔偿和修车的要求是基于其民事赔偿请求权的。

第二，索赔金额是否明显超出权益受损程度的相应数额是定罪量刑的重要考量要素，但不能直接根据维权过程中行为人的索赔金额就直接认定敲诈勒索罪的

---

〔1〕 柏浪涛、谷翔：《敲诈勒索与行使权利的界限》，载《法律适用》2010年第10期。

〔2〕 王志祥、李昊天：《维权行为与敲诈勒索行为的区分——以女辅警敲诈勒索案判决为切入的思考》，载《法律适用》2022年第8期。

〔3〕 王志祥、李昊天：《维权行为与敲诈勒索行为的区分——以女辅警敲诈勒索案判决为切入的思考》，载《法律适用》2022年第8期。

成立。

索赔金额是行为人维权时的一种法律请求、法律主张。纠纷协商过程中，在法律未对索赔金额作出禁止性规定的情况下，行为人有权按照自己的意愿提出索赔金额，至于这一数额在法律层面能否得到支持是另一回事，双方也可基于民商事领域的意思自治原则就赔偿数额等进行商议或博弈。在日常生活中这种议价谈判解决民事纠纷的方式仍普遍存在且被公众所接受。在维权依据正当、充足的前提下，我们必须要保持谦抑审慎的态度，不能过于苛求行为人提出精准的赔偿数额。[1]实务中也有类似判决，如2006年北京市海淀区人民检察院办理的“黄静天价笔记本索赔案”，检察机关认为黄静在其权益受到侵犯后，以向媒体曝光的方式索赔，是一种正当行使权利的行为而不是侵害行为，向华硕公司索要500万美元属于过度维权，不构成敲诈勒索罪，对黄静作不起诉处理。再如2017年广东省高级人民法院对“郭利敲诈勒索案”，经再审改判无罪。该判决认为，郭利的女儿食用了含有三聚氰胺的奶粉造成身体伤害，郭利以向媒体曝光为由，向奶粉公司索要300万元的行为性质没有超出民事纠纷的范畴，故认定其不构成敲诈勒索罪。因此，不能仅根据过高的索赔金额即认定行为人具有非法占有目的。本案中，赵某因无证驾驶造成追尾的交通事故并存在逃逸行为，赵某的交通违法行为客观上造成王某某车辆受损，其主动表达自行协商赔偿的意愿，在双方都接受并认可“私了”这种事故解决途径的前提下，王某某提出自己的赔偿要求，相对方同意并支付补偿款，且本案不能排除王某某所言“对方如果砍价，我也可以让步”的辩解的合理怀疑，王某某的主观认知和客观行为具有权利行使的性质，符合民事纠纷解决的特征。在王某某不具有非法占有目的和敲诈勒索行为时，不能因索要数额超过交通事故造成的实际损失，就径行认定王某某构成敲诈勒索罪。

---

〔1〕 冯杏华：《敲诈勒索和过度维权的界限划分——以劳资纠纷领域的案例为视角》，载《法治论坛》2013年第3期。

第三，判断维权行为能否对相对方形成精神强制，即在行为手段强度和行使权利的范围是否具有相当性。

敲诈勒索罪的成立要求对被害人形成精神强制。现实生活中，主张权利时往往伴随过激言行，如果行为人确实实施了威胁手段，但并不带有暴力性，虽然给相对方造成一定的心理强制，但未超出社会一般容忍程度，考虑社会通行观念，不宜认定为敲诈勒索。如实践中，报警、向媒体曝光、向监管部门检举揭发、上访等是常见的维权方式，手段本身具有正当性。发生维权事由时，双方就补偿或赔偿数额存在协商空间，向监管部门投诉或向媒体曝光是行为人为让局势有利于自身而借用外部监督的一种维权策略，本质上仍属协商的范畴。但应注意，行为人维权行为的手段强度要与其权利性质相适应，二者应当是动态互补关系，某一因素的失当可能由另一因素的适当予以弥补；只有在两因素综合评价为失当的情况下，才能认为索财行为不具有相当性。〔1〕如在消费者过度维权缺乏正当维权依据〔2〕的情况下，向监管部门投诉、向媒体曝光成为威胁商家、迫使商家屈服，以达到高额索赔目的的胁迫筹码，就有构成敲诈勒索罪的可能。本案中，不能认定王某某的言行具有"胁迫性"。在赵某提出能不能分期给付的情况下，王某某说过"二人并不认识，不能分期付款，要么给钱，要么报警"类似的语言，该言语并未达到敲诈勒索罪所要求的胁迫、威胁的形式与程度，仍属于维权和协商的范畴。王某某利用其行政权利增加其民事谈判的优势，仍旧是权利行使限度内的行为。在交通事故客观真实发生的情况下，双方协商不成选择报警是正常的纠纷处理渠道，赵某最终交付涉案钱款也是其妥协接受协商内容的结果和对其违法行为承担责任的方式。在王某某的民事权利得不到及时补偿时，法律不能要求其放弃报警的权利。

---

〔1〕 柏浪涛、谷翔：《敲诈勒索与行使权利的界限》，载《法律适用》2010年第10期。

〔2〕 在消费者确有维权依据的情况下，有学者认为，即使以向媒体曝光为由索要远超出应受赔偿的高额赔偿，也是一种损害赔偿请求权的行使，目的与手段均具有正当性，索赔数额取决于双方商谈，不成立敲诈勒索罪。但如果以加害相要挟，索要高额赔偿的，构成敲诈勒索罪。张明楷：《刑法学》（第6版），法律出版社2021年版，第1334页。

王某某在案发初始就提出报警，事后也主动报警的行为可以证明协商和报警两个方式均不违背其意愿。经过对本案的司法论证和公开听证听取群众代表意见，均认为如果行为人在协商不成后选择报警就认定为是胁迫，对行为人显失公平，超过了对一般社会人的“理智”要求，不符合大众的社会认知和公平正义观念。

综上所述，区分过度维权行为与敲诈勒索罪需要从维权依据、索赔金额、维权方式三方面综合分析主观目的和客观行为是否超出维权的社会相当性。如果行为人维权依据不正当、不充分，索赔金额远超出权益受损范围，维权手段达到使他人产生精神强制的胁迫程度，则构成敲诈勒索罪；如果行为人维权依据正当充分，维权方式合理，在他人未受胁迫、意志自由的情况下，行为人完全可以高于法律规定的金额要求补偿或赔偿，这属于双方合意的民事行为。如果行为人维权依据正当充分，只是以报警、向监管部门举报或向新闻媒体曝光为由索要高额赔偿，属于协商范畴，一般不构成敲诈勒索罪；但若以加害生命、身体等为要挟，则超出双方协商的必要程度，构成敲诈勒索罪。

供稿：北京市房山区人民检察院　刘炳坤　隗立娜

案例编辑：北京市人民检察院　毛　俐　张艳青

关某故意毁坏财物案

——私自操作公司账户进行股票交易造成公司财产损失的行为如何认定?

基本案情

关某曾在某基金管理(北京)有限公司(以下简称基金公司)工作,其于2017年1月中旬从公司离职,与公司存在劳资纠纷。2017年1月24日,关某在家中利用其在基金公司任职时掌握的账户、密码私自进行操作,以110.91元/股的成交价从公司某基金账户购入塞力斯股票17900股,从公司托管的某股票账户购入塞力斯股票27900股。因临近春节(1月27日至2月2日,2月4日、5日为周末停盘)股市即将停盘,且购买股票的部分钱款需要在次月初(2月6日)给客户兑付,基金公司为了止损,于同年1月25日将上述股票以105元/股的成交价抛售,造成人民币27.0678万元的经济损失。

北京市朝阳区人民检察院于2017年10月25日以关某涉嫌故意毁坏财物罪向北京市朝阳区人民法院提起公诉,北京市朝阳区人民法院于2017年11月22日作出判决,认定关某犯故意毁坏财物罪,判处有期徒刑三年,缓刑三年。

主要问题

私自操作公司账户进行股票交易造成公司财产损失的行为如何认定?

意见分析

意见分歧

破坏生产经营罪与故意毁坏财物罪作为《刑法》第五章侵犯财产罪中的毁弃罪，二者具有相同的本质，且法定刑相同，在实践中，对于二罪名的适用问题仍存在不小争议。具体到本案，关某私自操作公司账户进行股票交易造成公司财产损失的行为如何定性的问题，主要存在两种不同的认识。

第一种意见认为，关某构成破坏生产经营罪。理由是：对于基金公司来讲，股票和公司资金属于其公司生产运营的“工具”，客观上关某实施了破坏生产经营的行为，致使基金管理公司的资金减损，影响了公司的正常生产经营活动，属于“以其他方法破坏生产经营活动”，并且客观上造成了公司财产损失的危害后果。主观上，关某因离职后与公司存在劳资纠纷问题仍未解决心怀不满，意图通过对公司股票资产缩水达到自己泄愤报复的不法目的。其行为已经构成破坏生产经营罪和故意毁坏财物罪的想象竞合犯，为全面反映行为性质，宜以破坏生产经营罪论处。

第二种意见认为，关某不构成破坏生产经营罪，只构成故意毁坏财物罪。理由是：第一，关某利用其掌握的公司股票账户及密码，通过恶意买入股票的方式使公司财产遭受损失，数额巨大，对于关某恶意购买股票的行为应当评价为故意使公司财产发生减损的毁财行为。第二，从犯罪对象看，破坏生产经营罪针对的是与生产、流通、交换、分配各环节中的各种正常的生产经营活动有直接联系的并且是正在使用的各种设备和工具，所以从股票交易自身特性分析，股票交易一般不宜认定为经营活动。

意见评析

笔者认为，关某的行为应认定为故意毁坏财产罪，理由如下。

第一，财产刑利益可以成为故意毁坏财物罪的行为对象。

我国刑法规定的故意毁坏财物罪，旨在通过保护公私财物，进而保护该财物权利主体的权益。故意毁坏财物罪侵犯的对象是各种形式的公私财物，包括生产资料、生活资料、动产、不动产等，既可以是国家、集体所有的财物，也可以是私人所有的财物。只要具有一定价值，可以成为权利主体依法享有的权益，就可以成为故意毁坏财物罪的犯罪对象。《刑法》第92条明确规定，公民私人所有的财产包括依法归个人所有的股份、股票、债券和其他财产等。股票是一种股权凭证，其最初的形态是纸面的，后来随着计算机技术的发展，股票的形态变成了电子数据存放在计算机内，股票交易也变成了无纸化交易，股票也就成了一种无形财产。因此，代表财产权利的股票可以作为故意毁坏财物罪中“财物”认定。财物的价值包括客观价值，如某些物理性效能；也包括主观价值，如照片等，根据现在主流学说“效用侵害说”，财物的客观价值或主观价值都算作是财物的属性。对于客观价值的损坏可以用金钱所衡量，其毁坏行为的严重程度可以根据财物的数额大小予以确定；对于主观价值无法用金钱衡量的，可以用行为的情节来认定。

第二，恶意将公司资金用于购买跌停股票的行为属于刑法意义上的“毁坏”行为。

关于“毁坏”的含义，刑法理论上存在不同学说，包括“物质毁弃说”“有形侵害说”“效用侵害说”等。目前实践和理论较为主流的观点是“效用侵害说”，该观点认为，因为财物的效用的减失与财物的物质性的破坏，在反价值性上是完全等同的，都是导致财物不能使用。因此，损坏不限于从物理上变更或者消灭财物的形体，还有使财物的效用丧失或者减少的一切行为。如擅自将他人的股票低价抛售导致他人财产损失的；将他人鸟笼的门打开导致鸟飞走的。所谓财物效用的减少或丧失，不仅包括因为物理上或客观上的损害而导致财物的效用的减失，还包括在心理上、感情上的缘故而导致的财物效用的减失。如将粪便投入他人餐具，使他人不再使用餐具的行为。不仅包括财物本身的减少或丧失，还包括被害人对财物的占有的丧失，如将他人的财物隐藏，或者为了报复将别人的戒指扔进海里等情形。本案被告人从公司离职以后，出于报复目的，擅自使用其在职期间掌握的公司部分账户和密码，将本应用于兑付客户的钱款用于购买塞力斯股票。该股票于2016年11月停牌，2017年1月24日复牌当日即跌停，被告人选择于当日购买498万元的股票，可以证实其主观上积极追求公司利益受损的结果。客观上，公司为止损于2017年1月25日被迫低价抛售股票，造成27万余元的财产损失，可以认定被告人恶意购买股票的行为造成了公司财产减损，符合故意毁坏财物罪的构成要件。

第三，故意毁坏财物罪与破坏生产经营罪是一般法条与特殊法条的关系，只有通过破坏生产工具、生产资料进而破坏生产经营活动的，才成立破坏生产经营罪。正确评价生产经营是认定破坏生产经营罪的关键因素。

《刑法》第276条对破坏生产经营罪作了规定，“由于泄愤报复或者其他个人目的，毁坏机器设备、残害耕畜或者以其他方法破坏生产经营的”，构成破坏生产经营罪。从构成要件符合性上说，首先，主观上要具有泄愤报复或者其他个人目的。毁坏的行为只是实现其目的的手段。泄愤报复目的是一种犯罪动机，仅具有提示功能，一般不作为区分破坏生产经营罪和故意毁坏财物罪的界限标准，实务中完全有可能出于泄愤报复目的实施故意毁坏财物罪。其次，客观上行为人要着眼于破坏生产经营的手段行为。(1)“生产经营”作为该罪名的行为对象，并不仅限于法条的述明罪状所指出的“设备、耕畜”，还包括与机器设备、耕畜等具有等同性的生产工具、生产资料，但必须遵循同类解释的规则将法条列举的具体要素作相当性理解，与生产经营活动直接相关的已经投入使用的机器设备等。而正是通过对这种直接关系到生产经营活动的财物的毁坏进而实现破坏生产经营的意图，如果与生产经营无关，如在仓库中备用或闲置不用的财物，也不能构成该罪的行为对象。(2)生产经营必须蕴含经济利益，也就是该活动的价值是可以用经济价值来衡量的。(3)生产经营必须是合法的，非法的生产经营活动由于不具有民法上的合法权利，但一些处于平稳营业状态下一般违法的生产经营也应当区别对待，如手续不齐全的生产企业、没有营业执照的营业机构的经营，并不意味着任何人可以破坏。本案中，基金公司账户内的资产按原计划是要支付给客户的，该笔资产实际上是受托资金，是投资人委托基金公司代为投资的资金，并不属于基金公司的生产经营工具，购买股票的行为属于投机的行为，并非生产经营行为，如果将生产经营的范畴扩大，有类推解释的嫌疑，故不构成破坏生产经营罪。但关某主观上虽有泄愤情绪，其私自登录公司账号购买股票的行为不宜视作是对生产工具的破坏。

供稿：北京市朝阳区人民检察院　贺琳娜　郑明克

案例编辑：北京市人民检察院　张艳青

六、妨害社会管理秩序罪

刘某某妨害公务案

——在民警执法时实施轻微蹬踹行为不配合执法的，不宜认定为袭警罪中的“暴力袭击”

基本案情

2022年1月15日凌晨，刘某某醉酒后在北京市丰台区某酒店大厅，因入住问题与前台服务员发生纠纷，北京市公安局丰台分局科技园区派出所民警出警时，刘某某拒不配合民警工作，辱骂并用脚蹬踹民警，致一名民警右下肢软组织损伤，另一名民警左下肢外侧软组织损伤。经鉴定，两位民警的损伤程度均不构成轻微伤。

2022年1月20日，北京市公安局丰台分局以刘某某涉嫌袭警罪向北京市丰台区人民检察院提请批准逮捕，同年1月27日，丰台区人民检察院作出无逮捕必要不批准逮捕的决定。同年4月27日，该案移送丰台区人民检察院审查起诉。同年6月20日，丰台区人民检察院对刘某某以妨害公务罪，建议适用认罪认罚速裁程序提起公诉；同月28日，北京市丰台区人民法院作出判决，采纳检察院定性以及确定刑量刑建议，以妨害公务罪判处刘某某拘役四个月，缓刑四个月。

主要问题

为抗拒执法，对执法民警实施轻微蹬踹行为的，是否构成袭警罪？

意见分析

意见分歧

第一种意见认为，构成袭警罪。在民警依法执行职务的过程中，反抗民警的合法控制，其间对民警有蹬踹行为的，属于《刑法》第277条第5款规定的“暴力袭击”，应当认定为袭警罪。

第二种意见认为，构成妨害公务罪。袭警罪和妨害公务罪的暴力行为性质、程度不同，犯罪嫌疑人虽对民警实施了蹬踹行为，但蹬踹不具主动攻击性，且次数少、力度小，不宜评价为袭警罪，但符合妨害公务罪的构成要件。

意见评析

笔者倾向于第二种意见。在《刑法修正案（十一）》单设袭警罪之前，袭警行为是妨害公务罪的从重处罚情节，而在《刑法修正案（十一）》出台之后，袭警罪与妨害公务罪成为特别罪名与一般罪名的关系。“只有完全符合妨害公务罪成立条件的行为，才可能因为进一步具备特别要素而成立袭警罪。作为特别要素的‘暴力袭击’对警察职务的阻碍更为严重，使得袭警罪的不法程度重于妨害公务罪。”[1]无论立法怎样设计，袭警罪在行为本质上都是一种妨害公务行为，但又有妨害公务罪无法摄涵的对执法民警人身的暴力侵害行为。因此，认定袭警罪时需要解决的一个重要问题就是区分“暴力袭击”与妨害公务罪的“以暴力方法阻碍执行职务”。应综合行为人的客观表现和主观故意，排除单纯的不配合执法行为；当暴力行为超出“阻碍”范畴，具有人身攻击性和相当的严重程度，则升格为袭警罪。而本案被告人刘某某的蹬踹民警行为，是不配合执法的抗拒行为，尚未构成“暴力袭击”，理由如下。

第一，“暴力袭击”的行为特征表现为人身攻击性。

2019年“两高一部”《关于依法惩治袭警违法犯罪行为的指导意见》（以下简

---

〔1〕 张明楷:《袭警罪的基本问题》，载《比较法研究》2021年第6期。

称《指导意见》)第1条列举了“暴力袭击正在依法执行职务的人民警察”的两种情形，无论是“实施撕咬、踢打、抱摔、投掷等”，还是“实施打砸、毁坏、抢夺民警正在使用的警用车辆、警械等警用装备”，均以“对民警人身进行攻击”作为后缀，即前述行为的性质应是一种对民警的人身攻击行为。

首先，与以暴力方法阻碍执行职务的行为相比，暴力袭击更具人身指向性。〔1〕通说认为，袭警罪中的“暴力”指的是狭义的暴力，“即对人民警察的身体不法行使有形力”〔2〕，包括直接对人暴力和间接对人暴力。直接对人暴力指的是直接作用于民警人身的暴力行为，间接对人暴力指的是通过作用于与民警人身联系较为紧密的物品，来达到伤害执法民警的效果，如《指导意见》中规定的“实施打砸、毁坏、抢夺民警正在使用的警用车辆、警械等警用装备，对民警人身进行攻击的”。因此，袭警罪的“暴力袭击”排除单纯对物的暴力，像打砸停靠在路边的空警车，根本不具备伤害民警人身的现实可能。暴力袭击行为指向性很强，对具体袭击的执法民警或身体部位有清醒认识和明确选择。而妨害公务罪中“以暴力方法阻碍执行职务”的“暴力”指的是广义的暴力，“只要求针对正在执行职务的国家机关工作人员实施暴力，不要求直接对国家机关工作人员的身体实施暴力”〔3〕，其行为指向的是正在依法执行的公务，属于抽象的公共管理秩序。如为抗拒执法实施的一般拉扯、推搡行为，并非针对性地袭击执法民警某一身体部位，积极追求伤害民警的后果，而是借助使民警不能顺利执法，干扰正常执行公务秩序。

其次，暴力袭击具有明显的攻击性。“袭击”作为动词是指“出其不意地打击”；“阻碍”作为动词是指“使不能顺利通过或发展”。由此可见，袭击与阻碍的行为性质不同，袭击具有主动性、攻击性，是一种自发实施的侵害他人行为；而阻

---

〔1〕 丁学文：《“暴力袭警”规范的理解与司法适用——以袭警罪和妨害公务罪的界分为视角》，载《广西政法管理干部学院学报》2022年第3期。

〔2〕 张明楷：《刑法学》(第6版)，法律出版社2021年版，第1355页。

〔3〕 张明楷：《刑法学》(第6版)，法律出版社2021年版，第1352页。

碍涵盖反抗性、被动性，是一种不配合、不服从的反应型行为。暴力袭击实施的应是积极地对抗执法措施，如果是为了不被控制而进行摆脱、挣扎，不属于“暴力袭击”的范围。[1]换言之，在民警采取执法措施时，犯罪嫌疑人虽实施了轻微暴力行为，但确与此前民警的控制、劝说等行为有紧密关联，此时轻微暴力行为虽然在生理上是一种被告人自主意识支配下的动作，但不具有法律意义上袭击民警的主动性。即主动性应体现在攻击行为，而不是生理动作。因此，为抗拒民警抓捕而实施的单纯反抗行为是一种妨害公务行为，不足以构成袭警罪。

由此可以得出，“暴力袭击”的人身指向性和攻击性缺一不可。没有攻击性的暴力行为也不成其为暴力袭警。如捆绑作为抢劫的行为手段之一，具有压制人反抗的暴力属性，但不属于攻击型暴力行为，而是控制型暴力行为。所以在民警执法时，仅是用绳子将民警捆绑起来，阻碍正常执法，未对其施加其他伤害行为，则可能构成妨害公务罪，不构成袭警罪。在本案中，从案发现场的监控视频可以直观看出，刘某某第一次的蹬踹行为发生在该人情绪比较激动时，其多次欲从沙发上站起身来，用手挥舞着向民警解释。民警指着刘某某要求其坐下，其不听劝阻用脚蹬了一下，踢到民警右侧小腿，旋即被民警按着转过身去，趴在沙发上被铐住双手。此时，刘某某的蹬踹并非明确指向民警腿部的主动攻击，而是不配合执法的反抗行为，借助蹬踹不让民警近身，在蹬踹时既可能踹到民警，也可能踹到周围的物品，而非有针对性地攻击民警人身。其行为不具备人身攻击性，是单纯不配合执法的外力行为。

第二，与妨害公务罪的暴力方法相比，袭警罪中的暴力程度超出单纯阻碍执法的范围，具有危及民警人身安全的可能性。

袭警罪不是实害犯，不要求致使民警至少受轻微伤而无法执行职务，但也应当具备危及民警人身安全的可能性。只是以暴力相威胁的，不具备危及民警人

〔1〕 钱叶六:《袭警罪的立法意旨与教义学分析》，载《苏州大学学报（哲学社会科学版）》2021年第5期。

身安全的现实可能，属于以威胁方法阻碍民警依法执行公务，可能构成妨害公务罪。暴力行为超出阻碍民警依法执行公务的范围，具有危及民警人身安全的可能性，则构成“暴力袭击”。《指导意见》中列举了袭警的几种行为，如对民警使用撕咬、踢打、抱摔、投掷等方法进行人身攻击，暴力袭击应当具有与上述行为暴力程度的相当性，实务中还有用开水泼、拿物品击打、用利器捅刺民警等。与警察有轻微的肢体冲突，如抓挠、一般的推搡、拉扯，通常不会对民警人身安全造成严重侵害，如抱与抱摔在危险性方面就不具备相当性[1]。在民警执法时，若通过强行抱住民警从而使其行动不便、严重影响执法的，不会侵害民警的人身安全，视情节可能构成妨害公务罪。但抱摔在控制民警行动的基础上施加了伤害行为，危及民警人身安全，属于暴力袭击。打击的具体实施部位、实施力度、实施频次均能反映出犯罪嫌疑人行为的社会危害性。对于主动选择施力部位、击打力度较大、持续时间较长的暴力行为应当认定为暴力袭击。而抗拒执法过程中偶发的轻微肢体冲突，打击部位带有随意性，行为持续时间不长，频次较少，对民警人身安全的危害性不大，不宜认定为暴力袭击。

本案刘某某分别对两名民警实施了一次蹬踹，强度不大，两次蹬踹行为间隔时间较长、频次较低，且均是无意识地随意蹬踹。此种偶发的随意蹬踹与持续使用暴力对民警身体部位进行攻击的行为存在较大差别，不具备“暴力袭击”的危险相当性。

第三，结合案发事实判断行为人袭击执法警察故意的有无。

袭警罪中的暴力袭击行为也是一种以暴力方法阻碍执法的行为，主观上同样有妨碍执法的动机。因此，区分袭警罪与妨害公务罪关键要看是否具有伤害警察的故意。醉酒虽然属于不能免责原因的自由行为，但确实导致行为人的辨认能力和控制能力有所降低，这同时意味着，面对醉酒的犯罪嫌疑人，民警执法的难度和

---

〔1〕 钱叶六:《袭警罪的立法意旨与教义学分析》，载《苏州大学学报(哲学社会科学版)》2021年第5期。

危险系数升高——在司法实践中，此类行为人主动配合执法的期待可能性较低，尤其在民警企图劝说、压制的过程中，醉酒的犯罪嫌疑人反抗、爆发的可能性更大。也因此，犯罪嫌疑人阻碍执法的行为是一个连续的过程，需结合纠纷起因、执法经过以及处置结果来综合评价，其间如果对民警存在蹬踹行为的，不能一概认定为暴力袭击民警。

轻微挣扎的反抗动作，与以民警人身为目标而实施的撕咬、踢打、抱摔、投掷等行为相较，具有明显主观恶性大小的区分。蹬踹行为在不同情境下，既可以是暴力袭击行为，也可以是阻碍执法的妨害公务行为。在钱某袭警案〔1〕中，被告人在民警对废品店进行专项整治时，对现场处置的民警实施了推搡、蹬踹行为，并将一名民警左臂咬伤，最终被判袭警罪。而本案中，刘某某醉酒后情绪激动，民警想要将其控制在沙发上，在控制的过程中，刘某某拒不配合，坐在沙发上用脚蹬踹民警腿部。前一案件中行为人的蹬踹是一种主动攻击，蹬踹的力度、部位、频次均可体现其对正在进行现场处置的民警的人身有伤害故意。而本案刘某某是在被民警控制的过程中，为摆脱控制进行反抗，从而实施了蹬踹行为，并非连续、多次、高强度的蹬踹，只是偶尔踢了一两次，显然只有单纯反抗执法、逃避法律责任的故意，不含对民警施加伤害的故意。

综上所述，袭警罪的“暴力袭击”具有人身攻击性，人身指向性和攻击性缺一不可，要结合打击部位、持续时间、打击频次、打击强度等综合判断行为的暴力程度是否超出单纯阻碍执法的范围以及袭击执法民警的故意的有无。不应简单将单纯不配合执法的外力行为认定为袭警罪中的“暴力袭击”。

供稿：北京市丰台区人民检察院　邢梦秋

案例编辑：北京市人民检察院　毛　俐

〔1〕 湖南省长沙市雨花区人民法院刑事判决书，（2022）湘0111刑初954号。

卞某某妨害公务罪

——强行闯关撞伤拦截民警并逃逸的行为是否认定为袭警罪应具体分析

基本案情

2021年6月11日22时许，北京市公安局朝阳分局劲松大队民警王某某携辅警赵某某在北京市朝阳区东五环主路南向北方向五方桥上路段执行交通管卫任务，二人均身穿反光背心。按照管卫任务要求，当时现场含应急车道在内的所有车道均摆放锥桶不予放行，行车道上左右车辆均停车等候。王某某和赵某某在应急车道值守看管。卞某某于当日22时36分许，驾驶伪造号牌的摩托车行驶至该路段，其在看见道路前方摆放锥桶、有穿反光背心工作人员、车辆不能通行的情况下，仍骑摩托车闯卡通过，将从内侧车道跑向外侧车道对其进行拦截的民警王某某撞伤，致其颈6椎体压缩性骨折，颈7椎体水肿，右侧第5肋骨骨折，右大腿皮肤裂伤，体表多发软组织损伤，左足第4跖骨骨折，后卞某某驾驶摩托车逃逸。经刑事科学鉴定，王某某身体所受损伤为轻伤一级。经伤残等级鉴定，伤残等级为十级。卞某某于2021年6月12日被公安机关抓获归案。

2021年10月22日，北京市朝阳区人民检察院对卞某某以袭警罪提起公诉，后于2022年4月18日以妨害公务罪对卞某某变更起诉。同年6月10日，北京市朝阳区人民法院一审判决卞某某犯妨害公务罪，判处有期徒刑二年。

主要问题

卞某某的行为是否属于以暴力袭击正在依法执行职务的人民警察，应认定为袭警罪还是妨害公务罪？

意见分析

意见分歧

第一种意见认为，卞某某为逃避民警检查，在明知封路不让通行且有民警阻拦的情况下，高速强行通过关卡，并将对其进行拦截的劲松交通大队民警王某某撞伤并逃逸，致王某某轻伤一级。卞某某的行为系暴力袭击正在依法执行职务的人民警察的行为，构成袭警罪。

第二种意见认为，卞某某为逃避民警检查，强行闯关时恰巧将上前阻拦的民警王某某撞伤并逃逸。因其不属于积极主动针对人民警察进行暴力袭击，不符合袭警罪的犯罪构成。但卞某某应该对道路上交警设卡具有注意义务，其主观上明知前方道路摆放锥桶不许通行，不仅未尽到注意义务，反而变道继续行驶，反映出其对交警执行公务具有主观妨害的故意。客观上驾驶摩托车闯卡行为具有暴力的物理性特征，对在现场执法的民警而言达到了暴力的程度，且造成民警王某某轻伤一级的损害后果，属于以暴力方法阻碍国家机关工作人员依法执行职务，构成妨害公务罪。

意见评析

笔者倾向于第二种意见，理由如下。

第一，不法行为是否符合袭警罪中“暴力袭击”内涵。

根据《刑法》第277条之规定，袭警罪是指使用暴力袭击正在依法执行职务的人民警察的行为。[1]“暴力袭击”正在依法执行职务的人民警察，是袭警罪的构成要件要素，正是这一特别要素表明对警察职务的阻碍更为严重，使袭警罪的不法程度重于妨害公务罪。[2]对于袭警罪中“暴力袭击”的内涵需要把握：一是回归

〔1〕 张明楷：《刑法学》（第6版），法律出版社2021年版，第1355页。

〔2〕 张明楷：《袭警罪的基本问题》，载《比较法研究》2021年第6期。

"暴力袭击"的本意。根据现代《汉语词典》的释义,"暴力"是指强制的力量;武力。"袭击"是指突然地、意外地打击。根据文理解释,袭警罪所处罚的行为应当是以正在执行职务的警察为侵害对象且追求侵害结果的暴力行为,其不法行为更强调积极性、主动性和针对性。二是"暴力袭击"应当是对人民警察人身不法行使的有形力。一般是直接作用于民警身体的暴力,[1]在对物的暴力时严格要求该物与民警人身紧密关联且对民警人身进行攻击。[2]通常是从行为人使用的工具、行为方式、作案手段、打击的力度、攻击的部位等方面综合判断,并不要求暴力达到一定的程度,也不要求必须达到轻微伤以上。三是认定"暴力袭击"要符合罪责刑相适应原则。如行为人为摆脱控制、逃避抓捕过程中所实施的消极抵抗行为,以及轻微的未危及民警人身安全的行为,不在袭警罪规制范围之内。本案中,卞某某虽知道封路,并有强行闯关、撞伤拦截民警的行为,但其辩称未意识到王某某和辅警赵某某对自身有阻拦的意思表示,由于驾驶的摩托车为套牌车,怕被查验发现就急速行驶,从交通管制锥桶中穿梭而过,侧面将前来阻止的民警王某某撞伤,自身倒地后爬起,驾车逃逸。根据卞某某供述并结合现场监控录像和证人证言,无法排除卞某某并未看清民警王某某和赵某某阻止的指示而仅是为了逃避检查而过失致民警王某某受伤的情形,且道路上确实有车辆可能阻挡卞某某视线。因此,综合主客观情况,卞某某的行为不属于积极主动针对人民警察进行的暴力袭击,不符合袭警罪的犯罪构成。

第二,行为是否构成妨害公务罪之"暴力+阻碍"。

1997年《刑法》只规定了妨害公务罪,《刑法修正案(九)》增加暴力袭警作为妨害公务罪从重处罚的情节,《刑法修正案(十一)》将第277条第5款规定为独立的

---

〔1〕 张开骏:《公务保护与人权保障平衡下的袭警罪教义学分析》,载《中外法学》2021年第6期。

〔2〕 关于《刑法修正案(九)》中的"暴力袭击"的内涵,《最高人民法院、最高人民检察院、公安部关于依法惩治袭警违法犯罪行为的指导意见》解释为两类情形:一是撕咬、踢打、抱摔、投掷等,对民警人身进行攻击;二是打砸、毁坏、抢夺民警正在使用的警用车辆、警械等警用装备,对民警人身进行攻击。《刑法修正案(十一)》实施后,前述指导意见对于暴力袭击内涵的解释依然是适用的。

袭警罪。根据妨害公务罪、袭警罪的立法沿革，《刑法》第277条第5款袭警罪应为第一款妨害公务罪的特别条款，特别法条的适用以完全符合普通法条的构成要件为前提。〔1〕与妨害公务罪相比，袭警罪需要把握：一是行为对象是正在依法执行职务的人民警察，“并不是单纯地对正在执行职务的人民警察实施暴力，而是指通过暴力袭警妨碍警察正在执行的职务”〔2〕。袭警罪保护的法益是人民警察的公务（依法执行职务），实质是国家对社会正常的管理秩序。二是手段行为的特殊性。妨害公务罪的行为手段为暴力、威胁，袭警罪的行为手段仅限于暴力袭击，且其“暴力袭击”的构成标准应高于妨害公务罪的暴力要求：妨害公务罪强调“以暴力方法阻碍依法执行职务”，是“暴力+阻碍”，强调阻碍执法活动；而袭警罪强调“暴力袭击正在依法执行职务的人民警察”，是“暴力+袭击”，强调对警察的人身攻击。〔3〕三是妨害公务罪的暴力程度，应当根据行为的情状、执行职务的情况进行具体的判断，既不能让轻微的暴力随意入罪，也不能等到严重侵害发生时才认定构成犯罪，而是在一般违法和犯罪之间合理地协调保护公务行为与保障公民权利之间的关系。〔4〕本案中，卞某某的行为属于以暴力方法阻碍国家机关工作人员依法执行职务的行为。卞某某明知通行道路有交通管制措施且看到锥桶和穿反光背心的人，仍以每小时30~50公里的速度闯卡，其驾驶的摩托车经鉴定系机动车，闯卡行为具有暴力的物理性特征，对在场执勤民警和辅警而言已经达到了暴力的程度。同时，卞某某作为驾驶员，对在道路上遇到交警设卡等突发情况有注意义务，对他人安全更应有注意义务，其因车辆手续造假为逃避检查而实施的闯卡行为和逃逸行为已经构成妨害公务行为，已然阻碍了国家机关工作人员依法执行的交通管卫任务且造成一名民警受伤的后果，应当以妨害公务罪依法惩处。

---

〔1〕张明楷：《袭警罪的基本问题》，载《比较法研究》2021年第6期。

〔2〕张明楷：《刑法学》（第6版），法律出版社2021年版，第1355页。

〔3〕李勇：《袭警罪行为构造的教义学解析》，载《中国检察官》2023年第10期。

〔4〕冯军、梁根林、黎宏主编：《中国刑法评注》，北京大学出版社2023年版，第2717页。

第三，主观上是否具有暴力袭警妨碍警察执行职务的直接故意。

是否构成袭警罪，还可以从行为人的主观方面来加以分析。袭警罪的主观方面是故意，对此司法实践中要从严把握。对暴力袭警阻碍人民警察执行职务，故意形态上应为直接故意，并明知是正在执行职务的人民警察。〔1〕虽然妨害公务的暴力也有可能直接针对人民警察，但如果将放任甚至是过失心态下的暴力也纳入袭警罪的规制范围，袭警罪规范目的的实现可能受到削弱。且无论从条文逻辑还是政策导向上，都不宜将袭警罪的故意扩大解释至间接故意或者过失。〔2〕因此，在行为人施加暴力对抗公务执行且对正在执行公务的警察可能造成的伤害结果没有直接故意的场合，不宜认定袭警罪。本案中，监控录像和执法记录仪显示，卞某某驾驶摩托车闯卡的时间仅有2秒钟，民警王某某恰从内侧车道向外侧车道阻拦卞某某，卞某某主观上无直接袭击民警的意图。卞某某虽辩称其闯卡不是为了逃避检查只是想快速通过，但即便如此也驱动了其宁可妨害执法人员执行公务也要闯卡通过，明知撞伤他人亦不曾停留查看的故意及行为，对于是否会造成伤害结果属于放任的心态，对于伤害到民警的认知存在一定的或然性。故卞某某具有妨害公务的主观故意，没有暴力袭警妨碍警察执行职务的直接故意，其行为不构成袭警罪。

综上所述，对袭警罪和妨害公务罪予以区分，既要厘清两者的逻辑关系，也应对两者的行为对象、行为方式、侵害法益予以准确区分，根据案件事实进行实质判断，充分把握袭警罪的立法目的，协调好法益保护与人权保障职能之间的关系。

供稿：北京市朝阳区人民检察院　赵越超

北京市顺义区人民检察院（挂职）　祝　捷

案例编辑：北京市人民检察院　葛　路

---

〔1〕 杨万明主编：《〈刑法修正案（十一）〉条文及配套〈罪名补充规定（七）〉理解与适用》，人民法院出版社2021年版，第279页。

〔2〕 王志远：《从罪间关系的体系性自洽看袭警罪的认定要点》，载《中国检察官》2023年第10期。

高某某买卖国家机关证件、印章案、买卖武装部队证件、印章案

——“空白证件”是否能认定为国家机关证件?

基本案情

2018年4月至8月，高某某为倒卖获利，从他人处购买伪造的中华人民共和国结婚证、中华人民共和国房屋所有权证等国家机关证件400余种10余万本；中国人民解放军军官证、中国人民解放军军官转业证书等武装部队证件10余种1000余本；北京市昌平区民政局、北京市公安局公安交通管理局等国家机关印章200余枚；中国人民解放军兰州军区司令部、中国人民解放军兰州军区士兵退役专用章等武装部队印章5枚。2018年4月4日，高某某以人民币48元的价格向居住在北京市昌平区的张某某(男，另案处理)出售伪造的中华人民共和国房屋所有权证2本。2018年8月5日，高某某以人民币21元的价格向张某某出售伪造的中华人民共和国国有土地使用证3本。2018年8月15日，被告人高某某在北京市房山区其租住地被民警抓获，同时起获各类证件20余万本、印章400余枚、印章材料600余个，以及EPSON打印机2台、票据打印机1台、雕刻机1台等设备。

北京市公安局昌平分局以高某某涉嫌伪造、变造、买卖国家机关公文、证件、印章罪，于2018年11月20日向北京市昌平区人民检察院移送审查起诉。昌平区人民检察院以高某某涉嫌买卖武装部队证件、印章罪于2019年6月2日向北京市昌平区人民法院提起公诉。昌平区人民法院于2019年7月31日判决高某某犯买卖国家机关证件、印章罪，判处有期徒刑四年，罚金人民币4万元；犯买卖武装部队证件、印章罪，判处有期徒刑三年，决定执行有期徒刑六年，罚金人民币4万元。

主要问题

本案中，公安机关从高某某处起获了大量的空白证件，高某某的供述表明买卖国家机关证件是根据客户的需求在空白证件上增加客户要求的信息。“空白证件”是否能认定为买卖国家机关证件罪的“国家机关证件”？

意见分析

意见分歧

第一种意见认为，“空白证件”不能认定为买卖国家机关证件罪中的“国家机关证件”。虽然“空白证件”具有国家机关证件的形式，但其不具有国家机关证件的实质，包括身份信息、权利义务关系、相关事项等。将“空白证件”解释为“国家机关证件”属于类推解释，违反罪刑法定原则。

第二种意见认为，“空白证件”可以认定为买卖国家机关证件罪中的“国家机关证件”。空白证件虽然内容不完整，但是其在形式上已经有了“国家机关证件”的外形，对其进行买卖，同样会损害国家机关证件的权威和公信力。因此，将“空白证件”解释为“国家机关证件”属于扩大解释。

第三种意见认为，“加盖公章的空白证件”可以认定为买卖国家机关证件罪中的“国家机关证件”。“空白证件”根据内容的完整性可以分为“完全空白证件”和“加盖公章的空白证件”，也就是盖有公章但没有其他信息的证件。这两种“空白证件”均没有侵犯身份和权利义务关系等事项。“完全空白的证件”仅能体现证件的名称，一般社会公众的认知无法仅根据证件的名称了解发证的国家机关。因此，“完全空白的证件”未侵犯该国家机关的公信力。而“加盖公章的空白证件”，一般社会公众可以通过公章了解颁发证件的国家机关。因此，“加盖公章的空白证件”侵犯了国家机关的公信力，应当认定为买卖国家机关证件罪中的“国家机关证件”。

意见评析

笔者同意第三种意见，理由如下。

《刑法》第280条规定了伪造、变造、买卖或者盗窃、抢夺、毁灭国家机关证件罪。所谓证件是指国家机关制作颁发的用以证明身份、权利义务关系或者有关事实的凭证，主要包括证件、证书。[1]关于空白证件，涉及两个文件，第一个是《公安部关于盗窃空白因私护照有关问题的批复》，其认为空白护照属于出入境证件，理由是：每本护照都有一个统一编号，空白护照是签发护照的重要构成因素，对空白护照的发放、使用有严格的管理程序，空白护照丢失，与已签发的护照一样，也由公安部出入境管理局宣布作废，空白护照是作为出入境证件加以管理的。因此，空白护照既是国家机关的证件，也是出入境证件。第二个是最高人民检察院法律政策研究室《关于买卖尚未加盖印章的空白〈边境证〉行为如何适用法律问题的答复》，认为不宜以买卖国家机关证件罪追究刑事责任。如果说空白护照作为证件处理主要由于其特殊的管理方式，那么，不具备这种特殊管理方式的其他空白证件就不宜作为证件来处理。如此，上述两个文件之间的表面冲突似乎就可以消解了。

理论上对于空白证件不能认定为国家机关证件的认识较为统一。如王作富教授主编的《刑法分则实务研究》认为，公文、证件的空白格式虽具有公文、证件的形式，但不具有公文、证件的实质内容，而且未加盖国家机关的印章，因此不能发生法律效力，与国家机关公文、证件有着本质的区别，不属于国家机关公文、证

〔1〕 郎胜主编：《中华人民共和国刑法释义》（第6版），法律出版社2015年版，第471页。

件的范围。[1]曲新久教授《刑法学》认为，买卖的对象，通常是形式完整的国家机关公文、证件、印章，存在明显残缺起不到相应证明作用的，不属于本罪的买卖对象，[2]也赞同上述最高人民检察院法律政策研究室的答复。这两个例子均立足于证件的基本属性作反向推演，核心在于证明作用。

笔者认为，证件的意义在于公共信用，其作为一种载体表征一定内容，可以从中识别出出具证件的机关（发证人），在法律交往中起到证明作用，此为证件的三个基本特征。证件要产生证明作用，需要表述一定的情状，即通过载于其中的信息来表达外人可以理解的思想内容。如果是没有实质内容的空白证件，并没有表达出一定的情状、一定的思想内容，则根本谈不上证明意义，自然也算不上证件。而且，对于证件来说，真正重要的不是证件的空白格式、公用表格以及证件外皮，而是在这些载体上加盖公章，也就是说证件是诸要素的组合体，核心是公章。实践中，犯罪分子售卖的空白证件往往获利极低，但加盖印章的证件却获利丰厚，也说明了空白证件实际上没有多少证明意义，不是说随便打印上自己要证明的文字，即可用于法律交往（与获奖证书类似）。综上所述，笔者赞同最高人民检察院法律政策研究室的答复，至多扩展到加盖公章的空白证件。因为在信息化时代，后者离最后的伪造成品只差没有什么难度的临门一脚。但即使如此，对于加盖印章的空白证件也应实质审查其证明意义，以及在载体上伪造待证事实法律关系的难易程度（通过书面或打印），从严把握，依法办案。

供稿：北京市昌平区人民检察院　王丹丹

案例编辑：北京市人民检察院　王志坤

---

〔1〕 王作富主编：《刑法分则实务研究》（第5版），中国方正出版社2013年版，第1027页。

〔2〕 曲新久：《刑法学》（第4版），中国政法大学出版社2011年版，第452页。

樊某某寻衅滋事案

——行为人为进监狱实施犯罪行为应实质评价

基本案情

樊某某因欠外债又面临失业，意图通过抢劫的方式进监狱躲避。2019年9月8日12时30分许，樊某某通过滴滴软件乘坐姜某某驾驶的“大众朗逸”牌小型轿车由北京市昌平区北站行驶至昌平区崔村镇西峪村村口处时，持水果刀并以抢劫相威胁，要求姜某某报警，后致姜某某害怕弃车逃离，其车内有“VIVO”牌Y67L型手机一部、现金人民币320元。樊某某随即自行驾驶姜某某的小轿车主动到公安机关投案。经价格评估，涉案车辆价值人民币58810元，手机价值人民币360元。

2019年11月6日，北京市公安局昌平分局以樊某某涉嫌抢劫罪向北京市昌平区人民检察院移送审查起诉。同年12月18日，昌平区人民检察院以樊某某涉嫌抢劫罪向北京市昌平区人民法院提起公诉。2020年8月17日，昌平区人民检察院以樊某某涉嫌寻衅滋事罪向昌平区人民法院变更起诉。2020年10月14日，昌平区人民法院判决樊某某犯寻衅滋事罪，判处有期徒刑一年六个月。

主要问题

行为人为进监狱实施持刀恐吓他人、占用他人财物的行为如何评价？

意见分析

意见分歧

第一种意见认为，构成抢劫罪。樊某某自称要通过抢劫的手段实现进监狱的目的，无论是买刀还是寻找作案目标，其自称都是为了抢劫进监狱所做准备，在其拿刀威胁被害人时也说“你报警吧，我要抢劫”。樊某某持水果刀并采用言语威胁等手段，将被害人所驾驶的小型轿车及车内手机、现金人民币抢走。其行为导致的后果必然是被害人失去财产，脱离被害人占有，造成被害人失去对财产的控制，主观上具有非法占有的目的，应当认定为抢劫罪。

第二种意见认为，构成寻衅滋事罪。樊某某直接将车开至派出所交给公安机关，几分钟就从案发地开到派出所投案，说明其主观上对车辆不具有非法占有目的，其行为不构成抢劫罪，但其实施的持水果刀并以抢劫相威胁的行为，构成寻衅滋事罪。

意见评析

笔者倾向于第二种意见。对行为人为进监狱实施犯罪行为的评价，应结合刑法对各罪构成要件的规定，坚持主客观相统一的原则进行实质判断。理由如下。

第一，从不法行为及其侵害的法益来看，名为“抢劫”实为“寻衅滋事”。

犯罪行为的实质是符合构成要件的不法行为，因法益受到侵害值得科处刑罚。抢劫罪和寻衅滋事罪虽然在“采取强制方法占有财物”“侵犯他人人身权利及自由”上有相似，但二者在行为构成要件及侵害法益上存在不同。2005年最高人民法院《关于审理抢劫、抢夺刑事案件适用法律若干问题的意见》中明确，寻衅滋事罪是严重扰乱社会秩序的犯罪，行为人实施寻衅滋事的行为时，客观上也可能表现为强拿硬要公私财物的特征。这种强拿硬要的行为与抢劫罪的区别在于：前者行为人客观上一般不以严重侵犯他人人身权利的方法强拿硬要财物，而后者行为人则以暴力、胁迫等方式作为劫取他人财物的手段。如樊某某实施持水果刀恐吓他人，违背他人意志占用他人财物，因持凶器的行为情节，占用财物导致被害人无法经营，达到恐吓他人“情节恶劣”、任意占用他人财物“情节严重”。具体到本案，樊某某以实施犯罪的手段躲避债务，上被害人车辆后甚至在被害人在车中睡着时迟迟未动手，至被害人醒来才持刀恐吓让其报警，被害人弃车逃离后樊某某随即自行驾驶车辆主动到公安机关投案。整体来看，樊某某的行为实质上是侵害了他人公共活动中的行动自由以及与财产有关的社会生活安宁，应评价为以“抢劫”之名严重扰乱社会秩序的不法行为，符合寻衅滋事罪的构成要件，而不宜评价为严重侵犯他人人身权利的以暴力或胁迫等方式劫取他人财物的不法行为。

第二，从责任要素来看，行为人不具有非法占有目的。

责任要素是刑法规定成立犯罪必须具备的、表明行为的非难可能性的各种要素。责任要素包括故意、过失、目的与动机、责任能力、违法性认识的可能性以及期待可能性。〔1〕作为责任要素的犯罪目的和犯罪动机，影响的是责任的有无以及责任的轻重。除了都具有“故意”责任要素，抢劫罪“犯罪目的”与寻衅滋事罪“犯罪动机”在责任要素上存在区别。2005年最高人民法院《关于审理抢劫、抢夺刑事案件适用法律若干问题的意见》中明确，寻衅滋事罪行为人主观上还具有逞强好胜和通过强拿硬要来填补其精神空虚等目的，抢劫罪行为人一般只具有非法占有他人财物的目的。本案中，不能简单以樊某某本人供述实施“抢劫”，就认定其主观上具有非法占有目的，而要结合案件情况综合判断。非法占有目的是指排除权利人，将他人的财物作为自己的财物进行支配，并遵从财物的用途进行利用、处分的意思。〔2〕从在案证据来看，樊某某实施威胁他人的行为，主观上没有占有他人财物的目的和意思；客观上虽然导致被害人失去对财物的实际控制，但属于

〔1〕 张明楷：《刑法学》（第5版），法律出版社2016年版，第245页。
〔2〕 张明楷：《刑法学》（第5版），法律出版社2016年版，第957页。

被害人因害怕而放弃车辆及车上财物，樊某某不具有取走相关财物的意思，占有的车辆也只是当作去派出所投案的一个工具“短暂使用”。樊某某主观上既不具有“排除意思”，也不具有“利用意思”，不具有抢劫罪责任要素中的“非法占有目的”。樊某某意图通过实施犯罪进监狱，无故滋事，持水果刀以抢劫相恐吓，要求被害人报警，属于发泄不良情绪、无事生非，应评价为寻衅滋事。

司法实践中，为了进监狱采取盗窃、抢劫、故意伤害等手段实施犯罪行为的，是否以行为人的具体手段行为认定犯罪需要具体分析，根据主客观相统一的原则，依法作出妥当处理。

供稿：北京市昌平区人民检察院　宛　霞　李剑锋　史　焱

案例编辑：北京市人民检察院　葛　路

刘某、李某某寻衅滋事案

——犯罪分子在犯罪行为实施后、到案前，主动向公安机关揭发他人犯罪行为并协助抓捕的，能否认定为立功？

基本案情

2021年4月21日21时许，刘某酒后驾车搭载李某某等人行至北京市顺义区牛栏山镇发无界理发店门前，因认为赵某某停放在此的“宝马”牌汽车影响其通行，遂伙同李某某持钥匙将该车左前门、叶子板等处划坏。经鉴定，涉案车辆损失价值人民币12619元。同年4月22日，北京市公安局顺义分局以赵某某车辆被损立案侦查。同年5月21日，刘某向顺义公安分局举报王某贩卖毒品，后协助民警将涉嫌贩毒的王某抓获，当场起获毒品16.42克。

牛栏山派出所民警通过查看周边监控录像发现犯罪嫌疑人行踪，通过视频人脸比对，比中一相似度高的男子（刘某），通过查询平台得知该人有吸毒前科，民警将监控录像交由顺义公安分局缉毒民警查看，缉毒民警确认该人系刘某后与其联系让其投案，刘某称能帮助民警抓获贩毒人员，后配合缉毒民警查获一起贩毒案件。因贩毒案件查获后，还有部分取证工作要刘某配合，故未对刘某进行上网抓逃，直到2021年5月27日刘某到牛栏山派出所投案自首。

2021年9月6日，北京市顺义区人民检察院以刘某、李某某涉嫌寻衅滋事罪向北京市顺义区人民法院提起公诉；同月24日，顺义区人民法院认定刘某协助公安机关抓捕其他犯罪嫌疑人的行为构成立功，判决刘某犯寻衅滋事罪判处有期徒刑一年，李某某犯寻衅滋事罪判处有期徒刑十个月。

主要问题

犯罪分子在犯罪行为实施后、到案前，主动向公安机关揭发他人犯罪行为并协助抓捕的，能否认定为立功？

意见分析

意见分歧

关于立功的起始时间的规定，《刑法》第68条并未作出明确规定。[1]2009年"两高"《关于办理职务犯罪案件认定自首、立功等量刑情节若干问题的意见》，2010年最高人民法院《关于处理自首和立功若干具体问题的意见》，2019年最高人民法院、最高人民检察院、公安部、司法部《关于敦促涉黑涉恶在逃人员投案自首的通告》等也均未规定立功的起始时间。但1998年《最高人民法院关于处理自首和立功具体应用法律若干问题的解释》(以下简称《解释》)第5条规定[2]将犯罪分子"到案后"作为立功的起始时间。理论和司法实践对此也有不同的理解，"犯罪预备说""犯罪后说""犯罪构成说""着手说""狭义到案说""广义到案说"等不同观点众说纷纭。主流的观点如下。

一是"犯罪后说"。该观点认为立功应在犯罪行为实施后。持该观点的判决如唐山市古冶区人民法院(2017)冀0204刑初140号、上海市浦东新区人民法院(2019)沪0115刑初2174号等。理由是：第一，立功制度的设立是立法者在功利

---

〔1〕《刑法》第68条规定：犯罪分子有揭发他人犯罪行为，查证属实的，或者提供重要线索，从而得以侦破其他案件等立功表现的，可以从轻或者减轻处罚；有重大立功表现的，可以减轻或者免除处罚。

〔2〕1998年《最高人民法院关于处理自首和立功具体应用法律若干问题的解释》第五条规定："根据刑法第六十八条第一款的规定，犯罪分子到案后有检举、揭发他人犯罪行为，包括共同犯罪案件中的犯罪分子揭发同案犯共同犯罪以外的其他犯罪，经查证属实；提供侦破其他案件的重要线索，经查证属实；阻止他人犯罪活动；协助司法机关抓捕其他犯罪嫌疑人(包括同案犯)；具有其他有利于国家和社会的突出表现的，应当认定为有立功表现。"

和公正之间进行价值衡量时优先选择功利的结果，[1]是以减轻犯罪人刑罚的成本投入换取社会安全稳定和节约司法资源的效益。不论是“到案前”或是“到案后”检举揭发他人犯罪、协助抓捕犯罪分子，并不影响立功的功能实现。第二，从充分实现立功制度的价值取向的角度考虑，对“到案前”检举揭发他人犯罪、协助抓捕犯罪分子的，更能激发立功制度的功利价值，更有效地打击犯罪，节约司法成本，提高办案效率。因此，立功的起始时间标准不宜卡的过严。第三，从犯罪分子的立场出发，行为人从实施犯罪行为后实施立功行为与到案后再实施并没有本质差异。在量刑时如果将这一时间差内实施的立功行为不作为法定的从宽处罚情节考虑，对犯罪分子是不公正的。相反，行为人在还有可能侥幸逃脱、没有经过侦查人员等教育帮助的情况下实施立功行为，比到案后肯定要被追究刑事责任并经教育引导的情况下才实施立功行为，更能体现犯罪分子悔罪的诚意。[2]

二是“狭义到案说”。该观点认为立功应在到案后，即被司法机关采取强制措施后。持该观点的判决如最高人民法院（2018）最高法刑申913号、福建省高级人民法院（2017）闽刑终101号、扬州市江都区人民法院（2018）苏1012刑初252号等。主要理由是：第一，从立法技术上看，《解释》第5条明确规定，“犯罪分子到案后有检举、揭发他人犯罪行为……协助司法机关抓捕其他犯罪嫌疑人（包括同案犯）……应当认定为有立功表现”。这是司法解释出于抑制立功的功利性和最大程度地减少立功的不平等性的目的而对立法的限制性解释。刘某协助抓获其他犯罪分子的行为发生在其到案即被公安机关采取强制措施之前，不符合立功成立的时间要件。而且从维护刑法价值的角度出发，司法解释有明确规定的应当遵照执行，因此对立功的适用仍应保持谨慎的态度，不宜过于提前，尽可能控制与预防不

〔1〕 范荷香：《浅议立功的起始时间》，载《阿坝师范高等专科学校学报》2013年第2期。
〔2〕 肖春林：《认定犯罪分子有立功表现附加“到案后”的规定不妥》，载《人民检察》2006年第2期。

公正的情况发生。第二，立功制度的初衷是鼓励犯罪分子弃恶从善、改过自新，通过检举、揭发他人犯罪行为或者提供侦破案件线索等行为，争取将功抵罪的机会，兼有悔罪性和功利性功能。[1]，其前提是在“赎罪的心理”作用下实施立功，但立功制度功利性的特点在实践运作中常常被“利用”，有些犯罪分子想方设法获取立功线索，甚至通过贿买、暴力、胁迫等非法手段获取立功线索。若将立功的成立时间提前至犯罪以后、归案之前，司法机关很难查证立功线索来源存在的问题，[2]导致立功制度被滥用，严重冲击刑法的公平正义的价值。

三是“广义到案说”。该观点认为立功的起始时间应为到案时，但“到案”应作广义理解，即司法机关在内的所有国家机关、党群组织、所在工作单位等因主动或者被动发现违法犯罪线索而主动或者被动接触、约束犯罪嫌疑人，使之处于司法、行政机关的控制之下的时点，即包括犯罪嫌疑人进入或者可能进入刑事诉讼的时点。[3]主要理由是：第一，从体系解释的视角看，保障了法律内在逻辑的统一性。根据《解释》第5条、第7条的规定，如果认为一般立功开始时点为到案时，而重大立功开始时点为犯罪行为发生时点，这在逻辑上难以自圆其说。第二，操作更符合现实的客观情况。一方面，司法机关在认定立功时不需要辨别向谁提供线索或协助何种机关，只需要存在主动到案或被动到案的情况下，有立功行为即可；另一方面，限制立功认定的范围，避免立功认定的无限制追溯，更符合立功制度设立的初衷。持这一观点的判决如上海市第一中级人民法院（2017）沪01刑终318号。

意见评析

笔者同意第一种意见。立功的时间节点不应被限制到“到案后”，提前到犯罪

---

〔1〕孙广坤、岳启杰：《一般立功时间宜从犯罪后起算》，载《检察日报》2018年12月28日，第3版。
〔2〕刘宏水：《立功的起始时间应是到案后》，载《人民司法》2012年第24期。
〔3〕傅国方：《立功起算时间应采广义到案说》，载《检察日报》2011年3月25日，第3版。

行为实施后更为合理，理由如下。

第一，从立功制度的理论基础来看，立功的适用应从功利主义的视角展开。

立功制度带有明显的功利性，这种功利性甚至以牺牲公平原则为代价，因为并非所有犯罪分子都能够获取掌握立功线索，即通过犯罪分子揭发、协助抓捕其他犯罪人使自己获得较轻科刑的可能性，也为国家节约了抓捕成本。“到案前”与“到案后”的立功行为对于节约司法资源没有区别，举重以明轻，到案前的立功行为因为时间较早，更有利于节约司法资源。《解释》将立功的时间节点限缩为“犯罪人到案后”，否定了犯罪人员在犯罪后至到案前这一时段为打击、预防犯罪主动作为的价值，有违立功制度鼓励犯罪人及早悔过、将功赎罪的宗旨，影响立功制度效用的实现。

第二，从法规沿革来看，新的司法解释并没有继续沿用《解释》的规定。

《解释》将立功的时间节点限缩为“到案后”具有特殊的历史背景，且距今已经二十余年，与宽严相济刑事政策已出现一定的背离。2009年“两高”《关于办理职务犯罪案件认定自首、立功等量刑情节若干问题的意见》、2010年最高人民法院《关于处理自首和立功若干具体问题的意见》及2019年最高人民法院、最高人民检察院、公安部、司法部《关于敦促涉黑涉恶在逃人员投案自首的通告》等对立功均未再设置“到案后”的时间节点限制，可见，司法解释持有的观点也在发生变化。在《解释》尚未失效的情况下，是否还需严格执行此规定，笔者认为应当从立功制度的价值取向进行分析，而非当然地排除到案前立功的行为。

第三，符合公民行为模式的合理期待。

普通公民很难具有完备的刑法知识以知晓立功应起始于何时，但是其对于刑法有着朴素的认知：帮助抓住同伙可以获得从轻处理。公民在犯罪后有了帮助抓住同伙的行为，得到肯定的、积极的评价就成为其合理的期待，如果此时仅以其协助抓捕行为不是发生在被司法机关约束后而不予认定立功，不对其行为进行正面的激励评价，显然是有违刑法的公平原则的。[1]

第四，从客观主义立场出发，立功与悔罪没有必然联系。

有立功表现并非等同于犯罪分子有悔罪表现，犯罪分子即使不供认自己的罪行或者供认后又翻供，也可能成立立功。想躲避刑罚与希望立功之间无根本性冲突，不应以是否到案认定。更应当看其行为是否构成立功实质性要件。况且，犯罪分子是否真诚悔罪在实践中并不容易判断，单纯的“到案”也不能真正反映犯罪人的悔罪心态。

供稿：北京市顺义区人民检察院　方玉霞　张　影

北京市大兴区人民检察院　公志玮

案例编辑：北京市人民检察院　张艳青

〔1〕 刘秀、戴玉娟：《协助抓捕型立功起始时间的认定——暨论立功认定中存在的问题与出路》，载《安徽警官职业学院学报》2015年第6期。

宋某某开设赌场案

——网络赌博的赌资数额宜以参赌人员实际投注额为准

基本案情

www.dv16888.com、www.dv188.vip均为DV国际娱乐网站，网站内可以在百家乐、牛牛等游戏中用上分到账户内的余额进行投注，因此可以确定该网站系赌博网站。该网站有代理账号和会员账号。代理账号只能开会员账号，不能用于赌博，若代理账号开通的会员账号进行赌博，不论输赢该代理账号都会有洗码钱和返水钱。操作账号下注一次算一次洗码，所有操作的总和就是洗码量，洗码量乘以0.8个点是洗码钱。返水钱是会员账号输钱时按照8个点给代理账号返钱，如输10000元就给代理账号返800元。会员账号赌博需要通过代理账号上分，代理联系DV国际娱乐客服，告诉客服哪个会员账号需要上分，客服会指定银行卡账号和户名，供代理将钱款存入其中，一元等于一分，转账结束会员账号就会有相应钱款对应的分。下分的流程相反，代理将银行卡和户名发给客服，客服将赌博清算后的钱款转到指定账户。

2020年至2021年5月，宋某某担任DV国际娱乐赌博网站代理，向张某、霍某、刘某、陈某提供会员账号用于赌博并接受投注，从中获利，通过微信转账方式接受4人赌博投注共计人民币60余万元。

北京市房山区人民检察院认为，宋某某为赌博网站担任代理并接受投注，情节严重，其行为已构成开设赌场罪，于2022年2月14日向北京市房山区人民法院提起公诉。同年7月13日，房山区人民法院以宋某某犯开设赌场罪，判处有期徒刑五年，并处罚金人民币5万元。

主要问题

1.网上开设赌场犯罪案件中赌资数额应当如何计算，被告人宋某某的行为是否达到情节严重的程度？

2.宋某某的开设赌场行为跨越《刑法修正案（十一）》，如何具体适用刑法？

意见分析

意见分歧

第一种意见认为，电子证据勘验笔录及被告人的供述、证人证言相互印证，可以证明被告人宋某某在DV国际赌博网站上开通代理账号，并设置三个下级会员账号，将会员账号提供给赌博人员并接受投注的事实，应当认定其为赌博网站的代理，其担任代理并接受投注的行为构成开设赌场罪。但电子证据勘验显示“总洗码量”为53612.9，洗码量即赌客的下注金额、赌资，即被告人宋某某担任代理接受投注的赌资数额为5万余元，未达到30万元法定刑升格的标准，故不属于“情节严重”。

第二种意见认为，本案中被告人宋某某的供述和四名参赌人员的证言以及之间的微信转账、银行卡交易明细均指向被告人宋某某于2020年初就开始为赌博网站担任代理并接受投注。电子数据勘验仅显示被告人被查获前近一个月的数额，且该数额无法真实客观反映涉案实际赌资金额，应通过对被告人宋某某的微信账单和银行卡交易流水进行梳理，按照参赌人员最初投入额计算赌资。经计算，2020年至2021年5月，宋某某为赌博网站担任代理并接受他人投注60余万元，已达到“情节严重”的标准。

意见评析

笔者倾向于第二种意见。在网络开设赌场的案件中，侦查机关一般会对计算机或手机进行电子数据勘验，相关数据中有参加人员的局数以及相关投注数额等，但不宜简单以计算机或手机中最终显示的投注额来计算赌资，应以其代理下的参赌人员最初实际支付的投注金额进行认定。理由如下。

第一，洗码钱性质应属于抽头渔利，而非赌资。

赌资是指赌博犯罪中用作赌注的款物、换取筹码的款物或者通过赌博赢取的款物。涉赌案件赌资数额的认定有重要意义，尤其在开设赌场罪中，赌资数额是法定刑升格的条件之一，《最高人民法院、最高人民检察院、公安部关于办理网络赌博犯罪案件适用法律若干问题的意见》规定了网上开设赌场犯罪的定罪量刑标准，其中，抽头渔利数额累计达到3万元以上的、赌资数额累计达到30万元以上的，均为“情节严重”，法定刑为五年以上十年以下有期徒刑，并处罚金。本案涉及两个行业“黑话”，分别是洗码钱与返水钱，并在代理账号与会员账号之间建立内在联系。代理账号类似于传销中的上线，从下线会员账号的赌博活动中获得好处；而会员账号犹如传销中的下线，发展的会员账号越多，会员账号下注越多，会员账号输钱越多，代理账号都会获得相应盈利。洗码钱是赌博网站根据会员账号下注情况分给代理账号的钱，下线参赌人员只要下注，无论输赢，代理账号均能获得洗码钱；返水钱是赌博网站通过会员账号输钱情况返给代理账号的钱，只有下线参赌人员输钱时，代理账号才能得到返水钱。二者均为赌博网站给代理账号的提成，是代理账号借助发展下线会员账号获得的非法盈利，从性质上属于抽头渔利，而非赌资。根据上引司法解释的规定，抽头渔利数额累计达到3万元以上的，构成“情节严重”。本案勘验的电子证据显示“总洗码量”为53612.9，洗码钱要用53612.9乘以0.8%，共4289.032元，未超过3万元。

第二，司法解释规定了赌资数额的认定标准，但未明确具体计算方法。

和线下赌场相比，网络赌博具有空间虚拟性、时空不受限制、资金流转快、赌博变现规则复杂等特征，为计算赌资增加难度。根据相关司法解释[1]的相关规定，网络开设赌场的赌资认定方法有：(1)用投注点数或者赢取点数乘以每一点实际代表的金额认定赌资；(2)将资金兑换为虚拟货币、游戏道具等虚拟物品用作筹码投注的，按照购买该虚拟物品所需资金数额或者实际支付资金数认定赌资；(3)对于开设赌场犯罪中用于接收、流转赌资的银行账户内的资金，犯罪嫌疑人、被告人不能说明合法来源的，可以认定为赌资。但上述规定并未对投注额和赢取额的具体计算方法作详细说明。如果按照投注额计算，一般有两种计算方法：一是最初投入额，即以参赌人员最初实际支付的资金数额进行计算。二是按照网络赌博计算机最终显示的投入额进行计算，即反复投注累加数字计算。例如，参赌人员投入5万元进行赌博，每一局输1万元，五局输光。按照第一种计算方法赌资数额就是5万元；而按照第二种计算方法，其涉赌数额可能就是5+4+3+2+1，达到15万元，如果每局有赢有输情况更为复杂。因此，计算方法的选择直接影响赌资数额的认定，进而影响被告人的刑罚轻重。

第三，网络百家乐赌博中，赌资数额宜采用参赌人员最初投入额的方式计算。

网络百家乐赌博中的投注金额类似于证券交易中的交易量，在账户额度内可以连续、反复投注，并会在结算周期内将每次的投注数额正向相加。因此，每次结算时累计投注额可能远超过参赌人员最初实际投入资金数额。[2]除此之外，不同参赌人员用同等资金参与网络赌博，也会因为参赌人员的赌博技术或所谓运气成分而使数次累计投注额产生较大差异，[3]容易导致同案不同判，显失公平。因此，机械地按

---

〔1〕 根据《最高人民法院、最高人民检察院关于办理赌博刑事案件具体应用法律若干问题的解释》第8条第1款的规定，通过计算机网络实施赌博犯罪的，赌资数额可以按照在计算机网络上投注或者赢取的点数乘以每一点实际代表的金额认定。根据《最高人民法院、最高人民检察院、公安部关于办理网络赌博犯罪案件适用法律若干问题的意见》第3条的规定，网络赌博犯罪的赌资数额，可以按照在网络上投注或者赢取的点数乘以每一点实际代表的金额认定。对于将资金直接或间接兑换为虚拟货币、游戏道具等虚拟物品，并用其作为筹码投注的，赌资数额按照购买该虚拟物品所需资金数额或者实际支付资金数额认定。对于开设赌场犯罪中用于接收、流转赌资的银行账户内的资金，犯罪嫌疑人、被告人不能说明合法来源的，可以认定为赌资。

〔2〕 金果：《网络赌博中赌资数额的计算》，载《人民司法》2017年第2期。

〔3〕 金果：《网络赌博中赌资数额的计算》，载《人民司法》2017年第2期。

照网络赌博机最终显示的投入额计算赌资数额，并不科学合理，不能真实客观地反映涉案实际赌资金额，以参赌人员最初投入额的方式计算更为妥当。理由如下：

首先，与线下赌博计算赌资逻辑保持一致。司法实践中，线下赌博一般是以当场缴获的资金作为赌资数额，而不会将每一局赌金累计相加，带有一定的终局性，一次性清算赌资。网络赌博和线下赌博虽行为媒介不同，但并无实质区别，采用重复叠加计算方式容易和线下赌博产生巨大偏差，导致量刑不均衡。无论网络赌博规则多么复杂，是否涉及点数换算、积分兑换等，点数、积分都是与实际款物金额成比例对应的，赌资反映行为人的主观恶性、社会危害性，最终都要通过参赌人员实际用于赌博的资金数额体现出来。

其次，有利于保障证据的客观性。网络赌博犯罪取证难，证据易灭失，证据的证明力得不到有效保障。实践中，平台的网络数据容易被修改和删除，且很难有其他证据相印证，证据的完整性、客观性难以得到有效保证。如本案中，平台服务器在境外，调取原始证据难度极大，赌博网站的网址不断变化，侦查人员在被告人的手机和电脑中仅勘验到其被查获前近一个月的数据，之前的数据已经被赌博网站删除，无法提取，电子证据最终显示的投注额并非完整的投注额。如果以此为准，将带来难以解决的证明难题。

最后，符合证据证明的关联性要求。以参赌人员最初实际投入额计算，具有计算执行可能性，能够证明赌资与赌博行为的内在联系。实际投入额能够客观反映参赌人员为赌博注入的资金量，而不取决于封闭循环体系的一时运气。参赌人员最初实际支付的赌资有相关转账记录相印证，采取该计算方式客观性、可操作性更强，不会轻纵犯罪分子。

本案中，根据宋某某供述的上分流程，宋某某将参赌人员通过微信转账的赌资提现至自己的银行卡后，再转入赌博网站客服提供的银行账户，以此实现投注。通过梳理宋某某的微信及银行卡账户交易明细，在其担任赌博网站代理期间，共接受他人投注人民币678235元，其中张某445200元，霍某23100元，刘某195935元，陈某

174000元，此投注额便为本案赌资，已累计超过30万元，达到“情节严重”程度。[1]

此外，值得注意的是，代理人本人投注的数额要与其接受投注的行为区分开。前者是其本人作为赌客的参赌，后者体现了其开设赌场的组织行为，类似贩卖毒品中的自贩自吸只能认定为持有而非贩卖。

第四，关于网络开设赌场行为跨越《刑法修正案（十一）》的法律适用问题。

本案中，被告人宋某某担任赌博网站代理的时间为2020年至2021年5月。其间，《刑法修正案（十一）》于2021年3月1日起施行，提高了开设赌场罪的法定刑，“情节严重”的起刑点由三年调整为五年。宋某某的行为开始于《刑法修正案（十一）》以前，继续到该修正案之后，根据《最高人民检察院关于对跨越修订刑法施行日期的继续犯罪、连续犯罪以及其他同种数罪应如何具体适用刑法问题的批复》的规定[2]，应当适用修订后的刑法，即情节严重按照五年以上有期徒刑处理。因修法前后罪名、构成要件、情节均未发生变化，仅法定刑提升，在对宋某某提起公诉时应当酌情从轻处理。鉴于宋某某到案后如实供述所犯罪行，系坦白且自愿认罪认罚，绝大部分行为发生在《刑法修正案（十一）》之前，可依法从轻处罚。

供稿：北京市房山区人民检察院　张　雪　张　君

案例编辑：北京市人民检察院　毛　俐

---

〔1〕 关于开设赌场的行为人自己投注的数额是否应计入赌资的数额有一定争议。笔者认为，首先，应排除的是将其计入抽头渔利的范围，因为从语义上理解，抽头渔利的前提是针对他人实施的。其次，累计的赌资数额反映了开设赌场的规模以及为整个赌博活动注入的资金量，其本人既是代理人又是参赌人员，自己设注的数额叠加放大了赌博的规模，自应计算在内。“开设赌场的人是否直接参与赌博，以及开设赌场是否以营利为目的都不影响本罪的成立。”陈兴良、刘树德、王芳凯编：《注释刑法全书》，北京大学出版社2022年版，第303页。

〔2〕 “对于开始于1997年9月30日以前，继续或者连续到1997年10月1日以后的行为，以及在1997年 10月1日前后分别实施的同种类数罪，如果原刑法和修订刑法都认为是犯罪并且应当追诉，按照下列原则决定如何适用法律：一、对于开始于1997年9月30日以前，继续到1997年10月1日以后终了的继续犯罪，应当适用修订刑法一并进行追诉。二、对于开始于1997年9月30日以前，连续到1997年10月1日以后的连续犯罪，或者在1997年 10月1日前后分别实施同种类数罪，其中罪名、构成要件、情节以及法定刑均没有变化的，应当适用修订刑法，一并进行追诉；罪名、构成要件、情节以及法定刑已经变化的，也应当适用修订刑法，一并进行追诉，但是修订刑法比原刑法所规定的构成要件和情节较为严格，或者法定刑较重的，在提起公诉时应当提出酌情从轻处理意见。”

王某某掩饰、隐瞒犯罪所得案

——取消掩饰、隐瞒犯罪所得罪数额门槛后如何考量犯罪数额？

基本案情

2022年3月14日凌晨1时许，王某某在北京市怀柔区庙城镇怀柔肉联厂南侧路边，在明知张某某向其出售的电缆线、预制线是非法所得的情况下，仍以人民币2100元的价格予以收购。经认定，被盗电缆线等共价值人民币8万余元。2022年3月14日，王某某被公安机关查获，后如实供述上述事实。涉案物品已全部起获并发还。

2022年9月28日，北京市怀柔区人民检察院以王某某构成掩饰、隐瞒犯罪所得罪向北京市怀柔区人民法院提起公诉。同年10月10日，怀柔区人民法院以掩饰、隐瞒犯罪所得罪判处王某某有期徒刑二年，缓刑二年，罚金人民币2万元。

主要问题

取消掩饰、隐瞒犯罪所得罪的入罪数额标准后，如何考量犯罪数额？

意见分析

2021年4月13日，最高人民法院对《关于审理掩饰、隐瞒犯罪所得、犯罪所得收益刑事案件适用法律若干问题的解释》（以下简称《解释》）作出修改。修改后，原解释中关于掩饰、隐瞒犯罪所得、犯罪所得收益罪的数额标准不再适用，并规定人民法院在审理此类刑事案件时，应综合考虑上游犯罪的性质，掩饰、隐瞒犯罪所得及其收益的情节、后果及社会危害程度等，依法定罪处罚。但取消数额门槛后，司法实务中仍存在不同的理解。因此，为避免司法实践上的认识混乱，防止解释修改后导致大量本不应作为犯罪处理的案件进入司法程序，也避免应当追诉而未追诉的情况发生，有必要对这一问题加以明确。

意见分歧

第一种意见认为，取消入罪门槛意味着数额不再作为入罪情节考虑。2015年《解释》第1条第1款规定："明知是犯罪所得及其产生的收益而予以窝藏、转移、收购、代为销售或者以其他方法掩饰、隐瞒，具有下列情形之一的，应当依照刑法三百一十二条第一款的规定，以掩饰、隐瞒犯罪所得、犯罪所得收益罪定罪处罚：（一）掩饰、隐瞒犯罪所得及其产生的收益价值三千元至一万元以上的；（二）一年内曾因掩饰、隐瞒犯罪所得及其产生的收益行为受过行政处罚，又实施掩饰、隐瞒犯罪所得及其产生的收益行为的；（三）掩饰、隐瞒的犯罪所得系电力设备、交通设施、广播电视设施、公用电信设施、军事设施或者救灾、抢险、防汛、优抚、扶贫、移民、救济款物的；（四）掩饰、隐瞒行为致使上游犯罪无法及时查处，并造成公私财物损失无法挽回的；（五）实施其他掩饰、隐瞒犯罪所得及其产生的收益行为，妨害司法机关对上游犯罪进行追究的。"2021年《解释》修改时将第1条第1款第1项删除，意味着隐瞒掩饰犯罪所得行为必须满足第1条第1款第2项至第5项的情节，才能够定罪处罚。本案中，王某某掩饰隐瞒犯罪所得涉案数额8万余元，未到达《解释》第3条规定的10万元"情节严重"标准；且数额标准不作为入罪条件后，单纯依靠数额不能认定王某某构罪。另外，王某某没有一年内曾因掩饰、隐瞒犯罪所得及其产生的收益行为受过行政处罚的情况，其掩饰、隐瞒的赃物亦非电力设备、交通设施等特定物；且上游犯罪分子及王某某均在案发当天就被抓获，涉案物品也在当天被全部查获，王某某的掩饰、隐瞒行为实际上没有对司法机关追究上游犯罪造成实质妨害。因此，王某某亦不符合2015年《解释》第1条第1款第2项至第5项的入罪标准，不构成掩饰、隐瞒犯罪所得罪。

第二种意见认为，王某某的行为构成掩饰、隐瞒犯罪所得罪。《解释》修改后，掩饰、隐瞒犯罪所得罪的犯罪数额入罪标准虽然不再适用，但并非在认定该罪时完全不再考虑犯罪数额问题。最高人民法院在作出修改解释的决定时也指出，审理掩饰、隐瞒犯罪所得、犯罪所得收益刑事案件，应综合考虑上游犯罪的性质，掩饰、隐瞒犯罪所得及其收益的情节、后果及社会危害程度等，依法定罪处罚。此外，根据《解释》第3条第1款第1项的规定，对于掩饰隐瞒犯罪所得及其产生的收益价值总额达到10万元以上的，应当认定为《刑法》第312条规定的"情节严重"，可以看出犯罪数额仍是考量掩饰、隐瞒犯罪所得及其收益的情节、后果及社会危害程度的重要因素。因此，本案中，结合犯罪数额对认定该罪的影响、上游犯罪的性质等情节，王某某构成掩饰、隐瞒犯罪所得罪。

意见评析

笔者同意第二种意见，理由如下。

第一，取消数额入罪门槛，不是放纵犯罪，而是对洗钱犯罪的"零容忍"。

首先，从2021年《解释》的修改背景来看，反洗钱金融行动特别工作组在对中国第四轮互评估报告中指出：我国《刑法》第312条掩饰、隐瞒犯罪所得、犯罪所得收益罪设置的三千元至一万元的幅度为入罪门槛，低于此标准即不作为犯罪处理，该做法违反对洗钱犯罪"零容忍"的要求。该问题也随之成为反洗钱评估整改工作的重点。虽然我国对按照司法解释规定的数额门槛不构成犯罪的行为依照《治安管理处罚法》处理，对应英美刑法的违警罪或轻罪案件，但经"两高"解释说明，仍无法消除反洗钱金融行动特别工作组对我国法律制度的误解。因此，按照整改要求取消了《刑法》第312条入罪门槛的规定，达到反洗钱国际互评估的标准。其次，从量刑均衡的角度来看，从罪质程度来看，下游犯罪的罪质程度要轻于上游犯罪。但2015年《解释》的数额入罪标准过于绝对，在实践中普遍存在上下游犯罪“量刑倒挂”的问题。为尽量避免上述情况的发生，在本犯量刑较轻且赃物犯罪没有其他情节时，对同一犯罪对象不宜单纯以犯罪数额为依据径行认定下游犯罪的定罪。最后，在具体领域仍有相关司法解释明确了该罪的数额入罪标准。如2022年3月3日发布的《关于办理危害药品安全刑事案件适用法律若干问题的解释》第13条规定：“明知系利用医保骗保购买的药品而非法收购、销售，金额五万元以上的，应当依照刑法第三百一十二条的规定，以掩饰、隐瞒犯罪所得罪定罪处罚……”

第二，取消数额门槛并不是简单的一去了之。

虽然这一做法使之前不构成犯罪的行为现在有了入罪的可能，但根据《刑法》第13条但书规定及本罪作为下游犯罪的特点，本罪当然存在一定的入罪门槛。为了避免数额标准“一刀切”，在具体办理掩饰、隐瞒犯罪所得、犯罪所得收益刑事案件过程中，在入罪标准考量方面，应当对刑法条文进行体系性统筹把握，在坚持量刑规范化的同时避免机械化的倾向，根据修改后《解释》的规定，综合考虑上游犯罪的性质，掩饰、隐瞒犯罪所得及其收益的情节、后果及社会危害程度等，依法定罪处罚。

第三，掩饰、隐瞒犯罪所得、犯罪所得收益行为并非必须满足2015年《解释》第1条第1款第2项至第5项的内容才能构成犯罪。

有观点认为，2015年《解释》第1条第1款第1项取消以后，第5项“实施其他掩饰、隐瞒犯罪所得及其产生的收益行为，妨害司法机关对上游犯罪进行追究的”中的“妨害司法机关对上游犯罪进行追究的”应视为当然规定。即凡实施了掩饰、隐瞒犯罪所得及其产生的收益行为的都妨害了司法机关追究上游犯罪，并不要求实际上造成不能查证、无法查获的妨害结果，否则将放纵大量掩饰、隐瞒犯罪所得、犯罪所得收益行为逃脱法律惩罚。所以，只要实施了掩饰、隐瞒犯罪所得及其产生的收益行为的就可以根据《解释》第1条第1款第5项追究刑事责任。笔者认为，该观点没有从体系解释和《解释》修改背景来认识《最高人民法院关于修改〈关于审理掩饰、隐瞒犯罪所得、犯罪所得收益刑事案件适用法律若干问题的解释〉的决定》，只是单纯片面地从形式上去理解司法解释条文的内涵。该决定虽然规定，掩饰、隐瞒犯罪所得罪的犯罪数额入罪标准不再适用，但同时规定了取消数额入罪标准后办理时应当考虑的因素，即“综合考虑上游犯罪的性质、掩饰、隐瞒犯罪所得及其收益的情节、后果及社会危害程度等”，并不能理解为实施隐瞒、掩饰犯罪所得、犯罪所得收益行为必须符合《解释》第1条第1款第2项至第5项的情形才构罪。对于第5项兜底性规定仍应当坚持罪责刑相适应原则进行实质性理解，不能随意扩大适用。

供稿：北京市怀柔区人民检察院　郑莹莹

案例编辑：北京市人民检察院　张艳青

高某骗取入境证件案

——提供虚假证明材料有偿帮助他人申请居留证的行为不宜以出售出入境证件罪定罪处罚

基本案情

2014年至2021年，高某伙同他人，为乌干达籍人员、刚果（金）籍人员、土库曼斯坦籍人员等4名外籍人员注册科技、贸易空壳公司，协助上述4人申请工作类居留证件。高某负责与外籍人员、其他同案人员联系，其他同案人员有的负责注册公司，有的将办公室出租给外籍人员并配合公安机关的现场核查，有的协助高某做翻译工作，有的负责办理工作许可证明。高某协助外籍人员申请工作类居留证件共获利约11万元。

2022年7月26日，北京市公安局西城分局以高某涉嫌出售出入境证件罪移送审查起诉。同年8月24日，北京市西城区人民检察院对高某作出法定不起诉。

主要问题

以牟利为目的，通过提供虚假证明材料，帮助他人申请工作类居留证的行为，能否认定为《刑法》第320条规定的出售出入境证件罪？

意见分析

意见分歧

第一种意见认为，构成出售出入境证件罪。外籍人员支付钱款，实质是希望未来能够得到入境证件，行为人实施一连串不正当行为，目的是将本属于行政审批事项的居留证成功骗取后，作为一种商品出售给不具备资格的外籍人员，骗取只是手段，出售才是目的。在我国，办证中介无法事先获取空白签证并出售。

第二种意见认为，不构成出售出入境证件罪。出售出入境证件罪的客观方面表现形式为行为人采用各种手段或者途径取得真实护照、签证等出入境证件后，卖给他人。提供虚假证明材料、帮助外籍人员获得本属于自己的入境证件的行为，实际出售的不是入境证件而是为外籍人员取得入境证件所提供的服务。“出售”应当系物品所有权与货币的交换，不包括卖方出售本属于买受人所有的物品，所有权并未转移。

意见评析

笔者倾向于第二种意见。提供虚假证明材料，有偿帮助外籍他人申请工作类居留证的行为，超出“出售”的通常含义，不宜以《刑法》第320条规定的出售出入境证件罪定罪处罚。

第一，采取不实手段违规提供有偿服务行为不构成出售行为。

提供虚假证明材料，有偿帮助他人申请工作类居留证的行为，是否能够评价为《刑法》第320条出售出入境证件罪之“出售”，理论和实践存有争议。笔者认为，上述行为不宜认定为出售行为。出售出入境证件罪是指出售护照、签证等出入境证件的行为。“出售”是指有偿转让。〔1〕“出售即出卖，是指以牟利为目的，向他人有偿提供出入境证件。”〔2〕从文义解释及立法机关相关解读来看，出售行为的实质是一方支付对价、一方转移出入境证件所有权的行为。当行为人的行为符合该实质特征时，才能认定为出售出入境证件行为，相反则不构成出售行为。“出售出入境证件的行为主要表现为一些犯罪分子收集、购买后再转卖护照等各种出入

〔1〕 张明楷：《刑法学》（第6版），法律出版社2021年版，第1461页。
〔2〕 郎胜主编：《中华人民共和国刑法释义》（第6版），法律出版社2015年版，第567-568页。

境证件，一些人将自己的护照、签证、回乡证等出入境证件非法出卖。”[1]因此，对于外籍人员取得入境证件，行为人因参与申请证件非法获利，不能简单认定就是出售行为。结合所涉案例来看，从外籍人员支付钱款到取得证件之间有行政机关的许可行为，属于实质审查，其中包括前置环节来华工作行政许可，最终申请居留证时外籍人员本人应到公安机关面谈，公安机关核实办公地点时外籍人员应在场。除工作单位、就业情况虚假外，外籍人员的申请资料中的个人基本信息是真实的。无论形式还是实质，行为人的行为都应当认定为采取不实手段提供虚假条件和材料，协助外籍人员取得入境证件的违规有偿服务行为，与有偿转让、出卖入境证件的出售行为实质不同。

第二，行为人的行为实质是弄虚作假骗取入境证件行为。

对于行为人弄虚作假注册空壳公司，协助外籍人员以公司工作人员的身份申请工作类居留证件的行为，符合“弄虚作假”骗领证件的特征。《刑法》第319条骗取出境证件罪规定的“劳务输出、经贸往来或者其他名义，弄虚作假，骗取护照、签证等出境证件”，明确了犯罪对象是护照、签证等出境证件，行为方式是弄虚作假地以劳务输出、经贸往来或者其他名义向签发、管理机关骗取出境证件。比照骗取出境证件行为，除去骗取目的、证件类型不同外，行为人弄虚作假注册空壳公司，协助外籍人员以公司工作人员的身份申请工作类居留证件的行为，实是骗取入境证件行为。对比《刑法》骗取出境证件罪与出售出入境证件罪之规定，一是《刑法》第319条没有把出入境证件并列，仅规定骗取出境证件罪，未将骗取入境证件行为入罪。二是从法定刑规定来看，出售出入境证件行为的危害性大于骗取行为。骗取出境证件罪的法定刑为3年以下，情节严重的处三年以上有期徒刑，低于出售出入境证件罪的法定刑。三是骗取证件经过了审批程序，可查可追溯；而出

---

〔1〕“黄翰雄出售出入境证件案”，广州市中级人民法院刑事判决书，(2005)穗中法刑一终字第88号；“卢雪蔓等出售出入境证件、伪造国家机关印章、伪造公司印章案”，广州市中级人民法院刑事判决书，(2006)穗中法刑一终字第228号。

售行为则规避了管理部门的监管，对国（边）境秩序的危害更大。因此，将《刑法》中未规定的骗取入境证件的行为解释为出售入境证件，不仅背离了罪刑法定原则，而且对该行为定以法定刑更高的处罚会导致罪责刑不相适应，是对《刑法》规定作出的不合理的解释。

第三，以出售出入境证件罪定罪处罚违反罪责刑相适应原则。

从行为的社会危害性、处罚必要性来看，行为人违反规定采取不实手段为外籍人员办理工作类居留证件提供便利，使不具有居留资格的人获得国家机关颁发的真实证件，违反了我国出入境管理法规，扰乱了国（边）境的正常管理秩序，具有一定的社会危害性。特别是随着我国快速发展吸引了不少外籍人员在境内工作生活，骗取居留证件的行为愈发凸显。为了施以震慑，当前司法实践也不乏以《刑法》第320条出售出入境证件罪定罪处罚的情形。[1]但值得商榷的是，在《刑法》没有明文规定的情况下，能否将具有实质上的处罚必要性的行为通过解释的方法予以入罪？笔者认为，一是应当遵循罪刑法定原则，在可能的语义与处罚必要性之间，以可能的语义限制处罚必要性，而不是以处罚必要性决定可能的语义。[2]在《刑法》、司法解释未明文规定此类行为入罪的情况下，不宜将行为人的行为解释为出售出入境证件行为。二是《出境入境管理法》明确了对骗取入境证件行为的行政处罚。《出境入境管理法》第73条、第74条分别针对弄虚作假骗取签证、停留居留证件等出境入境证件行为、违反规定为外国人出具邀请函件或者其他申请材料行为作了处罚规定。结合案例来看，涉案4名外籍人员有3人是留学生，有的2014年已入境学习，学习结束后有2人在幼儿园做外教工作，1人开办英语工作室。按照我国规定，外籍人员在我国从事外教工作的条件之一是原则上在母语国从事

〔1〕 参见广东省佛山市顺德区人民法院刑事判决书，(2020)粤0606刑初2880号；广东省深圳市中级人民法院刑事裁定书，(2020)粤03刑终2006号；福建省厦门市中级人民法院刑事判决书，(2019)闽02刑终154号；四川省成都市中级人民法院刑事裁定书，(2019)川01刑终431号；上海市第二中级人民法院刑事裁定书，(2019)沪02刑终1223号等。

〔2〕 陈兴良：《规范刑法学》(第4版)，中国人民大学出版社2017年版，第33页。

母语教学工作，4人均不符合上述条件，无法取得工作类居留证件。鉴于行为人并非代为申请并出售证件，而是采取弄虚作假协助骗取证件，让已经入境的外籍人员违法滞留在国内，该行为恰好在行政法规的规制范围之内，但并不必然成为刑事制裁的对象，遑论在法无明文规定的情况下放宽对出售出入境证件罪的解释，从而扩大入罪范围。当然，行为人也可能因其帮助行为而构成其他犯罪，如最高人民法院、最高人民检察院、公安部、国家移民管理局《关于依法惩治妨害国（边）境管理违法犯罪的意见》第7条规定："事前与组织他人偷越国（边）境的犯罪分子通谋，为其提供虚假证明、邀请函件以及面签培训等帮助，骗取入境签证等入境证件，为组织他人偷越国（边）境使用的，以组织他人偷越国（边）境罪的共同犯罪论处。"〔1〕

综上所述，提供虚假证明材料，有偿帮助他人申请工作类居留证的行为，不宜以出售出入境证件罪定罪处罚。构成其他犯罪的，可按照刑法有关规定依法处理。

供稿：北京市西城区人民检察院　赵文胜　魏　雪

案例编辑：北京市人民检察院　葛　路

〔1〕 周加海、喻海松、李振华：《〈关于依法惩治妨害国（边）境管理违法犯罪的意见〉的理解与适用》，载《人民司法》2022年第22期。

宇某等人污染环境案

——如何认定污染环境罪中“严重污染环境”的后果?

基本案情

宇某，在担任环宇飞扬国际贸易（北京）有限公司（以下简称环宇飞扬公司）经理期间，以环宇飞扬公司名义与北京城市排水集团有限责任公司污泥处置分公司就污泥处理处置达成协议后，通过李某某认识了聂某某（时任北京市门头沟区清水镇张家庄村村委会主任），聂某某擅自决定将北京市门头沟区清水镇张家庄村背子沟提供给环宇飞扬公司作为污泥处置点。2013年11月至2014年6月13日，环宇飞扬公司及宇某、聂某某违反国家规定在该地倾倒污泥19000余吨，造成背子沟地区林地严重污染，原有植被严重毁坏。经鉴定，该污泥中检出铅、汞、镉、铬等重金属及粪大肠菌群。经国家林业局森林公安局野生动植物刑事物证鉴定中心鉴定，涉案44.29亩林地已成为污泥倾倒场，林业种植条件被严重破坏，林地严重污染，原有植被已遭到严重毁坏，堆放的污泥臭气难闻。案发后，门头沟区人民政府为消除污染、防止污染扩大，采取修筑挡土墙、拦泥坝等应急工程，经价格评估，该应急工程价值人民币448万元。

北京市门头沟区人民检察院指控被告单位环宇飞扬公司及被告人宇某、聂某某、李某某犯污染环境罪，于2015年3月16日向北京市门头沟区人民法院提起公诉。门头沟区人民法院于2016年1月13日作出判决，认定被告单位环宇飞扬公司犯污染环境罪，判处罚金人民币50万元；宇某犯污染环境罪，判处有期徒刑三年，罚金人民币5万元；聂某某犯污染环境罪，判处有期徒刑二年，缓刑二年，罚金人民币3万元；李某某犯污染环境罪，免予刑事处罚。

主要问题

如何认定污染环境罪中“严重污染环境”的后果?

意见分析

意见分歧

根据《刑法》第338条的规定，污染环境罪的客观方面有三层内容：一是违反国家规定；二是实施了排放、倾倒、处置放射性废物、含病原体废物或者有毒有害物质的行为；三是造成严重污染环境的后果。依据该条规定，只有出现“严重污染环境”的后果时才可构成该罪。“两高”于2013年联合发布的《关于办理环境污染刑事案件适用法律若干问题的解释》(以下简称《解释》)第1条详尽规定了14种“严重污染环境”的情形。但关于本案定性仍然存在以下几种分歧意见：

第一种意见认为，《解释》第1条规定的14种严重污染环境的行为中，第七种为致使土地“基本功能丧失或者遭受永久性破坏”。“土地基本功能丧失”是指当维系树木生存的基本条件，如土壤养分、土壤酸碱度、土壤保水、土壤透水性、土壤呼吸等指标处于良性循环，有利于树木生长，而土地不再具备上述条件。本案中，由于倾倒污泥，导致涉案土地的林业种植条件遭到严重毁坏，已不具备涵养水源、保持水土、净化大气、维护生态平衡等方面的功能。与周边相近的林相比较，涉案林地无法再达到林相结构完整、林下层植物种类繁多、枝叶茂盛、植物交织覆盖等原貌，难以自然恢复，应认定为“土地基本功能丧失”。因此，宇某等人的行为构成污染环境罪。

第二种意见认为，导致涉案林地不具备涵养水源、保持水土、净化大气、维护生态平衡等基本功能的原因是倾倒污泥的数量太多，导致污泥层太厚，且人为取土，从而使植物丧失了生存的基本条件，而不是土地本身被污染。涉案林地上覆盖的污泥被清理走后，又有植物重新长出，不应认定为“土地基本功能丧失”。因此，倾倒污泥的行为没有造成“严重污染环境”的后果。此外根据《解释》第9条的规定，“公私财产损失”应当既包括污染环境行为直接造成财产损毁、减少的实际价值，也包括为防止污染扩大、消除污染而采取必要合理措施所产生的费用。本案中，由于污泥处置地点位于清水河上游，汛期到来，污泥中含有的重金属元素可能对下游河流造成污染，门头沟区水务局采取的措施是为防止可能发生的严重污染而支出的费用，不应认定为《解释》第9条规定的“公私财产损失”。因此，宇某等人的行为不构成污染环境罪。

第三种意见认为，本案中污泥因含有重金属可以认定为有毒物质，倾倒污泥虽然未达到致使“土地基本功能丧失”的程度，但案发后门头沟区水务局所采取的应急处置措施（包括污泥倒运及掺土处理、土袋围挡、建污泥挡墙、开挖排水沟、建拦泥坝等项目）造价为人民币448万元，这一数额可以认定为为防止损失扩大、消除污染而造成的公私财产损失。因此，宇某等人构成污染环境罪。

意见评析

笔者同意第三种意见，理由如下。

第一，倾倒污泥没有达到致使“土地基本功能丧失”的程度。

本案中，门头沟区环境保护局出具的证明显示：“现场取得污泥和土壤样品共8件，从监测的结果初步分析，7件污泥样品33项监测项目均未达到《危险废物鉴别标准浸出毒性鉴别》（GB 5058.3—2007）中规定的标准限值。”由此可见，涉案污泥虽然含有重金属，按照《解释》第10条的规定可以认定为“有毒物质”，但其是污染林地的很小因素。污泥的酸碱度高、黏性高、透水性差，且由于污泥层太厚，覆盖于地表时林木无法呼吸而大量死亡，最终导致涉案林地丧失了植物生存的基本条件从而丧失其种植林木的基本功能。目前涉案污泥均已清理走，被污染的林地也有植物重新长出，需要一个缓慢的过程可逐渐恢复其林地功能。因此，不应认定为“土地基本功能丧失”。

第二，倾倒污泥虽然没有达到致使“土地基本功能丧失”的程度，但仍可认定为造成了严重污染环境的后果。

环境是由土壤、水、大气、动植物等要素组成的复杂生态系统。所谓环境污染是指人类直接或者间接地向环境排放超过其自净能力的物质或者能量，从而使环境的质量降低，对人类的生存与发展、生态系统和财产造成不利影响的现象。1997年《刑法》原本以“造成重大环境污染事故，致使公私财产遭受重大损失或者人身伤亡的严重后果”作为重大环境污染事故罪的成立条件，而《刑法修正案（八）》将“严重污染环境”作为污染环境罪构成要件中的危害结果，从实质上反映了环境刑法保护的重心已经从公私财产和人身安全逐步转向生态环境本身，“环境法益”成为刑法设立污染环境罪所保护的基本法益。“环境”不仅应当从经济的角度衡量其直接或者间接价值，而且应当从生态环境服务功能的角度予以量化评价。环境的生态服务功能是指某种生态环境和自然资源对其他生态环境、自然资源和公众利益所发挥的作用。污染行为在对环境造成直接、间接经济损失的同时，对环境的生态服务功能也造成了巨大损害，这部分损害结果同样应当纳入污染环境罪“严重污染环境”的犯罪结果评价范围。本案中，由于倾倒污泥，导致涉案土地的林业种植条件遭到严重毁坏，已不具备涵养水源、保持水土、净化大气、维护生态平衡等方面的功能，难以自然恢复，应当认定为该地环境的生态服务功能遭到了严重损害。

第三，案发后门头沟区水务局所采取的应急处置措施可以认定为为防止污染扩大、消除污染而采取的必要合理措施。

与直接导致不特定多数人伤亡或财产损失的危害公共安全犯罪相较而言，人类对于环境的污染与破坏具有渐进性、长期性、复杂性、隐蔽性、潜伏性、累积性等特点。虽然严重污染环境最终也会导致不特定或多数人的伤亡或者财产损失，但这种损害并非环境污染的行为本身直接导致，而是通过环境要素如土壤、水体、大气等作为媒介间接造成的。司法实践中认定“严重污染环境”，应当从污染行为与环境之间的关系层面全面界定污染环境所应当进行量化评价的各项指标。这种环境犯罪损害结果全面评价原则的集中体现便是将环境功能性损害作为“严重污染环境”的量化指标之一。

具体而言，全面评价污染行为所导致的各类损害结果，应该包括环境直接损害、环境间接损害以及环境修复期间损害。(1)环境直接损害是指污染环境的犯罪行为直接造成的区域生态环境功能和自然资源破坏、人身伤亡和财产损毁及其减少的实际价值；(2)环境间接损害是指为防止污染扩大、污染修复或恢复受损生态环境而采取的必要的、合理的措施而发生的费用；(3)环境功能性损害是指受到污染的环境部分或完全恢复前生态环境服务功能的期间损害。防止污染扩大以及消除污染这两类行为的做出者往往是政府环境应急管理部门或其他受到环境污染威胁的主体，对这两类行为所产生的费用进行核定时，判定上述两类行为是否“必要与合理”的评估依据主要是其所采取的措施与污染行为的危险性是否具有技术上的相当性。

本案中，由于倾倒污泥，涉案林地的原有植被已遭到严重毁坏，林业种植条件也已经被严重破坏，难以自然恢复。相关部门要恢复土壤结构，需经过很长时间的氧化土壤、降低碱性、降解有毒有害物质、还原土壤的透水性和再生植被的呼吸功能，营造微生物的繁殖、再生条件等一系列措施，这些需要一个非常缓慢的过程，也需要支出大量人力物力财力。在此过程中所产生的必要合理费用应当认定为政府部门为防止损失扩大、消除污染而造成的公私财产损失。因此，宇某等人构成污染环境罪。

供稿：北京市门头沟区人民检察院　王　珏

案例编辑：北京市人民检察院第四分院　王志国

安某某非法持有毒品案

——如何认定非法持有毒品罪中的“持有”？

基本案情

2016年9月9日10时许，安某某在昌平区西关琥珀郡小区3号楼其租住处被抓获时，民警当场从其租住的房间内起获冰壶二个、电子秤一个和白色塑料袋装白色晶体9包（共计9.4克）；从其房间西侧窗台外测和西关琥珀郡3号楼下西侧草丛内起获白色塑料袋装白色晶体4包（共计2.91克）。经对毒品可疑物检测，检出甲基苯丙胺（冰毒）。民警从在安某某家中的左某某处起获白色塑料袋装固体0.01克和粉末0.40克，经检测检出海洛因。

安某某辩解，从窗户扔出去的4包冰毒系来访好友左某某所有，是左某某在民警敲门时递给他的，民警进门同时，其将此4包冰毒扔出窗外。左某某证称，其没有让安某某将冰毒扔出窗外，在民警进门前也没有给安某某冰毒，当天民警进门时是其开门，当时安某某在窗户附近，并称海洛因为其所持有，其他毒品应是安某某的。

北京市昌平区人民检察院于2016年9月21日以非法持有毒品罪对安某某作出批准逮捕决定，后于同年11月17日起诉至北京市昌平区人民法院。同年12月29日，昌平区人民法院判决安某某犯非法持有毒品罪，判处有期徒刑十一个月，罚金人民币1000元。安某某提出上诉。2017年3月27日，北京市第一中级人民法院裁定维持原判。

主要问题

安某某对窗外及草丛中起获的4包冰毒是否构成非法持有毒品罪中的“持有”？

意见分析

意见分歧

第一种意见认为，持有要看所有权归属。现有证据无法排除安某某从窗户扔出去的4包冰毒系左某某所有，由于当时左某某也在现场，左某某作为冰毒的所有人对冰毒有支配力，左某某系此4包冰毒的实际占有人，故无法认定安某某持有此4包冰毒。由于扣除此4包冰毒，安某某持有的冰毒不足10克，故安某某不构成非法持有毒品罪。

第二种意见认为，持有须达到一定时间。虽然现有证据无法确定安某某从窗户扔出去的4包冰毒的归属，但是持有与所有并无必然联系，认定持有不需要对冰毒具有所有权。安某某对此4包冰毒的持有仅从民警敲门到开门后的时间，持有时间较短，不宜认定为刑法上的“持有”。由于扣除此4包冰毒，安某某持有的冰毒不足10克，故安某某不构成非法持有毒品罪。

第三种意见认为，持有并不要求所有，持有关键看犯罪分子是否将毒品置于自己事实上的支配和使用范围。虽然安某某对此4包冰毒的持有时间较短，但持有时间长短并不影响“持有”行为的成立。从安某某可以自由处置这4包冰毒将其扔出窗外，可知其已经具有对该毒品的控制支配能力。因此，可以认定安某某持有此4包冰毒，其行为构成非法持有毒品罪。

意见评析

笔者同意第三种意见。持有并不是所有，只要违反国家法律和国家主管部门的规定，占有、携带、藏有或者以其他方式持有毒品即非法持有毒品罪中的“持有”。认定非法持有毒品罪中“持有”的深层内涵在于判断犯罪分子是否将毒品置于自己事实上的支配和使用范围。

第一，持有与所有、占有均无必然联系。

物的所有权归属不影响刑法上持有的认定。持有不限于所有权人。实务中，替他人保管毒品的行为也应认定为持有。如若将持有限于所有权人，必将使行为人以替他人保管为由逃避法律追究，不符合刑法打击毒品犯罪的初衷。持有不同于占有。一方面，虽然持有和占有存在交叉，占有也强调对物的实际控制，但是占有还包括法律关系层面的占有如间接占有，而持有只是事实上的占有。另一方面，占有要求有自己占有的意思，而持有不要求必须为自己持有的意思，为他人持有也构成持有。换句话说，持有主要表现为单纯的人与物的关系，它还未受到法律之调整，从而上升为占有，仅是占有的客观表现而已，即持有为不包含意思因素的纯然客观的人对物事实上的控制〔1〕。因此，刑法上的持有强调的是客观存在的事实，对于主观方面仅要求对持有的物品有认知，而不要求上升到法律层面的管理和控制的意思。

第二，持有不要求必须达到一定时间。

有人认为持有必须在时间上满足一定的量的要求，时间较短的不构成持有。有的甚至提出持有须具备“时间的持续性”特征。论者指出，持有行为必须具有一定的时间持续性，即行为人对某种特定物品从实现对其控制、支配关系到终了这种关系的这段时间必须具有持续的时间不间断性，其持有时间呈现出一定的

〔1〕 田青、金东辉：《略论持有、占有及占有权》，载《新乡师范高等专科学校学报》2001年第2期。

持续性[1]。但以时间长短来认定持有存在以下问题：一是如何界定时间达到多久才能认定持有；二是以达到某个时间长度以上就构成持有过于机械，不利于对持有进行实质性判断；三是以时间长短认定持有与非法持有毒品罪的设置初衷相违背，不利于打击毒品犯罪。要求持有必须具有时间持续性，势必会影响持有型犯罪“堵截犯罪”功能的发挥，有悖持有型犯罪的立法初衷。[2]因此，应当认为时间长短一般不影响持有的成立，但如果时间过短不足以说明支配关系时，则不易认定为持有。

第三，持有关键看行为人是否具有事实上的支配和控制力。

虽然学者们对于持有的性质有状态说和行为说，其中行为说又有“作为说”“不作为说”“独立行为说”（“第三种行为说”）[3]，但是无一例外的是本质上他们都强调支配和控制。如持“作为说”的学者指出，持有是以行为人对物的实力支配关系为内容的行为。[4]持“状态说”的学者认为刑法上的持有就是一般意义上的持有，即人对物事实上的控制和支配。[5]也就是说，持有无论是一种状态还是一种行为，其都要求行为人对物具有事实上的支配和控制力。典型的持有表现为手拿、携带等空间上的直接联系，但是持有也包括藏匿等空间上不直接联系的情形。判断持有的关键还是看行为人和物之间是否形成了支配与被支配、控制与被控制的关系。

本案中，虽然安某某持有4包冰毒的时间不长，但持有并不要求像占有那样长期、稳定地控制，也不要求主观上有为自己持有的意思。从安某某能够自由地处置其手中的4包冰毒，将毒品扔出窗外，可知安某某对这些毒品存在事实上的支配

[1] 陈正云、李泽龙：《持有行为——一种新型的犯罪行为态样》，载《法学》1993年第5期。

[2] 刘士心：《刑法中持有行为的概念与特征新探》，载《南开学报》2005年第2期。

[3] 储槐植教授最先提出持有的“独立行为说”，该说突破了刑法上行为分为作为和不作为的传统理论，认为持有是不同于作为和不作为的第三种行为形式。

[4] 张明楷：《刑法学》（第4版），法律出版社2011年版，第161页。

[5] 张曙光：《一种“事实关系”型行为——刑法中持有之规范论描述》，载《安徽大学法律评论》2010年第1期。

和控制能力。安某某主观上明知自己所持有的是毒品，客观上对毒品有事实上的支配和控制力。因此，能够认定安某某对这4包冰毒构成刑法上的持有。综上所述，安某某非法持有的毒品数量已达入罪标准，构成非法持有毒品罪。

供稿：北京市昌平区人民检察院　陈　蕾　陈洁森

案例编辑：北京市人民检察院　梁景明

聂某某组织卖淫案

——组织卖淫罪中组织行为的判断

基本案情

2020年12月至2021年3月，聂某某以牟利为目的，租赁北京市西城区某小区民房，招揽嫖客并谈价格，组织胡某某、姚某某、杨某三人，以1000元至2000元不等的价格从事卖淫活动，所获款项按照被告人聂某某的要求五五分成。

2021年6月16日，北京市公安局西城分局以聂某某涉嫌组织卖淫罪移送北京市西城区人民检察院审查起诉。同年6月30日，西城区人民检察院以组织卖淫罪对聂某某提起公诉。同年9月29日，北京市西城区人民法院判决聂某某犯组织卖淫罪，判处有期徒刑五年，罚金人民币2万元。宣判后，聂某某未提出上诉，现判决已生效。

主要问题

犯罪主体只有一人，对卖淫人员管理方式松散简单，构成组织卖淫罪还是容留、介绍卖淫罪？

意见分析

意见分歧

第一种意见认为，构成容留、介绍卖淫罪。聂某某租房容留的人员来去自由，自行与他人联系即可外出。其会提前确定卖淫人员是否有时间，充分尊重卖淫人员的意愿，没有采取任何控制手段，没有制定任何管理制度和措施，也没有任何实质意义上的约束行为。且聂某某没有其他同伙和分工，更没有严密的组织架构，不存在组织的基础，仅起到提供房间给卖淫人员居住、在卖淫人员与嫖客之间牵线搭桥的作用。故聂某某的行为仅构成容留、介绍卖淫罪。

第二种意见认为，构成组织卖淫罪。聂某某在网上发布招募信息召集胡某某等三名卖淫人员，租用民房提供给卖淫人员用于卖淫活动，招揽嫖客并发送卖淫项目、价格、地点等信息，与卖淫人员规定嫖资五五分成等。其一系列行为已经形成对卖淫活动的主导、支配和控制，其与卖淫人员之间形成了组织和被组织、管理和被管理的关系。故聂某某的行为构成组织卖淫罪。

意见评析

笔者同意第二种意见，理由如下。

第一，组织卖淫罪中组织行为的判断。

我国刑法分则中规定了诸多组织型犯罪，如组织他人偷越国（边）境罪、组织卖淫罪、非法组织卖血罪等。被组织行为或本身就是犯罪行为，或是一般违法行为，或是中性行为（如个人卖血不受法律评价，但非法组织卖血构成犯罪）。[1]之所以对特定组织行为予以正犯化，是因为组织行为具有聚合性，“如果组织行为的最终目标是开展不法活动，则有组织地实施的不法活动相对于单人行为或多人无组织的分散行为而言其社会危害性与危险性会显著升高”[2]。组织型犯罪或表现为对他人的人身控制、利益压榨，或表现为风险聚合以至动摇秩序，或表现为基于连结的分工而居中统筹，组织者即是整个犯行实施的核心角色。相较犯罪集团的首脑，组织型犯罪是一种单独犯，在组织行为逾越了一定门槛之后单独处罚组织者，而不处罚参与人。这也意味着，组织行为本身就是构成要件要素，从而与参与人的行为脱离开来，并非对具体实施者（参与人）的参与（教唆或帮助）。此类组织型

〔1〕 唐稷尧：《论我国刑法分则中的组织行为》，载《中外法学》2022年第6期。
〔2〕 唐稷尧：《论我国刑法分则中的组织行为》，载《中外法学》2022年第6期。

犯罪尚无统一的内涵，刑法分则也只是统一用“组织”这一表述来描述罪名，具体的行为形式取决于司法解释或实践认定。

组织卖淫罪是指组织他人卖淫的行为。2017年《最高人民法院、最高人民检察院关于办理组织、强迫、引诱、容留、介绍卖淫刑事案件适用法律若干问题的解释》(以下简称《解释》)第1条规定：“以招募、雇佣、纠集等手段，管理或者控制他人卖淫，卖淫人员在3人以上的，应当认定为刑法第三百五十八条规定的‘组织他人卖淫’。组织卖淫者是否设置固定的卖淫场所、组织卖淫者人数多少、规模大小，不影响组织卖淫行为的认定。”判断是否构成本罪的关键点在于是否有组织行为，即行为人对卖淫活动是否占据支配、控制、指挥地位，行为人与卖淫人员之间是否形成了管理和被管理的关系，这也是其与容留、介绍卖淫罪的关键区别点所在。结合理论与司法实践，对组织行为的判断主要从以下几方面把握：

首先，实际控制一定数量的卖淫人员。组织既然有召集、安排、编制之意，则被组织对象不可能为单人。被组织的卖淫人员要求达到3人以上，既是司法解释的明确规定，也符合我国刑法对“多人”的惯常理解，亦是组织行为内涵之必然要求。而单纯的介绍、容留没有人数限制。其次，组织者与卖淫人员之间是管理与被管理、控制与被控制关系。1992年最高人民法院、最高人民检察院《关于执行〈全国人民代表大会常务委员会关于严禁卖淫嫖娼的决定〉的若干问题的解答》(以下简称《解答》)第2条规定，“组织他人卖淫罪，是指以招募、雇佣、强迫、引诱、容留等手段，控制多人从事卖淫的行为”。而2017年《解释》将1992年《解答》的“控制他人卖淫”改为“管理或控制他人卖淫”。管理是指对某项工作顺利进行起到一定组织、计划、领导的作用。组织者往往会确立人、财、物的管理办法或制度，甚至对卖淫行为的标准进行规定，以此将卖淫人员、卖淫活动置于其管理之下，如行为人会事先规定好项目种类、价格标准、嫖资分成比例、惩罚制度等。而控制是指“通过对卖淫人员施加物理的或者心理的影响，进而左右卖淫人员的意志，使其难以摆脱行为人的影响”〔1〕。不难看出,“管理”相较“控制”,更着重组织行为的计划性、安排性,组织者对卖淫人员的限制程度更轻。也就是说,《解释》扩大了组织卖淫罪的入罪范围。这是由于目前社会上存在较多自愿从事或已经从事性交易的人员,组织者并不需要以强迫手段控制其人身自由,只需要提供相应条件使其处于管理之下,便能实现组织一定数量卖淫人员卖淫、从中牟利的目的。最后,组织者负责组织、安排卖淫活动。具体表现为通过推广、宣传卖淫业务招揽嫖客,向嫖客推荐、介绍卖淫人员,促使双方达成具体的卖淫活动,同时为卖淫活动提供场所等便利条件、服务或保障等。

第二,组织卖淫罪的认定关键在于行为的组织性,不要求成立犯罪组织。

刑法分则规定的组织型犯罪中,还有组织恐怖组织罪、组织黑社会性质组织罪。罪名中后一“组织”为名词,往往需要形成人数众多、分工明确、层级严密的组织架构,有比较明确的组织者、领导者,骨干成员基本固定,有较为严格的组织纪律,诸多犯罪嫌疑人之间已形成犯罪组织。有意见指出,组织卖淫罪需要成立较为完整的犯罪组织或团伙,组织者一方人数较多、分工明确,才能实现对卖淫人员和卖淫活动的有力控制。所以,有无犯罪组织是判断行为人是否构成组织卖淫罪的因素之一。但这种观点在近些年的判决和文章中已不多见,原因有三:一是随着时代发展和互联网进步,一个人就可以做到对整个卖淫活动的有效管理或控制,如在互联网上发布招募信息、通过微信和电话安排卖淫活动、通过网上转账收取嫖资等,并不需要多人分工。行为人一人便可将分散于不同地方的卖淫人员加以集中,形成一个有机整体,使原本分散的卖淫行为系统化、有序化。二是如前文所述,如今组织卖淫罪强调的是对卖淫经营的支配和控制,并不要求控制卖淫人员的人身自由,只需要对整个卖淫活动起到管理、调度、安排即可。三是在组织卖淫活动中,尽管犯罪主体组织化的社会危害性更为严重,但是,组织卖淫行为所造

〔1〕 张明楷:《刑法学》(第6版),法律出版社2021年版,第1527页。

成的危害结果应以控制卖淫人员进行卖淫活动为前提，倘若抛开这一前提，单纯地对犯罪主体的组织化程度进行评价，就是舍本逐末，既不符合犯罪构成要件，也难以体现该罪所侵害的法益。〔1〕

与组织恐怖组织罪、组织黑社会性质组织罪不同，组织卖淫罪只对行为属性有要求，对被组织对象没有限制。这里的“组织”只是动词，强调行为的组织性，而非犯罪主体组织化，组织者是否有组织结构、犯罪主体的多少并不影响本罪的成立。

第三，区分组织卖淫罪中的容留、介绍行为和容留、介绍卖淫罪。

司法实践中，容留、介绍卖淫罪往往与组织卖淫罪交织在一起。两罪与国家法律禁止的卖淫嫖娼活动密切相关，侵害的法益均为社会管理秩序，且在犯罪主体、主观方面较为相似，具体犯罪手段往往也会出现竞合的情况。实践中几乎所有的组织卖淫行为都伴随着容留、介绍卖淫行为，此罪与彼罪的界限较为模糊。

《解释》第3条规定：“在组织卖淫活动中，对被组织卖淫的人有引诱、容留、介绍卖淫行为的，依照处罚较重的规定定罪处罚。但是，对被组织卖淫的人以外的其他人有引诱、容留、介绍卖淫行为的，应当分别定罪，实行数罪并罚。”由此可见，组织卖淫是复合行为，行为人无论是招募卖淫人员、为卖淫人员提供卖淫场所、介绍嫖客，都是组织管理之下的衍生行为，卖淫人员需要接受组织者的管理安排。如果行为人脱离已掌握的卖淫人员，为处于其管理之外的卖淫人员介绍嫖客、提供卖淫场所，则不能为组织卖淫罪所评价，需要分别定罪，和容留、介绍卖淫罪数罪并罚。而容留、介绍卖淫是单一、单发行为，行为人仅为他人卖淫创造活动空间、提供信息等条件。容留、介绍者与卖淫者之间是合作关系，而非组织与被组织者关系，并不涉及对卖淫活动的管理或者控制。在司法实践中，对于容留、介绍他人卖淫的行为如何定性，需要结合其他行为综合判断，进而认定除容留、介绍卖淫行为外还有无其他管理和控制卖淫活动的行为。若存在其他管理和控制行为，容留、介绍行为

〔1〕 叶迪南：《组织卖淫罪的司法认定》，载《湖北警官学院学报》2015年第4期。

仅作为组织卖淫行为的手段和环节之一，以组织卖淫罪论处，不再单独评价；若不存在其他管理和控制行为，如仅记录卖淫次数便于结算、设置专人看管场所等行为，双方没有形成管理与被管理的关系，则单独认定为容留、介绍卖淫罪。

结合本案，聂某某通过招工网站发布信息招募卖淫人员，胡某某等三人借此与其取得联系，后到指定地点由聂某某亲自进行面试，由此确定了从事卖淫服务的人员。聂某某事先规定了项目种类以及对应的价格表，约定好嫖资与卖淫人员五五分成的比例等，通过微信统一调度、指派卖淫人员。过程中，聂某某在某网站上发布信息招揽嫖客，向嫖客发送卖淫人员照片供其挑选，与嫖客商定好卖淫项目、价格、时间和时长，向嫖客发送场所位置信息，再另行通知卖淫人员嫖客具体情况，卖淫结束后按照聂某某要求进行付款和分成。虽然聂某某管理较为宽松，组织行为也由其一人实施，不如卖淫团伙组织严密、管理严格、控制有力，但其行为在客观上已经对卖淫人员起到组织、安排、管理作用，整个卖淫活动处于聂某某的管理、安排之下。实践中，有的卖淫组织者管理严格，会以月结工资、外出请假等方式对卖淫者的人身产生一定限制。而本案聂某某与卖淫者之间仅就从事卖淫服务达成联系，双方不知道对方的真实姓名，各有其他相对正式的工作，卖淫者可以根据自己的时间和需求决定是否接单，且嫖资分成一次一结。但如前文所述，无论组织者的管理或控制紧密严格还是较为松散，只是管理方式的不同，不影响组织行为的成立。组织者对卖淫人员的管理、控制不应局限于人身自由的控制，更在于其对卖淫活动的组织管理。聂某某除了在卖淫人员与嫖客之间牵线搭桥、提供场所供其进行卖淫活动，还进行了事前的招募、租房等准备工作，事中的制定项目内容、收费标准等管理工作，事后的抽取提成等善后工作，对整个卖淫经营活动形成有效管理和控制，其与三名卖淫人员之间形成管理与被管理的关系，应认定为组织卖淫罪。

供稿：北京市西城区人民检察院　张椰子

案例编辑：北京市人民检察院　毛　俐

王某介绍卖淫案

——介绍一人多次卖淫行为应当如何认定？

基本案情

王某与张某某系男女朋友。2017年2月至4月，王某在QQ群发布信息联系嫖客，先后四次介绍张某某在北京市丰台区、朝阳区、海淀区等地居民小区或快捷酒店房间，分别以1200元、1300元、1900元、2000元的价格向王甲、陈甲、陈乙、王乙四人卖淫。

2017年12月，北京市朝阳区人民检察院以犯罪事实不清、证据不足，不符合起诉条件，对王某作出存疑不起诉决定。

主要问题

2017年7月施行的《最高人民法院、最高人民检察院关于办理组织、强迫、引诱、容留、介绍卖淫刑事案件适用法律若干问题的解释》（以下简称《解释》）第8条第2项“容留、介绍二人以上卖淫的”，应理解为“介绍二名以上不同卖淫者提供卖淫服务”，还是可以理解为“介绍二次以上卖淫行为”？即为同一卖淫者介绍二人以上嫖娼者的行为如何认定？

意见分析

意见分歧

第一种意见认为，2008年最高人民检察院、公安部出台的《关于公安机关管辖的刑事案件立案追诉标准的规定（一）》（以下简称《立案追诉标准（一）》）第78条规定将“引诱、容留、介绍二人次以上卖淫的”作为该罪的入罪标准，《解释》将入罪条件修改为“容留、介绍二人以上卖淫的”。故在适用时要求介绍卖淫行为指向卖淫者，必须介绍两名以上不同卖淫者从事卖淫行为才能构成介绍卖淫罪。

第二种意见认为，介绍卖淫行为对象具有对合性，介绍卖淫者或嫖娼者均属于“介绍卖淫”；《解释》将“二人次以上”改为“二人以上”目的在于降低取证难度；机械要求容留、介绍不同卖淫者卖淫将导致放纵犯罪。因此，从介绍卖淫行为对象的对合性、《解释》修改立法初衷和介绍卖淫行为的社会危害性角度考虑，无论是介绍“二人以上”的卖淫者还是嫖娼者，都应认为达到入罪标准。

意见评析

笔者认为，《解释》第8条第2项“容留、介绍二人以上卖淫的”，应理解为“容留、介绍二名以上卖淫者提供卖淫服务”。“为同一卖淫者介绍二人以上嫖娼者的行为”的认定问题，涉及如何正确理解和适用《解释》关于介绍卖淫的入罪标准规定。

一是介绍卖淫的入罪标准有新变化。依照2008年《立案追诉标准（一）》第78条第1项，“引诱、容留、介绍二人次以上卖淫的”，应予立案追诉。《解释》将介绍“二人”作为入罪标准，是对《立案追诉标准（一）》“二人次”标准的改进。司法实践表明，人数认定比次数认定在认定证据上更简便，可操作性更强，《解释》即确定了以卖淫人数作为入罪标准之一。介绍不同的人卖淫和介绍相同的人卖淫，前者的社会影响和危害性相对更大，《解释》对此作出区别对待。只有介绍卖淫行为达到一定程度、情节的，才需要以犯罪处罚，以“介绍二人以上卖淫”作为入罪标准，符合法律规范的阶梯性规定。

二是“为同一卖淫者多次介绍卖淫的”也可以定罪处罚。介绍不同的人卖淫和介绍相同的人卖淫，虽然整体社会影响和危害性有所不同，但并不意味着不考虑“为同一卖淫者多次介绍卖淫的”社会危害性。依照《解释》的规定，从非法获利的角度，确定非法获利一万元以上作为入罪标准，涵括了介绍卖淫的次数问题。《解释》规定，一年内曾因介绍卖淫行为被行政处罚，又实施介绍卖淫行为的，以介绍卖淫罪定罪处罚。“为同一卖淫者多次介绍卖淫的”，具有以上情形的，应当定罪处罚。

三是不以介绍卖淫罪定罪处罚并非放纵介绍卖淫行为。介绍他人卖淫的，应该考虑情节轻重。符合《解释》关于介绍他人卖淫的四项入罪标准的，应该以犯罪处罚；不构成犯罪的，根据《治安管理处罚法》规定，纳入行政处罚考量。单就“为同一卖淫者介绍二人以上嫖娼者的行为”，没有其他行为、情节的，可以进行治安处罚，达到维护社会管理秩序的效果。

此外，《最高人民法院、最高人民检察院关于适用刑事司法解释时间效力问题的规定》明确，“对于新的司法解释实施前发生的行为，行为时已有相关司法解释，依照行为时的司法解释办理，但适用新的司法解释对犯罪嫌疑人、被告人有利的，适用新的司法解释”。王某介绍卖淫行为发生于2017年2月至4月，按照“从旧兼从轻”原则，应当适用《解释》。

供稿：北京市人民检察院　葛　路

北京市朝阳区人民检察院　高哲远

案例编辑：北京市人民检察院　梁景明

七、贪污贿赂罪与渎职罪

郭某某玩忽职守案

——抽象职责下因果关系的判断

基本案情

郭某某自1986年1月至2012年9月担任顺义区马坡地区北上坡村党支部书记。2009年5月，郭某某作为北上坡村党支部书记与北京市顺义区马坡镇人民政府签订了马坡镇土地资源保护管理责任书，其作为北上坡村土地资源保护管理的第一责任人，对村域内违建和改变土地使用性质等问题负有及时发现、制止、上报（马坡镇村镇建设科）、积极协助处理等职责。2009年11月，顺义区政府以顺义新城地产开发有限公司为平台，对包括北上坡村在内的四个村进行拆迁。郭某某担任拆迁工作指挥部副总指挥，负责组织、协调、实施北上坡村的具体拆迁工作。2009年11月初，在拆迁开始前，北上坡村西北部郭某某亲弟弟郭某成承租的土地上和村属林地上出现大量抢建的违章建筑；11月19日，马坡镇政府村镇建设科工作人员发现该情况并依法下达了责令停止土地违法行为通知书；11月23日村镇建设科会同镇派出所、城管分队以镇政府名义下达了违法建设拆迁通知书。但负责查处违建的村镇建设科此后并未进行及时监督，在郭某成违建未自行拆除的情况下，村镇建设科未组织进行强拆，导致违建进入评估程序。郭某成拆迁档案存有虚假文件也导致拆迁资料审核通过。郭某某在了解到其弟郭某成参与建设该违章建筑后，未采取任何有效措施予以制止，也未将该情况及时上报，致使郭某成等人骗取国家拆迁补偿款3366310元。

本案由北京市顺义区人民检察院起诉至北京市顺义区人民法院。顺义区人民法院认为郭某某具体职责不明，且郭某某的行为与国家损失之间不存在必然因果关系，拟判无罪，建议顺义区人民检察院撤回起诉。后顺义区人民检察院撤回起诉并对郭某某作存疑不起诉决定。

主要问题

1.职责规定抽象时是否只能认定无履职义务。

2.不履行或不正确履行职责的行为与造成损害结果之间因果关系的判断标准。

意见分析

意见分歧

第一种意见认为，职责规定抽象时，可以结合职务实际履行情况等因素综合判断，以明确是否有过失履职的行为；当履行职责过失的行为对损害后果发生具有相当性的原因力，失职行为与危害社会结果之间具有“无此则无彼”的必要关系，可以判断为两者存在刑法上的因果关系。

第二种意见认为，职责规定抽象时，认为职责不明，因此否定过失履职行为；且履行职责过失的行为与损害后果之间必须是直接、必然因果关系，前者的行为合乎规律地引起后者产生的，才能判断两者之间存在刑法上的因果关系。基本排斥失职行为与重大损失后果之间具有间接的、或然的因果关系的，成立过失渎职类犯罪的适用情形。

意见评析

笔者同意第一种意见，主要理由是渎职行为一般不是导致损害后果发生的直接原因，而是起到非根本、决定作用的间接原因。如果要求有A（失职行为）就有B

（损害后果）的充分必要条件关系，即必然因果关系，则几乎所有的多因一果的渎职案件都无法认定。具体分析如下。

第一，抽象职责能够通过行政管理惯例、实际职务履行情况等要素予以明确。

职责的确定不能仅限于政府部门的职能配置、内设机构、人员编制规定等书面文件，还要结合各部门行政管理现状作为判断行为人是否负有职责的尺度标准。在规范性文件明确特定职权内容下，较为容易确定职责问题。但行政管理文件的职责规定较为笼统，不能仅以职责不明确来排除失职人的避免义务，而要结合特定管理事项所下发的文件、会议纪要、审批程序细则等方面查证具体职责。另外通过该部门工作人员对职责的具体描述与解读等言词证据予以补强。如本案中，郭某某作为村土地资源保护管理第一责任人，责任书明确了发现违建后及时制止、及时上报、积极协助做好处理工作的职责，但对于可以采取何种手段或措施予以制止、上报的具体内容和时限以及违反规定的责任后果等均未明确。郭某某也是拆迁工作指挥部副总指挥及拆迁工作组成员，但拆迁实施方案中仅规定了拆迁工作指挥部的职责是“具体负责组织实施拆迁工作，制定落实拆迁实施方案，采取切实有效措施完成拆迁工作”，以上职责规定较为抽象、笼统。不可否认的现实情况是，现行行政机关的管理文件对职责一般均规定得较为笼统，不能仅以规定不明确为失职者免责，而应该结合职责履行实际情况与被管理事务及职责人身份来综合判断。郭某某作为村书记，不仅是村土地资源保护管理第一责任人，也是拆迁工作指挥部副总指挥及拆迁工作组成员，文件上“发现违建后及时制止、及时上报、积极协助做好处理工作”“采取切实有效措施完成拆迁工作”的职责表述，其内涵应包括保障拆迁工作合法有序进行和防止土地不当流失的管理义务。职责具体如何履行、履行的方式不明确，且大多不会有固定的流程可参照，履行方式往往是遵照管理惯例和工作实践形成，这是行政管理机关普遍存在的问题。总的原则是采取措施可以保证被管理事项能够合法有序进展，其中就包括实现管理目的、预防被管理事项违法、制止违法后果扩大等。综上所述，认定是否履行职责的事实需要根据行政管理机关一般管理流程或操作惯例甚至是常识来确定。

第二，有职责、有明知却未采取措施防止危害结果发生的行为违反了预见和避免义务。

渎职罪的主观内容包括故意与过失。一般认为滥用职权罪的主观为故意，玩忽职守罪的主观为过失。即使有观点认为玩忽职守罪的主观既有过失也有故意，笔者对过失渎职犯的讨论结论，举轻以明重，对于故意渎职犯的因果关系判断亦同样适用。过失犯对行为危害社会的结果负责的原因在于违反注意义务。失职者的违反注意义务行为分为违反预见义务行为和违反避免义务行为。根据行为人主客观情况，按照社会的一般观念，行为人对于危害结果发生具有相对具体、大致认识的，认为行为人已经预见危害结果。如果对行为人违反注意义务的行为是否导致产生危害结果的危险显著增加仍存疑问，应当适用“无罪推定”原则；反之，则不作为与危害结果的因果关系应予成立。本案中，郭某某作为村书记，了解村土地利用情况是必然之义，且其是涉案违建物申请人郭某成的亲哥哥，有证据证实郭某某在了解到其弟郭某成参与建设该违章建筑后，未采取任何有效措施予以制止，也未将该情况及时上报。在随后的评估过程中，郭某某隐瞒了郭某成等人违章建筑情况，帮助该违章建筑得以顺利通过评估，可见其对违建情况的发生和进展是明知的。再结合其是拆迁工作指挥部副总指挥及拆迁工作组成员的身份，其对在拆迁期间违建造成的后果应当是有所预见的。在拆迁案件中，发现申请申报者造假，应汇报不汇报，或不采取任何阻止措施的行为，很明显是违反以上文件的职责规定的，即违反了结果回避义务。如果负有向上汇报或阻止违法行为义务的行政人员履行其义务，则拆迁款流失的损害结果就不会发生。因此，失职行为与损害结果发生具有相当性的原因力。

第三，违反职责的行为即使是非根本、决定作用的间接原因，也对危害结果发生有刑法上的原因力。

首先，严重失职行为不是导致损害后果发生的直接原因，而是起到非根本、决定作用的间接原因。在管理过失案件中，行为人的管理过失行为与危害结果之间是一种直接因果关系。而在监督过失案件中，行为人的监督过失行为与危害结果之间是一种间接因果关系，行为人的失职行为通过被监督者的行为作为中介与危害结果之间发生因果联系，最为常见的是重大责任事故案件，负有安全监管职责的行为人疏于监管，通过生产者疏于管理的行为，共同造成重大责任事故的危害后果。前者承担疏于监管的刑事责任，后者承担疏于管理的刑事责任。在监督过失案件中，也存在两个以上的监督主体失职行为，互不通谋，但通过被监管者的行为，各自对结果发生作用。

其次，玩忽职守的因果关系承认非根本、决定作用的间接原因也对危害结果发生有刑法上的原因力。

一方面，过失渎职犯罪与损害结果之间大多是多因一果的关系（包括被监管者违法行为的中介因素），特殊的保护法益是过失渎职犯罪将非根本原因上升为刑法上原因力的考量因素。过失渎职犯罪的实行行为相对于直接导致危害结果发生的中介因素而言，其与危害结果之间的因果联系程度相对较弱，单纯从存在论的角度很可能会避开法律责任的视野。刑法因果关系是刑法所规定的，它表现为刑法将哲学上较弱的原因强化，规定为刑法上的原因，或反之弱化。过失渎职犯罪因果关系就是立法者基于对国家和社会公共利益的保护以及对国家工作人员违背职责行为的谴责，将存在论意义上较为微弱的原因或者说是间接原因强化，规定为刑法意义上的原因的典型立法例。另一方面，渎职行为虽造成死亡、伤害或重大财产损失的后果，但立法刑罚配置时明显低于侵犯财产和人身类犯罪的处罚。即使是过失渎职的量刑也低于同样造成严重危害后果的过失危害公共安全罪。因此，对渎职罪的结果归属的判断标准也应适当低于一般的侵犯财产和人身类犯罪及过失危害公共安全犯罪的结果归属的判断标准。所以，这也是将间接原因作为过失渎职案件因果关系的原因力之一的缘故，也以此区别与故意伤害犯罪中严格按照被害人个体差异、自然原因和行为人伤害行为的作用力大小进行的判断。反向来看，玩忽职守行为是一种不作为，这种行为并不必然导致结果的发生。如果要求有A（失职行为）就有B（损害后果）的充分必要条件关系，几乎所有的多因一果案件将无法追究渎职者的刑事责任。

最高人民检察院2008年11月6日发布《关于加强查办危害土地资源渎职犯罪工作的指导意见》，就做好查办危害土地资源渎职犯罪案件工作指出，“实施人员、监管人员明知决策者决策错误，而不提出反对意见，或者不进行纠正、制止、查处，造成国家土地资源被严重破坏的，应当视其情节追究渎职犯罪责任”。显然采用有限制的条件说，才能认定监管人员的行为与结果之间具有事实的因果关系。最高人民检察院发布的指导性案例也持这一观点，认为玩忽职守罪中“根本和非根本原因在成立必要条件下均可对结果发生具有刑法上的原因力”，而没有强调“根本、必然的因果关系”。如“杨某玩忽职守、徇私枉法、受贿案”（检例第8号），杨某身为派出所所长，在日常检查中发现被检查单位无法提供消防许可证、娱乐经营许可证等必需证件，然其既没有依法责令被检查单位停业整顿，也没有责令责任区民警跟踪监督以进行整改，最终导致发生44人死亡、64人受伤的特大消防事故。该案中，消防监管部门及其他监管部门的监管不力问题突出，是多部门的监管不力和俱乐部违法行为导致了损害后果的发生。由于杨某的不作为对结果发生有原因力，法院并不因存在多部门失职行为而排斥杨某的责任，而是认定杨某成立玩忽职守罪。可见，原因力是判断渎职因果关系的依据，而未强调内在、必然的因果关系。本案要旨中明确渎职犯罪因果关系的认定问题，如果负有监管职责的国家机关工作人员没有认真履行其监管职责，从而未能有效防止危害结果发生，那么，这些对危害结果具有原因力的渎职行为，应认定与危害结果之间具有刑法意义上的因果关系。

最后，失职行为与损害结果之间存在着相当性的因果关系。为避免不当扩大因果链条，需要在必要条件基础上进行相当性的判断，郭某某的失职行为与损害后果具有相当性的原因力。应当从总体上坚持条件说，在个别情况下，用相当因果关系理论修正条件说也是必要的。可将因果关系看作构成要件符合性的一要素，其内容在以实行行为与犯罪性结果之间的条件关系为前提，根据折中性相当因果关系说认为存在相当因果关系时就可以肯定。

相当性等于通常性、普遍性、经验上可想象性、非异常性、非偶然性等。相当因果关系重视行为和结果之间的“常态关联”，是以条件说为基础，探讨结果是否能够归责于某种条件的规范判断。监督类渎职案件都是通过被监督者的违法行为发生作用，即渎职行为与被监督者违法行为共同产生危害后果。排除无法预料与回避的异常行为因素，渎职行为并不因此切断与危害结果的因果联系。从生活经验来说，如果是由于无法预料的异常行为的介入引起危害结果发生，开始的实行行为和最终结果之间不具有“相当性”。

本案发生在拆迁过程中，申报者利用造假证明材料以申报拆迁款，如果负有向上汇报或阻止违法行为义务的行政人员履行其义务，则拆迁款流失的损害结果就不会发生，符合无A即无B的条件关系。且从通常性来判断，违背监督拆迁职责下的不汇报、不阻止的行为与损害结果发生具有相当性的原因力。郭某某的不汇报、不阻止的行为与拆迁部门程序不规范共同为郭某成的申请拆迁行为创造了便利。而且前两者的履职不规范行为互为便利条件，属于共同型因果关系。共同型因果关系主要是各个环节出现的渎职行为，共同导致了危害结果的发生。首先是因果关系的整体判断。两个或两个以上各自独立的渎职行为，共同引起一个危害结果的因果关系。它们共同作用，相互结合，从而产生危害结果，虽然各个渎职行为的作用力大小不同，但前一渎职行为为后一渎职行为的实施或者两者同时为彼此的不规范行为提供了便利条件，每一个环节的渎职行为对危害结果发生都具有原因力，各个渎职行为人对危害结果承担各自责任，仅在处理中分别根据各行为在损失结果中所起的作用来确定罪责的大小，在量刑上予以体现。尽管法院认为关于郭某某是否授意评估人员赵某刻意隐瞒郭某成违建一事，郭某某供述与赵某证言不能相互印证，因而未认可郭某某对郭某成等人违章建筑情况刻意隐瞒，帮助该违章建筑得以顺利通过评估的事实。虽然郭某某允许拆迁公司人员在空白纸张上加盖村委会公章，该空白纸是否用于郭某成拆迁档案造假现无法查明。但以上事实的成立与否更多牵涉的是郭某某是否积极地不法行使职务上权限的滥用职权行为，与玩忽职守行为的认定关联度不大。而正是郭某某不上报、不汇报的不作为明显违反了其职责内容，符合玩忽职守罪要求的违反预见与回避的义务。其渎职行为对危害结果的发生具有“相当性”原因力。

本案虽是不规范履职、渎职行为和被监督人诈骗行为共同导致了危害结果的发生，但渎职行为人违反了职责的预见与回避义务，且其原因力具有相当性，应对其不作为造成的危害后果承担刑事责任。综上所述，可以认定郭某某的渎职行为与本案的危害结果之间具有因果关系，进而认定郭某某的行为构成玩忽职守罪。

供稿：北京市顺义区人民检察院　王　新

案例编辑：北京市人民检察院　王志国

孙某行贿案

——请托加快执行进度是否属于行贿罪中的“谋取不正当利益”及“影响司法公正”情节？

基本案情

2005年，北京某建设工程有限公司诉北京某房地产开发有限公司支付工程款案件在北京市某中级人民法院进入执行阶段，北京某房地产开发有限公司涉案房产同时被北京市、广东省等地多家法院查封，执行工作无法推进。该建设工程公司代理律师孙某因与时任北京某法院执行庭庭长的田某某熟识，遂与该公司董事长胡某某一同向田某某请托，希望田某某能协调广东省高级人民法院将案件统一由北京市法院执行。田某某安排案件承办法官张某某发函协调，将执行案件移送北京市某中院统一执行。孙某又向田某某提出，北京市某中院执行力度不够，希望田某某能将案件从北京市某中院提级到北京市高级人民法院（以下简称北京高院）执行。后田某某指令将该案提级到北京市高院执行，北京市高院于2007年9月裁定将案件提级执行。后在孙某的请托下，田某某又安排承办法官加快案件执行进度，对北京某房地产开发有限公司名下的主要房产进行了评估、拍卖，后北京某建设工程有限公司拿回了大部分工程款。

2014年田某某退休前以其女儿的名义向孙某借车使用，孙某将其红色凌志汽车借给田某某，后田某某以该车经常出故障为由，要求孙某换一辆车。孙某遂带着田某某女儿去宝马4S店看车，田某某女儿看上一辆双门宝马428icp汽车。孙某刷卡支付了购车款、汽车装饰费等共计57.28万元，并使用本人的购车指标上牌。2015年孙某向田某某提出想要回购车指标，田某某安排其女儿将车辆过户到其爱人刘某某名下，车辆一直由其女儿使用。

2021年12月13日，北京市监察委员会以孙某涉嫌行贿罪移送北京市人民检察院，经北京市人民检察院指定管辖，北京市人民检察院第一分院受理此案。2022年1月27日，北京市人民检察院第一分院以孙某涉嫌行贿罪向北京市第一中级人民法院提起公诉。2022年7月19日，北京市第一中级人民法院一审判决被告人孙某犯行贿罪，判处有期徒刑三年六个月，孙某未上诉。

主要问题

孙某请托加快执行进度谋取“合法利益”是否属于“谋取不正当利益”？是否影响司法公正？

意见分析

意见分歧

1.关于请托加快执行进度谋取“合法利益”是否属于“谋取不正当利益”

第一种意见认为，不构成行贿罪。理由是：第一，行贿罪实质上是行为人以财物收买国家工作人员不正当履职的行为，如果行为人仅是为了促使国家工作人员正常履职而给付财物，收买的是国家工作人员的正常履职行为，没有影响国家的正常管理职能和职务行为的公正性，也就不构成行贿罪。第二，行贿罪与受贿罪的标准并不相同，行贿罪的构成要件是行为人为谋取不正当利益贿送财物给国家工作人员，如果谋取的利益是正当合法的，甚至在执行案件中行贿人所谋取的利益是有生效判决文书支持的，则不构成行贿罪。

第二种意见认为，构成行贿罪。理由是：第一，行贿罪的本质和危害不在于行为人谋取的利益是否正当，而在于是否损害了国家工作人员职务的廉洁性，行贿人采取行贿的方式来谋取利益，理应受到刑法否定性评价。第二，行贿罪的认定要在本质上把握“行贿与违背职责”的对价关系，认定国家工作人员是否违背职责，在没有违反法律、法规、政策、行业规范明确规定或一般原则的情况下，若国家工作人员具有自由裁量权且存在竞争，对行贿人有利的决定必然损及其他竞争者，故可判定其违背职责；若不存在竞争，如法官对刑期幅度、罚金数额等具有自由裁量权，只要接受行贿人请托并收受财物，无论是否作出实质有利于行贿人的判决，推定其违背职责更为妥当。

2.关于请托加快执行进度的行为是否属于“影响司法公正”的情节

第一种意见采“实体公正说”，认为尽管被告人向司法人员行贿具有影响案件审判、执行结果的目的，但并不意味着只要是向司法工作人员行贿就必然达到影响司法公正的结果，只要没有对案件实质公正产生影响，无证据证明承办法官在办理案件中有违背司法公正，枉法裁判、执行的情形的，就应当认定为未影响司法公正，不属于“情节严重”。孙某所请托的事项为协调推进执行进度，目的是加快正常的司法执行程序，并未对司法实体公正产生任何危害后果，不属于“影响司法公正”情节，应处五年以下有期徒刑或者拘役。

第二种意见采“程序公正说”，认为即便行贿行为没有对案件实体公正产生影响，但是对程序公正产生影响的，即使行贿人所获利益本身是合法的，但其通过长期行贿的手段请受贿人为获取该利益提供关照和帮助，亦属于程序上不符合法律法规的规定，其行为仍属于“向司法工作人员行贿，影响司法公正的”情形，应认定为“情节严重”。孙某的请托行为对本应贯彻公平公正原则的司法执行程序造成了损害，其以贿送财物干扰破坏正常司法程序，属于“影响司法公正”情节，应处五年以上十年以下有期徒刑。

意见评析

笔者认为，孙某请托田某某加快执行进度从而获得执行款的行为属于“谋取不正当利益”，构成行贿罪。且鉴于其行贿数额在50万元以上不满100万元，“向司法工作人员行贿，影响司法公正”，应认定为“情节严重”，加重处罚，理由如下。

第一，结合行贿罪侵犯的法益理解“谋取不正当利益”。

“谋取不正当利益”是认定行贿罪的核心问题，关于何为“谋取不正当利益”，存在不同观点[1]：第一种是“非法利益说”，将不正当利益等同于非法利益，即违反法律、法规和政策而取得的利益。该观点着眼于利益本身的不正当性。第二种是“不应得利益说”，在非法利益的基础上进一步扩大到其他不应得的利益。该说同样着眼于利益的不正当性，而不讨论获得利益手段的正当性与否。第三种是“手段不正当说”，其主要着眼于行为人获取目标利益的手段，认为“谋取不正当利益”是指行为人在获取请托的利益时所采取的手段、方式、方法不正当。第四种是“不确定利益说”，其认为解释“不正当利益”的关键是确定“不确定利益”，这是一种介于“应得利益”与“禁止性利益”之间的“可得利益”。“根据有关法律、政策等，任何人采取合法正当的手段都可以取得，但尚处于不确定之中。之所以不确定，是因为该利益的取得具有竞争性，或因为国家工作人员对其拥有合法的裁量权。”[2]

行贿罪属于对合犯，既然有行贿者，则必然有接受贿赂者。“谋取不正当利益”是从行贿者的角度评价行为的违法性，从接受贿赂一方来看，其以职务之便为行贿者谋取不正当利益，陷入权钱交易，有违职务廉洁公正。关于贿赂犯罪的保护法益，尽管有多种学说，如“国家机关的正常活动说”“职务行为的廉洁性说”“职务行为的不可收买性说”“职务行为的公正性说”“信赖保护说”，但归根结底，贿赂犯罪在“职务行为与贿赂之间建立了对价关系”。[3]所以，关于“谋取不

〔1〕 车浩：《行贿罪之“谋取不正当利益”的法理内涵》，载《法学研究》2017年第2期。

〔2〕 邹志宏：《以行贿手段谋取的“不确定利益”属于不正当利益——兼评关于不正当利益的司法解释》，载《国家检察官学院学报》2001年第3期。

〔3〕 李子瑜、王振华：《行贿罪中“谋取竞争优势”的本质探寻——以行贿罪保护法益为视角》，载《经济刑法》第22辑。

正当利益”不能仅从行为人的角度，只判断其行为表征是否谋取的是不正当利益，还应结合是否存在权钱交易行为，实质判断是否构成行贿罪。〔1〕

第二，请托加快执行进度的行为性质是以不正当方式谋取合法利益，属于“谋取不正当利益”。

2012年《最高人民法院、最高人民检察院关于办理行贿刑事案件具体应用法律若干问题的解释》第12条第1款明确规定，行贿犯罪中的“谋取不正当利益”，是指行贿人谋取的利益违反法律、法规、规章、政策规定，或者要求国家工作人员违反法律、法规、规章、政策、行业规范的规定，为自己提供帮助或者方便条件。可见，司法解释采取的观点是“非法利益说”兼“手段不正当说”，“谋取不正当利益”既包括利益本身具有不正当性，也包括获取利益手段的不正当性。〔2〕本案属于后一情形，虽然案件已进入执行阶段，北京某建设工程有限公司获得执行款项能得到法律上的支持，具有法律依据，即孙某和当事人谋取的利益从最终性质看是合法的。但其私下请托，利用司法工作人员职务便利为自己行方便、“开绿灯”，加快执行进度的手段是不正当的。

司法程序的推进不以任何人的意志为转移，应严格按照法律规定进行。司法工作人员、当事人可以为加快执行程序通过正当方式做出一些努力，如承办法官可加强与相关法院承办人的沟通联系，以公对公的方式了解工作进度，必要时按照程序逐级上报，由上级部门沟通；当事人或代理律师可以向承办法官正常询问执行进度，表达急需执行的诉求，必要时可通过法定救济途径推进执行。《民事诉讼法》第231条第1款规定，“发生法律效力的民事判决、裁定，以及刑事判决、裁定

〔1〕 有观点认为，因界定“不正当利益”存在难度，将所有焦点放在解释“不正当利益”，忽视了行贿罪侵犯的法益是国家工作人员的职务禁止权钱交易性和不可收买性，常会导致司法裁判标准不一，建议将“为谋取不正当利益”作为加重情节而非构成要件。参见杨雷、刘丽娟：《谋取不正当利益：真不能成为行贿罪要件》，载《检察日报》2009年11月20日，第3版。

〔2〕 前者也可称为“实体违规”，后者主要是“程序违规”，如应当报上级批准而未报批，个人决策；应当经集体研究而未研究，个人拍板；应当公开招标而未公开招标，私下议标等。参见郭晋涛：《论行贿罪中的“为谋取不正当利益”》，载《中国刑事法杂志》2000年第6期。

中的财产部分，由第一审人民法院或者与第一审人民法院同级的被执行的财产所在地人民法院执行”。第233条规定，“人民法院自收到申请执行书之日起超过六个月未执行的，申请执行人可以向上一级人民法院申请执行。上一级人民法院经审查，可以责令原人民法院在一定期限内执行，也可以决定由本院执行或者指令其他人民法院执行”。即当执行进度迟迟不能推进时，当事人有权向上一级法院提出申请，上一级法院经审查后可决定提级执行、责令限期执行或另行指令执行。而本案孙某逾越了正当的程序，利用自己和田某某的熟识关系，未通过申请执行的前置法定程序向北京市高级人民法院提出诉求，而是私下联系时任北京市高级人民法院执行庭庭长田某某，径行将案件从北京某中级人民法院提级执行。虽然协调推进执行的过程中存在发函的行为，具有形式上的合法性，但其背后受到贿赂与职务行为的对价驱动，这些行为均是田某某收到请托后的过问干预所致，不具有正当性。

此外，孙某违反了律师与法官之间正常交往的规定。最高人民法院、司法部《关于规范法官和律师相互关系维护司法公正的若干规定》第2条第1款规定，“法官应当严格依法办案，不受当事人及其委托的律师利用各种关系、以不正当方式对案件审判进行的干涉或者施加的影响。”第7条规定，“法官……不得向当事人及其委托的律师借用交通工具、通讯工具或者其他物品”。第15条规定：“对法官和律师在案件执行过程中的纪律约束，按照本规定执行。”孙某作为案件当事人的代理律师，逾越申请执行程序，私下请托承办法官的上级领导，借用田某某的职务影响力不当干预执行公正。〔1〕其与田某某属于不正当交往，有违司法公正。虽然当时没有直接进行权钱交易，但事后以借用名义实际赠与田某某一辆车，并在田某某主动索取下为其购买一辆宝马新车，这些均是对之前请托事项的对价交换，与

〔1〕 行贿罪的构成要件可以表现为，在国家工作人员利用职务上的便利为自己谋取利益时或者为自己谋取利益之后，给予国家工作人员以财物，作为职务行为的报酬。参见张明楷：《刑法学》（第6版），法律出版社2021年版，第1615页。

请托事项具有关联性，符合行贿罪构成要件。

第三，司法公正应然涵盖实体公正和程序公正。

2016年《最高人民法院、最高人民检察院关于办理贪污贿赂刑事案件适用法律若干问题的解释》中规定，“向司法工作人员行贿，影响司法公正的”，以行贿罪追究刑事责任。且根据第8条第1款第2项的规定，行贿数额虽不满100万元，但若向司法工作人员行贿超过50万元，影响司法公正的，属于“情节严重”。孙某的行贿数额在加重处罚区间，若认定其行为影响司法公正，则应加重处罚。司法公正应然包括实体公正和程序公正，任何一方被侵蚀破坏均会导致司法不公正。美国司法制度中有“毒树之果”原则，即非法证据排除，我国《刑事诉讼法》第56条第1款亦规定了非法证据排除规则，“采用刑讯逼供等非法方法收集的犯罪嫌疑人、被告人供述和采用暴力、威胁等非法方法收集的证人证言、被害人陈述，应当予以排除。收集物证、书证不符合法定程序，可能严重影响司法公正的，应当予以补正或者作出合理解释；不能补正或者作出合理解释的，对该证据应当予以排除”，以上均为追求程序公正的体现。故没有程序公正的实体公正，不能称为司法公正。

在司法执行程序中，执行法官自身存在较大的“自由裁量权”，法院判决能否执行、怎么执行都关乎当事人的切身利益。尤其本案涉及的是公司经济纠纷，被执行人随时可能转移财产，判决作出后，执行就是要抢时间，执行晚一步，都可能造成巨大的损失。当然，这并非表示执行法官的个人意志可以左右法定的执行程序，而是在具体工作时，其可以按照实际情况开展执行工作。一般情况下，执行法官根据执行的难易程度来决定先后顺序，如果被执行人根本没有财产，或者有财产但很难查到线索，执行就只能无限延后。因此，在同样具有可执行性的案件中，执行法官的这种自由裁量存在很大的权力寻租空间，得以先执行的案件往往能为案件当事人带来巨大利益，所以在司法执行程序中加快执行进度的现象并不能简单评价为一种正常的司法程序行为，要结合具体案件情节来看。虽然本案中田某某等司法执行人员看似是正常履职，执行本身是在法定框架内进行，但这种“正常履职”的背后是由贿送金钱等方式推动的。孙某的行贿行为侵蚀了掌握在司法执行人员手中的“自由裁量权”，如果司法工作人员的正常履职行为都需要依靠案件当事人的行贿来推动，那么司法工作人员就会将手中的权力异化为一种可变现的资源，“司法公正”将荡然无存。

综上所述，整个案件分析形成了一条较为完整的论证逻辑：孙某谋取的利益之所以“不正当”，是因为其使用私下请托、金钱贿赂等不合法手段，而这种手段的不合法性就在于其以财物换取司法工作人员的自由裁量空间，干扰破坏正常司法程序，实现自身异常加快执行进度乃至优先办理，这也为司法工作人员过问干预案件，受贿、滥用职权埋下了隐患。故在本案中，孙某请托加快执行进度的行为属于“谋取不正当利益”，破坏司法执行程序进而影响司法公正，构成行贿罪，且属“情节严重”，基准刑应在五年以上十年以下有期徒刑。最终考虑其具有自首、认罪认罚从宽情节，依法予以减轻处罚。

供稿：北京市人民检察院第一分院　王春波　弭　雨

案例编辑：北京市人民检察院　毛　俐

梁某受贿案

——国家工作人员接受请托后，向其他国家工作人员转达请托事项并转送部分财物的行为如何定性，犯罪数额如何认定？

基本案情

2018年至2020年，梁某在某中级人民法院执行一庭任助理审判员、法官助理期间，利用职务便利及其职权形成的便利条件，为他人谋取利益，非法收受他人现金人民币135万元，具体包括：

1. 2018年，梁某通过某区人民法院法官康某（另案处理）接受某律师事务所顾问侯某某的请托，利用其职权形成的便利条件，通过某中级人民法院执行庭法官徐某职务上的行为，为某律师事务所代理的某国际信托有限公司与某商业有限公司合同纠纷案判决加快执行进程提供帮助。后侯某某送给康某人民币30万元，梁某从康某处收取人民币15万元。2020年12月，梁某得知康某投案自首，担心事发，遂将15万元退还给侯某某。

2. 2019年初，梁某接受郭某某提出的为某投资管理有限公司提供帮助的请托，利用其职权形成的便利条件，通过某中级人民法院民事审判庭法官王某某（另案处理）职务上的行为，对陶某某诉某科技有限公司、某投资管理有限公司、许某合同纠纷案维持原判提供帮助。后梁某收受郭某某给予的人民币30万元，并将其中18万元给予王某某。

3. 2020年初，梁某接受某律师事务所律师王某甲请托，利用其职权形成的便利条件，通过某中级人民法院破产清算庭法官邹某某（另案处理）职务上的行为，为王某甲代理的某国际信托股份有限公司申请某科技发展有限责任公司破产清算案裁定驳回破产申请提供帮助。后梁某收受王某甲给予的人民币50万元，并将其中30万元给予邹某某。

4. 2020年5月，梁某接受胡某为某股权投资合伙企业提供帮助的请托，利用其办理某股权投资合伙企业与某商务信息咨询有限公司等人仲裁前财产保全案的职务便利，加快执行查封速度，并为此收受胡某给予的好处费人民币30万元。

5. 2020年11月，梁某接受案件当事人张某某的保证人秦某某请托，利用办理林某与张某某、某投资集团等公司仲裁前财产保全案的职务便利，加快保全财产查封速度，并为此收受秦某某给予的好处费人民币10万元。

北京市石景山区监察委于2021年7月27日以梁某涉嫌受贿罪移送审查起诉。北京市西城区人民检察院于2021年9月24日以梁某涉嫌受贿罪提起公诉。北京市西城区人民法院于2022年3月24日判决梁某犯受贿罪，判处有期徒刑三年十个月，并处罚金人民币30万元。一审判决后，梁某未上诉，现判决已生效。

主要问题

国家工作人员接受请托后，向其他国家工作人员转达请托事项并转送部分财物的行为如何定性，犯罪数额如何认定？

意见分析

意见分歧

一般情况下，受贿罪共同犯罪由对请托事项具有职务便利的国家工作人员主导，受贿款由其他国家工作人员支配；行贿罪共同犯罪由实际出资的请托人主导，行贿款由请托人支配。本案中，在梁某收受请托人钱款后，钱款即在梁某实际占有、使用、支配之下，完成了由请托人向梁某的所有权让渡，是否将钱款分给其他人员由梁某自行决定，他可以将钱款转贿其他国家工作人员，如本案第二、三起事实，也可以不转贿他人，如本案第一起事实。梁某支配钱款的事实一定程度上并非处于其他国家工作人员主导的受贿共犯关系或者请托人主导的行贿共犯关系之中。在请托人、梁某和其他国家工作人员组成的犯罪链条中，梁某的行为性质和犯罪数额的认定，在司法实践中主要有四种不同意见。

第一种意见认为，其他国家工作人员利用职务便利为请托人谋取利益，并通过梁某收受请托人钱款，梁某与其他国家工作人员共同实施了受贿犯罪行为，触犯了《刑法》第385条，构成受贿罪。梁某私自截留贿赂款的行为超出了共同犯罪故意，梁某个人对其过限行为承担刑事责任。在犯罪数额上，根据主客观相一致的原则，梁某对请托人交给其的全部钱款构成受贿罪；其他国家工作人员在其所明知的钱款范围内承担刑事责任。在梁某所收取钱款中，其他国家工作人员不知情的部分属于梁某自行实施的超出共同犯罪故意范围的行为，其他国家工作人员不承担刑事责任。理由是：主观方面，梁某与其他国家工作人员存在受贿的共同故意，两人均明知其他国家工作人员在请托事项上具有司法职权，仍然积极追求贿赂结果，并形成了其他国家工作人员为请托人谋取不正当利益、梁某收钱的共同认识。客观方面，梁某与其他国家工作人员分工配合，共同实施了受贿行为。其中，其他国家工作人员利用承办案件的职务便利，在诉讼中关照请托人；梁某负责接受请托并收受贿赂款，两人的行为均与公权力被出卖的危害结果存在因果关系。客体上，共同受贿事实侵害了其他国家工作人员的职务廉洁性和国家司法权的公正性。因此，梁某与其他国家工作人员的行为触犯了《刑法》第385条的规定，构成受贿罪。

第二种意见认为，梁某接受请托后，为了帮助请托人谋取不正当利益，向其他国家工作人员行贿，构成行贿罪。其间，梁某截贿所实得的钱款属于非法获利，梁某的行贿数额按照其给予其他国家工作人员的钱款数额认定。理由是：主观方面，梁某明知请托其他国家工作人员在案件办理过程中为请托人提供帮助的事实具有不正当性，仍然给予其他国家工作人员钱款，具有行贿的故意。客观方面，梁某出于个人获取好处费的动机，为了帮助请托人谋取不正当利益，请承办案件的其他国家工作人员推动案件执行工作，并给予其钱款，实施了向国家工作人员行贿的行为。客体上，梁某的行为损害了其他国家工作人员职务廉洁性和职权公正性，侵害了行贿罪所保护的客体。

第三种意见认为，梁某身为国家工作人员，利用其本人地位形成的便利条件，通过其他国家工作人员职务上的行为，为请托人谋取不正当利益，收受请托人财物，触犯了《刑法》第388条，构成斡旋型受贿罪。理由是：客观方面，梁某利用本人职权或者地位形成的便利条件收受请托人财物，并通过其他国家工作人员职务上的行为，为请托人谋取不正当利益。客体上，梁某的行为侵犯了其本人身为国家工作人员的职务廉洁性，且侵害了其他国家工作人员的职权公正性。主体上，梁某具有国家工作人员身份。主观方面，梁某出于利用本人地位所形成的便利条件收受贿赂的意图，明知通过其他国家工作人员职务上的便利为请托人在案件办理过程中提供帮助会侵害其他国家工作人员职权公正性，仍然收受钱款，积极谋求贿赂结果，具有斡旋受贿的故意。梁某的行为符合斡旋受贿的构成要件。[1]

第四种意见认为，梁某的受贿行为构成斡旋受贿，转贿行为构成行贿罪，应当数罪并罚。理由是：一方面，梁某在两个故意的支配下实施了斡旋受贿行为与行贿行为，两行为不具有牵连关系。主观上，梁某对其本人受贿和行贿的违法性均具有主观明知。其不仅具有利用其本人职权和地位形成的便利条件收受财物的故意，也具有为了帮助请托人谋取不正当利益，而将钱款转贿其他国家工作人员的故意。

---

〔1〕 对于受贿罪所保护法益的问题，存在廉洁性说、不可收买性说、公正性说、信赖说、公职不可谋私利说等多种观点，其中，廉洁性说（通说）道明了受贿犯罪的本质特征，但是在可操作性方面存在一定欠缺，为此张明楷教授提出了“类型化法益说”，主张受贿罪所侵犯的法益以“不可收买性”为基础，斡旋型受贿罪、利用影响力受贿罪的法益也包括职务行为的公正性。参见陈俊秀：《受贿罪的保护法益新说及其教义学展开》，载《刑法论丛》2020年第1期。

另一方面，梁某利用其本人职权身份、地位所形成的便利条件收受财物的行为已经符合斡旋型受贿罪的客观行为要素，向其他国家工作人员转请托的行为不是斡旋型受贿罪的必备要素，故梁某的斡旋受贿行为与行贿行为不存在竞合。因此，应当以斡旋型受贿罪和行贿罪对梁某进行并罚。对于犯罪数额，该意见中有不同的认识，有观点认为，梁某仅对其截留钱款具有受贿故意，应以其个人实得钱款认定受贿数额，以其转贿钱款认定行贿数额。也有观点认为，梁某对请托人交付的全部钱款具有收受意图，转贿行为系其对于其已占有钱款的支配和处分，应以全部涉案钱款认定受贿数额，以梁某对其他国家工作人员行贿的钱款认定行贿数额。

意见评析

笔者同意第三种意见，即梁某构成斡旋型受贿罪，理由如下。

第一，在触犯数罪名的情况下，关键看一个罪名的构成要件能否充分评价案件事实。本案中，斡旋型受贿罪能够比较完整地评价梁某的主要犯罪事实。

从犯罪构成上看，以上四种意见均有一定的道理。罪与非罪的认定重点在于犯罪事实是否符合犯罪构成要件，而此罪与彼罪的区分或竞合不仅要看某一犯罪的构成要件符合性，还要看一罪的构成要件是否能够完整评价犯罪事实。如果犯罪事实已经超出某一犯罪构成要件要素的评价范围，那么则需要考虑是否构成其他犯罪，两罪之间可能存在一般犯罪和特殊犯罪的关系，也可能存在法条竞合的情况。如果超出的事实能够另行符合其他犯罪的构成，则需进一步考虑罪数问题。

本案中，斡旋型受贿罪能够比较完整地评价梁某的主要犯罪事实。斡旋型受贿罪是身份犯，其主体要件体现出双重属性：一是行为人本人系国家工作人员；二是在犯罪链条中存在其他国家工作人员，且相关人员具有与请托事项相关职权。客体要件也具有双重性，斡旋受贿行为不仅侵犯了行为人职务廉洁性，而且侵犯了其他国家工作人员职权公正性。斡旋受贿罪中贿赂是斡旋行为的对价，[1]保护

〔1〕 张明楷：《刑法学（下）》（第5版），法律出版社2016年版，第1213页。

法益是被斡旋的国家工作人员职务行为的公正性，以及行为人本人职权地位所形成的便利条件的不可收买性。〔1〕因此，斡旋型受贿罪的核心在于行为人利用其本人国家工作人员职权或地位形成的便利条件收受钱款，同时，由于行为人本人职权无法完成请托事项，而只能诉诸其他国家工作人员职务上的行为。而共同受贿说和行贿说的核心均是其他国家工作人员的职权职务。本案中，梁某身为国家工作人员的主体要件，其利用本人地位形成的便利条件收受钱款的客观行为以及其对职务廉洁性犯罪客体的侵害，是共同受贿说与行贿说均无法评价的。

第二，斡旋型受贿罪包括转请托行为要素，与行贿（转贿）犯罪构成要素发生了竞合，不能重复评价。

斡旋受贿行为包括两个行为：一是利用本人职权或地位形成的便利条件收受贿赂，侵犯了职务廉洁性；二是通过其他国家工作人员职务上的行为，为请托人谋取不正当利益，侵犯了公权力的运行秩序。后者简称他权谋利要素。在法律适用层面上，对斡旋受贿行为是否应与行贿、受贿、介绍贿赂等关联行为数罪并罚的问题，本质在于对《刑法》第388条中他权谋利要素的解释。

笔者认为，斡旋型受贿罪中的他权谋利要素是指行为人实施了或承诺会实施转请托行为，但是不要求其他国家工作人员客观上提供帮助或者承诺提供帮助。根据《刑法》第388条的规定，在“国家工作人员利用本人职权或者地位形成的便利条件，通过其他国家工作人员职务上的行为，为请托人谋取不正当利益，索取请托人财物或者收受请托人财物”的行为中，贿赂款所收买的不仅是行为人的职务廉洁性，还有其他国家工作人员职权公正性。在贿赂链条中，他权谋利要素的核心是“通过其他国家工作人员职务上的行为，为请托人谋取不正当利益”。斡旋型受贿罪可以评价介绍贿赂、行贿的部分要素，因此斡旋受贿罪与介绍贿赂罪、行贿罪存在竞合，但存在与普通受贿罪并罚的可能性，即对行为人按照实得钱款认定

〔1〕 张明楷：《受贿犯罪的保护法益》，载《法学研究》2018年第1期。

斡旋型受贿罪，按照转贿钱款认定行为人与其他国家工作人员构成普通受贿罪共同犯罪，数额累加计算。

本案中，梁某的斡旋型受贿罪和行贿罪在转请托事项上发生了竞合，应当择一重罪处理。如在第二起犯罪事实中，梁某基于帮助请托人谋取不正当利益的故意，在案件办结后，斡旋受贿人民币30万元，并将其中钱款18万元分给法官王某某。在该起事实中只存在一个概括的故意，只存在一对与请托事项相关的不正当利益和职务便利，该故意和事项已经被斡旋受贿所评价，不能以行贿罪对相关事实重复评价。

第三，对梁某以斡旋型受贿罪定罪处罚，有利于准确认定犯罪数额，合理处置上下游关联案件的追究和办理，实现罪责刑相适应。

本案中既存在行贿和受贿的对合犯罪关系，也存在梁某与其他国家工作人员构成异种形态的共同犯罪关系。〔1〕按照斡旋受贿罪追究梁某的刑事责任，有利于将复杂的犯罪事实还原为清晰的犯罪模式，进而准确认定犯罪数额。梁某基于斡旋受贿的犯罪故意，在转请托和截贿、转贿的过程中，帮助其他国家工作人员实施了受贿行为；其他国家工作人员通过完成请托事项的方式，帮助梁某实施了斡旋受贿的行为，而后又基于受贿的犯罪故意收受了梁某转贿的钱款。两人在“利用其他国家工作人员职务上的便利，帮助请托人谋取不正当利益”的范围内存在共同行为，梁某构成《刑法》第388条规定的斡旋型受贿罪；其他国家工作人员构成《刑法》第385条规定的受贿罪。在犯罪数额上，梁某直接收受请托人财物，其他国家工作人员通过梁某取得好处，根据主客观相一致原则和“部分行为、整体责任”原则，均对各自主观上所明知的两人受贿总额负责。

---

〔1〕 根据行为共同说，两名以上行为人为实现各自企图共同实施犯罪行为，构成共同犯罪。共同犯罪的成立不要求具有完全相同的构成要件，应以行为本身是否共同而论。因此，共同犯罪中的行为人可能触犯相同罪名，也可能构成不同犯罪，在行为人构成不同犯罪的情况下，即异种罪名的共同犯罪。由于斡旋受贿是受贿罪的一种特殊形态，对行为人仍以受贿罪论处，因此行为人与其他国家工作人员系异种形态的共同犯罪。

按照斡旋型受贿罪追究梁某的刑事责任，有利于对犯罪链条上关联犯罪行为的合理处置。在以梁某为中间人的行受贿犯罪链条中，无论上游行贿人、下游受贿人是否构成犯罪，都不影响对梁某行为性质和犯罪数额的认定。同时，如果梁某不具有国家工作人员的身份，在其实施了利用影响力受贿等犯罪的情况下，仍然可以对上下游犯罪行为合理论处。利用影响力受贿罪与斡旋型受贿罪在行为模式上具有一定同质性。如果梁某系离职的国家工作人员，其可能构成利用影响力受贿罪，并与其他国家工作人员的受贿行为构成异种形态的共同犯罪。需要注意的是，请托人可能构成行贿罪和对有影响力的人行贿罪，应当数罪并罚。

按照斡旋型受贿罪追究梁某的刑事责任，有利于罪责刑相适应。第一种意见的共同受贿说和第二种意见的行贿说对于梁某的国家工作人员身份没有作出评价。换言之，梁某是否具有现（离）职国家工作人员身份不会影响其行为性质，没有体现对《刑法》第388条所涉法益的特殊保护。同时，在共同受贿说中，其他国家工作人员的职务便利是权钱交易的核心，是公权力运行秩序的直接侵害者，在梁某与其他国家工作人员组成的共同犯罪中，其他国家工作人员是实行犯，梁某是帮助犯。其他国家工作人员仅对明知的部分承担刑事责任，而梁某对全部数额负责，存在罪责刑不相适应的风险。在行贿说中，行贿罪的量刑显著轻于受贿罪，以行贿罪认定梁某的行为，同样会导致量刑畸轻。而斡旋型受贿罪能够比较全面地评价梁某的主要犯罪事实，可以最大限度地实现罪责刑相适应，实现类案同判。

供稿：北京市西城区人民检察院　李满山　魏　雪　刘　思

案例编辑：北京市人民检察院　符　秋　张　凡

付某某敲诈勒索、滥用职权案

——利用职务便利违规获取公民身份信息用于不同目的可能适用数罪并罚

基本案情

付某某在北京市公安局某分局工作期间，处理了吸毒人员赵某（女）吸毒案，后二人保持联系。付某某与赵某共谋，由付某某利用警务查询权限，为赵某查询个人信息，由赵某实施敲诈勒索。2019年3月至5月，付某某伙同赵某（已判决）预谋后，由付某某利用警务查询权限查询被害人个人信息并提供给赵某，赵某在北京市朝阳区农光里小区等地，以发生性关系非自愿、避孕套破损等为由，敲诈勒索男性被害人郭某某、赵某甲、张某某、李某甲、陈某某人民币25.3万元及价值9800元手机一部，其中敲诈勒索1.5万元系未遂。

2019年3月至5月，付某某在担任北京市公安局某分局民警期间，利用具有较高情报信息检索权限的职务便利，接受赵某请托，滥用警务权限，多次登录本单位警务平台，违规查询十余人相关信息。除了供用于敲诈上述五人，还为赵某查询赵某前男友李某乙及其家属个人信息，赵某利用该信息要回李某乙欠其的钱款。

北京市朝阳区人民检察院于2021年10月18日以付某某涉嫌敲诈勒索罪、滥用职权罪提起公诉。北京市朝阳区人民法院于2023年9月15日判决被告人付某某犯敲诈勒索罪，判处有期徒刑五年，罚金人民币5万元；犯滥用职权罪，判处有期徒刑二年，决定执行有期徒刑七年，罚金人民币5万元。

主要问题

国家工作人员利用职务便利违规获取公民个人信息，并提供给他人使用帮助他人实施敲诈勒索的行为，应当如何认定？

意见分析

意见分歧

第一种意见认为，付某某构成敲诈勒索罪的共犯。付某某虽然违规使用警务平台权限帮助实施敲诈勒索的赵某查询指定人员信息，并直接出面帮助赵某向被害人实施敲诈勒索，但付某某的滥用职权行为未造成严重后果，不符合入罪标准。

第二种意见认为，付某某的行为构成敲诈勒索罪、侵犯公民个人信息罪，数罪并罚。付某某明知赵某用于违法犯罪活动，还滥用警务权限查询并提供他人个人信息的行为同时构成滥用职权罪、侵犯公民信息罪和敲诈勒索罪，但滥用职权罪与侵犯公民信息罪系法条竞合，应当以特别法罪名侵犯公民个人信息罪和敲诈勒索罪并罚。

第三种意见认为，付某某的行为构成敲诈勒索罪、滥用职权罪，数罪并罚。付某某与赵某共谋，既利用警务查询权限，违规登陆警务平台查询他人个人信息并提供给赵某，帮助赵某实施敲诈勒索犯罪；又以商议假称被强奸威胁报警等出谋划策行为，及以朋友身份陪同赵某前往被害人单位施压等非职务行为与赵某共同实施敲诈勒索犯罪。符合《最高人民法院、最高人民检察院关于办理渎职刑事案件适用法律若干问题的解释（一）》（以下简称《解释》）第4条第3款的规定，应认定付某某构成滥用职权罪与敲诈勒索罪，数罪并罚。

意见评析

笔者同意第三种意见，理由如下。

第一，公安民警违规获取公民个人信息并提供给他人实施敲诈勒索，造成恶劣社会影响的，构成滥用职权罪，仅以敲诈勒索罪定罪不足以全面评价行为人的犯罪行为。

首先，是否造成恶劣社会影响是本案行为人是否构成滥用职权罪的争议焦点之一。滥用职权罪侵犯的客体是指由于国家机关工作人员故意逾越职权，致使国家机关的某项具体工作遭到破坏，给国家、集体和人民利益造成严重损害，从而危害了国家机关的正常活动及权威。滥用职权罪罪状中的“致使公共财产、国家和人民利益遭受重大损失”包括有形损失和无形损失，认定本罪后果的难点之一是无形损失中“造成恶劣社会影响”的判断，主要集中在社会公开性和后果必然性两个方面。一是社会公开性的判断。有观点认为，判断“恶劣社会影响”应当以社会公开性为基础，“造成恶劣的社会影响”的具体认定方式是在正确认识渎职犯罪侵犯的是国家机关公务的合法、公正、有效执行以及人民群众对此信赖这一法益的基础上，从“渎职行为严重损害国家机关形象，致使政府公信力下降的；引发媒体广泛关注，引起强烈社会反响的；造成大规模上访、暴力冲突等事件，影响国家机关正常职能活动的；诱发民族矛盾纠纷，严重影响民族团结、社会稳定”等方面评判。[1]但是过度强调国家机关工作人员渎职行为后果的“社会公开性”会导致无法评估公开性影响而使本罪难以认定，从而对国家机关公权力或公信力产生负面影响。特别是某些特殊群体的渎职行为，办案机关会将不良影响尽力缩小，不至于向社会扩散，由此就不可能从外在影响评判“社会公开条件下的恶劣社会影响”。因此，除了客观评价那些已经产生社会扩散效应、具有社会公开性的恶劣影响，还应通过行为人实施犯罪行为的持续时间、频次，渎职行为的次生危害等多个角度，预判该后果如公之于众对公权力及国家机关公信力的损害程度。二是后果必然性的判断。“造成恶劣社会影响”不限于已经实际造成的社会影响，也包括

〔1〕［第1089号］“杨德林滥用职权、受贿案”，载《刑事审判参考》总第103集，法律出版社2016年版。

滥用职权行为被公开后，必然对社会公权力权威和社会秩序造成的负面评价和影响，“社会影响”本身是一个主观评价。本案中，付某某身为民警，明知赵某是吸毒人员，还与其私下交往，并滥用警务查询权限为赵某查询、提供他人个人信息，上述信息除被用于敲诈勒索犯罪外，还有应赵某要求对其讨债、查找交往对象等日常使用而滥用警务权限的行为，严重损害了国家机关工作人员依法行使公权力的正当性，侵犯了国家机关的正常工作秩序。如这种行为被社会公众知悉，必然导致社会公众对国家机关工作人员依法行使公权力的正当性和人民警察执法公信力的严重负面评价。因此，付某某的渎职行为亦属“造成恶劣社会影响”，应认定构成滥用职权罪。

其次，以滥用职权罪单独评价付某某违规查询行为更为全面、准确，和敲诈勒索罪并罚，具有法律适用依据。一是滥用职权罪与敲诈勒索罪有不同的实行行为，具有单独评价的事实基础。付某某不仅滥用警务权限为赵某敲诈勒索犯罪提供他人个人信息，还有利用职权查询而没有用于敲诈犯罪的部分。对于滥用警务查询权限查询、提供他人个人信息但不是为了敲诈勒索、没有用于实施犯罪的行为，也有单独处罚之必要，该行为不能被敲诈勒索罪所评价，属于不同行为的分别评价。二是滥用职权罪与敲诈勒索罪分别侵犯了不同的法益。滥用职权罪属于渎职罪，侵犯的法益是国家机关工作人员职务行为的正当性。敲诈勒索罪属于侵犯财产罪，侵犯的法益是公民的财产权益，分别评价更为适宜。付某某滥用警务职权查询公民个人信息的行为与实施敲诈勒索行为之间存在关联但并非完全重合。有部分查询行为虽然进行了查询提供，但并没有被犯罪嫌疑人实际用于敲诈勒索，分别评价更为适宜，更能全面反映案件的真实面貌。三是以滥用职权和敲诈勒索并罚，具有法律适用依据。2016年“两高”《解释》第4条第3款规定：“国家机关工作人员与他人共谋，既利用其职务行为帮助他人实施其他犯罪，又以非职务行为与他人共同实施其他犯罪行为，同时构成渎职犯罪和其他犯罪的共犯的，依照数罪并罚的规定定罪处罚。”本案中付某某与赵某共谋，既利用其职务行为帮助赵某实施敲诈勒索犯罪，又以共谋趁被害人不注意故意弄破避孕套等出谋划策及直接出面向被害人张某某索要钱款实施敲诈勒索等非职务行为与赵某共同实施敲诈勒索犯罪。故根据上述规定，应当认定付某某的行为构成滥用职权罪与敲诈勒索罪，数罪并罚。

第二，付某某明知赵某用于违法犯罪活动，还滥用警务权限查询并提供他人个人信息的行为，触犯了侵犯公民个人信息罪。但滥用职权罪相较于侵犯公民个人信息罪更能全面、准确评价付某某的渎职行为的本质。

首先，以滥用职权与敲诈勒索并罚，更准确体现了本案中付某某滥用警务权限查询他人信息的特殊作案手段特征。滥用警务职权与侵犯公民个人信息罪的“违反国家有关规定，将在履行职责或者提供服务过程中以其他方法非法获取或提供公民个人信息”行为方式存在本质不同，具有高于一般侵犯公民个人信息犯罪的社会危害性。《检察机关办理侵犯公民个人信息案件指引》（以下简称《指引》）“针对公安民警在履行职责过程中，违反国家有关规定，查询、提供公民个人信息”的条文[1]，是对应侵犯公民个人信息罪中对于“非法获取”的解释，只是要求根据具体案情准确理解认定，没有要求对其他犯罪与侵犯公民个人信息罪并罚。《指引》所规定的是公安民警“在履行职责过程中”违反国家有关规定，查询、提供公民个人信息，应当认定为“违反国家有关规定，将在履行职责或者提供服务过程中以其他方法非法获取或提供公民个人信息”。而本案中付某某虽然具有警务查询权限，但其查询、提供信息的行为都是应赵某要求私下进行的违规查询，与民警正当履行职责没有任何关系，完全是私自滥用警务查询权限的行为。从文义解释的角度，《指引》所规定的“应当认定为‘违反国家有关规定，将在履行职责或

---

〔1〕《指引》指出，对关联犯罪的审查认定，“针对公安民警在履行职责过程中，违反国家有关规定，查询、提供公民个人信息，应当认定为‘违反国家有关规定，将在履行职责或者提供服务过程中以其他方法非法获取或提供公民个人信息’。但同时，应当审查犯罪嫌疑人除该行为之外有无其他行为侵害其他法益，从而对可能存在的其他犯罪予以准确认定”。

者提供服务过程中以其他方法非法获取或提供公民个人信息'”中的“履行职责”和“提供服务”处于并列地位，也说明“履行职责”应限定在正常履职的范畴。而本案中付某某的查询、提供行为系滥用自己的职权，显然不能被评价为正常履职的范畴。其次，侵犯公民个人信息罪仅对付某某查询并用于敲诈勒索犯罪的赵某甲等人身份信息行为进行了评价，对于其查询而未用于犯罪的他人信息以及为赵某讨债类违规查询信息的行为不能覆盖评价，存在事实认定缺失的问题。且侵犯公民个人信息罪中“明知他人犯罪仍提供公民个人信息”与敲诈勒索罪中“利用信息筛选作案目标，并用个人信息作为要挟的手段，以实现勒索钱财的目的”，二者之间有重复评价的嫌疑。

第三，对付某某违规获取公民个人信息并提供给违法人员的行为认定为滥用职权罪相较于侵犯公民个人信息罪，更符合法理及一般社会认知。

侵犯公民个人信息罪不是广义的“渎职犯罪”，其与滥用职权罪不是法条竞合关系，不适用“特别法优先一般法”的运用规则。有观点认为本案中滥用职权罪和侵犯公民个人信息罪系法条竞合，应当以特别法罪名侵犯公民个人信息罪与敲诈勒索罪并罚。笔者认为，根据“两高”《解释》第2条第1款的规定，“国家机关工作人员实施滥用职权或者玩忽职守犯罪行为，触犯刑法分则第九章第三百九十八条至第四百一十九条规定的，依照该规定定罪处罚。”该条规定的是滥用职权罪与《刑法》第九章规定的其他渎职罪系法条竞合关系。滥用职权罪与侵犯公民个人信息罪分属刑法分则的不同章节，且侵犯公民个人信息罪不在渎职犯罪一章，如果从犯罪对象和手段方式上看，侵犯公民个人信息罪属于特别法；但如果从犯罪主体和对法益的侵害来看，滥用职权罪属于特别法，所以并不能简单得出二者何为特殊法，何者应优先适用的结论。此外，选择适用滥用职权罪这一典型的渎职罪名，既符合本案系司法工作人员利用职权实施的犯罪，能够体现国家公权力的职权属性，从而与一般社会人员实施侵犯公民个人信息的行为危害有明显区分；也与社会大众对于案件性质的一般认知相契合，认定滥用职权罪能够充分揭露付某某利用其公安民警的身份，滥用警务权限，将社会大众人身和财产利益置于极大风险之中，严重损害国家公权力的正常运行秩序和执法公信力的行为，而这正是侵害公民个人信息罪所不能评价的法益侵害。

供稿：北京市朝阳区人民检察院 李晓娟 李 唐

案例编辑：北京市人民检察院 王庆刚

北京市团河地区人民检察院 李 银

王某某私放在押人员案

——向上级请示获准同意是否能阻却私放行为的违法性?

基本案情

王某某案发前系北京市某区看守所所长，负责该所全面工作。2021年3月21日晚，某区看守所在押未成年罪犯王某（因犯强奸罪被判处有期徒刑二年六个月，刑期自2019年10月28日至2022年4月27日。因疫情原因监狱不接收未成年罪犯，未投牢）因胸痛、胸闷求医，驻所医生诊断为气胸，建议出所就医。王某某让值班民警带王某到某区医院就医。该医院诊断王某为左侧自发性气胸，于3月23日凌晨将其收治住院进行手术。在医院就诊期间，王某某要求驻所医生联系公安医院询问能否接收王某，公安医院答复无治疗条件，不予接收。

3月23日，王某某电话咨询某区法院刑庭庭长能否为王某办理暂予监外执行。在等待回复期间，王某某向北京市公安局某分局副局长汇报情况并请求增派警力看守。后某区法院刑庭庭长告知王某某，对于已交付执行的罪犯，法院无权办理监外执行，但公安机关可以办理，并通过微信向其发送有关文件。经请示主管副局长获准同意后，王某某要求某区医院开具诊断书，由其口述，让罪犯王某父亲手写暂予监外执行申请书，并通过电话、微信，指使他人伪造某区看守所暂予监外执行决定书等法律文书。在未按照《北京市暂予监外执行规定实施细则（试行）》的规定委托医疗机构对罪犯王某是否符合保外就医条件进行鉴定，也未报市局监管总队、市公安局审批，未召开所务会初审、未公示等法定程序的情况下，王某某擅自宣布对罪犯王某解除看管。3月24日，罪犯王某在脱管状态下外出聚会、饮酒。

2021年4月15日，在检察机关监督下，王某某以伪造的某区看守所暂予监外执行情形消失收监审查表等文书将罪犯王某收监。4月20日，某区看守所委托医院对王某进行医学鉴定，结论为不符合《暂予监外执行规定》中保外就医严重疾病范围。同日，王某某要求医院出具关于患者王某的情况补充说明，将3月22日病情描述为“患者病情急、病情较重，危及生命”。

因涉嫌私放在押人员罪，王某某于2021年9月15日被检察机关立案侦查。同年11月22日，经北京市检察院指定，北京市密云区人民检察院负责本案的审查起诉。王某某在审查起诉阶段自愿签署认罪认罚具结书，同年12月15日，密云区人民检察院以被告人王某某涉嫌私放在押人员罪向北京市密云区人民法院提起公诉。2023年8月28日，密云区人民法院一审判决认定王某某犯私放在押人员罪，免予刑事处罚。一审判决后，王某某未上诉，现判决已生效。

主要问题

王某某违规为罪犯王某办理暂予监外执行的行为属一般违纪违法还是涉嫌构成犯罪？其向上级请示获准同意以及与相关单位对接程序和手续能否阻却私放行为的违法性？

意见分析

意见分歧

第一种意见认为，在案证据不足以证实王某某实施了刑法意义上的“私放”行为以及具有主观故意，应按一般违纪违法处理。首先，对于为罪犯王某办理暂予监外执行系看守所领导班子的集体决策行为，且王某某明确征求了分局主管局长的意见并获准同意；其次，王某发病送医后，王某某的首项处理意见是送交公安医院治疗，非直接办理暂予监外执行，其主观上并没有让王某逃避监管的想法，而是想用其他方法来缓解疫情期间警力紧张无法所外看护的问题；再次，王某某就如何处理当晚的情况咨询了法院庭长的意见，并在联系检察院、司法局进行监督的情况下对王某暂予监外执行，这说明其有遵守法律规定的意识，系由于对文件理解粗糙加之惯性思维导致的工作失误；最后，王某某未计划让王某一直暂予监外执行，且在得知其工作失误后，积极采取补救措施，将王某收监，未造成严重后果。

第二种意见认为，王某某的行为构成私放在押人员罪。王某某作为承担监管职责的司法工作人员，在明知办理暂予监外执行所必需的相关程序性要素的情况下，利用担任看守所所长的职务便利，未依法依规为患病罪犯王某申请医学鉴定，未获得监管总队、市局批准，指使他人伪造某区看守所暂予监外执行决定书，来代替市公安局用印的正规文书，并以暂予监外执行为由对王某出具释放证明，超越职权将罪犯解除看管，造成了罪犯脱管的客观事实，其已构成私放在押人员罪，依法应当追究其刑事责任。

意见评析

笔者同意第二种意见，理由如下。

第一，私放行为的动机不影响犯罪故意的判断。

私放在押人员罪中的“私放在押人员”是指“司法工作人员利用职务上的便利，私自非法将被监管或押解的犯罪嫌疑人、被告人或者罪犯放走的行为”。[1]处于被监管或押解状态的犯罪嫌疑人、被告人或者罪犯，本在国家羁押权或刑罚权的效力辐射范围之内，在未履行严格的解除监管或羁押程序的情况下，负有监管

〔1〕 王爱立主编：《中华人民共和国刑法条文说明、立法理由及相关规定》，北京大学出版社2021年版，第1536页。

职责的人员违反解除程序私放在押人员，不但使国家的羁押权或刑罚权的效力受到质疑，而且可能使在押人员流入社会继续犯罪，或者实施串供、毁灭罪证、打击报复证人等妨害刑事诉讼活动的行为，造成严重后果。所以，属于一种严重的破坏法制的犯罪行为。本罪的行为主体除了具有编制身份的司法工作人员，也包括工人等被监管机关聘用受委托履行监管职责的人员以及受委派承担监管职责的狱医。[1]而私放的行为只要行为人主观上明知或应知其行为的性质，擅自、非法将在押人员释放使其逃出监管机关的监控范围即可。实践中，私放的动机多种多样，有的是为获取不当利益，有的是受人之托，有的是工作不负责任，但不管行为人动机如何，只要是在其主观意志支配下使在押人员脱离监管即符合本罪主观特征。[2]当然，也不排除表面上出于“公心”缓解监管空间紧张或警力之不足。即私放的动机不影响私放之故意的判断。本案中，王某某作为执法机关的人民警察，违反法律和制度规定，违背其工作职责，伪造法律文书，使被监管人逃避监管改造，属于私放在押人员的典型表现。结合王某某个人履职经历、专业学习情况，应认定其系明知，并可以排除“基于对其他司法机关人员专业意见的信赖而产生违法性认识错误，从而阻却主观故意”的辩解。

第二，伪造文书以规避解除的审批程序恰好印证了行为人“上下其手”私放在押人员的明知。

《看守所条例》《刑事诉讼法》《监狱法》对强制措施及执行、押解的条件和程序作了严格、明确的规定。程序是保障依法羁押、依法解除的重要机制。对此，履行监管职责的人员应知应会。本案中，王某某明知办理监外执行需要履行一定的程序，为此还特别咨询法院法官，并联系检察院、司法局进行监督，说明他主动“知法”，积极了解监外执行的相关程序。作为看守所所长，其对日常性的保外

---

〔1〕 张明楷:《刑法学》(第6版)，法律出版社2021年版，第1654页。

〔2〕 杨春雷、万春主编:《司法工作人员职务犯罪侦查业务》，中国检察出版社2021年版，第323页。

就医应当开展鉴定、报批、公示等程序也心知肚明。行为人在明知存在文书模板及应予层级审批的情况下，指使他人通过伪造文书的方式，完成对罪犯暂予监外执行，足以反证“伪造文书”是其完成私放在押人员的重要行为表现，是明知而故犯。“伪造文书”不是能力的问题，也不是公安民警执法水平低下的问题，反而彰显其私放的主观故意。这种行为也与2006年《最高人民检察院关于渎职侵权犯罪案件立案标准的规定》中私放在押人员罪立案标准第2项“伪造、变造有关法律文书、证明材料，以使在押的犯罪嫌疑人、被告人、罪犯逃跑或者被释放的”相契合。行为人通过与相关单位对接程序和手续等方式，企图做到形式合规，但实质上主观明知罪犯王某病情不符合规定，不可能得到上级机关的批准，客观行为上也不向市局监管总队和市公安局提交审批。所以，分局副局长同意、检察院人员到场监督以及法院庭长告知看守所有权启动均不能阻却王某某的行为构成犯罪，王某某应为此承担责任，而不能因其他机关、人员的介入而混淆了其应承担的责任。

第三，应合理把握私放在押人员的社会危害性认定标准。

本案中，罪犯王某被私放的24天中（2021年3月23日被看守所解除监管至2021年4月15日收监），有9天在医院住院，有15天在其家中接受社区矫正，未发生新的违法犯罪行为。从这个角度看，王某某私放在押人员的社会危害性看似不大，情节较轻。但实际上，其私放行为已经导致罪犯王某处于脱管状态，其刑期在此期间仍予以计算，致使国家监管机关的监管制度形同虚设。本罪作为行为犯，只要私放罪犯的行为已经发生，就已构成犯罪，至于私放时间长短、被私放的在押人员是否按时返回监管场所等，只是量刑考虑的情节，而不是定罪情节。〔1〕且罪犯王某被及时收监执行并非王某某自身认识到错误、主动纠正，而是检察机关积极履职，

---

〔1〕 参见“吴某辉等私放在押人员案”，载《人民法院案例选》（刑事卷第8册），人民法院出版社2017年版，第4176页。

持续跟踪监督，才在较短时间内将错误的执法行为予以纠正，进一步避免了有可能发生的各种风险。

综上所述，王某某作为负有监管职责的司法工作人员，在执法中伪造法律文书，严重违反法律规定程序私放在押人员，已经超出了一般违法违纪的程度，在认定构成犯罪的前提下，检察机关结合其事实情节和认罪悔罪态度，提出了从宽惩处的建议，最终也得到审判机关判决采纳。

供稿：北京市海淀区人民检察院　林　静　刘岩绅　宋秋歌

案例编辑：北京市人民检察院　崔　誉　张韩旭

八、诉讼程序

石某某盗窃案

——价格认定结论书的证据属性及审查方向

基本案情

石某某于2021年5月29日21时许，在北京市东城区东长安街33号北京饭店A座后街边，盗窃高某某捷安特牌ATX800型自行车一辆。同年6月8日，石某某被民警抓获，并在北京市西城区菜市口地铁站E出口外停车棚内起获被盗自行车。同月9日，北京市东城区产业发展研究中心就涉案自行车出具价格认定结论书，认定该自行车市场价格为人民币2235元。

2021年7月27日，北京市公安局东城分局以石某某涉嫌盗窃罪向北京市东城区人民检察院移送审查起诉。同年8月9日，东城区人民检察院以石某某涉嫌盗窃罪向北京市东城区人民法院提起公诉。2022年2月24日，东城区人民法院作出判决，认定石某某犯盗窃罪，判处有期徒刑六个月，缓刑一年，并处罚金人民币4000元。

主要问题

价格认定结论书的证据属性及审查方向。

意见分析

意见分歧

价格认定结论书虽然不属于法定证据种类，但却在司法实践中被广泛作为证据适用，对财产类犯罪案件涉案金额的确定及定罪量刑具有重要价值。对于价格认定结论书应按照何种证据类型开展审查，在理论和实务界仍存在一定争议。

第一种意见认为，价格认定结论书属于鉴定意见。理由是：价格认定结论书是价格认定人员针对涉案财物价值这一专门性问题进行主观判断，并得出结论性的书面意见，本质上与鉴定意见一致，属于一种主观活动，且与书证的客观性存在本质区别。

第二种意见认为，价格认定结论书属于书证。价格认定是价格认定机构依照法定程序、法定标准实施的行政确认行为。依照该行政行为制作的价格认定结论书，以其内容对相关产品从法律事实角度作出价格判断，从证据的属性来看，属于公文书证，即国家机关在法定权限范围内制作的文书，以此文书作为证明案件有关情况的书证。[1]虽然书证多发生在案发前或案发过程中，但是实践中很多证据均作为书证来处理且无争议，如公安机关出具的情况说明。将价格认定结论书作为书证审查并不违背法理和司法实践。[2]因此，审查时只要符合书证的法定形式就应依法采信。

第三种意见认为，价格认定结论书属于准鉴定意见。从属性上看，价格认定结论书作为价格认定人凭借自身的专业资质和专业知识进行思考后形成的主观认识记录，更加类似于鉴定意见中鉴定人通过自身的专业知识和专业资质经过主观思维活动后形成鉴定意见的过程。[3]从形式上看，价格认定不属于法定的司法鉴定业务类型，不需要有司法鉴定机构资质和鉴定人员资质，不能直接将其归为鉴定意见，实践中如果将价格认定结论书作为鉴定结论进行审查也直接影响其证据能力而不被采信。将出具价格认定结论书的专业人员视为“具有专门知识的人”，

---

〔1〕 李引泉：《价格认定结论书属于书证》，载《检察日报》2017年3月27日，第3版。

〔2〕 李超：《案名：周某某涉嫌盗窃罪案　主题：价格认定结论书不是鉴定意见》，载《中国检察官》2019年第4期。

〔3〕 周萌、徐炜、王本灵：《价格认定结论书的证据类型及其规范审查》，载《法制博览》2020年第31期。

将价格认定结论书视作“检验报告”，进而认为价格认定是一种类似鉴定意见的“准鉴定意见”，能够弥补现行法律的冲突和确实，也能规范实践中对价格认定结论书的审查。

意见评析

笔者同意第三种意见，实务中应当将价格认定结论书作为“准鉴定意见”进行审查。理由如下。

第一，证据属性上有别于鉴定意见。

一方面，价格认定不属于法定鉴定类型。根据《全国人民代表大会常务委员会关于司法鉴定管理问题的决定》第2条的规定，司法鉴定种类包括法医类鉴定、物证类鉴定、声像资料鉴定以及根据诉讼需要由国务院司法行政部门商最高人民法院、最高人民检察院确定的其他应当对鉴定人和鉴定机构实行登记管理的鉴定事项，价格认定并不在其中。另一方面，形式上不符合《刑事诉讼法》中关于鉴定意见的规定及质证规则。根据《刑事诉讼法》第147条第1款、第192条第3款的规定，鉴定人进行鉴定后应当写出鉴定意见，并且签名；公诉人、当事人或者辩护人、诉讼代理人对鉴定意见有异议，人民法院认为鉴定人有必要出庭的，鉴定人应当出庭作证。可见，司法鉴定实行鉴定人负责制。司法鉴定机构则属中介组织，相互之间无隶属关系，受理业务不受地域限制；而价格认定实行机构负责制，价格认定工作由专门的价格认定机构作出，机构实行统一领导，分级管理。价格认定结论书一般仅加盖价格认定机构的公章，而无须价格认定人员签名。因此，价格认定也不符合鉴定意见的形式要件，不能直接将其归为鉴定意见。

第二，证据属性上有别于书证。

一是产生时间不同。价格认定结论书是在案发后形成的对物品价值作出的认定参考，而书证一般是在诉讼活动开始之前或者与诉讼活动并无联系的情况下产生的。二是根本属性不同。书证是客观存在的文字或者符号，属于客观证据；价格认定书虽然与案件事实存在关联，并以书面文件的方式体现出来，但其反映的是价格认定人的主观判断。三是形式上不符合《刑事诉讼法》中关于书证的审查规则。如书证可以适用辨认、鉴定；而价格认定结论书并不适用辨认、鉴定。

第三，价格认定书具有更多鉴定意见的特点，可视为“准鉴定意见”。

价格认定结论书虽然不属于法定证据类型，但根据《刑事诉讼法》第50条第1款“可以用于证明案件事实的材料，都是证据”的规定，其作为案发后形成的对涉案物品价值的认定参考，只要符合要求就可以作为证据使用。从现行法律司法解释和司法实践来看，根据《最高人民法院关于适用〈刑事诉讼法〉的解释》（以下简称《解释》）第100条第1、2款规定，“因无鉴定机构，或者根据法律、司法解释的规定，指派、聘请有专门知识的人就案件的专门性问题出具的报告，可以作为证据使用。对前款规定的报告的审查与认定，参照适用本节的有关规定。”正是因为现实中的专门性问题层出不穷，司法鉴定却无法涵盖，导致这类专门性问题的报告在实践中可以且已经作为证据使用，发挥着与鉴定意见同等重要的作用，允许出具这类专门性报告不仅是应急之策，而是已成为常态。从自然属性来看，价格认定结论书实质是有专门知识的人就案件涉及价格的问题出具的报告，凝聚着价格认定人员根据物品的客观属性并结合专业经验形成的主观判断。但与鉴定意见相通的是，鉴定意见也是为了查明案情、解决案件中专门问题而聘请具有鉴定资格的、有专门知识的人就案件的专门问题经过主观思维活动后向司法机关提供的结论性书面意见。故将其与鉴定意见类比，更具有合理性。

第四，对价格认定结论书应进行实质审查和形式审查。

一方面，根据《价格认定规定》《价格认定行为规范》及其他相关部门规章和地方性法规，参考鉴定意见的相关审查方法，对价格认定结论书进行实质审查，着重关注价格认定范围和基准日、价格认定依据、价格认定方法和过程、价格认定结论、其他说明等，评判整个价格认定程序是否符合法律规定、认定的过程和方法是否符合相关专业的规范要求，价格认定是否明确，是否与案件事实有关联等，判断价格认定结论书作为证据的合法性、真实性和关联性。另一方面，对价格认定结论书进行形式审查，着重关注价格认定结论书形式要件是否完备，各部分是否完整，是否存在明显的涂改痕迹，价格认定结论书是否加盖具有资质的价格认定机构公章，文书编号是否符合规范等内容，进而全面评价价格认定结论书的证据能力。

供稿：北京市东城区人民检察院　刘超颖　马龙飞

案例编辑：北京市人民检察院　张艳青

姜某盗窃案

——盗窃案件中指纹鉴定的证明力问题

基本案情

2013年12月13日凌晨3时至4时许，北京市海淀区小南庄西1号院1号楼发生3起钻窗入户盗窃案。其中，马某某丢失人民币800余元、苹果手机1部（经鉴定价值人民币1635.16元）及仿皮黑色羽绒服1件及围巾1条；成某某丢失人民币4000余元，苹果及三星手机共3部（共价值人民币6326.69元）；张某某丢失人民币500元及老年券100元。

马某某报案后，公安机关对该案立案侦查，从作案现场提取指纹一枚。姜某因散发色情广告，曾于2010年被行政拘留七日，并留有指纹案底。经指纹比对，二者同一。2014年2月10日，公安机关将姜某抓获。同年3月18日，经北京市海淀区人民检察院批准，姜某因涉嫌盗窃罪被北京市公安局海淀分局逮捕。2014年10月28日，北京市海淀区人民检察院对该案作出存疑不起诉决定。

主要问题

无其他有罪证据的情况下，仅凭指纹鉴定意见和监控录像，可否定案？

意见分析

意见分歧

第一种意见认为，指纹鉴定具有科学性、客观性、准确性的特征。在本案中，现场勘验检查笔录证实，指纹提取程序合法，鉴定程序合法，具有法律效力。提取的指纹痕迹纹线清晰、特点稳定，具备比对条件。鉴定采用8个特征点进行比对，符合我国7~8个特征点比对的鉴定惯例。入户盗窃类犯罪，通过对案发现场提取的指纹进行鉴定，比对出犯罪嫌疑人，如果其不能提出其不在现场的合理理由，且有监控录像证明有人入户，就可以形成证据链证实该人实施了入户盗窃。

第二种意见认为，指纹鉴定本质属于专家意见，需依靠经验判断得出结论，故存在一定错误率，甚至出现过不同的人却有完全相同指纹的情况，因而其客观性并不完全可靠，在缺少其他证据予以印证的情况下更不能单独以指纹鉴定入罪。

意见评析

笔者同意第二种意见，理由如下。

第一，指纹鉴定系有资质的鉴定人员根据专业知识对两枚以上的指纹是否具备同一性而出具的意见，在审查过程中必须结合其他证据对其结论是否具备证明力进行审查。

指纹鉴定不同于DNA鉴定，DNA鉴定完全依靠科学技术完成，其结论具有排他性。但指纹鉴定不同，指纹鉴定仍是鉴定人根据经验作出的主观判断，本质上属于专家意见。在认定案件时，必须结合其他证据综合分析判断，方可作为定案依据，这也体现了刑事诉讼法将鉴定结论修改为鉴定意见的初衷，即鉴定意见是专家意见而不是客观结论，对其需要进行实质性审查。需要指出的是，虽然目前还没有掌握指纹鉴定的错误概率，但是关于指纹鉴定的准确性学界有相关研究和讨论，或许可以提供参考。如有调研指出，指纹鉴识其实并不像一般人想象的那么可依赖，一对指纹由不同的人鉴识，如果不知前手的鉴定结果，可能导出不完全相同的结论。研究显示比对指纹的出错率为0.8%。指纹鉴定的不足和缺陷已经为人们所发现和认识，对指纹鉴定的采信也从最初的绝对信赖发展到更加审慎对待。荷兰、奥地利和法国明确规定具有12个以上匹配特征的指纹鉴定才能成为法庭证据；而英国采用16个特征点原则。另外，有些国家规定指纹鉴定特征点的最低限值还要高，如15、24、27。这说明，指纹鉴定的客观性与匹配特征点的数量成正比关系，亦即匹配特征点偏少时，鉴定意见的客观性不可避免会受到影响和削弱。

本案中，现场提取的指纹只是拇指的局部，比对图样中的检材手印不清晰（鉴定人本人也承认鉴定条件一般），且作出同一结论的匹配点仅有8个，指纹鉴定客观性不足。依照我国的相关鉴定标准，8个匹配点可以作出鉴定意见，但这是最低的标准。虽然海淀司法鉴定中心的鉴定人称还没有权威的统计数据，但也用“错误概率较低”回应问题，亦即承认指纹鉴定客观上存在错误概率。为避免因鉴定条件一般而引发可能存在的认定错误，承办检察官两次向市院司法鉴定人员咨询，第一次针对书面鉴定意见书所附比对图样，第二次针对从鉴定中心电脑系统内调取的清晰度稍高的比对图样。市院司法鉴定中心两次组织专家审查后均答复不能给出确定结论，只是高度疑似。

第二，监控录像等证据一定程度上辅证了犯罪嫌疑人的辩解，犯罪事实并非该人所为的合理怀疑无法排除。

首先，肉眼辨别现场监控录像出现的作案人与姜某在体貌特征上并不吻合。虽然监控录像未达到技术比对的清晰程度，无法作同一比对，但监控图像中作案人的脸型、体型、步态都已呈现出来，通过肉眼比对，能够形成初步判断。承办检察官以及多名与姜某相识但无利害关系的证人观看录像后，均认为二人存在明显差异。录像显示，作案人脸型偏瘦长、下颌瘦尖、鼻梁较高，而姜某面部偏圆，脸型稍宽、鼻梁略低。

其次，本案的时空特点进一步印证姜某的无罪辩解。监控录像显示，作案人并非从小区大门进入，而应是翻墙进入，且作案人进入案发住户前没有观察、寻找作案目标等行为，因此很可能经过事前踩点。并且，从作案人复杂的离开路线来看，其对小区环境比较熟悉，这说明作案人极有可能反复到过案发小区。此外，作案人连续进入三户人家，停留时间达40余分钟却未被发觉，也说明本案极可能系惯犯所为。然而，姜某在河北省三河市燕郊的物业公司工作，平时居住物业宿舍，考勤正常，其本人辩解案发前未到过该小区。其居住地距案发地点52.6公里，且案发时间是在严冬的凌晨，没有可供其往返的交通工具，难以迅速逃离现场并次日正常上班。

最后，姜某的品格证据进一步强化了合理怀疑。从品格证据来看，虽然姜某曾有散发色情小广告的行政处罚记录，但这未必就能说明该人具有盗窃习性。从姜某的同事、亲友以及物业业主反映的情况来看，姜某不是贪图便宜之人，其在工作和生活中经常无偿地帮助别人，周围人对其为人都很认可，也很信任，这些特点也与盗窃犯的性格特征形成鲜明对比，从而进一步削弱了认定姜某有罪的内心确信。

第三，该案有罪证据仅有指纹同一鉴定意见，其他间接证据无法排除合理怀疑，故不能定案。

笔者认为，本案属于典型的孤证案例。本案指向姜某的直接有罪证据仅有指纹鉴定意见，无其他证据予以印证。姜某本人作无罪辩解，否认到过案发现场。被害人陈述仅能证实家中财物失窃，不能证实系何人所为。无现场目击证人。事后未起获任何赃证物。犯罪嫌疑人否认入户存在两种可能性，一种是指纹鉴定客观真实有效，嫌疑人为逃脱罪责未作真实供述；另一种是嫌疑人辩解属实，指纹鉴定结论出现问题。持第一种意见者直接认可指纹鉴定的效力，而排除第二种可能性的存在，进而认为本案不属于孤证情形，是犯了循环论证的逻辑错误。即因为存在指纹鉴定，所以姜某辩解不真实，因为姜某辩解不真实，所以指纹鉴定不是孤证。这显然是站不住脚的。当在A、B两份矛盾证据中采信其一时，A证仍然为A证，B证仍然为B证，A证并不因B证被认定为假而变成两份证据，本案定罪证据始终是孤证。

供稿：北京市海淀区人民检察院　张春宇

案例编辑：北京市人民检察院　庞　静

张某甲、张某乙敲诈勒索、妨害作证案

——手语翻译人员参与刑事诉讼的程序问题

基本案情

2018年4月24日，张某甲（听力残疾人）、张某乙（又聋又哑多重残疾人）得知与范某某（又聋又哑多重残疾人）相依为命的范某某母亲去世后，预谋将范某某房产抵押变卖。二人伙同杨某某（另案处理）通过“言语”威胁等方式逼迫范某某将自己名下的房产抵押并以350万元的价格出售给杨某某母亲。后杨某某向范某某转账的购房款被杨某某、张某甲分赃。经估价，涉案房产价值人民币434.7万元。另自2018年2月至10月，张某甲、张某乙以“言语”威胁、扇耳光等方式，多次向范某某索要钱款共计100余万元。2019年10月，张某甲、张某乙为逃避法律追究通过威胁等方法指使王某某等五人书写虚假证言，并将虚假证言材料通过张某乙母亲转交至司法机关。

2020年8月6日，北京市通州区人民检察院以张某甲、张某乙涉嫌敲诈勒索罪、妨害作证罪向北京市通州区人民法院提起公诉。2021年9月30日，北京市通州区人民法院以被告人张某甲犯敲诈勒索罪、妨害作证罪，判处有期徒刑十四年六个月，剥夺政治权利二年，并处罚金人民币14万元；被告人张某乙犯敲诈勒索罪、妨害作证罪，判处有期徒刑十三年六个月，剥夺政治权利二年，并处罚金人民币14万元。

主要问题

同一手语翻译人员能否参加同一案件的不同诉讼阶段；能否为同一案件两名以上当事人翻译，尤其是同一名手语翻译能否为共同犯罪案件中的不同犯罪嫌疑人、被告人担任翻译？

意见分析

意见分歧

第一种意见认为，翻译人员只是语言转换的媒介，其主要职责是作为语言转换的工具，与案件实体处理关系不大。同一翻译人员更加熟悉案情，可以减少翻译难度，提高翻译准确性。[1]因此不涉及因不同诉讼阶段、不同行为人而回避的问题。

第二种意见认为，翻译人员应以客观中立为原则进行翻译活动，而翻译活动本身也具有一定的主观创造的色彩、翻译人员在不同诉讼阶段担任翻译，容易形成先入为主的观念，进行“有罪推定”，翻译活动的客观性，公信力会大打折扣，同一翻译人员为同一案件两名以上当事人翻译容易导致串供等妨害诉讼的活动发生，影响诉讼公正。[2]因此应适用与司法工作人员同样的回避原则。

意见评析

翻译人员是刑事诉讼法律关系主体，其职责是通过翻译活动，传递准确的材料和信息，协助诉讼活动的顺利进行。《刑事诉讼法》第121条规定，讯问聋、哑的犯罪嫌疑人，应当有通晓聋、哑手势的人参加，并且将这种情况记明笔录。通晓聋、哑手势的人即通常所说的手语翻译。在刑事诉讼中，聋哑人有获得手语翻译的权利，从而在手语翻译的辅佐之下获得参与刑事诉讼的能力。实践中，虽然手语翻译不适格（如本身就是聋哑人）、讯问或询问过程无手语翻译参与，导致证言被排除的事例也并不鲜见。因此，翻译人员在刑事诉讼中的地位、回避问题等虽然并未引起应有重视，但殊有讨论之必要。

---

〔1〕 天津市人民检察院课题组:《刑事诉讼翻译活动的现实与规制》，载《人民检察》2015年第10期。

〔2〕 天津市人民检察院课题组:《刑事诉讼翻译活动的现实与规制》，载《人民检察》2015年第10期。

第一，手语翻译的角色定位。

一般来说，翻译人员凭借语言专业知识技能参与刑事诉讼活动，其并不隶属于公安司法机关，具有与鉴定人、有专门知识的人等类似的独立性，即翻译人员应当保持中立、不偏不倚。在西方法庭中译员长期以来的角色定位是“传声筒”（mouthpiece），翻译活动应当是“通过透明的存在并以机械的方式进行”，〔1〕翻译人员不应当对表达者的言外之意进行解释。理想状态下，翻译应是无任何方向性的纯粹技术性工作，只是协助有沟通障碍的人员参与刑事诉讼活动，并使其有效行使权利，从而对刑事诉讼的结果施加积极影响。但是正如美国法学家瓦尔特·L.摩尔曾指出的，“所有的翻译都是一种解释”，翻译工作是最容易动摇证据客观性和真实性的环节之一。〔2〕由丰富情感的人之个体来担任一项中立、技术性的工作，本身就有不可避免的主观性。学者指出，与其他翻译相比，手语翻译无法是“隐形人”，他们是积极参与者，而非机械被动的。他们的翻译工作必须通过视觉来传达，而且要积极参与双方的交流……在聋哑人社区中，手语翻译掌握更大的权力，有更强的干预性。〔3〕翻译人员在交流的过程中，无论是出于对被追诉人罪行的憎恶，还是对被害者的同情，抑或是对法律正义的价值追求，难免会有所偏向，使翻译结果产生“偏差”。在缺少监督和自律的情况下，出于案外多种因素，有的翻译人员可能会与相关当事人背地串通，如暗中接受当事人许诺，指使改变供述、证言内容，在翻译关键字句时暗中做手脚等，这些行为会严重干扰诉讼活动。〔4〕有的手语翻译有时会出于“查明案件事实”的“良好初衷”，产生“干预”诉讼活动的倾向。比如，在本案一次询问被害人过程中，被害人范某某正欲陈述“其被迫将房屋卖掉后，因张某甲、张某乙威胁其不

〔1〕 史宇航：《论我国刑事诉讼中翻译制度的完善》，中国人民公安大学2020年硕士学位论文，第25页。

〔2〕 施长征：《司法规律视野下检视刑事诉讼翻译制度》，载《检察日报》2011年1月5日，第3版。

〔3〕 何冬梅：《法庭手语翻译：探讨译员的中立性原则》，载《福建省外国语文学会2009年年会暨学术研讨会论文集》，第8页。

〔4〕 天津市人民检察院课题组：《刑事诉讼翻译活动的现实与规制》，载《人民检察》2015年第10期。

许报警，到药店买药欲自杀”的案件细节，但是被手语翻译人员予以打断。手语翻译用手语“说”这些是细枝末节、无关紧要，要求被害人陈述与案件相关的内容。而被害人是否陷入恐惧心理，正是本案是否构成敲诈勒索罪的审查重点。

另外，手语翻译师自2007年才被列为劳动和社会保障部公布的新型职业，此后，中国就业促进会手语实训基地才推出中国手语翻译能力实训和考试认证。[1]目前，办案中所聘请的手语翻译大部分源于特殊教育学校的教师或残联的工作人员，满足条件的翻译人员不足，公安司法机关聘请的翻译范围较小，一部分既精通手语又深谙法律的手语翻译频繁参与案件办理，变得相对特定化，[2]加之相关诉讼活动严重依赖于手语翻译开展，“手语翻译作为一个专业性较强的工作，翻译的真实性、准确性除了翻译人员和犯罪嫌疑人知晓”[3]，即便办案人员也很难介入与监督。因此，手语翻译已由单纯的语言媒介或转换一跃成为对诉讼结果具有重大影响的角色。故对于手语翻译，不宜简单地将其理解为技术中立的诉讼参与人，而应高度重视其非中立的一面；相应地，司法人员也不应居于旁观者的角色，而应发挥主导者的作用，[4]加强对手语翻译活动的审查，对翻译过程给予积极关注与整体把握，确保翻译活动为诉讼活动服务。

第二，手语翻译的回避。

《刑事诉讼法》并未单独规定手语翻译的地位，而是将其纳入翻译的大类别之中，与对“不通晓当地通用的语言文字的诉讼参与”提供翻译帮助(《刑事诉讼法》第9条)适用同样的规则。而根据《刑事诉讼法》及相关适用刑事诉讼法的解释，

---

〔1〕 范作金:《如何规范手语翻译人在刑事诉讼中的作用》，载《楚天法治》2015年第6期。

〔2〕 一个区域的手语翻译集中为个别人甚至同一个人身上。实证分析参见马玉栀:《刑事诉讼中残疾人权益保障问题研究——基于重庆市375份判决书的考察》，西南政法大学2020年法律硕士学位论文，第23页。

〔3〕 周旋:《论刑事诉讼中聋哑犯罪嫌疑人的法律权益保障问题——以手语翻译为切入点》，载《法制博览》2020年第9期。

〔4〕 天津市人民检察院课题组:《刑事诉讼翻译活动的现实与规制》，载《人民检察》2015年第10期。

翻译人员与司法工作人员、书记员、鉴定人适用同样的回避规定。相关释义指出，回避的理由在于翻译的工作“关系到案件的正确处理，实行回避制度有利于维护司法公正，防止在办案过程中出现徇私舞弊的现象”〔1〕。

值得注意的是，《刑事诉讼法》规定的回避理由，核心在于是否存在利害关系。即案件的当事人或者与案件有利害关系的人，不得担任本案的翻译人员。〔2〕《最高人民法院关于适用〈中华人民共和国刑事诉讼法〉的解释》虽然指称翻译的回避适用审判人员的规定，但“在一个审判程序中参与过本案审判工作的合议庭组成人员或者独任审判员，不得再参与本案其他程序的审判”，这条规则并不严格适用于手语翻译。〔3〕司法实践中亦有辩护人提出“原审法院在开庭时提供的手语翻译，该翻译人员在侦查阶段为侦查人员提供了手语翻译，此违反刑诉法关于回避的规定，属于程序违法”。〔4〕但并未获得法院支持，“该翻译人员虽在侦查阶段介入案件，对案情有一定的了解，又在审判阶段为法庭提供手语翻译服务，可能会在翻译过程中加入主观判断，但回避制度的核心是为保证案件的公正审理，而翻译人员属审判辅助人员，向办案机关提供技术性服务，在审判活动中不起决定作用，并不影响案件的公正审理，况朱某某（李某）具有顺畅书写汉字、自由表达意志的能力，侦查机关的讯问笔录及原审法院的庭审笔录，均经‘李某’阅读、签字，‘李某’对经手语翻译后的讯问、庭审笔录并未提出异议，说明翻译人员的翻译内容准确、客观，故辩护人的观点不符合司法解释的法意，原审法院的做法不违反法定程序，辩护人此节辩护意见不符合法律规定，本院不予采纳”。〔5〕

---

〔1〕 王爱立主编：《中华人民共和国刑事诉讼法释义》，法律出版社2018年版，第55页。

〔2〕 粟克元主编：《刑事诉讼法学》，厦门大学出版社2015年版，第74页。

〔3〕 如在多数聋哑被告人的背景下，只有一名通晓聋哑手势的人参与刑事诉讼。马玉栀：《刑事诉讼中残疾人权益保障问题研究》，西南政法大学2020年法律硕士学位论文，第22页。

〔4〕 也有检察机关的同志认为这在一定程度上背离了刑事诉讼基本原则精神。李积国、刘海鹏：《应当规范手语翻译人员参与刑事诉讼活动》，载《检察日报》2012年2月6日，第3版。

〔5〕 西安市中级人民法院刑事裁定书，（2017）陕01刑终69号。

笔者认为，根据现行法，没有手语翻译不得在不同诉讼阶段或者为共同犯罪的多名犯罪嫌疑人、被告人担任翻译的禁止性规定，《最高人民法院关于适用〈中华人民共和国刑事诉讼法〉的解释》第29条关于法官原则上不得在不同阶段诉讼程序担任审判员的原则属于法官回避的特殊性规定，并不当然适用于手语翻译。就鉴定人而言，就鉴定意见在不同诉讼阶段出庭接受询问，也不在禁止之列。而且相关回避由审判长决定，本身就在裁量的范围之内，不属于法定回避事由。当然，考虑到手语翻译的特殊性以及对诉讼结果的重大影响，在条件允许的情况下，应当探索更换手语翻译，在不同诉讼阶段、为不同犯罪嫌疑人或被告人聘请不同的翻译人员。即便囿于现实条件无法做到，也应"对翻译活动全程同步录音录像并随卷保存，以备核查。这种折中的方式兼顾了现实可操作性，增加了对翻译活动的监督，可以有效留存证据还原现场，为日后救济也预留了备查途径"。[1]本案中，在审查逮捕阶段公安机关已经注意到该案翻译人员的回避问题，为两名犯罪嫌疑人以及被害人分别聘请了三名手语翻译人员，但因为专业性问题，后续阶段未能严格执行上述回避制度。

第三，手语翻译的审查方法。

手语翻译所使用的手语为聋哑人手语协会推广的官方手语，也称为文法手语，类似于手语中的"普通语"。然而，很多聋哑人受限于自身文化水平不高，没有系统学习过文法手语，更多使用自然手语，即自然习得的手语，与文法手语有较大的出入。且自然手语存在地域性特色，类似于各地的方言，[2]实践中也出现过手语翻译与聋哑犯罪嫌疑人、被告人无法有效沟通的情形，即手语翻译无法对接区域性的聋哑手语。此外，法律语言不同于生活语言，具有抽象性和特殊含义，不经专门训练，难以准确翻译，既考验手语翻译能否传达到位，也考验犯罪嫌疑人、

---

〔1〕 天津市人民检察院课题组：《刑事诉讼翻译活动的现实与规制》，载《人民检察》2015年第10期。

〔2〕 涂思敏：《在法庭上说"第二母语"的人》，载《方圆》2022年第18期。杨雅婷、刘佳慧、刘文娟、欧凯钰：《手语翻译制度在司法实践中的缺陷及其完善——以上海为例》，载《法制与社会》2016年第30期。

被告人能否准确理解。本案涉及房屋抵押、登记、高息等较多抽象术语，也涉及“敲诈勒索”“抢劫”等在行为构成上需要详细区分的阐述，如果不能准确传达，可能导致结果大相径庭。承办检察官要加强深入理解手语翻译的特殊性，加强比对审查，防止偏听偏错、陷入误区，导致作出错误决定。

手语翻译并非单纯的语言转换，需要综合手势动作、面部表情、唇语等综合理解。相关调查数据显示，聋人群体表示手语翻译人员存在表情呆滞、手持动作太小、手语不清楚、死板的手势汉语等一系列问题。〔1〕在手语翻译与聋哑犯罪嫌疑人、被告人的沟通中，手语只能表达一段话中的几个重点词语，具有即时性（或称一过性）、低连贯性的特点。〔2〕因此，对涉聋哑人翻译过程全程录音录像已经成为实践中的共识，对有手语翻译人员参与的诉讼过程，如讯问、询问、庭审等，应当进行全程录音录像，尤其是对手语翻译过程宜采用远、近结合的录像方式，并将录音录像经当事人、办案人员、翻译人员签字后确认封存，以备复查，实现对当事人权利的保障和对翻译过程的评估。〔3〕

承办检察官在审查时不应因不懂手语就只将精力放在审查笔录上，而必须仔细比对同步录音录像，认真观察翻译人员与当事人的身体语言、脸部表情、音调和手势，再结合其他在案证据，综合判断翻译的真实性、完整性和准确性。对于经审查发现存疑的翻译结果，可以引入相关主体对翻译内容进行质证，以促进案件事实的查明。如本案中争议的焦点是被害人是否被迫抵押、出售房产，关键证据银行监控取款录像显示被害人并无明显被胁迫行为，聘请的翻译人员曾就该录像进行翻译，亦未发现异常。后承办检察官将该段录像出示给被害人，经过被害人结合监控录像还原案件事实，被害人称当时因合同被捂着，其并不知道房产被卖

〔1〕 杨雅婷、刘佳慧、刘文娟、欧凯钰：《手语翻译制度在司法实践中的缺陷及其完善——以上海为例》，载《法制与社会》2016年第30期。

〔2〕 周旋：《论刑事诉讼中聋哑犯罪嫌疑人的法律权益保障问题——以手语翻译为切入点》，载《法制博览》2020年第9期。

〔3〕 张杰：《翻译人员参与刑事诉讼活动亟待规范》，载《人民检察》2008年第8期。

的情节具有可信性。后经过两犯罪嫌疑人对该证据质证，该关键事实得到二人认可，合理解释了本案的关键疑点。

在具体个罪的认定上，承办检察官也要考虑聋哑人的认知能力。本案中，犯罪嫌疑人及辩护人提出，被害人同意出卖房屋是因其想要投资获取高利，被害人自知晓房屋被卖半年后才报警反映出被害人系自愿。承办检察官考虑到，聋哑人固有的听觉障碍和语言功能缺陷导致心智发育受阻，[1]对事物的认知停留在形象思维上，直接导致聋哑人认知、自我控制和辨别能力偏低，[2]不能以一般人的行为准则要求聋哑被害人。检察官及时补充了被害人成长经历、性格特点等能够反映被害人品格及社会生活经验的证据。可以证明被害人案发前有稳定收入、较多存款，圈子简单，日常省吃俭用，在未有任何获利的情况下突然将自己生活房产变卖进行投资明显不符合生活常理。案发期间，两嫌疑人持续向被害人发送割喉恐怖视频，给被害人剃光头等，被害人不间断地处于二人胁迫之下，能够合理解释被害人因恐惧迟迟未报警的心理。综合全案证据，本案被害人作为又聋又哑的残疾人，与一般社会民众相比，其认知能力、与他人沟通等方面受到很大限制，被害人在受到两嫌疑人胁迫、恐吓状态下实施了财产处分，故两嫌疑人构成敲诈勒索罪。

供稿：北京市通州区人民检察院　闫丰蕴

案例编辑：北京市人民检察院　王志坤

---

〔1〕 刘翠兰、郭本禹：《聋生道德敏感性的影响因素及其培育策略》，载《教育理论与实践》2018年第14期。

〔2〕 罗佳鹏：《聋哑犯罪嫌疑人审讯研究》，中国人民公安大学2021年硕士学位论文，第12页。

北京市昌平区市场监督管理局与北京某有限责任公司行政非诉执行监督案

——检察机关在行政非诉执行监督中，发现法院作出准予执行裁定后不移送执行的，应当依法予以监督

基本案情

2020年7月27日，北京市昌平区市场监督管理局（以下简称昌平区市场监管局）对北京某有限责任公司作出行政处罚决定。该公司未在法定期限内申请复议，也未向人民法院起诉，且未自觉履行法定义务。昌平区市场监管局向北京市昌平区人民法院申请执行行政处罚决定书。昌平区人民法院经审理，于2021年6月26日作出行政裁定书，裁定准予强制执行。之后，昌平区市场监管局申请执行行政裁定书，昌平区人民法院于2021年8月23日受理并移交本院执行局。因被执行人已经缴纳罚款，昌平区人民法院2021年10月29日出具结案报告，该案执行完毕。2022年4月20日，北京市昌平区人民检察院就该案和审查其他案件中发现的问题向昌平区人民法院制发类案检察建议，建议人民法院组织各职能部门就裁定准予执行后移送执行问题充分沟通，做好工作衔接，对符合条件的执行案件内部移送至执行局执行。2022年6月18日，昌平区人民法院回函对检察建议表示认可并采纳。

主要问题

行政非诉执行案件中，在法院裁定准予强制执行以后，行政机关是否需要以行政裁定书为依据再次申请执行？

意见分析

意见分歧

在一般的诉讼活动中，当事人如果不主动履行判决确定义务，另一方当事人需以生效裁判为依据向人民法院执行机构申请强制执行。在行政非诉执行过程中，行政机关在获得法院准予执行裁定后，是需要再次向法院申请执行，还是由法院行政庭内部移送至执行局执行，司法实践中做法不一。

第一种意见认为，行政机关应当再次向人民法院申请强制执行。这也是实践中法院的惯常做法。理由是：行政机关在行政非诉执行活动中是一方当事人，不需要予以特殊对待。执行属于独立的程序环节，行政机关在法院裁定准予执行后，同样应当再次申请执行，这符合审判和执行相对独立的原则，也有助于保护行政相对人的合法权利。

第二种意见认为，行政机关不需要再次申请法院执行准予执行裁定。理由是：行政非诉执行活动不同于法院一般的诉讼活动，如行政机关对法院的不准予执行裁定并不具有上诉的权利。行政非诉执行制度设计的目的之一即是保障行政机关合法有效的行政决定履行到位。法院行政审判部门在作出准予执行裁定后，应当将该案经过内部移送程序移交至执行部门。

意见评析

笔者同意第二种意见。行政非诉执行裁定的执行不同于一般的诉讼案件的执行，行政机关申请法院强制执行行政决定的前提是行政相对人在法定期限内未提出复议或提起诉讼。要求行政机关在收到准予执行裁定后再次申请法院执行，既无助于对行政相对人权益的保护，也不利于体现行政决定的效率优势。理由如下。

第一，行政非诉执行案件实行执行立案内部移送机制具有法律依据。

最高人民法院《关于执行案件立案、结案若干问题的意见》第2条第1款规定："执行案件统一由人民法院立案机构进行审查立案，人民法庭经授权执行自审案件的，可以自行审查立案，法律、司法解释规定可以移送执行的，相关审判机构可以移送立案机构办理立案登记手续。"最高人民法院《关于执行权合理配置和科学运行的若干意见》第13条规定："行政非诉案件、行政诉讼案件的执行申请，由立案机构登记后转行政审判机构进行合法性审查；裁定准予强制执行的，再由立案机构办理执行立案登记后移交执行局执行。"该意见第27条规定："对符合法定移送执行条件的法律文书，审判机构应当在法律文书生效后及时移送执行局执行。"《最高人民法院关于办理行政机关申请强制执行案件有关问题的通知》第1条规定："行政机关申请人民法院强制执行案件由行政审判庭负责审查。经教育，行政行为相对人自动履行的，即可结案。需要强制执行的，由行政审判庭移送执行庭办理。"《最高人民法院关于执行〈中华人民共和国行政诉讼法〉若干问题的解释》第93条也规定："人民法院受理行政机关申请执行其具体行政行为的案件后，应当在30日内由行政审判庭组成合议庭对具体行政行为的合法性进行审查，并就是否准予强制执行作出裁定；需要采取强制执行措施的，由本院负责强制执行非诉行政行为的机构执行。"可以看出，在人民法院行政庭裁定准予强制执行之后，行政相对人未自动履行的，对符合条件的案件，应当由行政庭内部移送至执行局立案执行。法院要求行政机关二次申请的做法缺乏明确的法律依据。要求行政机关对于准予强制执行的裁定二次申请执行的做法，属于违法情形，检察机关应予以监督；对发现有故意拖延、故意不予移送等违法情形的，应当依法对审判人员违法行为进行监督。这在最高人民检察院公布的两批行政非诉执行典型案例中也有涉及，如黑龙江某汽车维修站环境违法行政处罚非诉执行监督案中，某区人民检察院在开展行政非诉执行检察监督专项活动时，发现法院在该案中裁定准予执行后将近一年未依法移送本院执行局，存在怠于执行情形，严重影响执法效果，遂依职权启动监督程序。法院收到检察建议后，行政审判庭于一周内将该案件移交执行局进入执行程序。

第二，行政非诉执行案件实行执行立案内部移送机制有现实必要性。

《行政强制法》第五章专门就“申请人民法院强制执行”作了规定。行政非诉执行制度设立的目的，一方面是限制行政机关的强制执行权力，从而更好保护行政相对人的合法权益；另一方面，也是通过法院的执行手段保障合法合理的行政决定执行到位，维护行政行为的权威性。依据《行政强制法》第56条第2款和第58条第3款的规定，行政机关对人民法院不予受理和不予执行的裁定，可以向上一级人民法院申请复议，上一级人民法院分别应当在十五日内和三十日内作出决定。这正是行政非诉执行有别于行政诉讼之处。在一般的行政诉讼案件中，当事人对一审判决不服的，可以向上一级人民法院提起上诉；若对二审判决仍不服，还可以申请再审。但是《行政强制法》针对行政非诉执行将复议作为行政机关不服法院裁定的救济途径，可以显著缩短法院的审理期限，有助于在较短时间内通过司法判断赋予合法有效的行政行为以强制执行效力，也可以使存在问题的行政行为尽快获得确定的司法判断。况且，有些案件在法院裁定准予强制执行后，行政相对人又履行了应负义务，这种情况下行政庭如果再向执行局移送案件就会产生无效的执行案件。因此，从《行政强制法》的立法目的出发，要求行政机关对发生效力的准予执行裁定二次申请执行，无疑会损害行政行为的效率优势。

另外，立法已经给予行政相对人较为充分的救济空间。依据《行政强制法》第53条的规定，行政机关申请法院强制执行，前提是“当事人在法定期限内不申请行政复议或者提起行政诉讼，又不履行行政决定的”。也正因为此，《行政强制法》第58条才将明显缺乏事实根据的，明显缺乏法律、法规依据的，其他明显违法并损害被执行人合法权益的情形作为人民法院在作出裁定前可以听取意见的情形，在一定程度上限缩人民法院对行政机关申请强制执行行政行为的审查强度。在人民法院作出裁判时对行政机关申请非诉强制执行予以较高尊重的情况下，仍要求行政机关再次向法院执行部门申请执行，不免有“画蛇添足”之嫌。法院经过审理作出合理的准予强制执行裁决结果后，要求此前提交申请的行政部门径自到执行局申请执行实施属于流程上人为设障，增加执行程序启动负累，容易造成执行效率低下，且于法无据。

第三，检察机关应坚持双赢多赢共赢的理念，充分履行行政非诉执行监督职能，确保监督效果最大化。

人民法院在行政非诉执行活动中要求行政机关二次申请执行，确实和相关规定不符，而且有违行政非诉执行制度设计的初衷。检察机关应当充分发挥既监督人民法院公正司法又促进行政机关依法行政的双重功能，在对当地行政非诉案件的实际情况有充分调研了解的基础上，就二次执行问题邀请行政机关及法院相关职能部门以圆桌会议等形式座谈，促使各方坦诚沟通，了解各方在实行内部移送后可能遇到的困难，对症下药，提出可操作性强的解决方案，避免检察建议一发了事。二次执行的问题通常不会只存在于个别案件中，而是一种普遍性的操作方式。因此，检察机关还应当积极践行“在办案中监督、在监督中办案”的理念，在办理行政非诉执行监督案件过程中，注重类案监督的运用，以个案为突破口，举一反三，深挖细查，以小见大，以点带面，力争以检察建议促成一类问题的解决，实现办理一案、影响一片的监督效果。

供稿：北京市昌平区人民检察院　赵世勋

案例编辑：北京市人民检察院　张艳青

九、民事检察

顾某某与某地产公司股东知情权纠纷执行监督案

——如何评价和监督怠于执行?

基本案情

2011年5月19日,北京市丰台区人民法院在顾某某诉某地产公司股东知情权纠纷一案中作出民事判决,判决:(1)某地产公司于判决生效后十日内向顾某某提供2004年10月至2011年5月的股东会会议记录、财务会计报告供其查阅、复制;(2)驳回顾某某其他诉讼请求。2011年8月18日,北京市第二中级人民法院作出二审民事判决,判决:维持一审判决第一项,撤销一审判决第二项,某地产公司于判决生效后十日内置备2004年10月至2011年5月的会计账簿于某地产公司办公场所供顾某某查阅。该判决为终审判决。

2012年7月5日,顾某某向丰台区人民法院申请强制执行。同年8月15日,丰台区人民法院将加盖某地产公司公章的股东会会议记录、财务会计报告复印件交给顾某某。同年11月9日,法官责令某地产公司于11月16日之前将会计账簿运至北京供顾某某查阅,否则将处以30万元的罚款。11月22日,某地产公司在其公司住所地仅提供了2005年会计账簿,因拒不提供其他会计账簿,丰台区人民法院当日作出罚款决定书,对某地产公司罚款30万元,限其在11月26日前缴纳;之后,北京市第二中级人民法院驳回了某地产公司不服罚款决定的复议申请。

执行双方对以下四点问题存在争议:(1)判决主文中"办公场所"应如何认定,是否包括在京住所地;(2)顾某某可否委托律师、注册会计师代其查阅或仅限其本人;(3)判决主文中的"会计账簿"具体包括哪些内容,是否含记账凭证和原始凭证;(4)判决主文中的"查阅"应如何解释,除查看外是否包括简单摘抄。丰台区人民法院久调未决,于2013年4月12日以案件暂不具备执行条件为由裁定终结本次执行程序。

2017年11月13日，丰台区人民法院根据顾某某提供的线索向北京市公安局经侦总队调取某地产公司审计报告，经顾某某查阅专项审计报告附件后，表示该部分仅是公司业务台账而非全部会计账簿内容，遂未再查阅。之后，顾某某多次要求丰台区人民法院强制执行，协助其查看会计账簿均未成功。2021年11月9日，丰台区人民法院告知某地产公司该案已恢复执行，某地产公司对恢复执行提出异议。2022年1月7日，丰台区人民法院作出执行裁定，认为某地产公司并未提供执行依据确定的2004年10月至2011年5月的全部会计账簿，该院调取的审计报告亦与会计账簿内容不一致，因此其主张该案已执行完毕不能成立，裁定驳回其异议请求。2022年4月8日，北京市第二中级人民法院作出执行裁定，裁定驳回某地产公司的复议申请，维持丰台区人民法院裁定。因该案长期无法执行，顾某某于2022年2月向检察机关申请监督。

2022年7月13日，北京市丰台区人民检察院向丰台区人民法院发出检察建议书，认为执行双方在查阅地点、范围、人员、方式四项内容上争议较大，丰台区人民法院对于上述争议问题长期搁置，对该问题系属于判决主文不明抑或是执行过程中法院裁决事项始终未加以判断并相应解决，拖延行为长达近十年，损害了申请执行人的执行利益。在某地产公司无正当理由拒绝全面提供会计账簿的情况下，未强制其履行执行义务并采取相应措施，致使某地产公司长期逃避、推脱执行。丰台区人民法院回函采纳了上述检察建议，现已责令某地产公司提供了全部会计账簿供顾某某查阅、摘抄。

主要问题

1.针对行为义务执行能否终结本次执行程序？

2.应如何判断被执行人怠于执行行为义务？

意见分析

意见分歧

1.关于争议焦点一，有以下两种意见：

第一种意见认为，对于行为义务执行不可以终结本次执行程序。根据最高人民法院《关于执行案件立案、结案若干问题的意见》第14条的规定，终结本次执行程序是法定的执行结案方式之一，该制度源于2008年法院为了清理执行积案、解决结案标准而设计的，对于大量存在的无财产可供执行的案件作程序性终结。因此，首先要以“经过财产调查未发现可供执行的财产”作为该制度的实体要件，执行对象限于金钱债权类的执行标的。按照《最高人民法院关于人民法院立案、审判与执行工作协调运行的意见》第11条的规定，法律文书主文应当明确具体，其中给付金钱的应当明确数额，交付特定标的物的，应当明确标的物的名称、数量、具体特征等特定信息，意味着执行依据应当具有给付内容，且给付内容应当明确、具体方具备可执行性。因此，对于无法以价值衡量的行为义务，不符合终结本次执行程序的实质要求，只能作其他结案方式处理。

第二种意见认为，行为义务执行如因客观原因暂不具备执行条件的，可以终结本次执行程序。实践中，为了规范执行不能案件退出强制执行程序，有效破解“执行难”，多地法院的执行机构出台了一些操作办法，对行为执行案件暂不具备执行条件的，可以参照终结本次执行程序作出裁定。如《广东省高级人民法院关于规范执行不能案件退出强制执行程序的意见（试行）》、《湖北省武汉市中级人民法院关于建立无财产可供执行案件退出和恢复执行机制的意见（试行）》等。2021年10月20日发布的《北京市高级人民法院关于进一步规范终结本次执行程序案件办理的工作指引（试行）》第2条规定：“执行依据仅确定被执行人承担交付特定物、作出行为等义务，该义务确因客观原因暂时不具备执行条件的，可以适用民事诉讼法第二百五十七条第六项规定终结执行。终结执行后，前述客观原因消除的，人民法院应当依职权或者依申请恢复执行。”按照该规定意旨，北京法院实际也承认了在行为执行案件中，某些特定条件下法院可以裁定终结本次执行程序。

2.关于争议焦点二，主要也有两种意见：

第一种意见认为，法院作出的裁判文书一经生效即具有既判力，双方当事人需遵守法院的判决结果，并履行相应的判决义务，若义务履行一方拒绝主动履行，另一方可以向法院申请强制执行。为了便于执行，保证当事人的胜诉利益及时实现，《最高人民法院关于人民法院立案、审判与执行工作协调运行的意见》第11条按照义务种类分项规定了法律文书主文应当明确的判决义务，要求对于行为义务类的内容、方式、范围、时间、地点等具体情形都需具体、明确。因此，只要执行法官在执行中根据判决文书确定的履行方式开展了执行措施，而被执行人没有据此履行，法院就不存在怠于执行的问题。

第二种意见认为，法院执行标的可分为金钱给付类、特定物交付类和行为义务类。前两类均指向有体物或财产性权益，可以直接以金钱价值量化，因此通过查封、扣押、拍卖、扣划等措施能够即时实现。而行为义务与人身密切相关，无法通过直接执行来实现，部分义务还具有人身专属性，非施加于被执行人本人不可替代履行。[1]因此，法律文书确定的执行义务除具体、明确外，还应综合被执行人的履行能力、条件等客观因素作出，审判部门与执行机构均有义务在一定的合理范围内予以确定。被执行人除需主动履行外，在条件不明、履行障碍的情况下，法院还应根据行为义务的特定性积极创设执行条件，如书面征询审判部门意见，及时衔接审执的高效运行，保障当事人的合法权益及时实现，才符合执行程序的制度定位和价值期待。因此，应当从主客观相统一的角度，来综合评价法院怠于执行行为。

---

〔1〕 肖建国主编：《民事执行法》，中国人民大学出版社2014年版，第91页。

意见评析

对于第一个争议焦点，笔者同意第一种意见。主要理由是：根据《中央政法委、最高人民法院关于规范集中清理执行积案结案标准的通知》第三点中第8条、第9条、第10条的规定，对于被执行人无财产的，经过法定调查程序后，可以认定为无财产可供执行案件；对于无财产可供执行案件中符合前列法定形式的，可以裁定终结本次执行程序后作结案处理。由此可见，终结本次执行程序是为了解决无财产可供执行案件的退出机制问题，基本上仅适用于对金钱债权的执行案件。[1]虽然部分地区法院出台了行为义务可以参照裁定终结本次执行程序，但基本前提却是“因客观原因暂不具备执行条件”，如腾房后被执行人及其家属无合理安置去向，探望或抚养不具备执行条件，执行行为不可替代且被执行人下落不明的，此类客观原因的认定应当比照上述条件来判断。由于暂时性失去了全部执行可能或会造成更大的利益损失，才能参照作出，属于执行中的例外情形，不应扩大适用。

本案中，根据二审民事判决书判项内容，某地产公司向顾某某提供2004年10月至2011年5月的股东会会议记录、财务会计报告供其查阅、复制；将2004年10月至2011年5月的会计账簿置于某地产公司办公场所供顾某某查阅。前述内容属于对行为义务的执行，要求某地产公司依照判决主文按时主动地完成股东会会议记录、财务会计报告、会计账簿的整理、置备、补充等辅助查阅义务。2021年《民事诉讼法》第259条规定：“对判决、裁定和其他法律文书指定的行为，被执行人未按执行通知履行的，人民法院可以强制执行或者委托有关单位或者其他人完成，费用由被执行人承担。”其中，会计账簿作为企业经济业务发生和核算的必备记载，在经营期间由财务会计部门（人员）制作保管，除特殊情形下一般不得携带外出。判决生效后某地产公司具有积极履行判项内容的法定义务，其作为会计账簿的实

[1] 江必新、刘贵祥主编：《最高人民法院执行最新司法解释统一理解与适用》，中国法制出版社2015年版，第112页。

际控制人，如无正当理由并不存在无法出具或有客观障碍的情形，仅需全面如实提供即可保证该案顺利执结，反之法院即可依法采取不同强制措施令其交付，对其不作为行为予以相应惩戒。因此，本案无论在适用前提还是适用结果上都与终结本次执行程序的设置本意相悖，执行法院以暂不具备执行条件为由裁定终结本次执行程序属于执行错误。

对于第二个争议焦点，笔者同意第二种意见，理由如下。

第一，要紧扣行为义务的概括性特征，从客观出发认定被执行人故意设置执行障碍的拒执行为。

执行依据明确某地产公司需要于判决生效后十日内置备2004年10月至2011年5月的会计账簿于其办公场所供顾某某查阅，该种执行属于行为义务执行，要求被执行人以履行具体行为完成执行义务。相较财产执行，行为义务执行基于现实的多样性和个案的复杂性，在实践中无法一一细化执行方法，因此判项内容必然会呈现一定的概括性，达到一般理性人的通常理解即为正当。上述判项内容对于被执行人需履行的时间、地点、主体、内容、方式等基本要素已作出明确指示，具有合理的行权边界，若被执行人无合理理由就不应以判项内容不明确而拒绝执行。对于合理理由，应从可履行的客观性，即会计账簿是否存在、某地产公司是否实际控制、是否完整保存、是否存在指定场所等方面来认识，而不能以“路途远”“时间长”“公司交代不清”等主观借口进行推脱，否则即存在以柔性对抗的方式来故意设置执行障碍从而造成执行不能。本案中，执行法院通过多次谈话要求某地产公司提供相应会计账簿，但其或以公司已不在北京注册地办公来对执行地点提出异议，或以路途远无法按时提供拖延执行，或以仅提供一年的账簿敷衍应付，对于执行进度屡屡设置困难，显然不属于无法履行的合理原因，该外在的消极表现已足以反映出其内在拒绝执行的主观意图。针对行为义务执行的特殊性，检察机关可以从客观履行能力出发，逐项分析辩解理由是否成立，查明其具有抗拒执行的真实目的。

第二，应以执行价值评价自由裁量权尺度，监督发现法院怠于执行的具体表现。

执行程序旨在胜诉权益的完全实现，重在以较低成本高效执结。由于行为义务的概括性，因此执行法院不应轻易以判项不明而推诿执行，而应积极针对模糊内容行使一定自由裁量权。针对行为义务未被履行的具体原因、现实的执行条件等实际情况制定详尽、具体、合理、可操作性的执行方案，责令被执行人在一定期限内完成。该案执行双方就执行细节中的四点问题争议不绝，并非判项内容不明，而是执行法院始终未予针对性回应，未对各方意见的合理性进行分析，未从保障股东知情权角度进行法理辨析和法规梳理，未积极有效地进行双方调解，最终严重损害了执行价值的实现。由于法院怠于解决上述根本问题，根据《最高人民法院关于严格规范终结本次执行程序的规定（试行）》《最高人民法院关于限制被执行人高消费及有关消费的若干规定》《最高人民法院关于公布失信被执行人名单信息的若干规定》等相关规定，检察机关发现：一是法院对行为义务执行裁定终结本次执行程序，不告知、不征求意见、不出裁定，错误适用结案方式停止执行；二是搁置争议不了明确执行方案，拖延执行长达10年；三是放任被执行人拒绝执行，不搜查、不惩戒、不收缴罚款，强制执行虚置。对于前述表现，检察机关向执行当事人、执行法官进行了充分核实，查明了法院各项执行活动。经对比各省法院的实操规范，明确了本案中的行为义务不具有人身专属性或无法执行的客观原因，因而不属于可适用终结本次执行程序的特殊情形，对此进行了针对性的法理论证，并督促法院积极履职、尽早作为，研判本案执行焦点制定具体的执行方案，及时采取惩戒措施、强制措施提升执行力度。

第三，从深入研判拒绝执行、怠于执行的行为后果，以实事求是的立场与执行法院充分沟通。

对于申请人要求追究被执行人刑事责任、法官履职责任的诉求，检察机关结合本案中出现的多个问题，实际造成案件执行10年未果的情况，专门召开了部门联席会进行研判。在民事检察部门全面汇报、阐明原因的基础上，公诉部门、立案监督部门分别发表专业意见，深入论证了是否构罪的事实理由及相关判例，有效厘清定罪的证明标准和认定差异，为做好申请人释法说理工作打牢基础。同时，由检、法两院领导进行专案会商，通报全案审查情况和调查工作，逐一指明监督问题及相应依据，就监督方式、建议内容、整改措施等内容充分交流，对相关责任人员的处理审慎提出意见，认真听取法院想法和建议。经过上述准备，检察机关综合全案情况向法院制发检察建议，从程序错误、怠于执行、惩戒乏力、处理消极等四方面全面分析法院执行问题并提出整改建议。检察机关发出建议后，执行法院一方面迅速推进执行进度，由审委会讨论确定具体的执行方案，明确了四点争议的执行标准，案件进入实质化执行阶段，申请人每周可定期在法院进行查阅，另一方面，执行法院还更换了执行法官，申请人的不满情绪得到极大缓解，对于检察监督和法院执行均表示认可。

供稿：北京市丰台区人民检察院　胡晓煜

案例编辑：北京市人民检察院　梁景明

某商业投资公司、李某、刘某与某资产管理公司合同纠纷监督案

——《民法典》关于合同解除权除斥期间的适用时效

基本案情

2015年6月9日，某资产管理公司作为收购方与某商业投资公司、李某、刘某签订股权收购协议，收购三人持有的52.64%的甲公司股权，通过甲公司持有的乙公司94.99%股权，达到控制乙公司之目的。根据会计师事务所出具的审计报告，甲公司于2014年12月31日的净资产评估值为91516648.99元，股权转让价参照该估值计算，某资产管理公司以48174364.03元的对价收购某商业投资公司、李某、刘某股权。某商业投资公司、李某、刘某承诺乙公司目前持有的预付卡发行和受理业务的支付业务许可证将继续有效。乙公司2014年11月提交了全国范围内移动电话支付业务、全国范围内互联网支付业务以及河北省、广东省等的预付卡发行与受理业务申请，并通过中国人民银行北京营业管理部审查，于2014年11月13日予以受理公示，上述情况内容真实。同时承诺，乙公司不迟于2015年10月31日前就全国范围内移动电话支付业务、互联网支付业务取得中国人民银行的支付许可证。双方还约定，如乙公司未能在前述时间前取得支付许可证，则转让方应与收购方妥善协商解决方案。如协商不成，收购方有权解除合同，转让方应返还收购方已经支付的全部股权转让款。转让方之间对因本协议履行而对收购方所负担一切债务、责任，承担连带责任。

合同签订后，某资产管理公司依约向转让方全额支付了股权转让款，甲公司变更登记，某资产管理公司持股52.64%、某商业投资公司持股47.36%。2015

年11月9日、2016年7月25日，某资产管理公司与某商业投资公司、李某、刘某签署股权转让收购事宜备忘录，同意将支付许可证取得时间延期至2017年7月31日。

2018年3月8日，某商业投资公司与某控股公司、甲公司签署甲公司的股权转让合同，将其持有的47.36%甲公司股权以6996.8495万元转让给某控股公司。同日，刘某、李某与某控股公司、乙公司签署乙公司股权转让合同，将二人持有的乙公司股权以10031505元转让给某控股公司。因协议未履行，2019年6月3日，某商业投资公司向北京仲裁委员会提起仲裁。2020年4月17日，北京仲裁委作出仲裁，裁决解除双方合同，某控股公司支付某商业投资公司违约金20990548.5元。上述两份股权转让合同均未履行。

2020年4月2日，某资产管理公司向某商业投资公司、李某、刘某送达解除合同通知书，同年4月4日，转让各方收到解除合同通知书，该通知书载明：自本解除合同通知书送达之日起，双方签订的股权收购协议视为已经解除。

2020年5月19日，乙公司被北京市东城区市场监督管理局列入经营异常名单。同年7月6日，甲公司被天津市滨海新区市场监督管理局列入经营异常名单。截至诉讼，乙公司未取得支付许可证。

某资产管理公司向北京市第二中级人民法院提起诉讼，要求某商业投资公司、李某、刘某共同返还股权转让款48174364.03元，并以此为基数计算自2017年8月1日起至足额返还股权转让款。2020年9月11日，北京市第二中级人民法院作出一审判决，认为某资产公司享有合同解除权，但本案中各方未在合同中约定某资产公司行使解除权的期间，亦无法律规定行使解除权期间，转让方某商业投资公司等三方也未催告某资产公司行使解除权，因此本案不适用《合同法》第95条规定。《民法总则》第199条规定，解除权等除斥期间，除法律另有规定外，自权利人知道或者应当知道权利产生之日起计算。双方约定取得支付许可证的最后期限为2017年8月1日，截至该日乙公司未取得支付许可证，某资产公司应当知道享有解除权，并在一年之内行使。某资产公司行使解除权时间为2020年4月4日，已经超过法定期间，判决驳回某资产公司诉讼请求。某资产公司不服一审判决，向北京市高级人民法院提起上诉。2021年7月28日，北京市高级人民法院作出二审判决，二审法院认为，双方协商一致将乙公司取得支付许可证时间延长至2017年7月31日，但至此仍未取得。后某资产公司为尽快促成某控股公司收购甲公司、乙公司剩余股权，意图发挥某资产公司品牌影响力，促成支付许可证早日取得，上述行为系转让方以实际行动沟通协商并意图解决支付许可证不能及时取得的问题。截至2019年6月3日，北京贸易仲裁委员会受理某控股公司仲裁案件，某资产公司争取促成支付许可证早日取得的意图确定无法实现，该日期应作为某资产公司合同解除权行使期间的起算点。截至2020年4月4日解除合同通知书送达，未超过合理期间。二审法院撤销一审判决，改判确认股权收购协议已于2020年4月4日解除，某商业投资公司、李某、刘某10日内返还转让款并支付违约金。某商业投资公司、李某、刘某不服二审判决，向最高人民法院申请再审，最高人民法院于2021年12月17日作出裁定，驳回再审申请。某商业投资公司、李某、刘某向北京市人民检察院申请监督。2023年6月1日，北京市人民检察院作出不支持监督申请决定。

主要问题

在守约方享有合同解除权，但当事人未明确约定合同解除权行使期间，违约方亦未催告的情况下，如何认定解除权的行使期间？对于此问题，《合同法》第95条并未明确规定。《民法典》第564条作出补充规定，但该案一审期间《民法典》尚未生效，二审期间生效，对此应当如何适用？

意见分析

意见分歧

本案的焦点问题是某资产公司行使解除权是否超过除斥期间。对此法律适用问题，新旧法规定不同，且涉及案件相关事实的认定，法院一、二审判决观点相反，检察机关审查过程中也存在较大争议。

第一种意见认为，本案一审期间《民法典》尚未生效，不能适用，应当适用《合同法》。依据《合同法》第95条的规定，法律规定或者当事人约定解除权行使期限，期限届满当事人不行使的，该权利消灭。法律没有规定或者当事人没有约定解除权行使期限，经对方催告后在合理期限内不行使的，该权利消灭。本案中，收购方支付股权转让款后，转让方迟迟未能依约办理支付许可证，根据合同约定，在出现上述情形时，转让方应当积极协商解决，但并无证据证明转让方曾就上述问题与收购方主动磋商。根据《合同法》第95条第2款的规定，在当事人未约定守约方解除权行使期间的情况下，违约方催告解除是守约方解除权消灭的前提，如果违约方未行使催告权，则守约方的解除权将持续存在。本案中，转让方作为违约方，在存在根本性违约的情况下并未催告，作为守约方解除权持续存在。虽然解除权存在会使双方交易处于一种不稳定状态，但该不稳定状态不能完全归责于收购方。在收购方基于合同的根本目的未能实现的情况下，应当依法保护其权利。此外，依照双方合同约定，促使乙公司取得支付许可证是某资产公司进行股权收购的核心目标。在根本目的未实现的情况下，双方后续还围绕公司进行了其他交易行为，某资产公司并未怠于行使自身权利，对于除斥期间认定不宜过于严苛。

第二种意见认为，《合同法》对法律未规定、当事人未约定且对方未催告情况下，解除权人行使解除权的期间未作规定，应当类推适用法律关于除斥期间的规定。根据2003年《最高人民法院关于审理商品房买卖合同纠纷案件适用法律若干问题的解释》第15条的规定，将合同解除权的除斥期间规定为解除事由发生之日起一年，上述规定可以类推适用。虽然一审期间《民法典》尚未生效，但立法精神与前述司法解释规定一致，可以参照适用，在法律未规定、当事人未约定等情况下，解除权人应当在知道或者应当知道解除权事由之日起一年内行使，否则应当承担失权的法律后果。

意见评析

笔者同意第一种意见，理由如下。

第一，法律的时间效力要遵循不溯及既往的基本原则，保护当事人的合理预期。

“法律不溯及既往，乃罗马法以来公认之原则也。”随着社会法律制度的发展，立法者基于对公共利益的维护，在涉及自由和人权保障等基本价值时允许法律具有溯及力，上述原则的绝对性虽然受到挑战，但其原则地位并未动摇。《民法典》出台后，秉持了这一原则，对当时法律和司法解释有规定而《民法典》改变了原有规定的，坚持“法不溯及既往”，只有符合《立法法》关于更好保护民事主体权利和利益而作出特别规定的，才可溯及适用。对于当时法律、司法解释没有规定而《民法典》予以规定的情形，在判断法律溯及力标准上，应当以不违背当事人合理预期、不减损当事人既存利益为出发点。合同解除权的行使期间对合同解除权具有重要影响，《民法典》施行前，相关法律和司法解释并未对当事人未明确约定、一方未催告情况下解除权的行使期间作统一规定，即使解除权人知道或者应当知道解除事由，但基于当时法律无法对行使解除权的期限进行合理预判，如果类推适用《民法典》第564条规定，将其知道或者应当知道解除事由作为解除权行使期限的起算点，无疑会加重解除权人一方的负担，与法律对行为结果的可预期性要求不符。

第二，合同解除权为形成权，在性质上属于除斥期间，《民法典》实施前我国

法律并未规定合同解除权的除斥期间。

合同解除权是指在合同有效成立后，当具备解除条件时，因解除权人的意思表示而使合同关系归于消灭的权利。因根据一方当事人的意思表示就可以发生法律关系的变更、消灭的后果，解除权在性质上属于形成权，需要在行使期间内行使，即受到除斥期间的约束。关于合同解除权的行使期间，在《民法典》实施前，《民法通则》《合同法》均未明确规定，《最高人民法院关于审理商品房买卖合同纠纷案件适用法律若干问题的解释》第15条虽然规定了未经催告的解除权应当在解除事由发生之日起一年内行使，但该司法解释仅针对房屋买卖合同类纠纷，适用范围有限，不能扩大到全部类型的合同纠纷。《民法典》实施前，部分判决认为，因法律未规定解除权行使期间，解除权人可以在解除事由发生后任意时间段行使；部分判决认为，可以参照《最高人民法院关于审理商品房买卖合同纠纷案件适用法律若干问题的解释》的规定，将解除权行使期间限定在解除事由发生后一年内；部分判决认为，虽然法律未规定解除权行使期间，但如赋予解除权人在任意时间均可以解除合同的权利，则使双方交易处于不稳定状态，应当根据诚实信用的原则，根据案件所涉纠纷的性质、事实情况等对解除权行使期间进行合理酌定。针对上述裁判标准不统一问题，《民法典》修改吸取了《最高人民法院关于审理商品房买卖合同纠纷案件适用法律若干问题的解释》的相关精神，对合同解除权除斥期间予以明确规定。

第三，新旧法衔接过程中，应当结合案件情况准确理解相关司法解释对法律适用的相关规定。

《最高人民法院关于适用〈中华人民共和国民法典〉时间效力的若干规定》第25条针对合同解除权行使期间法律适用问题作出解释，依据该规定，《民法典》施行前成立的合同，法律未规定、当事人未约定解除权行使期间，对方亦未催告的，解除权人在《民法典》施行前知道或者应当知道解除事由，自《民法典》施行之日起一年内不行使的，人民法院应当依法认定该解除权消灭。该司法解释针对新旧法律衔接过程中的法律适用问题予以明确，即将解除权人的解除权行使期间延长至《民法典》实施后一年。本案中，股权收购合同发生在2015年，双方约定取得支付许可证的最后期限为2017年7月31日。依据合同约定，截至该日乙公司还未取得支付许可证，转让方应当与收购方协商解决，协商不成的，收购方有权解除。依据上述协议，收购方行使解除权的前提条件除了期限截至，还应当协商解决方案。对解决方案的协商过程，不应当从形式上过于苛求。从案涉相关事实看，某资产管理公司促使与之具有关联关系的某控股公司收购甲公司、乙公司剩余股权，并利用该公司品牌影响力获取支付许可证的主张具有合理性。某资产管理公司并未怠于行使权利，仍在积极促成收购合同的继续履行。依据上述司法解释的规定，某资产管理公司解除权在《民法典》实施后一年内不行使消灭，举重以明轻，某资产管理公司在《民法典》实施前即2020年4月行使解除权，并未超出行使期限。

综上所述，本案合同成立在《民法典》施行前，当时法律、司法解释并未对解除权行使期间予以规定，不应适用《民法典》相关规定认定解除权行使期间。某资产管理公司在合同解除权条件已经具备的情况下，有权依法解除合同。

供稿：北京市人民检察院　白　晶　林小帅

案例编辑：北京市人民检察院　陈方兴

某汽车有限公司与某投资管理中心租赁合同纠纷监督案

——合同歧义条款的解释方法适用

基本案情

2004年2月，北京市丰台区某设备安装公司（甲方）与某汽车有限公司（乙方）签订合作协议，约定由汽车公司承租周庄子村内约1300平方米的土地，并自行投资建设房屋、开办企业经营，合作期限截至2019年12月31日，合同租金每五年递增一次。合作期间，乙方预计需投资300万元。合作协议第6条第6款约定，“合作期满后，如乙方需继续经营，享有优先承租权，乙方如不再继续经营，乙方所有房产必须无偿转让给甲方（估算：叁佰万元）”。上述协议签订后，双方如约履行合同。2016年11月7日，设备安装公司、汽车公司与某投资管理中心签订转让合同书，设备安装公司将合作协议中甲方权利义务全部转让给该投资管理中心。同月18日，汽车公司向投资管理中心提出续租申请，被投资管理中心拒绝。2020年合作协议到期后，投资管理中心明确不再续租。

2020年4月，汽车公司起诉至北京市丰台区人民法院，要求投资管理中心赔偿房屋建设价值和补偿款（经评估为）739万元、经营损失230万元。2021年2月，丰台区人民法院作出一审判决，认定案涉合作协议实为租赁合同，现租赁合同到期，汽车公司就涉案房屋已无期待利益和信赖利益，且合同明确约定合同期满后如不再继续经营，房产需无偿转让给投资管理中心，故一审法院驳回了汽车公司诉讼请求。汽车公司不服一审判决，上诉至北京市第二中级人民法院。2021年5月，北京市第二中级人民法院判决驳回上诉，维持原判。汽车公司又向北京市高级人民法院申请再审，被驳回。

汽车公司对再审裁定不服，向北京市人民检察院第二分院申请监督，该院审查后认为合作协议第6条第6款“乙方如不再继续经营”应当解释为“乙方主动提出不再继续经营”，在投资管理中心明确拒绝续租的情况下，将案涉所有房产无偿判归投资管理中心所有缺乏证据证明，适用法律错误，提请北京市人民检察院抗诉。北京市人民检察院于2022年8月向北京市高级人民法院提出抗诉。2023年1月，北京市高级人民法院再审认为原审判决对合同期满后房屋权属约定未查清，裁定撤销原判，发回重审。

主要问题

合作协议第6条第6款的“乙方如不再继续经营”应当如何理解？

意见分析

意见分歧

第一种意见认为，“乙方如不再继续经营”全面涵盖了乙方客观上不能经营和主观上不愿经营的全部情形，无须区分“乙方是否主动提出不再继续经营”。本案中，合作协议履行期限已经届满，投资管理中心明确表示不再续租，汽车公司已无继续经营的可能。汽车公司出资建造装修房屋，系其为对外经营使用而进行的必要投入。在签订合作协议时，汽车公司应明知其投入成本与可使用时限之间的关系并进行预判，因此法院将涉案所有房产无偿判归投资管理中心并无不当。

第二种意见认为，“乙方如不再继续经营”应当理解为“乙方主动提出不再继续经营”，该条款进行合同解释时，必须区分乙方是否主动提出不再继续经营。该条款始终以“乙方”作为主语，实质上是针对乙方承租土地后投入巨资建设房屋约定了乙方享有的有利条件，即乙方在愿意继续经营时，享有优先承租权；乙方在不愿意继续经营时，其所有房产才无偿归属于甲方。如果该条款在进行合同解释时不进行任何区分，势必导致甲方占据绝对优势，与该条款本意不符。

意见评析

笔者同意第二种意见，理由如下。

第一，对歧义条款进行解释时，应优先进行文义解释，结合合同所使用的词语含义、语法结构等以客观标准作出判断。

《合同法》第125条第1款规定，当事人对合同条款的理解有争议的，应当按照合同所使用的词句、合同的有关条款、合同的目的、交易习惯以及诚实信用原则，确定该条款的真实意思。该条文即确立了合同争议条款的解释方法及适用顺位，即文义解释、整体解释、目的解释、交易习惯解释以及诚信解释等。

其中，文义解释是指通过对合同所使用的文字词句的含义的解释，以探求合同所表达的当事人的真实意思。〔1〕因此，文义解释在解释方法的次序上具有优先性。〔2〕分析案涉合作协议第6条第6款，应当优先适用文义解释方法。该条款是双方当事人对合作期满后承租方续租情况及承租方在租赁期间所建房屋归属的约定，均是以承租方即合同中的“乙方”为主语，乙方“需继续经营”或者“如不再继续经营”，是构成两种后果的前提条件，与所连缀的后半句构成一个整体的表达内容，即乙方“需继续经营”或者“不再继续经营”分别有两种后果，两种条件和后果之间是并列关系。进言之，根据并列句式的构成，前提条件应当作同一维度的

〔1〕 韩世远：《合同法总论》，法律出版社2018年版，第868页。

〔2〕 最高人民法院民法典贯彻实施工作领导小组主编：《中华人民共和国民法典合同编理解与适用（一）》，人民法院出版社2020年版，第39页。

解释，即后一句“乙方如不再经营”是前一句“如乙方需继续经营”的否定句式，前述内容应当理解为如果乙方“需要继续经营”，则享有优先承租权；如果乙方“不再需要继续经营”，则“乙方所有房产必须无偿转让给甲方”。据此，乙方所有房产无偿转让给甲方的前提条件应当认定为“乙方不需继续经营、主动提出不再经营”，该种解释更符合词语含义和句式结构方式。

第二，运用整体解释、目的解释、交易习惯解释补足文义解释的不足。

合同整体解释又称合同体系解释，即将全部合同条款和构成部分视为一个统一的整体，从各条款及构成部分的相互关联、所处的地位和整体联系上阐明某一合同用语含义。进行整体解释时应当从当事人实际约定的内容出发，并且结合合同目的、当事人利益等因素使因合同文义解释的不足得以补齐，并与合同已有内容相一致，解决合同文义表示不清晰的问题，以探求当事人真实意思。

对“乙方如不再继续经营”进行解释时，需要联系该诉争条款前一句“如乙方需继续经营，享有优先承租权”，即该合作协议第6条第6款并没有表明双方仅合作15年的预期，仍保留了继续合作的可能性。如果该表述包含了甲方不再出租的情形，合作期满不再续租显然对甲方更有利，甲方必然不会选择继续合作，该条款可以直接表述为“合作期满，乙方所有房产必须无偿转让给甲方”，则“乙方如不再继续经营”这一限制条件失去了存在的意义。

合同目的解释是指如果合同条款出现分歧而作两种或两种以上的解释时，应选择最适合合同目的的解释〔1〕。合作协议第6条第6款实质上是针对乙方承租土地后投入巨资建设房屋约定了乙方享有的有利条件。如果该条款在进行合同解释时不进行任何区分，势必导致甲方占据绝对优势，乙方投入巨资却处于绝对劣势，与该条款的设立目的及本意不符，也与乙方的真实意思表示不符。

合同交易习惯解释是指应当根据当事人所熟悉的生活和交易习惯对意思表示

---

〔1〕 李永军：《合同法》，法律出版社2005年版，第484页。

或者合同条款进行解释。[1]特别是在商事活动中，在就合同条款产生不同理解时，应当充分考虑行业及双方当事人间形成的交易惯例。本案中，甲乙双方约定由乙方在甲方的土地上建造房屋并经营使用，在2004年双方认可的估算价值为300万元。对如此巨额的财产，应由投资建设的乙方享有无偿处分的主动权，才更符合正常的交易习惯以及诚实信用原则。

第三，充分考虑当事人信赖利益，对争议条款作出符合诚实信用原则的合理解释。

无论适用何种解释方法，均不应忽视当事人间利益关系的公平公正。本案涉及的是土地租赁合同到期地上建筑物的处置问题。在该类案件中，土地使用权与地上建筑物所有权呈现分离状态，租赁合同的期限性与地上建筑物的永续性产生矛盾关系，造成在租赁合同到期后需要根据不同情形确定地上建筑物的利益归属问题。在尊重当事人意思自治原则的基础上，对于地上建筑物补偿的确定应充分考虑，合理保护当事人信赖利益。

对于未设置主动续约条款的土地租赁合同，合同到期后能否续约主要取决于当事人双方能否达成合意，具有当然的不确定性。作为商事主体，承租人在订立合同及建造地上建筑物时即应充分预见合同到期后无法续约、地上建筑物及相关配套固定设施到期难以拆除、无法收回残值的可能性和风险性。鉴于地上建筑物系承租人为满足自身租赁目的而建造，根据诚实信用原则，应当视为承租人已将建造投入作为实现租赁目的之必要成本在合同期限内分摊完毕；合同到期时，出租人对承租人所支出的建造投入无须作出补偿。

对于设置了主动续约条款的土地租赁合同[2]，以本案为例，根据合作协议第6

---

〔1〕 江必新、何东宁等:《最高人民法院指导性案例裁判规则理解与适用（合同卷二）》，中国法制出版社2019年版，第215页。

〔2〕 当事人于合同到期前达成口头续约意向同理，如事后因出租方事由导致未能续约，出租方在自身过错范围内对承租人地上建筑物及经营损失进行补偿。

条第6款约定，乙方（汽车公司）在15年的租赁合同到期后享有优先承租权，乙方可以期待合同到期后顺利续约，由此产生相应信赖利益。甲方投资管理中心无故拒绝乙方续约请求，不仅与合同约定不符，更损害了乙方信赖利益。因此，甲方应当对于乙方地上建筑物及经营损失作出合理补偿。

供稿：北京市人民检察院　白　晶

北京市人民检察院第二分院 白晶晶　苏　侃

案例编辑：北京市人民检察院　陈方兴

石家庄某晖建筑公司与北京某康科技公司建设工程施工合同纠纷监督案

——审判人员不当行使自由裁量权情形下民事诉讼监督程序的依职权启动与适用

基本案情

2006年10月19日，石家庄某晖建筑公司（以下简称某晖公司）与北京某康科技公司（以下简称某康公司）签订建设施工合同，双方约定由某晖公司（承包人）承建某康公司（发包人）新厂区建设，施工范围包括办公楼、厂房、宿舍楼及外线工程，并确定竣工日期为2007年8月25日。此外，在合同的违约责任部分，双方约定，如因承包人原因不能按期竣工的，每延期一日按每日千分之一扣款，累计不超过5%。

建设施工合同签订后，某晖公司入场施工。2007年4月7日，办公楼部分工程因首层楼板出现大面积裂缝而中止，某晖公司委托北京市某质检中心进行质量检测。该中心出具的鉴定报告称，此种裂缝的形成与混凝土配合比、粗细骨料含泥量、结构顶板钢筋配置、混凝土的运输与浇筑以及混凝土的养护有关。同年5月28日，工程设计单位出具处理方案，称楼板属于不合格产品，应当拆除返工。由于工期延误，某晖公司与某康公司于同年9月30日签订补充协议，对工程交付期限、工程款支付进度作出新约定，在违约责任部分除逾期交付违约金外，还另行约定承包人不得无故停工，否则每停工一日需支付停工违约金100000元。2008年4月23日，某晖公司与某康公司又签订工程进度与付款协议，其中约定某晖公司应于2008年8月交工含外线在内所有工程。

2008年6月至10月，该工程监理单位多次就项目停工问题向某晖公司发出通报，要求其作出书面回复。同年12月30日，经项目各方共同确认，除办公室及外线工程外的厂房、宿舍楼竣工验收并于次年1月交付发包人使用。次年8月24日，监理单位向某晖公司发函，称因该公司于2009年6月14日私自停止施工、撤离施工人员，监理方多次督促无果，监理工作已失去意义，决定自2009年8月25日暂时撤出，待某晖公司复工后再继续履行监理工作。截至本案诉讼过程中，该工程办公楼及外线工程（整体预算造价8576091元）仍未施工完毕，未能达到竣工验收条件。

2010年3月，某晖公司向北京市大兴区人民法院起诉，请求解除其与某康公司的建设工程施工合同，判令某康公司支付已完工工程款及利息并赔偿损失。某康公司提出反诉，请求解除合同并判令某晖公司按照2007年9月30日双方所作约定支付逾期交付违约金、无故停工违约金至合同解除之日。2012年4月，一审法院对工程量和价款鉴定后，判决解除合同，某康公司向某晖公司支付工程钱款2494260.89元，某晖公司向某康公司支付无故停工违约金，自2009年6月19日起至合同解除之日（即作出判决之日）止，按照每日10000元计算（累计1043万元），驳回双方其他诉讼请求。一审判决后，某晖公司向北京市第一中级人民法院提出上诉，二审法院判决驳回上诉，维持原判。2013年10月，某晖公司与某康公司在执行阶段达成和解，根据生效判决折抵双方债务后，由某晖公司向某康公司支付800万元，现已履行完毕。

2021年，北京市人民检察院第三检察部在办案中发现本案二审环节审判人员违法接受请托、干预案件处理监督线索，经北京市人民检察院第六检察部移送至北京市人民检察院第一分院依职权受理。经审查认定，本案二审过程中合议庭意见认为一审判决违约金过高应予调整，但在该庭庭长影响下改变意见，决定维持原判。此外，经向某晖公司调查核实，该公司同意执行和解主要是为了尽快解封公司银行账户，恢复正常经营，故未申请再审并履行了和解协议。2022年5月，北京市人民检察院第一分院提请北京市人民检察院抗诉。同年6月，北京市人民检察院向北京市高级人民法院提出抗诉。北京市高级人民法院裁定提审本案，并于次年1月作出再审判决，认定原判确定违约金数额过高，改判某晖公司向某康公司支付违约金200万元。此外，对于二审合议庭合议程序违法问题，检察机关在抗诉书中一并提出，建议对合议制度进行完善，对于新发生的二审法院某庭长职务犯罪线索，依法向检察机关司法人员职务犯罪侦查部门进行移送。

主要问题

1.对于生效民事判决，当事人未向检察机关申请监督且达成执行和解并履行完毕，检察机关能否依职权进行监督？

2.民事审判程序中法官不当行使自由裁量权，酌定违约金数额、标准过高，检察机关能否对此提出抗诉或再审检察建议？

意见分析

意见分歧

1.关于争议焦点一，有以下两种意见：

第一种意见认为，检察机关不宜进行监督。民事诉讼是当事人之间关于私权利的争议，应当尊重当事人处分权。《最高人民法院关于适用〈中华人民共和国民事诉讼法〉的解释》第402条第3项规定，当事人达成执行和解协议且已履行完毕的，但当事人在和解协议中声明不放弃申请再审权利的除外，法院在再审审查期间裁定终结审查。根据该条规定，法院不再启动再审审查，以此类推，检察机关也不宜通过抗诉程序启动再审。本案当事人已经在执行阶段达成和解并履行完毕，说明当事人对法院裁判结果接受并认同，司法不宜过度干涉。

第二种意见认为，检察机关可以依职权进行监督。检察机关依法对民事诉讼实行法律监督，对审判人员在审理案件时涉嫌职务犯罪的，可以依职权进行监督。《最高人民法院关于适用〈中华人民共和国民事诉讼法〉的解释》第402条第3项的规定是针对当事人主动申请再审提出的情形，不应据此限制检察机关履行民事诉讼监督职责。

2.关于争议焦点二，也有以下两种意见：

第一种意见认为，酌定违约金数额属于法官自由裁量权范畴，检察机关不宜对此提出抗诉或再审检察建议。本案中，当事人对违约金作了明确约定，双重计算迟延交付违约金和无故停工违约金，原审判决充分考虑违约金过高事实，在双方约定基础上酌定支持无故停工违约金，已经酌情减轻了某晖公司的违约责任，并无不当。

第二种意见认为，原审判决酌定违约金标准、数额过高，明显高于当事人实际损失，应当通过抗诉或再审检察建议启动再审程序酌减。我国民法学界和司法实务通常认为，违约金应当基于实际损失，以“补偿为主、惩罚为辅”，本案原审判决确定的违约金高达1043万元，已经大幅度超出未完工工程总体造价，对某晖公司明显不公。

意见评析

关于前述争议焦点，笔者均赞同第二种意见，理由如下。

第一，对于涉审判人员职务犯罪相关民事案件，检察机关依职权进行监督，不受当事人是否申请再审、是否达成调解、和解的限制。

根据《人民检察院民事诉讼监督规则》第37条第1款第2项及第2款的规定，人民检察院在履行职责中发现民事案件中存在审判、执行人员有贪污受贿、徇私舞弊、枉法裁判等违法行为的，应当依职权启动监督程序，且依职权启动监督程序不受当事人是否申请再审的限制。应当看到，检察机关的民事监督，不是单纯基于对当事人诉权的救济，其职能重在保障法律在民事诉讼中的全面准确及时实现，具有职权监督之特性。[1]《最高人民法院关于适用〈中华人民共和国民事诉讼法〉的解释》第402条第3项的规定主要是从尊重当事人私权处分权和维护生效裁判稳定性的角度出发，目的是防止当事人利用诉讼程序不当拖延。当事人达成调解、和解等，本质上是对民事主体私益之处分合意（如履行则为法律行为），并不足以产生阻却民事检察监督职权之效力。本案中，根据检察机关的调查结果，二审过程中合议庭意见认为一审判决违约金过高应予调整，但在该庭庭长影响下改变意见，显然表明审判人员作出裁判时受到不当干扰，可能涉嫌职务犯罪，符合检察机关依职权监督启动条件。该公司与对方达成和解并非出于服判，而是在现实经济压力下的无奈之举，更不应基于和解履行而阻却检察监督程序的启动。办理涉审判人员职务犯罪民事检察监督案件应当立足检察机关法律监督职能，准确理解当事人对私权利的处分权与检察机关对公权力监督权之间的关系，除当事人明确表示放弃再审权利的，对符合条件的民事裁判应当依职权监督。[2]

第二，审判人员酌定违约金应当于法有据，严守违约金“补偿为主、惩罚为辅”法定属性，符合公平、诚信原则，对不当行使自由裁量权的，检察机关应当依法监督。

依据《合同法》第114条第2款及《最高人民法院关于适用〈中华人民共和国合同法〉若干问题的解释（二）》第29条的规定，当事人主张约定的违约金过高请求予以适当减少的，人民法院应当以实际损失为基础，兼顾合同的履行情况、当事人的过错程度以及预期利益等综合因素，根据公平原则和诚实信用原则予以衡量，并作出裁决。当事人约定的违约金超过造成损失的30%的，一般可以认定为《合同法》第114条第2款规定的“过分高于造成的损失”。因此，我国合同法律法规体

[1] 张智辉：《检察权研究》，中国检察出版社2007年版，第98页。

[2] 金石：《民事检察监督与当事人处分原则的辩证关系》，载《中国检察官》2021年第21期。

系下的违约金以“补偿为主、惩罚为辅”，对双方约定的违约金数额过分高于因违约行为给当事人造成损失的，人民法院应当根据当事人请求予以酌减。具体到本案中，首先，根据原审法院认定的事实，未完工的办公楼及外线工程的整体预算造价为8576091元，即使因某晖公司的违约行为给某康公司造成损失，损失数额亦不应超出工程整体预算造价；其次，某晖公司于2009年6月19日停工，于2010年3月向北京市大兴区人民法院起诉要求解除合同、主张钱款及损失赔偿，某康公司应诉并提出反诉，要求解除合同并追究违约责任，可见在此时间点双方当事人均主张解约，已然失去履约所必需之信赖基础，合同已无继续履行之可能。此时某晖公司的停工行为持续约7个月，以此为基础计算违约金较为合理。原审法院于2010年3月受理该案，于2012年4月作出一审判决，并以作出判决之日作为合同解除之日，客观造成某晖公司因诉讼过程额外承受约25个月的违约责任，案件处理结果明显不公。此外，如前所述，审判人员在作出该案二审判决前，其公正性和中立性已经受到干扰。自由裁量权的行使，应当遵守合法、合理、公正、审慎的基本原则，对违法行使自由裁量权的，检察机关应当依法监督。

值得注意的是，本案发生于《民法典》生效前，彼时对于直接起诉解除合同情形下合同解除时间的确定缺乏明显规定，故实践中存在以起诉状送达之日、法院生效判决作出之日为合同解除之日的不同做法。《民法典》第565条第2款规定，当事人一方未通知对方，直接以提起诉讼或者申请仲裁的方式依法主张解除合同，人民法院或者仲裁机构确认该主张的，合同自起诉状副本或者仲裁申请书副本送达对方时解除。因此，根据《最高人民法院关于适用〈中华人民共和国民法典〉时间效力的若干规定》第1条的规定，对于应当适用《民法典》审理的此类民事诉讼案件，在判决确认合同解除时，应当明确以起诉状副本或者仲裁申请书副本送达对方的时间作为合同解除时间点。

此外，本案是民事、刑事监督办案线索双向流转的典型案例。本案民事检察线索源于审判人员职务犯罪案件侦办，职务犯罪检察部门向民事检察部门移送后，民事检察部门依职权受理，对民事生效裁判结果依法予以监督，同时发现本案二审存在合议庭合议程序违法、该庭时任庭长涉嫌职务犯罪的另一职务犯罪刑事案件线索。对于二审合议庭合议程序违法问题，民事检察部门在抗诉书中一并提出，建议法院对审判程序违法问题予以纠正，同时完善合议制度，杜绝“合而不议”、擅自改变合议庭意见等违法情况的发生。对于新发现的职务犯罪线索，依法向检察机关司法人员职务犯罪侦查部门再行移送，打破内外部壁垒，实现了以一体化融合履职，整体提升监督质效。

供稿：北京市人民检察院　白　晶

案例编辑：北京市人民检察院　陈方兴

十、行政检察

杨某某行政处罚申请监督案

——同时拥有多种不同准驾车型驾驶资格的行为人，因一个违法行为而被依法吊销机动车驾驶证的，是否应吊销其所有准驾车型资格？

基本案情

2021年，公安交通管理部门对杨某某作出行政处罚决定，认为杨某某驾驶已达报废标准的普通二轮摩托车上路行驶，依据《道路交通安全法》第100条第2款的规定，决定给予罚款2000元、吊销机动车驾驶证的行政处罚。杨某某不服，认为自己并未违法驾驶小型汽车，交管部门吊销机动车驾驶证的行政处罚导致其拥有的C1和E两种准驾车型的驾驶资格被一并剥夺，违反了过罚相当的原则。杨某某向法院提起行政诉讼，请求撤销行政处罚决定。法院经审理认为，《道路交通安全法》第100条第2款规定，驾驶拼装的机动车或者已达到报废标准的机动车上道路行驶的驾驶人，处200元以上2000元以下罚款，并吊销机动车驾驶证。原国务院法制办公室《关于对〈中华人民共和国道路交通安全法〉有关条款适用问题的意见》（国法秘函〔2012〕244号，以下简称原国务院法制办244号文）中明确，吊销机动车驾驶证是一种剥夺持证人驾驶任何机动车上道路行驶资格的处罚，不是只剥夺某一准驾车型资格的处罚。因此，交管部门依法吊销机动车驾驶证，剥夺杨某某所有准驾车型上道路行驶资格的行政处罚并无不当，判决驳回杨某某的诉讼请求。杨某某遂向检察机关申请监督。检察机关经过审查，通过召开听证会，最终作出不支持监督申请决定。

主要问题

同时拥有两种不同准驾车型驾驶资格的行为人，因一个违法行为被依法吊销机动车驾驶证的，是否应吊销其所有准驾车型资格？

意见分析

意见分歧

第一种意见认为，应当只吊销杨某某违法驾驶的E类准驾车型驾驶证。理由是：首先，杨某某是分别报名、缴费、考试、取得C1和E两种准驾资格，因此两种准驾资格的获取是分属两个独立的、不同的行政许可。其次，杨某某没有驾驶小客车的违法行为，吊销机动车驾驶证使得其C1准驾资格被一并剥夺缺乏法律依据，明显违反比例原则，属于过罚不当。最后，原国务院法制办244号文不是法律、行政法规，也不是行政规章，不能作为生效裁判的法律依据。

第二种意见认为，应当吊销杨某某所有准驾车型驾驶证。主要理由是：首先，C1和E在性质上是同一种行政许可，驾驶人可以享有多种准驾资格，但只能持有一个机动车驾驶证。与之相区别的是农机驾驶证，该证由农机监理机构颁发，与机动车驾驶证分属两种不同的行政许可，驾驶人可以同时持有农机驾驶证和机动车驾驶证。本案中，杨某某仅持有一个机动车驾驶证，属于享有一个行政许可。其次，杨某某驾驶长达7年未予年检的报废摩托车上路行驶，具有严重的道路交通危险性，该行为的危害程度与处罚结果相当。最后，原国务院法制办244号文只是参考性意见，行政处罚和法院裁判的依据均是《道路交通安全法》第100条，该条规定的处罚种类是“吊销机动车驾驶证”而非“吊销机动车驾驶资格”，法律条文表述清晰，并无歧义。

第三种意见认为，应当吊销杨某某所有准驾车型驾驶证。行为人获得的行政许可数量不能仅以持证人持有几个机动车驾驶证来判断，而应以其准驾资格来认定。杨某某考取C1和E两种准驾资格，应视为其获得多个行政许可，彼此之间是独立并存的关系。但终止违法者所有准驾车型资格并不以行政许可数量来定，而是应考虑多方利益的平衡。较之于只取得一个准驾资格，获得多个准驾资格意味着驾驶人通过多次考试和审核，理应在法律知识、安全意识、驾驶技术等方面拥有更高的注意义务和实际能力，其驾驶报废车辆上路行驶的主观过错更为显著，一并剥夺其全部驾驶资格符合行政处罚责任主义。

意见评析

笔者同意第三种意见。《道路交通安全法》规定的吊销机动车驾驶证是对行为人实施严重危害道路交通安全的违法行为予以终止其驾驶许可的处罚，属于《行政处罚法》第9条第3项规定的吊销许可证类的资格罚。作为限制或剥夺违法者从事特定活动权利或资格的处罚，吊销机动车驾驶证是一种严厉的行政处罚措施，应当审慎适用。

第一，不同准驾车型的驾驶资格对应不同的行政许可，不能仅以持证人持有几个机动车驾驶证来判断其所获得的行政许可数量。

《行政许可法》第2条规定，行政许可是指行政机关根据公民、法人或者其他组织的申请，经依法审查，准予其从事特定活动的行为。根据公安部《机动车驾驶证业务工作规范》的规定，增加准驾车型申领业务需填写机动车驾驶证申请表，完成驾考科目考试。根据《机动车驾驶证申领和使用规定》第14条的规定，申请小型汽车准驾车型的，年龄需在18周岁以上；申请普通二轮摩托车准驾车型的，年龄需在18周岁以上60周岁以下。第31条规定了不同准驾车型相应的考试项目。[1]由此可知，不同准驾车型驾驶人需具备不同的年龄、身体等条件，取得不同准驾车型的

〔1〕 根据《机动车驾驶证申领和使用规定》第33条的规定，小型汽车科目二考试内容包括倒车入库、坡道定点停车和起步等；普通二轮摩托车科目二考试内容包括桩考、坡道定点停车和起步、通过单边桥。根据该规定第34条的规定，小型汽车科目三考试内容包括上车准备、起步、直线行驶、加减挡位操作、变更车道、靠边停车等；普通二轮摩托车科目三考试内容，由省级公安机关交通管理部门确定。

驾驶资格需分别提出申请并完成考试，交管部门根据考试成绩分别授予对应的准驾车型资格。因此，驾驶人考取多个准驾车型资格的，应视为其获得多个行政许可，彼此之间是独立并存的关系。机动车驾驶证是取得机动车驾驶资格的法定证明，是持证人被允许驾驶特定车型的凭证，其上记载的准驾车型资格会因持证人年龄、身体、新申请或有违法行为等因素发生变化而予以增加、降低或丧失，此时机动车驾驶证也需要进行相应的信息修改而予以换发或上交。因此，不能仅以持证人持有几个机动车驾驶证来判断其获得行政许可的数量，而是应当以其获取的准驾车型资格来确认。

第二，吊销违法者所有准驾车型资格符合多方利益的平衡。

在违法行为人持有多个准驾车型资格的情形下，因一个违法行为就吊销其所有机动车驾驶资格是否属于“过罚不当”的问题，笔者认为还应回归《道路交通安全法》立法本意，并结合利益平衡理论来理解适用。

从立法目的来看，《道路交通安全法》第1条明确了立法宗旨包括“预防和减少交通事故”。为此，《道路交通安全法》为防止“带病”车辆上道路行驶作了严格规定，包括在机动车登记环节实行严格准入制度、对登记后使用的机动车要定期接受安全技术检验、对达到报废标准的机动车禁止上道路行驶并建立强制报废制度。根据《道路交通安全法》第100条第2款规定，对驾驶已达到报废标准的机动车上道路行驶的驾驶人要同时给予财产罚（200元以上2000元以下罚款）和资格罚（吊销机动车驾驶证）两种行政处罚。由此可见，驾驶报废摩托车上路行驶属于《道路交通安全法》应予以重点预防和惩处的行为，立法时未将“吊销机动车驾驶证”细化区分具体的准驾车型资格本身就已经表明了立法者的态度。

从利益平衡理论分析，行政行为应当兼顾国家利益、社会公共利益和个人利益，无论哪一方侵犯了另一方的合法权益，都应当予以纠正。[1]行政机关公权力与

---

〔1〕 罗豪才、袁曙宏、李文栋：《现代行政法的理论基础——论行政机关与相对一方的权利义务平衡》，载《中国法学》1993年第1期。

私权利配置格局应当实现结构性均衡，即公共利益与公民权利相互之间应当实现整体性平衡。[1]当公共利益和私人利益发生冲突时，司法审查应当注重国家、社会和个人利益的平衡。[2]一方面，道路交通安全属于社会公共利益，社会整体的道路安全由不特定个人交通安全利益组成，是个体利益的总和。[3]只有当社会个体遵守道路安全规则，才能够保障其他不特定个体的交通安全，进而构成全社会道路交通安全的公共利益。对驾驶报废机动车上路行驶的违法行为人施行更为严厉的行政处罚，恰恰达到与保护不特定多数人生命财产安全之间的利益平衡，体现了行政处罚应当与违法行为的“社会危害程度相当”的比例原则。另一方面，为避免获得准驾资格越多实际受到惩罚越重的不公平，在行政相对人之间亦应保证“过责相适应”。《道路交通安全法》在立法技术上实现了这种平衡：如果驾驶报废机动车上路行驶的违法行为人未取得机动车驾驶证或者机动车驾驶证已经被吊销，并不意味着对其只能单处罚款（仅适用第100条第2款，则无证可吊销），还应依照第99条的规定再行处罚，即按照驾驶报废机动车和无证驾驶两个违法行为予以处罚。这样就实现了对无证驾驶人与持证驾驶人之间处罚的平衡。而较之于只取得一个准驾资格，获得多个准驾资格意味着驾驶人通过多次考试和审核，理应在法律知识、安全意识、驾驶技术等方面拥有更高的注意义务和实际能力，其驾驶报废车辆上路行驶的主观过错更为显著，一并剥夺其全部驾驶资格符合行政处罚责任主义。

第三，“《道路交通安全法》规定的吊销机动车驾驶证是吊销持证人所有准驾车型的机动车驾驶证，并非吊销某一准驾车型的驾驶证”已在司法实践中得到普遍认可。

最高人民检察院发布的检例第146号指导性案例“卢某诉福建省某市公安局

---

〔1〕 袁曙宏：《论建立统一的公法学》，载《中国法学》2003年第5期。

〔2〕 [日]小林节：《宪法特别讲义》；转引自罗豪才、甘雯：《行政法的“平衡”及“平衡论”范畴》，载《中国法学》1996年第4期。

〔3〕 刘连泰：《斜坡上的跷跷板游戏：平衡论述评》，载《清华大学》2015年第1期。

交警支队道路交通行政处罚检察监督案”中明确“对于醉酒驾驶机动车被司法机关依法追究刑事责任的，应当由公安机关交通管理部门依法吊销行为人持有的所有准驾车型的机动车驾驶证。”虽然该案例针对的是“对于醉酒驾驶机动车被司法机关依法追究刑事责任”的情形，但《道路交通安全法》第91条第2款规定“醉酒驾驶机动车的，由公安机关交通管理部门约束至酒醒，吊销机动车驾驶证，依法追究刑事责任”，可见对醉酒驾驶机动车行为人给予的是行政和刑事的“双罚”惩戒，且并不以其被追究刑事责任作为吊销机动车驾驶证的前提条件。从体系解释角度，同在《道路交通安全法》中表述为“吊销机动车驾驶证”，其内涵和标准应当一致，在没有特别解释的情形下，不能因位处不同的条文而有不同的理解。因此，依据《道路交通安全法》第100条第2款作出的“吊销机动车驾驶证”也应当产生剥夺持证人驾驶任何机动车上路行驶资格的法律后果。

第四，原国务院法制办244号文只是参考性意见，行政处罚和法院裁判的依据均是《道路交通安全法》第100条。

根据《立法法》第48条的规定，法律的规定需要进一步明确具体含义的，由全国人大常委会解释。根据该法第72条第2款第1项的规定，为执行法律的规定需要制定行政法规的事项可以由国务院制定。《道路交通安全法》是全国人大常委会制定的法律，对于“吊销机动车驾驶证”的内涵界定，属于全国人大常委会立法解释的范畴。尽管原国务院法制办244号文是在征求全国人大常委会法制工作委员会和公安部后对地方政府所作的答复，但实践中不能直接援引作为行政行为作出的法律依据。

供稿：北京市人民检察院第二分院　王子涵　许昊文

案例编辑：北京市人民检察院　张艳青

蔺某诉北京市某区某镇人民政府行政强制案

——镇政府与当事人事后达成的补偿协议不能作为认定强制拆除行为合法与否的依据

基本案情

蔺某承包了某区某村村西7亩土地，因高速道路工程需要征收土地，蔺某承包的部分土地在征地范围内。2018年9月7日，蔺某所在村的村民委员会作出承包合同解除通知书，主要内容为：因蔺某承包的土地位于道路征收用地范围内，要求蔺某在两日内将1.35亩土地腾退、移交村民委员会。同日，村民委员会亦作出土地腾退通知，要求蔺某在收到通知后两日内将1.35亩土地腾退，否则将实施强制腾退。上述土地腾退通知及解除通知送达蔺某后，蔺某未在规定期限内将所涉土地腾退、移交给村民委员会。2018年9月11日，某镇政府对案涉土地地上物进行了拆除、清理。9月27日，蔺某与某镇政府签署地上物、树木及青苗搬迁补偿协议，协议约定某镇政府需向蔺某支付搬迁补偿费30余万元。后蔺某领取了前述搬迁补偿费。

2019年8月，蔺某因认为补偿不合理，提起诉讼，请求判决认定镇政府对其蔬菜大棚、核桃树、青苗及地上物的设施进行强拆的行政行为违法。某区人民法院一审认为，蔺某与镇政府达成了搬迁补偿协议，应视为蔺某对拆除行为的认可。且蔺某领取了全部的补偿款项，相关协议已经履行完毕。因此，并无证据表明镇政府的拆除行为存在违法性。裁定驳回蔺某的起诉。蔺某上诉及申请再审均被驳回。

经北京市人民检察院第三分院提请抗诉，北京市人民检察院向北京市高级人民法院提出抗诉，北京市高级人民法院指令北京市第三中级人民法院再审。北京市第三中级人民法院经再审裁定撤销原审，发回某区人民法院重审。

经检察机关审查查明，2017年7月3日，镇政府制定某道路工程项目非住宅地上物搬迁补偿方案，其中第3条搬迁人及工作职责规定：“镇政府负责本项目的搬迁工作，即项目搬迁人，负责落实方案政策、签订搬迁合同等工作。”

主要问题

镇政府实施强制拆除后，与当事人之间达成补偿协议，当事人亦领取了补偿款，能否据此认定镇政府强制拆除行为合法？

意见分析

意见分歧

第一种意见认为，当事人在镇政府实施了强制拆除行为之后，仍与镇政府就搬迁补偿事宜达成协议，并领取了补偿，应认定为当事人追认了镇政府强制搬迁行为产生的法律效果，该追认产生当事人授权的效力，使镇政府的无权强制搬迁行为变为有权实施行为，且当事人经济利益也得到补偿，合法权益并未受损，故不应认定镇政府的强制拆除行为违法。

第二种意见认为，镇政府作为行政机关，有权采取行政强制措施，《行政强制法》规定行政机关有权在紧急情况下采取强制措施，在道路建设工期紧张的情况下，镇政府为维护公共利益实施的强制搬迁行为的性质应认定为行政强制措施，而非行政强制执行，故不应认定为镇政府的强制拆除行为违法。

第三种意见认为，镇政府仅具有协助征地补偿安置工作职责，没有腾退土地的行政强制执行权，其直接组织实施的强制拆除、清理行为缺乏职权法定依据，明显超越法定职权范围，该强制行为应确认为违法。本案属于拆除行为实施在先、补偿协议签订在后的情形，镇政府与蔺某事后达成的搬迁补偿协议不具有行政法律授权性质，不能作为认定行政强制执行合法的依据。

意见评析

笔者同意第三种意见，判断镇政府的强制拆除行为是否合法应依据《行政强制法》关于行政强制行为的规定，围绕镇政府的法定职权、在土地征收中的法律地位、被征地人的合法权益保护等进行综合认定。

第一，未经法律法规的设定或法律授权，镇政府不能行使征收集体土地的行政强制权。

合法性原则是行政强制法的基本原则之一，是行政强制法基本精神的体现。《行政强制法》第4条规定了合法性原则，“行政强制的设定和实施，应当依照法定的权限、范围、条件和程序”。该原则也被称为依法行政原则，是一切行政行为必须遵循的首要原则。本案争议系发生在蔺某承包的部分土地将要被征收建路的过程中，《土地管理法》针对集体土地的征收程序及征收主体均作出明确规定，该法第47条规定，国家征收土地的，依照法定程序批准后，由县级以上地方人民政府予以公告并组织实施。同时，该条还规定了公告、社会稳定风险评估、补偿安置协议签订前置等征收程序条件，其目的在于财产征收本质上是国家合法的、强制性与被征收方交易财产的行为，应在完全满足公益性和合法性的前提下，达成公共利益与私人财产权利之间的平衡，实现征收的公平公正。尤其是对集体土地的征收，关系到被征收农民的立身之本，其合法性无论如何强调都不为过。基于《土地管理法》的明确规定，镇政府作为县级以下人民政府不具有征地实施权。检察机关调查核实的涉案道路工程项目搬迁补偿方案中亦明确镇政府的工作职责是“负责落实方案政策、签订搬迁合同等工作”，故原审判决未依据《土地管理法》《行政强制法》的规定，未认定镇政府缺乏实施土地征收法定主体地位，原审判决适用法律错误。

第二，镇政府实施的拆除行为不符合行政强制措施的施行特征，应认定为行政强制执行行为。

根据《行政强制法》第2条的规定，行政强制包括行政强制措施和行政强制执行。行政强制执行是指行政机关或者行政机关申请人民法院，对不履行行政决定的公民、法人或者其他组织，依法强制履行义务的行为。行政强制措施是行政机关在行政管理过程中，为制止违法行为、防止证据损毁、避免危害发生、控制危险扩大等情形，依法对公民的人身、财产实施暂时性控制的行为，它是一种预防性、暂时性的行为，一般发生在行政处罚之前。行政强制措施与行政强制执行两者的前提条件不同，行政强制措施的前提条件是情况紧急，并不需要有待履行义务和已生效的行政决定先行存在。实施行政强制执行的前提条件是行政决定，是在先前作出具体行政行为所确定的义务未得到履行的情况下实施的行为，是在先具体行为的后续行为，具有依附性。此外，两者的法律效果亦有不同，行政强制措施是对相对人人身、财产权利的临时性约束和处置；而行政强制执行具有终局性，是将已生效具体行政行为所确定的义务动态实现的过程，通常是行政程序的最后一个阶段。从对当事人财产影响的程序或法律效果来看，行政强制措施是对财产使用权的限制，而行政强制执行是对财产所有权的剥夺。本案中，镇政府实施的强制拆除行为是为了完成对蔺某土地的征收，而非对蔺某进行行政处罚，也不存在需要采取措施制止违法行为、预防危险的危急情形。笔者认为，镇政府实施的强制拆除行为直接对蔺某承包的土地实施腾退、清理，直接影响了蔺某的土地承包权。在物权法法律体系中，基于我国土地归国家、集体所有的基本政策，土地承包权具有准物权性质，一旦失去土地，蔺某的土地承包权利亦无法行使。镇政府的强制拆除行为还对土地上的树木、蔬菜造成不可逆的毁损，属于造成后果并非暂时处置后果，故镇政府实施的强制拆除行为性质上应属于行政强制行为。

第三，行政强制权的设定与行使应依据行政强制法，镇政府与当事人之间达成的补偿协议并不具有行政法上的授权意义，故而镇政府的强制行为属于逾越职权范围的行政违法行为。

本案需厘清行政强制权合法性认定与民事主体对无权处分追认规则界限。本案应根据蔺某的诉求，围绕行政行为的合法性进行审查。依据《行政诉讼法》和《行政复议法》的规定，认定具体行政行为合法性的基本标准是：行为主体符合法定职权范围，事实证据确凿，适用法律法规正确，符合法定程序，不滥用职权，无明显不当。人民法院应围绕上述标准对案涉行政行为进行审查，行政行为与民事行为性质截然不同，核心差别在于行政法与民法有着不同的授权规范，行政行为遵循法无授权不可为的规则，而民事行为则遵循法无禁止即可为的规则。对于无权实施的民事行为，民事主体可通过事后追认的意思表述赋予无权行为产生有效的法律后果；但行政行为的合法性只能源于法律法规的明确规定，无论行政相对人的意思表示如何，均不能取代法律法规的立法地位。本案系行政诉讼案件，对行政行为性质的认定应依据行政强制法规定、行政法原理、行政与民事案件性质差异作出认定，而不应依据民事法律或规则予以判断，一、二审均以蔺某与镇政府事后达成补偿协议为由，未认定镇政府实施的无法律授权行政强制行为违法，实则是将当事人的事后认可作为行政职权的权力来源，混淆了民事行为与行政行为的不同性质与行使规则，将民事法律行为的认定规则适用于行政行为的法律效力认定，明显属于适用法律错误。

第四，行政和解具有特定的适用条件，并不适宜作为衡量本案监督必要性的依据。

本案判决中虽未涉及行政和解的认定与运用，但随着现代行政法治的发展，行政权运行方式发生了巨大的变化，如行政契约、行政约谈等非强制性的行政权运行方式呈现方兴未艾的发展趋势，行政争议实质性化解亦成为行政司法的重要目标。本案中，镇政府为了推动征地进程，确实为促进拆迁补偿协议的签订进行了积极努力，最终与蔺某签订了补偿协议，该协议亦得到实际履行。应该说当事人的损失得到填补，镇政府的强制拆除行为的后果已得到一定程度的消除，那么，本案是否还有检察监督的必要？笔者认为，行政和解体现了行政机关对相对人权利的尊重，一方面把相对人视为“合作伙伴”而非“被管理者”，通过平和商谈的方式尽可能地使相对人自愿履行义务；另一方面行政机关谦抑地行使其手中的行政权，使行政权在不必要领域逐渐退却，不要求必须采用强制的手段来实现行政目的，故行政和解应适用于可以合法免除或者变更行政相对人义务的情形。但是，本案中蔺某与镇政府签订的补偿协议不具有行政和解性质，原因在于补偿协议并不具有免除或变更蔺某义务的功能，政府与蔺某达成补偿协议并发放补偿款，是实施土地征收的前提条件、前置程序，在公告、听证、听取意见等前置程序未完成之前，蔺某并不负有必须提前交出土地的义务，故补偿协议即使名为协议，亦不能认定双方达成行政和解，镇政府的强制拆除行为的违法性并未被纠正。依法行政的核心要义之一是职权法定，本案中，镇政府的部分工作人员基于错误认识，认为可通过补偿协议的方式弥补法律授权的不足。而蔺某在土地已被强制腾退的情形下，不得已接受了补偿协议，之后又因对补偿条件不满意导致产生本案的诉讼，纠纷产生的根源即在于镇政府未充分与蔺某进行沟通协商，未尊重和保护蔺某的知情权、财产权，客观上亦对土地上可采摘的蔬菜、可移植的树木造成了毁损。因此，本案启动检察监督具有纠正对行政机关强制行为性质的错误认识、促进依法行政的积极意义。在再审中，再审法院亦采纳了检察机关的抗诉意见，认定镇政府与蔺某之间事后达成的搬迁补偿协议不具有法律授权性质，不能作为认定行政强制执行合法的依据。抗诉案件的成功办理，不仅纠正了行政机关的错误认识，亦对今后土地征收活动中依法行政作出了正面指引，有利于促进法治政府建设与保护公民合法权益的法治目标的实现。

供稿：北京市人民检察院　范晓蓉

北京市人民检察院第三分院　吕　萍

案例编辑：北京市人民检察院　李显辉

马某诉北京市丰台区某镇强制拆除行为违法案

——强制拆除违法建设案件，村委会自认实施被诉拆除行为时，适格被告的认定

基本案情

2000年9月，马某承租北京市丰台区某镇某村集体土地，后在该承租地上建设房屋（以下简称案涉房屋）。2019年10月29日，市规划和自然资源委员会丰台分局向某镇政府作出《关于对某村3处疑似违法建设规划审批情况的复函》，认定案涉房屋涉嫌乡村违法建设。2019年11月7日，某镇内设机构镇规划建设与环境保护办公室和某村委会联合向马某发出限期拆除通知书，主要内容为马某违法用地违法建设项目，违反了《土地管理法》《北京市城乡规划条例》等相关法律法规和村民自治章程，要求马某于2019年11月11日9点之前将违法用地违法建设项目内个人物品自行搬离，违法用地违法建设自行拆除清理完毕。逾期未拆除清理的，将由相关单位集中进行拆除清理。2019年11月19日上午，案涉房屋被强制拆除。马某于当日在强制拆除现场报警，云岗派出所民警出警，到场进行了处置。

2019年12月2日，马某向丰台公安分局邮寄查处申请书，要求对马某房屋被拆一案进行调查处理。马某因未收到丰台公安分局的书面查处意见，又于2020年4月2日以丰台公安分局为被申请人向丰台区政府申请行政复议。在行政复议过程中，丰台公安分局向丰台区政府提交行政复议答复书和云岗派出所出具的工作说明。丰台区政府于2020年5月28日作出驳回行政复议申请决定书，以“被申请人所属民警当场告知申请人拆除违建工作是镇政府的行为，此行为对申请人产生的损失可到相关部门反映解决。被申请人收到申请人的查处申请书后，再次告知如有

损失可以向相关部门反映或到丰台区人民法院提起民事诉讼。因此，被申请人作出的上述处理并无不当”为由，驳回马某的复议申请。马某诉至法院。在一审法院诉讼期间，马某提交了丰台区政府出具的驳回行政复议申请决定书、丰台公安分局出具的行政复议答复书、丰台公安分局云岗派出所出具的关于马某的信访回复等证等证据材料，某镇政府提交了某村委会出具的关于拆除马某违法用地情况说明（以下简称情况说明）及工作会议纪要。

一审法院认为，现有证据不能证明系由某镇政府作出被诉拆除行为。故马某对某镇政府的起诉，没有事实依据，裁定驳回起诉。二审法院认为，某村委会出具的工作会议纪要记载“我村对上述项目组织实施拆除清理，邀请镇规划建设与环境保护办公室或城管执法队作为拆除过程的见证人进行现场监督指导”，现某镇政府称未实施或委托他人进行过拆除行为，马某亦未提起过其他诉讼，现有证据不足以证明某镇政府做出了被诉拆除行为，马某的起诉缺乏相应的事实根据，依法应予驳回，裁定驳回上诉，维持一审裁定。再审法院以与二审裁定相同理由，驳回马某的再审申请。马某不服，向北京市人民检察院第二分院申请监督。北京市人民检察院第二分院审查后，向北京市人民检察院提请抗诉。北京市人民检察院审查后，向北京市高级人民法院提出抗诉。北京市高级人民法院指令北京市第二中级人民法院再审，该院经再审裁定撤销原审，发回某区人民法院重审。

主要问题

强制拆除违法建设案件中，负有强制拆除乡村违法建设法定职责的镇政府否认实施或委托其他单位实施被诉拆除行为，村委会自认拆除案涉违法建设，如何认定适格被告？

意见分析

意见分歧

第一种意见认为，本案现有证据不能证明某镇政府作出被诉拆除行为，某镇政府不是本案的适格被告，法院的裁定并无不当。理由是：某村委会工作会议纪要及情况说明，自认按照工作会议纪要精神对案涉房屋实施了强制拆除，民事主体或基层群众自治组织并无实施强制拆除的权力，如果其作为民事主体擅自以自己的名义违法强拆，侵害他人合法权益的，应承担相应的侵权责任，违反行政管理规定的，还应依法承担行政责任；涉嫌构成犯罪的，依法追究刑事责任。马某可以依照法定途径主张权利。

第二种意见认为，某村委会自认实施了被诉拆除行为，应视为受某镇政府委托实施，故某镇政府是本案的适格被告。理由是：虽然某村村委会自认其实施了强制拆除行为，但由于其不具有强制拆除乡村违法建设的职权，只是配合、协助某镇政府拆违工作，且在本案中有确实充分的证据证明认定乡村违法建设、发布限期拆除通知书等一系列行为均为某镇政府实施，故某村委会实施的强制拆除行为应视为受某镇政府委托而实施的行为，某镇政府为本案适格被告。

第三种意见认为，马某在诉讼中提交的证据可以初步证明某镇政府实施了被诉拆除行为，某镇政府是适格被告。理由是：根据举证责任分配的一般原则，起诉无书面决定的事实行为时，原告只要能够提供初步证据，证明事实行为存在且极有可能系诉状所列被告实施，即应视为已初步履行了相应的举证责任。马某在一审诉讼中提交的国家机关依职权制作的公文文书，明确指出某镇政府拆除了马某案涉房屋，应视为马某已提供了初步证据，履行了举证责任。

意见评析

司法实践中，原告起诉无书面决定的事实行为时，如果相关行政机关简单予以否认就能规避诉讼风险，显然不利于保障行政相对人的合法权益。对此类案件，村委会等民事主体自认实施了强制拆除行为时，要结合具体案情，从在案证据、该民事主体与行政机关的关系、行政机关的法定职责等角度进行综合分析，理清是否存在行政委托或行政机关直接实施被诉行为。具体到本案，笔者同意第三种意见，理由如下。

第一，案涉房屋被强制拆除，虽有某村委会自认实施被诉行为，但不应简单认定为民事主体的侵权行为或毁坏财物行为。

本案中，某村委会自认实施了被诉拆除行为，但某村委会没有强制拆除违法建设的权力，拆除现场马某报警，出警民警称是某镇政府的拆违行为。此种情形下，应当从村委会与镇政府的关系、镇政府的法定职责等角度，结合具体案情进行分析。拆除乡村违法建设属于公权力职权范围，职权之所在，即责任之所在，不宜假村民自治形式进行。中共中央办公厅、国务院办公厅印发《关于规范村级组织工作事务、机制牌子和证明事项的意见》中明确，未经县级党委和政府统一部署，党政群机构不得将自身权责事项派交村级组织承担；不得将村级组织作为行政执法、拆迁拆违、招商引资、安全生产等事务的责任主体。该意见还进一步明确了村级组织不得作为拆违工作的责任主体。故对于村委会等非行政主体自认实施强制拆除违法建设的行为，应从是否存在行政委托或由法定职责的行政机关直接实施等角度加以分析。

第二，马某向法院提交的一系列证据，可以初步证明某镇政府实施了被诉拆除行为，是本案适格被告。

《最高人民法院关于行政诉讼证据若干问题的规定》第4条第1款规定，公民、法人或者其他组织向人民法院起诉时，应当提供其符合起诉条件的相应的证据材料。《行政诉讼法》第49条规定，提起诉讼应当符合下列条件：（1）原告是符合该法第25条规定的公民、法人或者其他组织；（2）有明确的被告；（3）有具体的诉讼请求和事实根据；（4）属于人民法院受案范围和受诉人民法院管辖。具体到本案中，马某起诉无书面决定的事实行为要承担证明被诉行政行为存在及行政行为由被告方做出的举证责任。从马某提交的证据材料看，马某向法院提交了强制拆除现场照片，丰台区政府出具的驳回行政复议申请决定书、丰台公安分局出具的行政复议答复书、丰台公安分局云岗派出所出具的关于马某的信访回复等证据，均明确案涉拆除行为是某镇政府实施的拆除行为。马某向法院提交上述证据以证明某镇政府拆除了马某涉案房屋，应视为已经提供了初步证据，履行了举证责任。从证据的证明效力看，马某提交的证据证明效力优于某村村委会出具的情况说明及工作会议纪要。根据《最高人民法院关于行政诉讼证据若干问题的规定》第63条的规定，“证明同一事实的数个证据，其证明效力一般可以按照下列情形分别认定：（一）国家机关以及其他职能部门依职权制作的公文文书优于其他书证……”根据证明效力的相关规定，马某提交的丰台区人民政府作出的驳回行政复议申请决定书、丰台公安分局作出的行政复议答复书、丰台公安分局云岗派出所作出的关于马某的信访回复，均为国家机关依职权制作的公文文书，这些文书表明是某镇政府实施了被诉拆除行为，其证明效力应优于某村村委会出具的情况说明和工作会议纪要等。在现有证据能够证明被诉拆除行为系行政机关实施的情况下，不能仅凭民事主体提交但缺乏其他证据佐证的自认说明，就推翻在案证据证明的事实，认定被诉拆违行为系民事主体实施。从证据的真实性看，经调查核实，某村委会出具的情况说明与实际情况不符。北京市人民检察院在办理案件过程中，通过调查谈话、座谈会等形式查明，该份情况说明为某村委会在某镇政府授意下出具，某村委会并未实施被诉拆除行为，也未委托其他主体对案涉房屋实施拆除，未对案涉房屋拆除行为支付任何费用，案涉房屋由某镇政府拆除。调查核实取得的证据与马某向法院提交的证据相印证。

第三，根据在案证据，某镇政府实施了被诉拆除行为，本案不存在行政委托关系。

本案中，马某提交了其在申请行政复议过程中获取的国家机关依职权制作的公文文书，证据证明效力更强。同时，经过检察机关调查核实，推翻了某村委会出具的工作会议纪要及情况说明，使在案证据直接指向某镇政府实施，不存在行政委托。但在此类案件中，由于行政相对人处于弱势，证据收集意识和能力普遍不高，若在没有收集到本案马某通过行政复议所获取的公文文书，也无法推翻非行政主体的自认时，应结合法律规定、全部在案证据、镇政府查处违法建设的法定职责等因素综合判断是否存在行政委托关系。本案中，某村委会出具的工作会议纪要及情况说明，自认其对涉案违法建设实施了拆除清理，系依据《村民自治章程》而实施的村民自治行为。但某村委会出具的工作会议纪要中亦明确写明其是按照区、镇控违拆违工作的要求组织实施拆除清理，并邀请镇政府及城管部门进行现场监督指导。说明某村村委会在强制拆除乡村违建过程中，只是配合、协助某镇政府拆违工作。综合全案事实，虽然某村委会自认实施了强制拆除行为，但由于其不具有强制拆除乡村违法建设的职权，且在本案中有确实充分的证据证明认定"乡村违法建设、发布《限期拆除通知书》"等一系列行为均为某镇政府实施。故应当认定被诉强制拆除行为系职权主体与非职权主体基于共同意思联络、共同参与下实施的，行为虽然形式上为某村实施，但村民委员会等自治组织仅系行政机关的行政助手和行政辅助者，犹如其"延长之手"。所以，可推定构成行政委托，某镇政府才是适格被告。

综合上述，起诉无书面决定的事实行为时，原告要承担证明被诉行为存在且为被告所实施的责任，认定适格被告是开启行政诉讼大门的前提，否则案件无法进入审判程序，将当事人挡在看似存在却永不能进的"法的门前"，不利于当事人合法权益的保护和社会矛盾化解。因此，司法实践中，在无主体负责情况下，法院根据职权法定原则及举证责任作出认定或推定，在有民事主体自认实施强制拆除行为的情况下，应结合全案证据、法律规定等综合分析，判断是否存在行政委托，抑或直接刺破民事主体自认的"面纱"，认定由相关行政机关直接实施。

供稿：北京市人民检察院　李显辉

北京市门头沟人民检察院　李晓燕

案例编辑：北京市人民检察院　王志坤

《首都检察案例参阅》（第三辑）供稿人及编辑名单

（按姓氏笔画排列）

供稿人

王丹丹　王国锦　王春波　王瑞婷　牛英慧　毛首佳　公志玮　文春霞
方玉霞　邓莉莉　田　博　史　焱　白　晶　白云山　白晶晶　邢梦秋
吕　萍　任巍巍　刘　思　刘子璐　刘兴春　刘岩绅　刘炳坤　刘超颖
许昊文　那　娜　纪鹏飞　苏　侃　李　唐　李　超　李　强　李　楠
李　鹏　李显辉　李剑锋　李晓娟　李晓燕　李梦哲　李章颖　李新刚
李满山　李德胜　杨　文　杨济同　杨媛媛　佟晓琳　余　丽　宋秋歌
张　君　张　倩　张　雪　张　博　张　影　张文心　张学利　张春宇
张椰子　陈　蕾　陈禹檀　陈洁淼　范晓蓉　林　静　林小帅　罗　强
岳启杰　周亚梅　周丽娜　郑明克　郑莹莹　宛　霞　练泰霖　赵文胜
赵世勋　赵婧文　赵越超　赵智杰　胡　静　胡乩生　胡晓煜　祝　捷
弭　雨　贺琳娜　贾　欣　高　芸　高　蕊　高小艳　高哲远　郭　莹
郭赋轩　黄旭卉　曹　瑜　崔可成　隗立娜　葛　路　韩振荣　程　涛
谢江伟　潘笑非　燕传勇　薄　亮　魏　雪　魏晓东

编　辑

王　玲　王　新　王庆刚　王志坤　毛　俐　关　宁　孙春雨　李　银
李显辉　余　浩　张　凡　张艳青　张韩旭　陈方兴　庞　静　崔　誉
符　秋　梁景明　葛　路
